中国社会科学院创新工程学术出版项目

上海蓝皮书

BLUE BOOK OF SHANGHAI

总 编/王 战 潘世伟

上海经济发展报告（2014）

ANNUAL REPORT ON ECONOMIC DEVELOPMENT OF SHANGHAI (2014)

新一轮改革开放与制度创新

主 编/沈开艳

社会科学文献出版社
SOCIAL SCIENCES ACADEMIC PRESS (CHINA)

图书在版编目(CIP)数据

上海经济发展报告.2014,新一轮改革开放与制度创新/沈开艳主编.
—北京:社会科学文献出版社,2014.1
（上海蓝皮书）
ISBN 978-7-5097-5516-7

Ⅰ.①上… Ⅱ.①沈… Ⅲ.①区域经济发展-研究报告-上海市-2014 Ⅳ.①F127.51

中国版本图书馆 CIP 数据核字（2013）第 316826 号

上海蓝皮书
上海经济发展报告（2014）
——新一轮改革开放与制度创新

主　　编／沈开艳

出 版 人／谢寿光
出 版 者／社会科学文献出版社
地　　　址／北京市西城区北三环中路甲29号院3号楼华龙大厦
邮政编码／100029

责任部门／皮书出版中心 (010) 59367127　　责任编辑／陈　帅　王　颉
电子信箱／pishubu@ssap.cn　　　　　　　　　责任校对／宝　蕾
项目统筹／姚冬梅　　　　　　　　　　　　　责任印制／岳　阳
经　　销／社会科学文献出版社市场营销中心 (010) 59367081　59367089
读者服务／读者服务中心 (010) 59367028

印　　装／北京季蜂印刷有限公司
开　　本／787mm×1092mm　1/16　　　印　张／20.75
版　　次／2014年1月第1版　　　　　　字　数／335千字
印　　次／2014年1月第1次印刷
书　　号／ISBN 978-7-5097-5516-7
定　　价／69.00元

本书如有破损、缺页、装订错误，请与本社读者服务中心联系更换
▲ 版权所有　翻印必究

上海蓝皮书编委会

总　编　王　战　潘世伟

副总编　黄仁伟　洪民荣　叶　青　谢京辉　王　振

委　员　(按姓氏笔画排序)

　　　　　左学金　卢汉龙　杨亚琴　刘世军　沈开艳
　　　　　陈圣来　周冯琦　周振华　周海旺　荣跃明
　　　　　强　荧　蒯大申　屠启宇　李安方　季桂保

主编简介

沈开艳 经济学博士、研究员。1986年毕业于南京大学经济系，获经济学学士学位；1991年、2001年毕业于上海社会科学院研究生部，分别获经济学硕士、博士学位。1997~1998年赴美国麻省理工学院斯隆管理学院、2002~2003年赴印度尼赫鲁大学经济研究与计划中心做访问学者。现为上海社会科学院经济研究所副所长，博士生导师。兼任上海市经济学会副会长、中国南亚学会常务理事。主要研究方向为宏观经济、中国经济理论与实践、印度经济等。出版十余部学术著作，在CSSCI发表经济学论文数十篇，主持和承担多项国家级、省市级科研项目，是2010年、2011年、2012年、2013年《上海经济发展报告》的主编。

摘　要

《上海经济发展报告（2014）》由总报告、改革篇、开放篇和创新篇四大部分共16份报告组成。通过对国内外经济形势的分析预测，以及对上海在新一轮改革开放中率先示范作用的分析判断，本报告认为，2014年是上海实施"十二五"规划、打造"上海经济升级版"的关键一年。一方面，十八届三中全会开启了中国改革的新纪元，上海改革开放进入新阶段；另一方面，实行更加积极主动的开放战略，以开放促改革，也成为上海转型发展的战略机遇。另外，土地、人口、资本要素驱动作用日趋减弱，人们在增强创新驱动发展新动力方面已基本达成共识。因此，加快推动创新驱动战略对新一轮的改革开放有着更长远的重大意义。

总报告对2014年上海经济增长与发展趋势进行了预测。回顾分析了2013年国内外和上海经济形势的运行状况，对上海2014年的经济增长与发展趋势做了预测，认为2014年上海经济将增长7.5%左右。通过对财政和货币政策面临的挑战做前瞻性分析，本报告认为如何培育新的增长动力源并形成持续驱动力，仍然是上海经济发展面临的重大任务。

改革篇主要聚焦于上海率先探索的几大改革实践活动。首先，本篇剖析了十八届三中全会与上海改革开放的战略选择，认为十八届三中全会的召开及中国（上海）自由贸易试验区的建设，将使上海继续站在改革最前端，并可能成为上海未来持续发展的新动力，认为未来10～20年是上海显著提升国际化水平和城市竞争力的战略关键期。其次，本篇关注了营业税改征增值税后的改革红利与波及效应，认为"营改增"的减负效应基本达到预期，"营改增"带来的波及效应一方面会提升整个经济体系的生产效率，成为经济增长新的动力源，另一方面将使依托大型城市的新城镇首先从中受益，最终推动中国经济发展方式实现根本性转变。最后，本篇深入分析了上海政府职能转变的率先示范作用，认为在前期的发展中，上海树立起中国地方政府治理的"上海模式"，在新一轮的发展诉求中，上海也应率先进行政府职能的全面调整。本篇还从新型城镇化和家庭农场角度，探索了上海郊区和农业规模经营实践。认为注重生产、生活、生态融合的上海新型城镇化发展模式也逐步形成，家庭农场这种新的组织方式推动了农业规模经营，提高了农业生产效率。

开放篇集中关注了中国（上海）自由贸易试验区建设。首先，该篇把上海自贸区建设置于中国对外开放总进程，分五个方面从我国新型开放格局的视角全面分析了上海自贸区总体发展方向。其次，该篇分析了上海综合保税区到上海自贸区的转型发展，认为上海自贸区政策溢出效应值得期待，改革动力溢出效应更具价值。再次，该篇重点分析了金融和行政审批制度改革，认为上海自贸区的启动为人民币可自由兑换带来了新的契机，但也带来了潜在风险，需要在开放次序、机构引进、分账管理等方面进一步深化；认为因更多力量的引入，行政审批制度改革将打破原有平衡，有了更有利的契机，但未来的发展应瞄准市场力量的充分释放。最后，该篇从中美双边投资保护协定（BIT）谈判角度分析了上海自贸区建设的背景、进程及前景，认为中美 BIT 谈判的深入开展将会以外力的形式推动上海自贸区的建设。

创新篇则从指标体系建设和创新实践两方面进行了分析。首先，本篇设计和构建了反映上海创新转型发展的路径、驱动力、环境及效益等的综合评估指标体系，并通过实证分析认为上海的创新转型指数从 2006 年的 100.0 增长到 2012 年的 121.7，年复合增长率为 3.32%。其次，本篇重点分析了互联网金融和新产业革命对上海经济发展的影响，认为网络平台商和新兴网络金融业务已经对传统金融业务构成严峻挑战，但在控制风险、金融监管等方面给上海国际金融中心建设提供了一些创新机遇。在推进创新转型中，上海迎来本轮新产业革命，应以 3D 打印、绿色能源、智能制造、数字服务与健康产业为突破口。最后，本篇关注了虹桥商务区总体功能营运及上海国际旅游度假区建设，认为虹桥商务区开发建设已逐渐从以基础设施开发建设为主转向总体功能营造与基础设施开发并重的新阶段,需要分类开发运营,有序推进;认为上海在充分利用土地资源、保护生态环境的同时,积极发展都市型工业、现代服务业和现代农业,一定程度上缓解了土地瓶颈;认为围绕迪士尼主题公园项目,上海国际旅游度假区可以发展现代商贸、住宿餐饮、文化创意、会展服务等延伸产业及相关配套产业。

Abstract

Annual Report on Economic Development of Shanghai (*2014*) includes four parts, namely Main Reports, Reports on Reform, Reports on Opening-up and Reports on Innovation, consisting of 16 reports in total. Through analyzing and forecasting international and domestic economic situation, the book draws the conclusion that the year 2013 is the pivotal one for Shanghai to carry out the Twelfth Five-year Plan and promote economic growth. Along with the Third Plenary Session of the 18th Central Committee of the Communist ushering a new epoch, the reform and opening-up of Shanghai step into a new stage, while implementing a more active and positive strategy and promoting reform by means of opening-up gives Shanghai an opportunity to make transformation and development. Furthermore, given the situation that the resource-driven factors such as land, population and capital have made decreasing contribution to economic growth, an agreement has been reached that the dynamic for the economy will come from innovation. The strategy of advancing innovation-driven development, therefore, is of great and long-term significance for the new-turn reform and opening-up.

The main report gives forecast for Shanghai's economic growth and development trend in 2014. Through retrospect and analysis of international, domestic and Shanghai's economic situation, the report reaches the conclusion that in 2014, the GDP of Shanghai is forecasted to be 7.5%. Through prospective analysis of the challenges financial and monetary policies will face, the report also drew the a conclusion that the how to bring the growth resources into new economic-driven dynamics is still the great issue which the city should concern.

The reports on reform focus on the reform practices to which Shanghai leads to explore. First, the report concerns the relationship between the Third Plenary Session of the 18th Central Committee of the Communist and the strategic choice of

Shanghai's reform and opening-up, and considers that the convening of this session and the construction of China (Shanghai) Pilot Free Trade Zone will maintain the leading status of Shanghai in Chinese reform, and will infuse new dynamic into the future sustainable development of Shanghai. The report considers the future 10 – 20 years to be the pivotal period for Shanghai to promote internationalization and urban competiveness. Then, the report concerns the reform dividend and ripple effect bringing from the transition from business tax to value-added tax, and makes a conclusion that this transition of tax will not only promote the productivity of the whole economy and become the new dynamic of economic growth, but benefit the new towns dependent on metropolis as well. The third report probes deeply into the leading effect of demonstration coming from the functional transition of Shanghai governments, and concludes that in the preceeding development, Shanghai gave an experience, namely "Shanghai Model", to the governance of the regional government in China, and in the new-turn development, Shanghai should make a comprehensive adjustment of government function. This part of the book also investigates the issue of sub-urban development and scale management of agriculture in Shanghai from the prospective of new-type urbanization and family-farm, and leads to a conclusion that the new-type urbanization mode of Shanghai which emphasizes the balances development of living, production and environment has brought into being, while family farm, the new organization of production, is promoting the scale management of agriculture and advance the agricultural productivity.

The reports on opening-up draws a attention to the construction of China (Shanghai) Pilot Free Trade Zone. This part concerns the construction of the Zone from the prospective of Chinese opening-up process, and analyzes the development trend of the Zone in light of the new-type reform and opening-up of China. The next part analyzes the transition and development from Shanghai Comprehensive Bonded Zone to the pilot free trade zone, and concludes that although the spillover effects of the free zone policy are worth anticipating, the spillover effects of reform dynamic are of more importance. Furthermore, analyzing the financial reform and that of administrative approval system, the part concludes that the opening of the free trade zone bring not only the opportunity but also the potential venture to the free convertibility of the yuan, the reform should be advanced in the field of opening-up order, the introduction of financial firms and accounting management. The part also concludes that since the reform of administrative approval system will break the former equilibrium due to the introduction of more forces, the market will become of more chances, and the future development should rely on the release of market dynamic. In the last, this part analyzes the background, progress and prospect of the construction of the free trade zone from the perspective of the China-US negotiations over BIT, and regards the advancing of the negotiations as an external force promoting the construction of Shanghai Pilot Free Trade Zone.

The reports on innovation concern the construction of index system and innovation practices. Firstly, this part designs and constructs a comprehensive evaluation index system to demonstrate the approach, dynamic, environment and effect of Shanghai's innovation and transition. Through empirical analysis, it draws the conclusion that the innovation-transition index of Shanghai is increasing for 100.0 in 2006 to 121.7 in 2012, the compound annual growth rate is 3.32%. Secondly, focusing on the influence of internet financial service and new industrial revolution on Shanghai's economic development, and the part concludes that the merchants from the internet platform and new-rising financial services have given not only a challenge to traditional financial firms but innovation opportunities for the construction of Shanghai international financial center in the fields of venture control and financial regulation. In the process of innovation and transition, the industrial revolution comes to Shanghai, 3D printing, green energy resources, intelligent manufacture, digital services and health industry will promote economic growth in Shanghai. Finally, concerning the general function and operation of Hongqiao Business District and the construction of Shanghai International Tourism and Resorts Zone, this part draw three conclusions: ①The construction of Hongqiao Business District has gradually transitioned from giving priority to the construction of infrastructures to laying equal stress on the constructions of general functions and infrastructures, the business functions should be exploited systematically. ② As an approach to efficient utilization of land and environment protection, the development of urban industry, modern service industry and modern agriculture in Shanghai will relieve the pressure from land shortage. ③On the basis of the construction of Disney Land Park, Shanghai International Tourism and Resorts Zone has a great opportunity to develop modern commercial industry, accommodation and catering industry, cultural and creative industry, exhibition service and other extended industry.

目 录

BⅠ 总报告

B.1 2014年上海宏观经济形势分析与预测
　　……………………………… 朱平芳　姜国麟　柯龙图 / 001
　一　上海经济运行态势与特征的预判 ……………………… / 002
　二　全球经济弱势复苏格局未改，不确定性因素仍在增加 …… / 003
　三　改革红利可期，增长动力依旧，但短期难获突破 ……… / 004
　四　上海投资增速可能回落，投资驱动持续动力相对不足 …… / 005
　五　上海消费对经济增长贡献明显提升的可能性不大 ……… / 006
　六　上海经济对外辐射作用有望增强 ……………………… / 007
　七　上海宏观经济形势分析预判 …………………………… / 008
　八　2014年上海经济形势的情景分析与预测 ……………… / 013
　九　结束语 …………………………………………………… / 017

BⅡ 改革篇

B.2 十八届三中全会与上海改革开放的战略选择 ………… 陆军荣 / 019

B.3 营业税改征增值税后的改革红利与波及效应研究
.... 上海社会科学院"关于'营改增'
改革问题深化研究"课题组 / 032

B.4 上海政府职能转变的率先示范 .... 汤蕴懿 / 053

B.5 "三生融合":上海新型城镇化发展的探索 .... 谢华育 / 070

B.6 上海家庭农场实践对探索农业规模经营的启示
.... 上海社会科学院"关于新农村建设中若干问题的
深化研究"课题组 / 090

BⅢ 开放篇

B.7 新型开放格局与中国(上海)自由贸易试验区建设 ...... 赵蓓文 / 111

B.8 从综合保税区到自由贸易区的转型发展及展望 .... 徐美芳 / 126

B.9 中国(上海)自由贸易试验区:人民币可自由兑换的
制度探索与展望 .... 闫彦明 / 145

B.10 中国(上海)自由贸易试验区建设与
行政审批制度改革 .... 沈桂龙 / 162

B.11 中美双边投资保护协定谈判进程下的中国(上海)
自由贸易试验区建设 .... 黄 鹏 梅盛军 / 179

BⅣ 创新篇

B.12 上海创新转型发展指标体系的构建与实证分析
.... 雷新军 李 凌 / 196

B.13 互联网金融业务发展给上海国际金融中心建设
带来的挑战与机遇 .... 徐明棋 / 222

B.14 推进虹桥商务区作为上海国际贸易中心战略高地的
　　　功能性项目建设 …………… 上海社会科学院经济研究所课题组 / 244

B.15 上海迎接新产业革命的战略性对策研究
　　　…………………………… 上海社会科学院经济研究所课题组 / 265

B.16 上海国际旅游度假区产业发展研究 ………………… 韩汉君 / 288

B.17 后记 ……………………………………………………………… / 310

皮书数据库阅读**使用指南**

CONTENTS

B I General Report

B.1 The Forecast of Shanghai's Economic Growth and
Development Trend in 2014   *Zhu Pingfang, Jiang Guolin and Ke Longtu* / 001

    1. Forecast of the Tendency and Characteristics of

        Shanghai's Economic Development / 002

    2. Weak Recovery of the World Economy Remains Unchanged,

        Uncertainty Continues to Increase / 003

    3. Although Reform Dividend Anticipated and

        Growth Impetus Still Existing / 004

    4. Sustainable Investment-driven Potentiality Not Enough,

        Shanghai Investment Growth Rate Will Decrease / 005

    5. Possibility that Contribution of Consumption to Economic Growth

        in Shanghai Significantly Improves Slim / 006

    6. Shanghai Economic Radiation Effect Will Grow / 007

    7. Forecast of the Macro-economic Situation of Shanghai / 008

    8. Forecasts of Shanghai Economic Situation Under Different

        Scenarios / 013

    9. Conclusion / 017

CONTENTS

B II Reports on Reform

B.2 The Roadmap and Schedule of Shanghai Reform's Top-level Design
Lu Junrong / 019

B.3 An Analysis of the Influence of "Transition from Business Tax to Value Added Tax" on the Institutional Reform of Shanghai
Research Group / 032

B.4 The Leading Demonstration of Governmental Function Transition in Shanghai
Tang Yunyi / 053

B.5 Balanced Development of Livelihood, Production and Environment: An Exploration of New-type Urbanization in Shanghai
Xie Huayu / 070

B.6 Lessons from of Family-farm Practice in Shanghai for Scale Management of Agriculture
Research Group / 090

B III Reports on Opening-up

B.7 New-type Opening Pattern and Construction of Shanghai Pilot Free Trade Zone
Zhao Peiwen / 111

B.8 From Comprehensive Bonded Zone to Pilot Free Trade Zone
Xu Meifang / 126

B.9 The Construction of Shanghai Pilot Free Trade Zone: An Institutional Exploration and Prospects of the Free Convertibility of the Yuan
Yan Yanming / 145

B.10 The Construction of Shanghai Pilot Free Trade Zone and the Exploration of Administrative Approval System Reform
Shen Guilong / 162

B.11 The Construction of Shanghai Pilot Free Trade Zone in the China-US Negotiation Process of BIT
Huang Peng, Mei Shengjun / 179

BIV Reports on Innovation

B.12 Construction and Empirical Analysis of Shanghai Innovation and Transformation Index System　　*Lei Xinjun, Li Ling* / 196

B.13 Impact of Online Financial Service Against Traditional Finance System In Shanghai　　*Xu Mingqi* / 222

B.14 The Development Model and the Promoting Mechanism of Functional Project in Hongqiao Business District　　*Research Group* / 244

B.15 An Investigation into the Strategies of Shanghai's facing the New Industrial Revolution　　*Research Group* / 265

B.16 An Investigation into the industrial development in Shanghai International Tourism and Resorts Zone　　*Han Hanjun* / 288

B.17 Postscript　　/ 310

总 报 告
General Report

B.1
2014年上海宏观经济形势分析与预测

朱平芳　姜国麟　柯龙图*

摘　要： 本报告回顾了2013年国内外经济形势的运行状况，分析了上海经济运行的基本特征与原因，预测了主要宏观经济指标全年的走势，探索了国际国内经济形势发展可能出现的特征，结合并借助广义货币供应量（M2），股票市场年、季度和月度的成交额和价格指数，工业固定资产投资规模，以及对外直接投资（FDI）合同金额的运行态势，考察了上海经济领先指标合成指数的运行状态与2014年国内外经济运行的变化趋势，预判了

---

* 朱平芳，上海社会科学院经济研究所研究员，院数量经济研究中心主任，经济学博士，博士生导师，研究方向为计量经济理论与方法以及经济形势预测与分析应用研究；姜国麟，上海社会科学院经济研究所研究员，经济学硕士，研究方向为计量经济理论与方法以及经济数据分析、指标体系评价的应用研究；柯龙图，上海社会科学院数量经济研究中心长聘实习生。

2014年上海经济运行可能出现的态势与特征,预测了2013年上海主要宏观经济指标的发展趋势,对未来上海经济战略转型可能遇到的问题给出了小结性的看法。

关键词: 上海 宏观经济 经济战略转型

一 上海经济运行态势与特征的预判

2014年是我国领导层换届后的第二年,也是"十二五"规划的第四年,上海与全国一样面临着继续攻坚的任务,但党的十八届三中全会带来改革的顶层设计福音值得期待,值得高度关注的是中国(上海)自由贸易试验区(以下简称"上海自贸区")将成为打造"中国经济升级版"的新引擎。总体上看,2014年是深化调整经济结构、转变经济发展方式的关键年,上海经济不仅要继续面对世界经济增速放缓、国际金融市场动荡和国际贸易环境恶化等严峻外部环境,而且将继续面对国内需求疲乏、通胀压力隐存、生产成本攀升、房地产市场调控持续与资金供需不均衡等不利因素的影响。在力求保持经济平稳发展的同时,如何梳理与缓解社会和经济发展过程中长期存在的各种矛盾、寻求经济转型的合适路径仍然是摆在我们面前的一大长期课题。

2013年至今,三次产业对上海经济增长的贡献仍然呈现"三、二、一"的结构,并且得到了强化,第二产业仍处于弱势复苏状态,而第三产业占上海市生产总值比重已经达到61.6%,跨越了60%这一重要水平线,标志着上海进入了以服务经济为主的发展阶段。从第三产业内部构成来看,2013年前三季度,信息传输、计算机服务和软件业增速达到12.5%,金融业增长14.0%,房地产业增长也达到13.3%。值得注意的是,1~8月,六个重点行业工业总产值合计增长了3.6%,利润总额增长了11.4%,赢利能力显著增强,但是精品钢材制造业疲态尽显,产能过剩状况严重恶化,总产值略有所下降,利润总额大幅下跌了59.1%;生物医药业总产值增长14.8%,利润总额却出现了下跌2.4%的状况。伴随着近几年上海所形成的服务业融合生产发展的趋势,新型服务业态已成为重要的增长点，保证了生产性服务业、商品性服务业以及高技术服务业持续较快的发展。同时，诸如集网络技术、金融业务、贸易方式创新于一体的第三方支付企业的迅速发展，集网络技术、消费方式创新于一体的网上零售（B2C 和 C2C）等新型商业模式的快速发展，金融业、航运业、贸易业相结合的业务创新不断推进，集通信技术、高端电子装备与管理服务咨询业务于一体的新兴业态的快速发展，充分体现了服务业功能的完善及其辐射效应的大幅增强，使得第三产业的增长较为强劲，表现出对经济较强的稳定与提振作用。但是，第二产业始终没有显现出引领经济的高地行业，而金融与房地产业的过度发展不利于经济的稳定和可持续发展。同时，第三产业持续较快增长的制约因素也不少，"营改增"试点未全面铺开使企业仍面临着较重的税负、不断攀升的人力成本和商务成本等。2014 年，上海自贸区仍处于建设初期，尽管长期利好，但短期内其辐射效应难以显现。

二 全球经济弱势复苏格局未改，不确定性因素仍在增加

由于制约上海经济的国内外因素未有显著好转，2014 年上海经济的需求力量将难以得到有效提升。虽然全社会固定资产投资的速度在房地产业的带动下明显加快，但社会消费品零售总额的增长不明显，消费疲软不振，前景不很乐观。新的领导层高度重视治理贪腐、公款请客，有效改善了政风、杜绝了浪费，明显压缩了政府部门的过度消费，消费增长受到较大冲击，但由于私人部门消费相对缺乏弹性，消费难以成为经济增长的领头羊。2013 年数据显示，经济增长对投资的依赖性不降反升，而 2014 年仍然靠大规模投资驱动的概率不大，依靠投资大幅拉升经济增长的可能性不大。国际贸易层面，美国、欧洲等重要市场复苏态势可能有所增强，净出口可能略有改善，但总体与投资回落相抵，经济增速与 2013 年持平的可能性较大。

国际货币基金组织（IMF）对 2014 年全球经济形势的预判相比于 2013 年较为乐观，《世界经济展望（更新版）》将 2014 年的全球经济增长率从 2013 年的 3.1% 上调至 3.8%，其中美国上调至 2.1%，欧元区上调至 0.9%，日本

下调至1.2%，新兴经济体上调至5.4%。尽管如此，短期仍处于弱势调整状态，全球产业布局、贸易平衡等结构性的变化尚未定型，资本流动节奏加快，不确定因素也在增强。

上海经济面临的全球经济不确定因素包括：①美国财政整顿进展缓慢，私人部门需求有待巩固，而且需要谨防宽松的货币政策以及长期实行低利率下产生新的信贷过度。②欧元区银行的资产负债表修复工作进展不均衡，一些经济体的信贷传导仍然不畅，同时，欧元区核心和边缘国家之间仍存在市场分割。③宽松货币政策带来的稳定性风险上升，溢出效应显著增强，就各种资产类别而言，包括新兴市场经济体的资产，它们对全球利率提高和市场波动的敏感性已经增加。④贸易和投资保护主义倾向上升。⑤地缘政治风险增加。我们判断未来全球经济增长面临的不确定性仍在增加。

三 改革红利可期，增长动力依旧，但短期难获突破

中国内部的结构调整正在稳步推进，各项改革不断推出，国内增长动力依旧可期。具体表现为：①"营改增"范围的进一步扩大有望改善企业经营环境，推动产业转型不断深入。②区域赶超发展意愿增强态势不改，中西部地区投资需求仍较旺盛，基础设施、产业升级以及技术改造等投资领域较多。③经济已经历了2012年、2013年一段"去库存"过程，有利于经济稳定增长。④民营投资的壁垒在许多领域逐渐打破，电信、能源、铁路等逐步引入民营资本。⑤金融改革稳步推进，金融业发展服务于实体经济的能力有望加强。

当然，经济依然面临不少困难，包括：①经济企稳的基础还不够稳固，部分领域投资冲动持续较强、经济内生性增长动力相对不足、结构不平衡问题突出。②物价形势相对稳定，但不确定因素也在增加。主要经济体量化宽松政策引致的潜在输入性通胀和通缩的压力都需高度关注。③房地产泡沫、地方融资平台、影子银行等方面的威胁需高度警惕，这些威胁能否很好地得到控制与处理，将直接影响着中国经济的健康发展。

2013年9月，中国制造业采购经理人指数（PMI）为51.1，继续微幅提高。自2012年10月起，经季节调整后的制造业PMI已连续12个月居于枯荣

2014年上海宏观经济形势分析与预测

线之上；与此同时，2013年上海制造业PMI除2月的49.2低于临界值外，其他月份均略高于临界值，但一直小幅徘徊，显示目前制造业仅仅处于弱势复苏，值得注意的是，2013年9月上海制造业PMI为52.1，明显高于全国平均水平。2012年，制造业就业状况差强人意，2013年走势进一步恶化。上海在全球经济弱势复苏的大环境中不大可能有太出色的表现，虽不排除上海自贸区等因素带来的改革与政策红利引领经济增长的可能，但突破性的增长绝不会出现。我们判断上海2013年经济增长走平于2012年的概率很大。

四 上海投资增速可能回落，投资驱动持续动力相对不足

全社会固定资产投资一直是上海经济高速增长的决定因素，近两年上海经济增长速度降低了，最显著的标志就是前三年投资增速大幅度下降。人们是否可能会问：上海经济增长速度虽然降低了，但远比接近于零的投资增速高得多，这是否说明上海经济已经率先转型成功了？我们认为，这样的判断是不准确、有偏误的。确实，上海经济增长速度远高于接近于零的投资增速，这主要来自上海稳定的消费增长和服务业新兴业态的高速发展，但上海经济依然没有脱离投资依赖的路径，投资持续低迷必然会影响消费的稳定与新兴产业和服务业态的扩张，从而抑制宏观经济的正常增长。2013年1~9月，上海全社会固定资产投资总额增长了11.1%，这已经达到相当高的水平。工业投资下降了5.3%，其中六个重点行业投资小幅下降了1.1%；第三产业投资增长16%，其中房地产业投资增长达到19.8%。根据计量经济与时间序列模型预测以及2014年美国经济回暖、日本经济逐步回升和欧洲经济渐渐企稳的判断，我们预计2014年上海工业投资可能止跌回升，但幅度不会太大；民间投资增长难以明显加快，但状况不会再坏；住宅建设投资增速可能保持平稳甚至有所回落；城市基础设施投资将会逐步放缓。总体而言，2014年上海全社会固定资产投资继续维持2013年高速增长的可能性不大，甚至很有回落的可能；消费增长将继续以居民消费为主，政府消费将维持平稳。消费与服务的融合不会像投资驱动那样，其增长轨迹比较平稳，但快速增长的动力相对不足。

五 上海消费对经济增长贡献明显提升的可能性不大

从经济学角度看,消费增长必须是一个自然的过程。它是国民收入逐步提高、社保制度逐步健全之后,国民消费行为越发积极的、自然而然形成的结果。历史地看,所有刺激消费拔苗助长的行为都会引发严重的后果。如果政府通过政策引导国民将远期消费转变为即期消费,一定会导致后续消费能力的弱化。实际上,2009年应对国际金融危机的消费激励政策的实施已经抑制了2011年以来的消费持续性。

上海的信用消费在全国已经较为超前,但还远远不够,适度发展无伤大局。必须知道,信用消费的基础同样是现货消费,是国民对现货消费品的需求渴望,是国民收入和幸福指数不断提高的良好预期。如果经济的真实情况不是这样,甚至相反,期望消费拉动经济,无论是即期消费还是远期消费,人们都会非常谨慎,绝不会不顾后果。

国家统计局的经济数据显示,2013年1~9月我国城镇居民人均可支配收入实际增长6.7%,比第一季度回落约0.2个百分点,农村居民人均现金收入实际增长10.2%,比第一季度回落0.1个百分点。其中,城镇居民人均可支配收入实际增速比2012年下降了3.2个百分点,在我国经济增速从过去10%左右回落至7%~8%区间的同时,居民收入的回落亟须引起高度关注。值得注意的是,在居民收入增速回落的同时,支出并未减少,在一些领域还在不断增加,收入与支出在一减一增之间凸显了居民收入回落的严峻现实。

未来上海保持消费稳定较快增长的动力主要来自消费模式的创新和电子商务、物联网等的发展。但如果未来人们可支配收入增长不显著、税负不减轻、医疗与社会保障的压力加重以及教育支出继续增加,上海的消费不会有质的飞跃。私人部门消费疲软不振,政府部门消费又受到"三公消费"控制以及"反腐"等影响而出现大幅下降,消费总量在短期内得到显著提升缺乏支撑。从目前的情况来看,我们认为2014年上海消费增长的可能性不大,预计其实际增长速度依然处在7%左右的水平。

六 上海经济对外辐射作用有望增强

2013年7月3日,国务院常务会议原则通过《中国(上海)自由贸易试验区总体方案》,上海自贸区范围涵盖上海市外高桥保税区、外高桥保税物流园区、洋山保税港区和浦东机场综合保税区四个海关特殊监管区域。8月27日,中共中央政治局会议指出,建立上海自贸区是党中央从国内外发展大势出发、统筹国内国际两个大局、在新形势下推进改革开放的重大举措,对加快政府职能转变、积极探索管理模式创新、促进贸易和投资便利化,为全面深化改革和扩大开放探索新途径、积累新经验,具有重要意义。在上海自贸区揭牌后的三年内,上海自贸区主要的受益者应该是28平方公里区域内的企业,它们可以享受行政效率提高、贸易和金融自由所带来的商机和优势。长三角地区拥有大量的实体经济贸易和金融需求,它们是上海自贸区试验能够获得成功的保障。与此同时,上海自贸区外的长三角企业则可以通过区内区外的互动对接来分享上海自贸区改革的好处,它们可以通过上海自贸区的企业共享全球的贸易需求和资本。贸易需求带动金融服务,由上海自贸区一点连接中国和全球的货物与资金,帮助中国外贸在新的国际准则下成功"突围"。

此外,过去长期经济的增长推动了劳动力成本不断走高,人们的生产与生活需求不断扩大也助推了服务业的发展。上海为实现国际金融中心和国际航运中心的建设目标,高端金融服务、各种高端保险(包括航运保险)、会展服务、都市型创意服务、房地产及其各种经纪与代理服务、信息服务等其他新兴服务业的发展空间也越来越大,其对外的辐射作用不断增强。上海在服务消费基础设施和相应人力资源的开发上已经具备了较为扎实的基础,这对吸引那些对生活质量要求较高和对自身健康较为关注且愿意增加旅游、休闲、医疗、保健、文化、教育等消费支出在收入中比重的人群将产生重要作用,同样会增强上海经济对外的辐射作用。

2014年,随着美国经济复苏态势增强、欧债危机重大风险逐渐缓和,外贸环境得到了改善,上海的进出口总额将出现回升,由此带动的物流、航运等服务将得到提振。上海自贸区建设也将成为上海对外辐射的有力支撑,我们预计2014年上海经济对外辐射的功能与作用有望增强。

七 上海宏观经济形势分析预判

(一)根据上海经济领先指标合成指数预判,2013年经济增长走平于2012年的概率很大

根据上海经济领先指标合成指数的运行状态,结合诸如反映货币政策变化的广义货币供应量(M2),同业拆借利率的持续变化趋势,股票市场年度、季度和月度的成交额和价格指数的变化,外贸出口增长,工业固定资产投资规模的变化,以及FDI合同金额的变化等没有进入八大先行指标的其他变量的运行态势,有助于我们厘清它们如何影响合成指数,从而辅助我们有效判断上海经济增长的态势(见图1)。

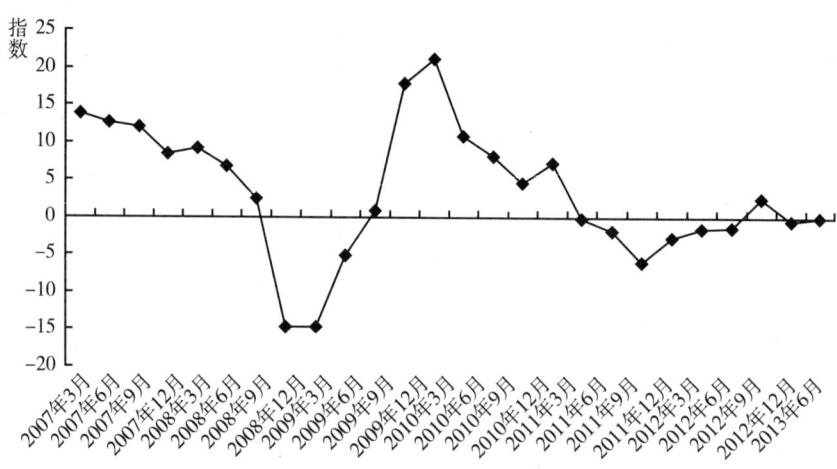

图1 上海经济领先指标合成指数

资料来源:上海市统计局。

按照图1显示的上海经济领先指标合成指数的走势,根据经济增长滞后领先指标合成指数两个季度的规律,我们发现2012年四个季度及2013年第一、第二季度该指数值分别为-2.69、-1.52、-1.40、2.49、-0.50、

-0.06。2013年第三、第四季度GDP的增长速度与2012年同期相比持平是大概率事件，但第三季度略有下降，第四季度不排除微升的可能性（见表1）。总体来看，我们判断，2013年上海经济增长走平于2012年的概率很大。

表1　上海经济领先指标合成指数与季度GDP增速同比变化对照

时间	领先指标合成指数	季度GDP增速同比变化
2009年第三季度	0.9 ↑	
2009年第四季度	17.8 ↑	
2010年第一季度	21.1 ↑	+11.9 ↑
2010年第二季度	10.8 ↓	+2.6 ↑
2010年第三季度	8.2 ↓	-0.7 ↓
2010年第四季度	4.6 ↓	-7.8 ↓
2011年第一季度	7.3 ↑	-6.5 ↓
2011年第二季度	-0.2 ↓	-2.3 ↓
2011年第三季度	-1.8 ↓	-1.1 ↓（错判）
2011年第四季度	-5.9 ↓	2.1 ↑（错判）
2012年第一季度	-2.78 ↑	-1.6 ↓
2012年第二季度	-1.52 ↑	-4.1 ↓
2012年第三季度	-1.40 ↑	基本持平 ↑
2012年第四季度	2.5 ↑	基本持平 ↑
2013年第一季度	1.02 ↓	0.8 ↑
2013年第二季度	0.44 ↑	0.2 ↑
2013年第三季度		-0.03 ↓
2013年第四季度		预计持平或略升

注：虚线箭头表示领先指标合成指数与季度GDP增速同比变化的对应关系。
资料来源：上海市统计局。

（二）财政与货币政策面临先通胀、后通缩的挑战

2013年3月末，中国M2余额达到103.6万亿元，这一数据是美国的1.5倍，比欧元区多出20多万亿元，接近全球货币供应总量的1/4。货币供应多的后果就是物价普遍上涨。未来的物价形势取决于货币供给增长速度。考虑到当前严重的房地产泡沫一旦破裂，其价格将大幅下跌，房地产价值将大幅缩水，进而将极大地降低金融机构的放贷能力。贷款大幅下降，就很可能会出现严重通缩。因此，财政与货币政策面临先通胀、后通缩的挑战。

另外，在2010年的G20峰会上，美国提出了将成员国经常项目顺差与GDP之比控制在4%以内的硬指标要求。对中国这样的出口大国来说，要么调整本币汇率，痛苦地削减经常项目顺差，要么选择稳定汇率，放弃货币政策独立性，造成国内货币超发。面对两难，中国最终选择了一个折中的方案——本币渐进式升值。这样，"对外升值+对内贬值"的奇特现象就在近几年发生了。到2013年，中国经常项目顺差与GDP之比已经从2007年最高的10%削减到2%左右，出口对GDP的贡献几乎为零。

（三）2013年第一、第二季度上海投资增速有所加快，投资结构有待优化

2013年1~9月，上海全社会固定资产投资同比增长11.1%，增速明显加快。前三个季度，在本市三大固定资产投资领域中，房地产开发完成投资2019.68亿元，比2012年同期增长19.8%；城市基础设施完成投资610.5亿元，增长2%；工业完成投资761.58亿元，下降5.3%。房地产开发投资占全市固定资产投资的比重达到53.5%，同比提高3.7个百分点。城市基础设施投资占全市固定资产投资的比重达到16.26%，同比下降0.44个百分点。2013年上半年，从主要分类看，住宅投资725.67亿元，增长9.5%；办公楼投资180.13亿元，增长88.9%；商业营业用房投资157.71亿元，增长29.5%；其他用房投资205.36亿元，增长26.4%。在重大城市交通基础设施项目建设的带动下，交通运输和市政建设投资增长较快，分别完成投资159.62亿元和120.07亿元，增长17.1%和22%；电力、邮电通信和公用事业

投资则呈下降态势，分别完成投资36.07亿元、28.24亿元和13.55亿元，下降19.8%、22%和34.3%。另外，工业完成投资483.33亿元，比2012年同期下降3.1%，降幅比1~5月收窄2.8个百分点；工业投资占全市固定资产投资的比重达到20.9%，同比下降3.2个百分点。其中，六个重点发展行业完成投资284.84亿元，下降1.3%。其中，电子信息产品制造业、汽车制造业和生物医药制造业完成投资增长较快，石油化工及精细化工制造业、精品钢材制造业和成套设备制造业完成投资则呈现不同程度的下降。从第三产业内部结构看，随着现代服务业重大载体建设加快推进，办公楼和商业营业用房开发及租赁、商务服务业分别完成投资337.84亿元和48.61亿元，增长55.6%和1.9倍，两者合计对全市投资增长的贡献率高达61.1%，是全市投资保持两位数增长的重要动力。由上述可见，上海投资仍太依赖于房地产业。

在1~9月签订的外商直接投资合同中，第二产业吸收外资金额较2012年同比下降23.4%；第三产业为吸引外资的主要部分，吸收外资金额145.07亿美元，下降0.1%，占全市合同外资投资金额的87.31%。但从外商直接投资实际到位金额来看，第二产业实际到位外资金额较2012年同比上升27.67%，第三产业实际到位外资金额较2012年同比仅上升4.6%。

总体上看，上海投资增速加快的源头仍在于房地产业投资出乎意料的快速增长，其中的办公楼和商业营业用房投资出现大幅度增长，住宅投资增长相对平稳。尽管从现有数据来看，上海投资结构呈现出一定优化，但仍有待于进一步改善。

（四）2013年1~9月工业增长出现弱势反弹，转型态势不改

2013年1~9月，规模以上工业总产值和增加值增长率较上年同期分别提高3.5%和5.9%，而同时第二产业用电量增长1.9%，工业用电量增长1.7%，显示出工业增长对电力依赖的有所减弱。战略性新兴制造业中生物医药、节能环保行业的总产值都呈现不同程度的较快增长，而新能源汽车和新材料等产业的总产值也都保持相对稳定。六个重点发展的工业行业完成工业总产值比2012年同期增长3.6%，其中，汽车制造业增长14.8%，石油化工及精细化工制造业增长8.4%，生物医药制造业增长14.4%，而电子信息产品制造

业、精品钢材制造业和成套设备制造业产值均出现不同幅度的下降。但从利润率总额上看,电子信息产品制造业增长了10.4%,汽车制造业增长了20.6%,石油化工及精细化工制造业利润增长了1.5倍,说明这些制造业的利润率有所提升。与此相比,精品钢材制造业利润率大幅下滑,生物医药制造业利润率显著压缩。上述都从不同的角度显示了上海工业发展正显露出转型的态势,同时也说明工业仅处于弱势调整状态。

(五)2013年1~9月外贸形势依然严峻,全年整体不容乐观

上海2013年1~9月外贸进出口总额比2012年同期下降1.3%,其中,出口下降2.7%;进口基本持平。机电产品出口下降2.8%,进口下降2.5%;加工贸易出口下降8.9%,进口下降9.1%;高新技术产品出口下降3.0%,进口下降3.3%。外贸在上半年的恶化态势有所转好,但全年整体形势不容乐观。

2013年,我国经常项目顺差与GDP之比已经从2007年最高的10%削减到2%左右,出口对GDP的贡献几乎为零。即使欧美经济有所恢复,过去依赖出口的外向型经济依旧处于萎缩的状态,上海的形势很难独立于全国。

我们判断,2013年全年上海宏观经济增长最大可能发生的情景是从紧的货币政策逐步放宽松,但只是适度调整;积极的财政政策保持稳定,但其效应会逐步减弱;国际政治及对华争端形势的复杂性没有明显增强,国际经济形势继续恶化较为确定,美国经济运行继续缓慢复苏,但其退出QE3量化宽松货币政策摇摆不定,有关发达国家宽松货币政策退出的行动暂缓,欧洲主权债务危机最困难的时刻已经过去,但严重的后果与恶化程度不见缓解;我国通胀得到较有效控制。假定各类突发性疫情不再发生,国内没有巨大的自然灾害出现,上海较为严厉的房地产调控政策继续实施,但有微调的迹象;工业增长弱势反弹,金融业继续平稳增长,房地产业增速出乎预料地加快;消费规模明显疲软,固定资产投资出现较快增长,货物与服务净流出继续维持较强势头。在这样的条件下,我们预计2013年上海最终消费支出增长率在7.0%左右的水平;固定资产投资增长平缓,预计全年维持在8.0%左右的水平;货物与服务净流出将呈现8%左右的增长。我们运用贡献率分解法,结合时间序列分析和

计量经济模拟等方法,预测了2013年上海主要宏观经济指标的实际增长率,如表2所示。

表2 2013年上海市主要宏观经济指标实际增长率

单位:%

指标	增长率
2013年上海GDP增长率	7.6
第二产业增加值增长率	4.3
其中:工业增加值增长率	4.0
第三产业增加值增长率	10.9
其中:金融业增加值增长率	8.0
房地产业增加值增长率	12.1
最终消费支出增长率	7.0
固定资产投资增长率	8.0
货物与服务净流出增长率	8.0

八 2014年上海经济形势的情景分析与预测

在对2013年上海经济形势预测分析的基础上,通过综合各种需求与供给的因素及其2014年可能发生的变化,我们初步判断2014年上海制造业将止住下滑态势,出现弱势反弹,经济增长对第三产业的路径依赖不会改变,投资增速在房地产业和外部需求有所增加的拉动下仍有可能维持一定的正速度,但可持续性较差。在外部环境尚未显著改善的情况下,出口、进口增速下滑或低速增长的态势难以扭转,加工贸易所受影响较大,难以在短期内得到扭转。在全球贸易再平衡的趋势下,资本逐渐回流至高新技术密集的国家和地区,未来上海的比较优势也面临重新调整,净出口结构有待改善,对经济增长贡献有限。我们对2014年上海经济形势进行了如下情景分析与预测。

(一)上海宏观经济形势发展的情景描述

我们把2014年上海宏观经济增长趋势划分为三种情景,即基准情景、乐观情景和悲观情景。三种情景的详细描述见表3。

表3 2013年上海宏观经济增长趋势可能情景一览

情景类型	情景描述
基准情景	中国人民银行货币政策审慎,但总体较为宽松。积极的财政政策保持稳定,但其效应逐步减弱。国际政治及对华争端形势复杂性明显增强,国际经济形势继续恶化较为确定;美国经济运行继续缓慢复苏,但其退出QE3量化宽松货币政策继续摇摆不定;有关发达国家量化宽松货币政策退出的行动暂缓;欧洲主权债务危机最困难的时刻已经过去,但严重的后果与恶化程度不见缓解。我国通胀虽然能够较为有效地控制在适度范围内,但输入型通胀压力犹存;国内各类突发性疫情不再发生,没有巨大的自然灾害出现。上海较为严厉的房地产调控政策继续实施,但有微调的迹象;工业增长弱势反弹;金融业继续平稳增长;房地产业增速有所回落,但保持相对较快的增长速度;消费规模明显不见扩大;固定资产投资出现回落,但仍实现一定的增长;货物与服务净流出继续维持较强增长势头
乐观情景	货币政策转型为适度宽松,流动性没有明显收紧,积极的财政政策持续、稳定和有效。国际政治及对华争端形势复杂性合乎预期,国际经济形势有所恶化但较为确定,且可控和好于预期,美国经济复苏态势增强,日本经济出现积极迹象,欧洲经济运行逐渐向好,欧洲主权债务危机开始有改善的端倪。美国没有退出量化宽松的货币政策,有关发达国家继续保持较为宽松的货币政策。大部分新兴经济体仍然保持较强增长动力。我国通胀得到有效控制;国内没有各类突发性疫情发生,没有大的自然灾害出现。上海严厉的房地产调控政策实施后转向温和;工业增长平稳,但好于预期;金融业出现较快增长;房地产业平均出现10%左右的增长;消费规模保持平稳略快增长;固定资产投资摆脱低位增长区间后增速有所加快;全年货物与服务净流出呈12%左右的增长
悲观情景	货币政策持续明显收紧,积极的财政政策虽能持续,但效应大幅度减小。国际政治与经济形势的复杂性和不确定性依然很大,美国经济运行复苏依旧,量化宽松货币政策明确退出,国际游资回流美国异常快速,欧洲主权债务给全球经济带来的严重后果继续发酵,欧元区前景不容乐观且持续恶化,全球经济复苏很不均衡;大部分新兴经济体虽有增长动力,但不确定性增强。我国通胀没有得到有效控制,输入性通胀压力不减,投资与消费低迷,严重影响经济发展;国内各类突发性疫情不再发生,没有巨大的自然灾害出现。上海市房地产调控政策实施得非常严厉;工业增长明显回落,平均增速低于4%;金融业增长回落,在低位徘徊;房地产业增长出现接近于零的增长或负增长;消费规模没有回归常态,呈现较低增长态势;固定资产投资增长继续维持在低水平或负增长;全年货物与服务净流出呈6%左右的增长

(二)各种情景下上海经济形势的预测

1. 基准情景

在基准情景下,我们预计2014年上海最终消费支出增长率在7.5%左右的水平;固定资产投资增长平缓,预计全年达到6.7%左右的水平;全年货物与服务净流出将呈现 10.0% 左右的增长。我们运用贡献率分解法，结合时间序列分析和计量经济模拟等方法，预测了 2014 年上海主要宏观经济指标的实际增长率，如表 4 所示。

表 4　2014 年基准情景下上海主要宏观经济指标的实际增长率

单位：%

指标	增长率
2014 年上海 GDP 增长率	7.5
第二产业增加值增长率	4.6
其中：工业增加值增长率	4.2
第三产业增加值增长率	10.6
其中：金融业增加值增长率	9.0
房地产业增加值增长率	6.2
最终消费支出增长率	7.5
固定资产投资增长率	6.7
货物与服务净流出增长率	10.0

2. 乐观情景

在乐观情景下，我们运用贡献率分解法，结合时间序列预测和计量经济模拟等方法，预测了 2014 年上海主要宏观经济指标的实际增长率，如表 5 所示。

表 5　2014 年乐观情景下上海主要宏观经济指标的实际增长率

单位：%

指标	增长率
2014 年上海 GDP 增长率	8.9
第二产业增加值增长率	6.8
其中：工业增加值增长率	6.3
第三产业增加值增长率	10.9
其中：金融业增加值增长率	12.1
房地产业增加值增长率	13.0
最终消费支出增长率	7.6
固定资产投资增长率	10.2
货物与服务净流出增长率	12.2

3. 悲观情景

在悲观情景下，我们运用贡献率分解法，结合时间序列预测和计量经济模拟等方法，预测了2014年上海主要宏观经济指标的实际增长率，如表6所示。

表6　2014年悲观情景下上海主要宏观经济指标的实际增长率

单位：%

指标	增长率
2014年上海GDP增长率	5.0
第二产业增加值增长率	2.8
其中：工业增加值增长率	2.6
第三产业增加值增长率	7.0
其中：金融业增加值增长率	4.5
房地产业增加值增长率	-5.8
最终消费支出增长率	6.2
固定资产投资增长率	3.0
货物与服务净流出增长率	6.0

（三）各种情景下上海经济形势预测发生的概率分析及其局限性

我们采用连续型隐马尔可夫模型（Hidden Markov Model）进行了基本分析（仅用上海市的1993～2012的年度数据，由于数据量较少，可能精度不够）。分析过程中用上海市的数据把以往各年的经济发展分成"乐观""基准""悲观"三种状态。

根据历史数据，结合2013年前两个季度经济运行的数据及第三季度的预测数据，运用相关模型等定量分析方法，估计并调整了在"乐观""基准""悲观"三种状态下GDP增长率的不同分布。我们大致判断2014年全年上海经济发展"乐观"状态发生的概率为15%，"基准"状态发生的概率为72%，"悲观"状态发生的概率为13%。

九 结束语

2013年以来,以习总书记为首的党中央推出的各项改革显示出"谋发展、调结构"的信心,党的十八届三中全会也从多方面推动改革,这些都为上海保持经济社会平稳发展提供了强有力的制度保障。上海率先试点的上海自贸区作为新一轮改革的重要支点,融合金融、贸易等方方面面,我们有理由相信它的辐射效应很可能就是上海未来持续发展的新动力,上海将继续站在改革的最前端,2014年在寻找创新驱动、转型发展中将会有新的面貌。但2014年作为"十二五"规划的第四年,经济社会发展的攻坚任务依然繁重,结构调整在短期内难以实现,外部环境不确定性仍然存在。金融危机后我国内需驱动增长的模式虽得到了一定程度的强化,但投资依赖的增长路径没有明显改变。当前,上海仍然面临着经济增长动力转型的压力,如何培育新的增长动力源并形成持续驱动力,是摆在上海经济发展面前的重大任务。上海未来率先转型应高度重视如何把握好现代服务业与传统服务业之间、先进制造业与传统制造业之间的均衡发展,把握好实体经济与虚拟经济之间的均衡、生产性服务业与非生产性服务业之间的均衡,高度重视转型的真正目标,即保持经济的可持续发展和高质量增长,使科技实力和经济实力真正得到提高、上海金融中心效应得到强化。但如何更好地服务于实体经济以及扩大其辐射效应,仍然是摆在我们面前的重要任务之一。我们必须高度重视人民币升值、人工成本高企和劳动生产率难以同步提升等不利因素对出口行业和经济增长的影响,时刻关注地方政府融资平台、房地产泡沫和影子银行这些经济运行过程中潜在的风险点,及早做好风险防范、控制与管理等积极主动的应对措施,确保经济平稳健康发展。

参考文献

〔美〕格里高利·曼昆:《宏观经济学》,梁小民译,中国人民大学出版社,2000。

陈佳贵、李扬主编《2013年中国经济形势分析与预测——秋季报告》,社会科学文献出版社，2013。

《未来中国国内环境发展变化与上海经济发展战略研究》（课题编号：2009-Z-10），上海市政府发展研究中心委托，朱平芳主持，2009。

《2012~2013年上海经济形势预测和领先指标研究》（课题编号：2012-Z-08），上海市政府发展研究中心委托，朱平芳主持，2012。

《上海市统计月报》（2009年1月至2013年10月），上海统计局。

改 革 篇

Reports on Reform

B.2
十八届三中全会与上海改革开放的战略选择

陆军荣*

摘　要：
十八届三中全会开启了中国改革的新纪元。上海改革开放进入新的第三阶段。以开放促改革，是上海转型发展的战略机遇，同时也使上海更多地承担着国家战略重任和任务挑战的压力。上海需要将中央战略安排与自身发展使命相结合，设计与安排上海改革开放的战略路径。未来10~20年是上海显著提升国际化水平和城市竞争力的战略关键期，上海应以中国（上海）自由贸易试验区建设为契机，在新一轮的国际贸易投资分工格局调整中争得一席之地。为此，上海面临十大方面改革开放的艰巨任务。

---

* 陆军荣，经济学博士，上海社会科学院部门经济研究所副研究员，研究方向为企业与产业经济学。

关键词：

上海　改革开放　十八届三中全会　自由贸易区

一　上海改革开放进入新阶段

（一）上海改革开放的阶段历程

1978年以来，上海改革开放总体经历了两个阶段三个时期，具体如下。

第一阶段是20世纪80年代改革开放初期。继1980年成立经济特区后，1984年中央决定开放14个沿海港口城市，上海就是其中之一，上海开始探索改革开放之路，在引进外资、对外贸易、股份制改革探索方面积累了经验，也勾画了上海改革开放的未来格局。在整个20世纪80年代，上海更多地担当了"后卫"的角色。

第二阶段以浦东开发开放为标志，上海进入了改革开放的加速推进阶段。其可以分前后两个时期。第一个时期是整个20世纪90年代，上海首次提出了"新区"概念，并成立浦东新区；为满足扩大对外贸易的需要，成立了全国第一个保税区——外高桥保税区；论证与建设了浦东机场、洋山深水港等重大项目；率先探索建立了国有资产经营管理体制；等等。一系列重大改革开放发展措施相继出台，上海经济进入高速增长期，大城市发展格局初步形成。进入21世纪后，中国加入世界贸易组织（WTO）为上海开放型经济的发展注入了新活力，上海进入加速发展的第二期。对外贸易的增速大幅度提高，经济总量进一步提升，充分奠定了上海"四个中心"建设的实体经济发展基础。2005年，国务院正式批准浦东为国家综合配套改革试点，为改革发展再探新路，同时，上海针对新形势及时提出了"创新驱动、转型升级"的战略路径。但也正是在这一时期，上海发展进入"滞速期"，经济增速、进出口增速、工业经济增速均出现放缓势头，甚至部分指标连续出现负增长。预计2013年全年上海的相关增长指标趋稳，但仍然处于低位。上海作为改革开放最前沿的城市，总会先遇到发展瓶颈与转型难题，同样也总会在经济发展低点时，率先探索试验改革开放的新路径。

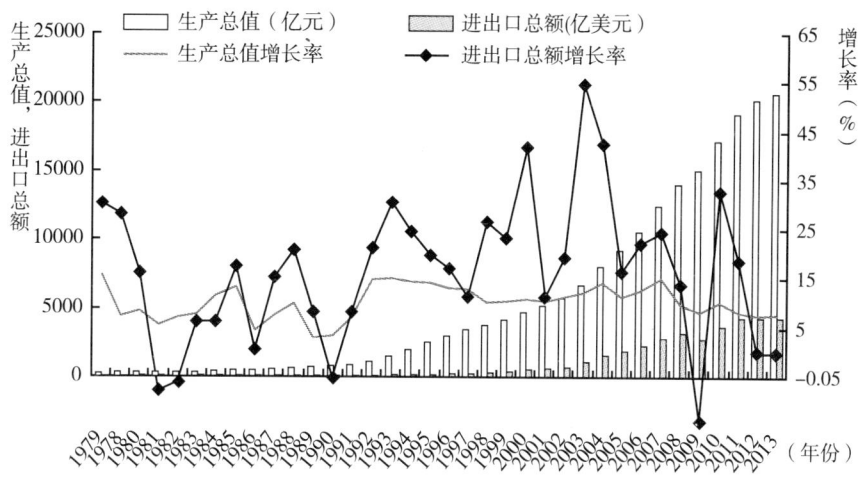

（二）当前上海发展面临的主要问题

1. 长期发展潜力问题

总体而言，上海前30年发展的基本动力主要来自投资驱动与外需拉动，同时伴随着技术进步与制度改革所带来的全要素生产率提高，共同推动上海经济的快速增长。2008年以来，上海固定资产投资增速下滑，其中工业投资连续出现负增长，房地产投资占全社会固定资产投资总额超过45%。2013年1~9月，固定资产投资虽有所反弹，增长11%，但基本格局没有变，主要仍来自房地产业增长（19.8%）。而在进出口贸易方面，近年上海一直处于持平或负增长状态。未来上海经济增长有待挖掘的潜力在哪里？从目前来看主要来自两个方面：一是存量的转型升级，提高效率，带动增量；二是服务业发展的增量贡献。这两个领域的发展不是依靠简单的政府投资与引导就能解决，关键是要通过改革释放存量调整、增量发展的活力，通过开放为上海服务经济发展创造全球化运营的空间。

2. 开放发展水平问题

当前，上海对外开放形势呈现出四个转折性特征：一是进出口贸易的增长态势趋弱，甚至出现连续负增长。二是引进外商直接投资仍然保持较好增长趋势。2013年1~9月，外商直接投资实际到位金额135.1亿元，同比增长

10.1%。三是外商直接投资主要以服务业为主，而服务业中又以金融业为主。2013年1~8月，上海服务业吸引合同外资134.15亿美元，占全市吸引外资总额的87.7%。四是上海对外直接投资进入高速增长期。这种格局说明，上海开放发展由进出口贸易向贸易与投资共同驱动转变。上海"四个中心"建设仅走了前半程，前一轮的改革开放为上海"四个中心"建设奠定了本土实体经济基础。上海"四个中心"建设共同的关键词是"国际化"，其不仅体现在量上，而且应体现在国际化的功能上。上海"四个中心"建设的后半程任务是通过进一步提高开放发展水平，尤其是通过服务业的扩大开放，提升"四个中心"的国际化地位。

3. 经济发展活力问题

改革开放以来，上海发展"有动力、没活力"，创新创造创业的活力没有找到很好的解决办法。在企业发展活力方面，"国有企业大而不强、外资企业强而不为、民营企业长而不大"的局面没有有效改观。人才创新活力还没有得到足够的体现，中小企业市场化的成长发展环境有待完善。在中心城区高地不断提升的同时，郊县与农村发展的活力仍有待提升。

4. 公共服务体系问题

经济发展、城市规模扩大、生活水平提升使城市公共服务的数量与水平也将大幅度提高。民生问题解决的好坏是普通百姓评判改革成效的直接标准。住房保障体系、医疗服务体系、教育体制、养老服务体系等百姓长期关注的、与生活密切相关的领域将成为工作焦点。但是，地方在推进公共服务体系方面受到财力、事权、管理体制等多方面因素的制约，上海需要找到新的改革突破口。

5. 生态环境治理问题

从20世纪90年代开始，上海越来越重视城市生态环境的保护与治理，但是工业化与城市化的快速推进，城市生态环境出现诸多新矛盾、新问题。城市雾霾、土壤治理、水源保护等形势依然严峻。生态环境治理的难度越来越大，已经从问题导向的单向治理向综合治理、区域协调治理转变。生态环境的保护与治理只有与产业结构的调整转型、企业生产方式和居民生活方式的转变相结合，才能标本兼治。城市生态环境保护与治理也面临跨区域合作协调治理的难题。

6. 制度体制完善问题

上海最终的发展潜力与开放型经济发展水平取决于上海城市的软实力，包括行政管理体制优化、民主法制建设、社会组织发展、城市安全管理等。这些都是上海城市的长期"软建设"问题，但也日趋紧迫，必须着手改革完善相关制度机制。

（三）上海改革开放面临的新形势

1. 全国改革开放的形势与上海角色任务

新一轮的改革开放对上海而言具有三个先机优势：一是上海在"营改增"、家庭农场、浦东综合配套改革等领域已经进行了前期探索，积累了一定经验；二是中央批准设立中国（上海）自由贸易试验区，为上海的改革开放试验提供了平台，并且已经获得了全国、全球的资本、人才与各类机构的关注；三是新一轮的改革重心将更加聚焦于服务业领域，尤其是金融服务业、公共服务业的改革将进一步释放上海在服务业领域发展的活力。但是，上海的先机优势地位也对上海改革开放战略提出了更高要求。在全国新一轮的改革开放形势下，全国各地尤其是沿海开放地区都在争当"改革开放排头兵"。上海作为"排头兵"之一，需要担当怎样的角色？对上海改革发展定位如果还停留在传统认识层次和一般城市定位，不符合国家战略利益与新阶段发展形势。上海担当好"排头兵"角色需要体现以下三方面特点：一是上海需要将中央战略安排与自身发展使命相结合。上海的城市地位决定了其战略的选择首先是国家战略。上海也应将自身发展使命不断提升为国家战略，上海是国家的战略棋子与战略空间。二是上海改革发展战略的选择，既要突出可复制性，又要强调城市核心竞争力。可复制性是为全国改革开放充当"试验田"，通过制度复制、效应溢出的方式向全国推广。核心竞争力是具有不可复制的能力，上海要注重打造具有能与国际接轨的城市竞争力，这样才能更好地担当国家战略角色。三是要突出上海的城市特点。上海城市最大的特点是"特大型与开放型"。特大型城市面临着在人口管理、公共服务、城市安全、城市污染、城市建设等诸多领域的改革难题，需要上海能结合实际逐步推进，提高居民生活质量；开放型城市建设需要在经济、文化、社会、法制等多个领域同步改革与推进。

2. 全球化新态势与上海国际化水平提升

2008年以来,全球化进程进入发展弯道。主要表现为以下五方面:一是高端制造业"回流"与一般加工制造业"分流"的叠加,使得产业转移的格局发生了变化,对上海等沿海发达地区而言,更是受到两方面的双重压力。二是在经济危机持续发酵、贸易保护主义抬头及在岸外包发展受阻等趋势下,2008年以来全球贸易量增长一直低于过去20年5.3%的平均值。三是国际贸易体系正悄然发生变化,WTO体系受制于多哈谈判停滞不前,而各国之间的双边或有限多边自由贸易协定谈判进展迅速,经济全球化与全球投资规则面临重构。四是服务贸易增长迅速,并成为双边投资谈判的重点领域之一,中国从货物贸易开放走向服务贸易开放不可避免,且脚步将越来越大。五是全球各大国际性城市都在积极谋求在新一轮的服务贸易开放中占据有利地位。全球化发展的新态势对上海传统产业的内容定位带来挑战,但是对未来上海具有突出发展优势的服务业来说是重大机遇。上海能否在未来十年显著提升国际化水平和城市竞争力,关键在于能否抓住此轮机遇,一旦新一轮的国际贸易投资分工格局确定,再争取有利地位将难上加难。

3. 新产业革命与上海产业的转型升级

此轮新产业革命的核心主要不是技术突破形成的新兴产业门类,而是信息技术在制造业与服务业的应用及由此催生的新生产方式与商业模式。新产业革命对上海产业的转型升级具有两方面的重要意义:一是上海现有产业如何抓住新产业革命机遇,实现升级,其中包括新能源汽车产业、智能制造产业。二是上海到了调整产业发展政策、改变产业发展推进机制的阶段。我国的产业发展进程总体将从计划经济主导模式,向政府主导下的产业推动模式,再向市场主导的产业发展模式转变。目前,上海正从第二阶段向第三阶段转变,新产业革命的出现将加速这一转变。新产业革命所体现出的不确定性、多元性与分散性等特点,对上海产业结构的调整与产业政策的导向提出了新要求。上海应改变以重点项目、重点企业和政府扶持为方向推进产业发展的传统模式,形成以金融创新、制度支撑、需求培育、大众参与为重点的产业推进模式。

4. 新型城镇化与国际化大都市发展格局

十八届三中全会后,我国将深入推进新型城镇化战略。上海是长三角城市群的核心城市与首位城市，长三角城市群建设直接关系到我国城市群战略的总体进程。在此轮新型城镇化中，上海同样担负着多方面的探索任务。上海作为特大型城市，如何在全国人口不断集聚情况下协调好产业发展、公共服务、城市建设之间的平衡关系；如何协调好中心城区与郊区新城、农村之间的发展关系，形成更合理的都市圈布局；如何协调好周边大、中、小城市之间协调发展的关系，形成城市群发展的合力；如何带动长江流域的协调发展与新型城镇化建设，都具有改革探索与发展的空间。

（四）十八届三中全会与上海新一轮改革开放的开启

上海作为改革开放最前沿的城市，总会先遇到发展瓶颈与转型难题，总会在经济发展低点时，率先探索试验改革开放的新路径。十八大以来，全国改革开放的新要求、新任务再次聚焦到上海。2013年9月29日，中国（上海）自由贸易试验区（以下简称"上海自贸区"）正式挂牌成立，其将成为上海乃至全国新一轮"深入改革、全面开放"的标志性起点，上海要为全国探索一条"以开放促改革"的新路子，上海改革开放即将进入全新的第三阶段。对城市自身发展而言，上海要成为具有全球竞争力的现代化国际大都市，必须要在开放性与制度建设方面进一步提升。深化改革与扩大开放是中央对上海的任务要求，也是上海解决发展转型问题、推动城市健康可持续发展的必然道路。

二 上海改革开放的战略选择：中长期目标与主要任务

（一）上海改革开放的中长期目标

20世纪80年代初，围绕如何振兴上海开展的大讨论，最终形成了1985年上海经济发展战略，制订了上海第一个城市总体规划，使上海走上了改造和振兴之路。20世纪90年代，围绕如何推进"一个龙头、三个中心"建设开展的"迈向21世纪的上海"大讨论，最终形成建设国际经济中心城市的战略思路和战略举措。2001年，国务院批复《上海城市总体规划》，明确上海要建设国际经济、金融、贸易、航运中心之一。上海"十二五"规划提出，到2020

年上海要基本建成与我国经济实力和国际地位相适应、具有全球资源配置能力的国际经济、金融、贸易、航运中心。

新一轮改革开放,首先是要服务于上海2020年目标与全国改革开放的新征程。在中央改革的总部署下,做好上海自贸区的改革试验工作,通过经验与制度复制扩大改革试验的成果。按照以"以开放促改革,以改革促转型,以转型促发展"的思路,进一步解放思想、扩大开放、提高活力、深化改革,破除上海未来发展的制度体制瓶颈,显著提升"四个中心"的国际影响力。

新一轮改革开放,同时要为上海更长远发展做好战略铺垫。随着2020年的日益临近,上海需要进一步谋划2030年发展目标与2050年发展目标。2030年与2050年发展目标将更加具体化,更加注重制度建设与软实力提升。随着我国经济实力的增强、开放程度的扩大和国际地位的提高,至2030年,上海应初步形成开放型、创新型的全球性城市制度架构,确立在亚太地区的城市竞争力地位;至2050年,上海应基本建成全球性城市,成为全球首层的国际经济与文化中心之一,引领长三角建成世界级城市群。

(二)上海新一轮改革开放的主要任务

1. 探索开放型经济新体制,率先形成与国际接轨的开放型经济体系

全力推进上海自贸区建设,尽快完善准入前国民待遇、负面清单管理等制度改革,细化准入备案、运行管理、法律监管等体制的改革创新工作,建立具有可复制性的开放型经济体制,积累单边开放经验,服务于国际投资贸易谈判新格局下的国家双边开放战略。坚持对内对外开放相结合,推动投资便利化,创造条件引进国际跨国公司运营总部,积极培养本土跨国公司,使上海成为我国实施"引进来"和"走出去"战略的亚太运营中心。适应离岸化、网络化、服务化贸易发展新形势,创新贸易管理模式,提高贸易便利化,巩固与提升上海的国际贸易中心地位。积极稳妥地推进金融开放与金融改革,加快在自贸区实现利率汇率市场化、外汇自由化,突出建设离岸金融市场,在适当时机将上海建设离岸金融中心发展战略上升到国家战略。进一步推进航运综合试验改革,结合自贸区发展,实现航运服务业的突破性发展。完善人才的国际化流动机制,营造良好的人才流动环境,吸引海外留学人员回国创业,参与新一轮的改革开放事业。

2. 释放市场活力，全面推进创新型经济发展，建设全球创新城市

以体制机制创新为着力点，不断提升企业技术创新能力、人才创业创新活力、城市发展创新动力；加快形成以人才为根本、以企业为主体、以城市为依托的创新新格局。鼓励新技术、新模式、新业态的发展应用。改变产业发展的传统推动方式，创新产业扶持政策，提高政府的创新投入效率。实施城市创业战略，以创业带就业、以创业促创新，进一步提高创业人员的落户便利，降低创业人员的生活与创业成本，形成城市创业的氛围。推进国有企业市场化改革，进一步向市场释放国有企业的创新资源，让非公有制企业能充分利用、整合上海的城市创新资源。通过市场化改革进一步挖掘国有企业的创新潜力，依托重大项目推动重大科技创新，并重在发挥对产业发展的溢出带动效应。注重发展平台经济，将平台经济作为推进创新型经济发展的重要抓手。改革科研教育体制，强化市场化的产学研技术创新体系。

3. 深化文化体制改革，加快推进国际文化大都市建设

上海是国内外文化交流融合的中心重镇，应主动承担国家重大文化战略任务，扩大国内外文化交流与合作，发挥先行先试的优势，当好文化体制改革发展的"排头兵"。适应政府职能转变、网络新媒体变革、国际文化交流的新形势，加快推动文化管理体制改革，进一步释放上海文化发展的应有潜力。改革文化生产经营体制，鼓励和引导各种所有制文化企业健康发展，形成以公有制为主体、多种所有制共同发展的文化产业发展格局。推动国有文化单位的整合重组，鼓励支持中小文化企业的创新发展。进一步推动文化市场开放，依托自贸区建设，加快发展文化创意服务贸易，促进文化产品"走出去"，扩大文化服务贸易，形成中国文化产品出口的"桥头堡"。

4. 促进"城—郊—农"融合发展，形成大都市的新型城乡关系

构建符合上海大都市特点的新型"中心城—郊县—农村"城乡关系。建立跨区统筹与跨区协调机制，建立跨行政区环境综合整治的长效机制。探索城郊结合部的社会综合治理机制。加大小城镇综合改革力度，系统实施小城镇就业、社保、户籍管理、土地管理、村镇建设、公共服务等全方位改革，加快城乡一体化步伐。以委托或授权方式下放行政管理权限，激发小城镇发展活力。

加大农村改革力度,农村公共服务逐步就近集中。稳定和完善农村基本经营制度,推进农村土地承包权确权登记,在全市推广家庭农场和农业合作社模式。

5. 持续推进行政体制改革,提高政府治理能力

建设透明政府、廉洁政府与效能政府。把上海建设成全国行政效能最高、行政透明度最高、行政收费最少的行政区之一。全面正确地履行政府职能,探索政府公共服务职能法定化,实施法定机构改革试点,加快推进事业单位改革。创新行政管理方式,加快政事分开、事企分开和管办分离,积极稳妥地推进科教文卫体事业单位分类改革。深化行政审批制度改革,推动市场准入从前置审批向事后监管转变。

6. 建立生态环境的综合治理保护机制,建设绿色低碳城市

综合治理保护机制是源头预防和强化治理相结合,深化污染治理和执法监管,加快推进能源、产业结构调整和生活方式转变,建立多部门协同推进落实的综合环保机制。引入市场化机制,运用价格、财税等手段推进节能降耗,完善重要能源价格形成机制,进一步健全体现差别化、限制性、惩罚性的价格政策。鼓励碳金融市场发展,探索开展节能量和碳排放交易试点。完善地方环境标准体系,建立区域联防联控制度,在国家统一指导下,依托长三角合作平台,加快完善大气污染联防联控机制,加强区域环境空气质量同步改善目标和措施的对接。

7. 深化财税与国资改革,建立可持续的地方财税保障体系

建立现代公共财政体制,率先建立优先保障基本公共服务的财政支出机制,强化政府绩效考。积极向中央争取率先推进税制改革试点,继续推进与扩大"营改增"改革,继续推进房产税改革试点。推进国有资产管理体系改革,建立以国有资本为核心的管理体制与治理机制,构建承担城市发展战略运作功能的国有资本运营中心。试点编制地方资产负债表,综合反映城市资产负债,建立国有资产与财政预算的综合平衡机制。加强社保基金监管,逐步建立社保基金预算决算人大报告制度。建立可持续的保障性住房供给制度,设计满足多层次需求的住房制度。

8. 探索城市管理新机制,提高城市治理水平

健全城市公共安全体系,细化城市安全管理标准。实行食品安全的强制保险制度。改善社会组织管理体制,提高社会治理水平,创新有效预防和化解社会矛盾体制。完善大型居住社区的属地化管理服务机制。创新公共服务供给模式,实现提供主体和提供方式多元化。推进非基本公共服务市场化改革,增强多层次供给能力,满足群众多样化需求。推动基本公共服务均等化,推进户籍、人口管理、社会福利保障等制度改革,着力破解来沪人员与本地居民的二元结构矛盾。

9. 构建区域协调发展新机制,努力打造上海都市圈与长三角城市群

积极打造上海都市圈的同城化机制,形成合理分工格局。完善长三角、长江流域的区域协调机制,争取建立常设性的协调机构。建立健全利益共享机制,充分发挥市场机制作用,培育跨区域中介组织,强化企业区域合作的主体地位。

10. 推进法制建设与健全民主制度,为改革开放保驾护航

探索建立立法项目公开征集制度,扩大政府立法的民主参与度。按照中央部署深化推进司法体制改革,健全司法权力运行机制。健全民主制度,积极探索完善城市社区民主体制改革,鼓励基层群众自治制度试验。适应改革开放新形势,探索自主性、先行先试的地方立法。围绕上海自贸区建设,调整完善对外开放法律法规,探索与国际接轨的商事法律体系与法律制度。更加注重社会民生领域立法探索,保护人民权益。加强政府规章和规范性文件的定期清理和立法后评估。法制民主水平是决定城市竞争力的重要方面,是上海最终建成全球性城市的基础制度保障与要求。

三 深入推进上海改革开放的路径选择与措施

(一)路径选择

1. "以开放促改革,以改革促转型,以转型促发展"

进入 21 世纪,我国对外开放的范围与领域不断扩大,上海自贸区的建立,不仅标志着中国改革开放进入新阶段,而且表明改革自身也开始转型。上海作为中国全球化程度最高的城市,开放无疑是发展的最大动力,也是促进改革的最大动力。无论从历史还是未来角度看，开放都是上海发展战略的第一要义。要加大对外开放，就必须建立与国际接轨的体制机制，就必须对阻碍开放、阻碍发展的制度进行改革调整，开放是改革的动力，也是改革的压力。上海发展进入转型期，转型成功与否关键在于改革。通过改革来释放上海城市发展的活力，促进上海更好地向前发展。

2. 市场与政府改革的同步推进

十八届三中全会改革方案的特点是强调市场与政府改革的同步推进。经济体制改革的核心问题是处理好政府和市场的关系，使市场在资源配置中起决定性作用并更好地发挥政府作用。市场化改革与政府治理改革两者不能偏废，一个好的社会主义市场经济制度能够实现两者的有效组合。上海改革发展应坚持政府自身改革与市场化改革并重，尤其是在行政体制改革、国有资产管理体制改革、司法体制改革、城市管理体制改革等方面应走在前列。政府的活力与效能也是未来上海城市竞争力至关重要的方面。

3. 以制度与质量为导向

改革应注重制度建设，梳理与去除一切不合理的旧制度，建立起符合市场需求、企业需要、百姓盼望的新制度，用制度来推进改革、巩固改革。改革最终是要提高质量，提高经济发展的质量和生态环境的质量，最终提高人民生活的质量，因此质量是衡量改革成功与否的标尺。

4. 以开放合作为发展依托

上海发展至今，越来越需要通过开放合作来实现自身发展。对外开放是要让全球一切生产要素的活力在上海开放环境下竞相迸发，让一切创造社会财富的源泉在上海充分流动。同时，上海还要进一步加强区域合作，共同推进长三角城市群与长江流域的发展，这是国家战略，是上海应承担的战略责任，同时也是支撑上海成为全球城市的必需腹地。

（二）推进措施

一是建立中央与地方的改革互动机制。地方改革是在中央顶层设计的框架下进行的，是落实中央改革的具体战略部署。上海开放型新体制的建立也是在中央总体的开放战略下逐步推进的。同时，中央也要求发挥地方积极性，发挥基层作用,进行先行先试探索。因为建立中央与地方的改革互动机制至关重要,中央明确战略部署,地方探索改革方案,并在中央与地方的改革领导小组之间建立互动联系。

二是重构改革推进的领导机制。建立改革推进的领导工作机制是改革的内容,也是推进改革的重要机制。在市场级层面建立主要领导担纲的地方改革领导小组,具体需要重组发展和改革委员会的改革功能,具体落实、跟踪推进领导小组工作布置。

三是完善改革公众参与机制。上海新一轮改革与发展战略的制定应有广泛的公众参与,形成改革共识,激发发展活力。开展新一轮改革与发展战略的大讨论,建立专家参与机制、民众参与机制。

四是建立改革的跟踪评估机制。细化改革指导目录,建立改革的跟踪评估机制。一方面是评估改革的推进进程与效果,另一方面可以及时发现问题,并进行方案调整。

参考文献

陈祥生、唐珏岚:《20世纪80年代上海改革开放滞后的影响及其原因》,《中共宁波市委党校学报》2008年第1期。

秦德君:《"十二五"期间上海改革的顶层设计研究》,《中国浦东干部学院学报》2011年第5期。

周国平:《建设全球城市——上海未来五年发展战略》,《上海市经济管理干部学院学报》2008年第1期。

屠启宇:《上海城市发展与战略研究》,《科学发展》2009年第3期。

上海市十二五规划工作领导小组办公室编《上海市国民经济和社会发展第十二个五年规划纲要》,上海人民出版社,2011。

B.3
营业税改征增值税后的改革红利与波及效应研究

上海社会科学院"关于'营改增'改革问题深化研究"课题组[*]

摘 要： 从2012年1月1日起，上海率先开展"营改增"方案试点。2013年8月，"营改增"在全国范围内推开。本报告经数据统计汇总，认为此次税改以来"营改增"的减负效应基本达到预期。同时，本报告还采用理论演绎和国际比较相结合的方法，剖析了"营改增"的深远影响及未来的走势。本报告特别对"营改增"所带来的六大波及效应做了深层次的分析，认为如果在一个长周期内审视，"营改增"带来的波及效应一方面会优化整个经济体系的生产结构，使得生产体系更加网络化、弹性化和融合化，从而提升整个经济体系的生产效率，成为经济增长新的动力源；另一方面有利于中小企业的蓬勃发展，有力地刺激新城镇化战略向纵深展开，特别是依托大型城市的新城

---

[*] "关于'营改增'改革问题深化研究"课题为上海社会科学院2013年度重大课题。本课题总顾问为王战；课题负责人为沈开艳；课题组成员有杨亚琴、陶纪明、汤蕴懿、莫兰琼、闫强等。王战，上海社会科学院院长，教授，博士生导师，主要研究方向为世界经济、中国经济与政策研究、区域经济发展战略和上海改革、开放与发展；沈开艳，经济学博士，上海社会科学院经济研究所副所长，研究员，博士生导师，主要研究方向为宏观经济学、中国经济理论与实践、印度经济等；杨亚琴，经济学博士，上海社会科学院智库科研处处长，研究员，主要研究方向为区域经济、上海经济等；陶纪明，经济学博士，上海市政府发展战略研究所副所长，副研究员，主要研究方向为区域经济、上海经济等；汤蕴懿，管理学博士、政治经济学博士后，上海社会科学院学科科研处副处长，副研究员，主要研究方向为公共政策和NGO；莫兰琼，经济学博士、博士后，上海社会科学院经济研究所助理研究员，主要研究方向为宏观经济、产业经济等；闫强，上海社会科学院经济研究所西方经济学专业博士研究生，主要研究方向为数量经济学、计量经济模型构建等。

镇将首先从中受益,最终将推动中国经济发展方式实现根本性转变。

关键词:

"营改增"　拉弗曲线　波及效应

从2012年1月1日起,按照国务院的部署,上海率先开展营业税改征增值税(简称"营改增")试点方案,试点行业包括交通运输业以及研发和技术服务、信息技术服务、文化创意服务、物流辅助服务、有形动产租赁服务和鉴证咨询服务六类生产性服务业(以下简称"1+6")。2012年下半年,北京、天津、江苏等八个省份也先后加入"营改增"试点行列。2013年8月,国务院决定把"营改增"推向全国。与此同时,广播影视作品的制作、播映、发行等也被纳入试点行业。这意味着下一步"营改增"的改革模式将从地区试点转向行业试点,分行业在全国推开,成熟一个行业推进一个行业。

"营改增"的减负效应基本达到预期。据统计,2012年全年上海"营改增"为企业减少税收260亿元。① 从全国看,截至2013年2月底,全国试点企业已达112万户,平均每个试点省份每月大约增加5%的试点企业。从税负变化看,到2013年2月底,试点企业共减负550亿元以上,95%的企业实现减负或税负无变化,只有5%左右的企业税负有所增加。而所有小规模纳税人,包括众多个体户,都实现了减税,减税幅度达40%。据财政部部长楼继伟的估计,全部推开"营改增"后,2013年全年预计可减税约两三千亿元。②

但是作为一种"上下互动"型改革,2012年仅有12个省、直辖市和计划单列市进行试点,2013年8月才推向全国。时间短、行业少使得现有的数据

---

① 成杨:《贾康:"营改增"助力环境企业发展》,中国水网,http://news.h2o-china.com/html/2013/04/115602_1.shtml,2013年4月12日。
② 《2013年8月份营改增试点扩至全国》,中国行业研究网,http://www.chinairn.com/news/20130422/171548847.html,2013年4月22日。

难以对"营改增"两年进程进行总体评估,更难以展现出"营改增"所具有的影响和意义。为此,本报告更多地采用理论演绎和国际比较相结合的方法剖析"营改增"的深远影响及未来走势,并提出如下几个重要观点:其一,从长期看,"营改增"在降低企业税负的同时,会增加政府的税收收入。其二,"营改增"是一项重大制度创新。其三,应该通过一系列的政策"组合拳"把"营改增"的效应发挥到最大。

一 "营改增"与税收结构和经济增长关系的实证研究

上海和全国的实践表明,"营改增"对服务企业有明显的减负效应。对国家财政而言,从短期看,会降低政府税收收入,但如果放眼长远,政府的税收反而会增加,这也是拉弗曲线所要表达的核心思想。

(一)从拉弗曲线看税负水平与经济增长的关系

在经典的拉弗曲线中,决定税收收入总额的因素,不仅是税率高低,关键要看税基大小。提高税率不一定会使税收收入增加,有时反而会使税收收入减少,主要原因在于经济主体的活动能力,如图1所示:随着税率提高,税收收入达到最高额A,税基OA也同步增大;当税率超过图中C点时,税率过高,税收负担加重,经济主体的活动受到限制,削弱工作和投资的积极性,会造成生产下降,企业的数量规模自然减少,导致税基减小。要恢复经济增长势头、扩大税基,就必须降低税率,只有降低税率,才可以鱼与熊掌兼而得之——收入和总产量都增加。

拉弗曲线描述的是长期经济条件下税率对税收和经济的影响。在短期内,各项政策从制定到实施,再到结果,具有一定的"时滞性"。正是这种"时滞性",虽然短期内税率降低、税基逐步变大,但税收仍然降低(见图2)。

国际经验表明,单纯减税让利的低税负政策与经济增长之间并不存在绝对的反向关系。各国在推进税收制度改革方面,在减税前提下,更注重通过税收

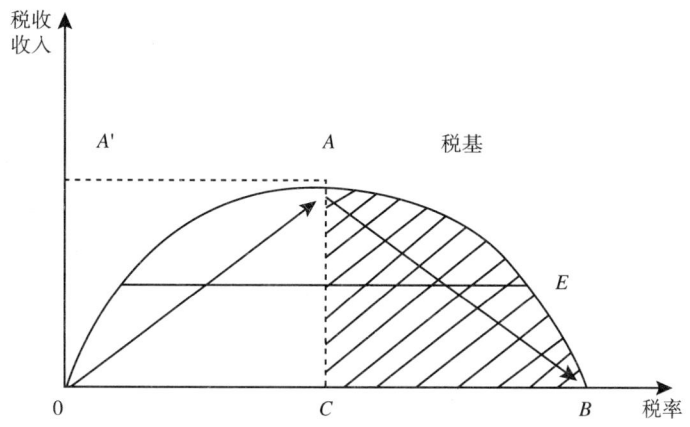

图 1　拉弗曲线中税收收入与税率的关系

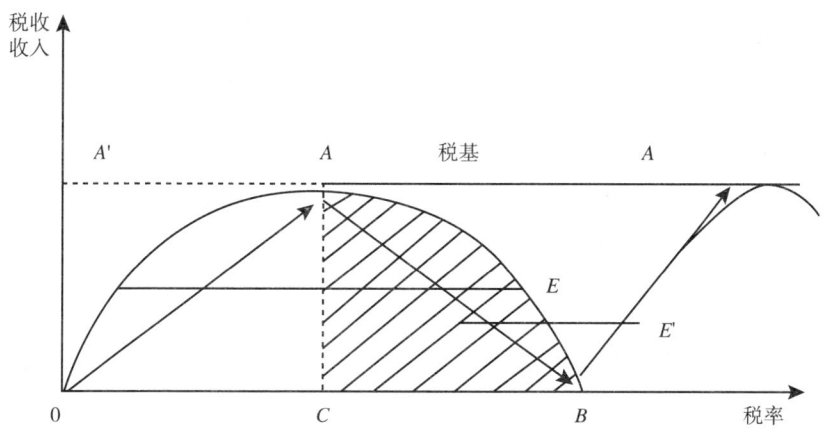

图 2　拉弗曲线中税收收入与税率增长的"时滞性"

的结构性调整,激发企业经济活动能力。

从各国实施增值税的经济发展背景看,由于营业税存在重复征税的弊病,而当一国需要大量投入以刺激经济增长,而经济发展又要求加强专业协作的时候,营业税势必对投资产生较大的扭曲,不利于专业化发展。在这种情况下,必须要用增值税来取代营业税(见表1)。

表1 各国实施增值税改革的宏观经济背景

国家	实施增值税的经济发展背景	共性
发达国家	20世纪50年代,百废待兴,需要巨大投资刺激经济增长,同时经济发展又要求加强专业协作,而西方国家原来实行的重复征收的营业税,对投资有较大扭曲,不利于专业化发展,必须要有新的税种来取代。二战后,西方国家高科技发展迅速,企业的固定资本投资比重大、资本有机构成高、产品的科技含量大,实行消费型增值税,有利于高科技产业发展和社会经济发展①	经济结构调整、专业化协作发展,以及国际分工、协作的日益加强,要求实行增值税来顺应这些变化
澳大利亚	随着经济发展的不断成熟,澳大利亚的制造业竞争力明显下降,整体水平呈下滑趋势,而服务业整体水平则呈上升态势,占GDP的份额不断提高。随着澳大利亚产业结构的调整,制造业转出的剩余劳动力主要流向服务业,从而促进了服务业的发展,服务业占GDP的比重不断上升。针对这些变化,澳大利亚进行了商品和劳务税重大改革,在全国开征商品和劳务税	
印度	印度复杂的商品服务税制增加了商业成本,为商品流通设置了障碍,不仅割裂了国内市场,而且造成重复征税,加重了经营者的负担。而生产和服务不同的税收待遇也扭曲了市场行为,不利于经济发展。在此背景下,印度在全国范围内对商品和服务进口、批发和销售行为征收货物与劳务税,把生产和销售链条上的所有环节纳入货物与劳务税范围,减少免税项目,增加政府财政收入	
其他国家	随着工业的发展,生产流通环节增多,营业税使位于产业链后端的生产经营者累积承担的税负加重,大大阻碍了经济的发展	

① 《消费型增值税》,互动百科,http://www.baike.com/uiki/消费型增值税 & prd = button_doc.jinru。

(二)"营改增"的国际经验借鉴

20世纪90年代以后,许多发达国家和发展中国家对税收制度进行了深刻改革,掀起了税制改革高潮,也积累了前期经验。各国实践证明,"营改增"对区域经济增长具有积极效应,但存在一定的"时滞性"。"时滞"周期的长短,受到各国经济结构、市场化水平、企业发展和推进速度的综合影响。发达国家"过渡期"短,但税收增减幅度大,如澳大利亚2000年实行商品和劳务税后,2001年税收增长率出现大跳水,由2000年的8.93%跌至2001年的1.54%;但一年后又重新回到了8.9%的水平,并一直保持在2007年金融危机前的水平。发展中国家"过渡期"长,但税收增减幅度小,印度用了5年时间、越南用了6年时间实现了税收回升。上海在1994年生产型增值税制度改革中,"时滞"过渡周期为5年,其中第四年税收增长率达到最低水平,从1999年后,上海税收保持了连续10年的持续增长。

(三)"营改增"带来的税收结构优化是促进中国经济增长的关键

此前的相关研究已证明,中国减税让利的低税负政策与经济增长之间并不存在绝对的反向关系,总体税负水平若增加或降低1个百分点,国民生产总值增长率仅可能相应地降低或提高0.13个百分点。① 因此,我国的税收政策重点应立足于税收结构的调整优化。

中国的"营改增"政策试点,降低了服务业的整体税负和专业协作水平,更为重要的是,第二、第三产业不同经济主体间由于缴纳税种不同而限制经济活动的问题得到了解决,降低了制造业的税负,从而提高了第三产业内部和第二、第三产业之间各个专业领域的工作和投资积极性,促成生产和服务协同发展的格局。

假设部分行业实行"营改增",即对象仅限于上海目前"营改增"扩围的试点行业,那么根据 $\Delta t_i = t_i - t'_i - \dfrac{\sum_j t_j H_{ji}}{R_i}$,并利用《上海2007年投入产出表》的相关数据,计算得到这些服务业的税负变化情况(见表2)。

表2 部分行业"营改增"对相关服务业行业流转税率影响的测算

行业	税负变化	行业	税负变化
租赁业	0.0886	道路运输业	-0.0225
铁路运输业	0.0248	水上运输业	-0.0258
城市公共交通业	0.0093	软件业	-0.0277
管道运输业	0.0045	仓储业	-0.0371
航空运输业	-0.0040	研究与试验发展业	-0.0468
装卸搬运和其他运输服务业	-0.0054	建筑业	-0.0541
计算机服务业	-0.0194	专业技术服务业	-0.0732

---

① 曾桃华:《湖南省经济税收负担与经济增长的实证分析》,湖南大学硕士学位论文,2007。

从表2看出,部分行业"营改增"后,有的企业税负比原来增加了,主要原因是这些企业的抵扣税额相对较少,同时改为增值税后所适用的税率较高,导致"营改增"的增税效应大于减税效应。

二 "营改增"是一项重大制度创新

"营改增"税制改革在上海试点已近两年。实践表明,"营改增"已经取得了一定的预期效果,包括避免重复征税、实现结构性减税等,形成生产性服务业与制造业以及生产性服务业内部的良性互动,推动服务经济向纵深发展。上海第三产业比重在2012年一举突破60%关口,"营改增"可谓功不可没。从理论层面剖析,"营改增"所具有的税收中性原则将有力地推动生产性服务业从制造业中分离出来,促进市场分工,促进服务外包。随着"营改增"进一步深化扩围,将并入更多的行业,打通更多的环节,纳入更多的地区,从而实现改革效应的最大化。

"营改增"作为一项重大的税制改革,其直接作用对象是服务性行业,除行业本身外,与其相关联的上下游产业都会享受到"营改增"带来的减税效应。2012年全年上海整体减税260亿元左右,而全国试点城市直接减税达到426.3亿元,整体减税面超过90%。[①] 与直接降低企业负担相比,"营改增"更为深远的影响则是一轮轮依次产生的波及效应,特别是在行业和空间扩围的情况下,从长期看波及效应将远远大于直接效应。我们认为,这种波及效应的不断深化将成为服务业转型和升级的"催化剂",成为扩大税基、促进就业的"助推剂",成为倒逼财税体制改革、理顺中央与地方财权事权关系、优化完善分税制体系的"发酵剂"。

(一)"营改增"带来的四大直接效应

在征收营业税的情形下,生产环节越多,则该生产链条上企业被重复征税的次数就越多,企业整体税负就越重,因而营业税不利于产业链的分工与细

---

① 《上海"营改增"一年减税200亿》,《东方早报》2013年2月27日。

化,同现代化大生产体系所要求的"迂回生产"相悖。改征增值税后,这一弊端得以消除,生产链将按效率原则重新予以构建,资源的配置也将更为合理,企业的核心竞争力会大大增强。这种"营改增"带来的直接效应,主要表现在以下四个方面。

一是传统上内化于制造企业内部的生产性服务业出现剥离,比如上海某重工机械重点企业,"营改增"后加快推进企业组织架构的优化与流程再造,计划通过内部服务业的剥离,特别是其下属海工、陆工两个研究院等研发技术服务业务分离后组建独立研发服务公司,在为母体服务的同时,也进一步拓展了市场化业务。① 再如安徽的奇瑞汽车股份有限公司,该公司已主动将物流辅助服务业务、研发和技术服务业务、文化创意服务业务、交通运输业务从母公司进行主辅分离,实行单独核算,开展"营改增"试点半年,新分离业务就缴纳增值税逾8000万元。②

二是总集成、总承包型企业税负显著下降,企业将更加专注于平台搭建、模式创新、风险控制、业务整合等核心业务,而把非核心的业务外包出去,从而增强总承包企业的全产业链服务能力。

三是同等条件下企业将越来越倾向于从市场中购买各种专业生产性服务,一方面将直接刺激生产性服务业的需求,另一方面将推动企业的主辅分离。比如上海机场计划在运营模式方面考虑采用更多的服务外包形式,把机场内部生产性服务活动或业务转为外部提供。

四是服务贸易企业实行零税率政策将极大地促进离岸外包企业的发展,增强服务贸易企业的国际竞争力。

(二)"营改增"带来的六大波及效应

上述种种还会进一步产生相对间接的波及效应,这类效应尽管时滞长、见效慢,但影响深远、意义重大,是"营改增"改革的重要结果。其波及效应主要包括以下六个方面。

---

① 周振华主编《营业税改征增值税研究》,格致出版社、上海人民出版社,2013。
② 《中国经济大棋局下的重要一步——聚焦营改增试点推向全国》,新华网,http://news.xinhuanet.com/fortune/2013-07/31/c_116761246.htm,2013年7月31日。

一是企业分工细化，更加专注于主营业务，核心竞争力逐步提升。

二是生产性服务企业从数量到质量都得到明显改善，产业结构逐步优化，制造业和服务业的产业融合不断深化。

三是各种新型生产性服务业逐步兴起，按照效率原则或嵌于企业内部，或独立出来，推动制造型企业由"加工制造"向"服务制造"转型，而这也正是服务经济的最本质内涵。比如上海某钢铁集团由单纯加工制造向研发设计、售后服务延伸，提供全产业链的解决方案，提升了规划、设计、成套技术集成的产业链各环节的能力建设。

四是中小企业有了更广阔的发展机会。"营改增"最大的受益群体是小微企业，其税率由原来5%的营业税改为3%的增值税，税负明显下降。这会带来两方面结果：第一，各类小而专的生产性服务企业蓬勃涌现，第二，传统的中小型制造企业也买得起专业化服务，从而提高了这些小微企业的竞争能力。从长期看，企业数量的增加将带动就业并产生直接的收入效应，而收入效应也将通过刺激内需为整个生产体系注入正能量。这是一个典型的良性正反馈过程，其结果是企业投资信心增加，税基扩大。

五是服务贸易企业的发展有助于降低中国企业"走出去"的交易成本，减少企业在国际市场竞争中的风险。

六是减负后的企业投资意愿会有所增强。主要有三方面的原因：第一，企业的业务会出现扩张，比如上海某设计研究院和某科技公司在"营改增"后业务都出现了显著增加，从而增加了其的投资扩张意愿；第二，增值税可抵扣，直接刺激了某些企业加大在固定资产上的投资，比如上海某自动化仪表研究院根据实际业务不断扩大的实际需求，加速研发检测测试设备等固定资产的更新，加大技术改造的投入；第三，整体经济生产效率的提高也逼迫企业在技术改造、创新研发等方面加大投资力度。

如果在一个长周期内审视，可以发现上述种种变化一方面会优化整个经济体系的生产结构，使得生产体系更加网络化、弹性化和融合化，从而提升整个经济体系的生产效率，成为经济增长新的动力源；另一方面将有力地刺激新城镇化战略向纵深展开，特别是依托大型城市的新城镇将首先从中受益，最终推动中国经济发展方式实现根本性转变。因此，从长期看，经济将变得更加富有活力,从而扩大税基。尽管从短期看政府的税收收入会有所减少,但从长期看,税收收入反而会有所增加,这也是经典的拉弗曲线所表达的核心思想。基于此,我们认为"营改增"是打造"中国经济升级版"有力的"催化剂"。

三 "营改增"扩围后的趋势及预判

(一)对我国此次"营改增"性质的基本判断

"营改增"是我国新一轮改革的起点,具有"牵一发而动全身"的重要意义。上海的成功试点使这项改革提速,但由于试点行业范围有限,出现了不少困难和问题,回顾和展望此次试点,我们对其基本性质做出如下的四个判断。

1. "营改增"改革是基于分步推进扩围的策略选择

渐进性推进是我国改革的一个宝贵经验,此次"营改增"改革试点充分体现了"先易后难,先生产后生活"的渐进式改革思路,力求通过 5 年左右时间实现增值税行业全覆盖。首先,将容易操作且有共识的铁路运输业和邮电通信业纳入下一步试点行业范围,实现这两个行业的全覆盖;其次,将改革试点范围逐步扩大到建筑、无形资产转让、文化体育、服务等行业,将能够按照标准方式征收增值税的行业尽可能地纳入试点范围;最后,对不宜按照标准方式征收增值税的金融保险业以及生活性服务业(如娱乐业、餐饮业等)等难度较大的行业暂时采取简易征收方式,从形式上基本将全部行业纳入增值税征收范围。

2. "营改增"改革的战略意图是要推动服务经济和实体经济发展

1994 年推行的第一轮"营改增"改革,其目的是解决财政包干制所带来中央财政陷入困境的问题,而上一轮制造业的"营改增"对中国制造业的腾飞功不可没,直接促进了我国制造业的分工细化,推动了中国成为新的"世界工厂"。而本轮"营改增",其宗旨在于推动服务经济的发展。上海在 2010 年自发开展了"促进服务经济发展的税收制度和税收政策研究",该项研究以"雄辩的分析、翔实的案例、科学的数据和国际的比较"充分论证了"两税并存"已经成为阻碍服务经济发展的重要因素,促使中央下决心加快推进"营改增"改革。

"营改增"有利于发挥增值税的中性特征,从制度层面解决了影响服务业发展的税收瓶颈问题,对结构转型和发展方式转变具有深远影响。此次"营改增"对我国服务业的发展及产业结构的优化再次发挥了重要作用,2012年上海服务业比重首次达到60%,其中"营改增"的贡献功不可没。同时,大幅度减税效应促进了中小服务企业的发展,客观上也提高了制造业的竞争力。尽管税收收入暂时受到一些影响,但长远来看会产生减税的拉弗曲线效应,即随着产业发展和经济总量的扩大,总体税收收入不减反增。

3. "营改增"推动服务经济发展要打政策组合拳

首先,要通过"营改增"促进服务经济发展,就要牢牢抓住增值税不同于营业税的本质特征。第一,增值税能避免重复征税。发展服务经济,就是要利用增值税的这一特性,推动生产性服务业从制造业中分离出来,促进市场分工,促进服务外包。这就需要下一步"营改增"改革打通更多的环节,将更多的行业纳入,将更多的地区纳入。只有这样,"营改增"的改革效应才会最大化。第二,增值税比营业税更符合税收的中性原则。中性原则是指将税收对经济运行的不良影响降到最低。增值税从消除重复征税上是中性的,它向服务业扩围,可以消除原来两税并存对服务业的抑制。但是,如果实行过多档次的税率,除了带来税收征管的复杂性,实际上仍是维持行业税负不均衡的经济运行扭曲状态,没有发挥增值税应有的中性作用。从长期来看,多档次的税率会影响下一步改革和国家经济运行。

其次,增值税改革要发挥作用,需要有必要的外部条件,行业相关改革必须先行。增值税有效发挥税收中性原则的作用有一个重要前提,就是较为完善的市场经济。从现已实施改革试点的"1+6"试点行业来看,都是在市场竞争较为充分的几个领域,中央公布的2013年8月1日纳入试点的影视作品制作、播映、发行行业,也是如此。照此还可以推测邮电通信业比铁路运输业改革条件更成熟,而金融行业则因其特殊性,国际上也都是实行一套和其他行业不同的流转税政策。因此,我国服务经济发展,仅税制改革还不够,"营改增"效应的发挥还存在很多税制以外的制约因素,如行业垄断、过多的行政审批等,这些对中国金融、贸易的发展都是不利的。

最后，促进服务经济发展，税制改革本身也要打组合拳。发展服务经济，是要发展高附加值的服务经济，而服务业的高附加值主要高在智力要素。从税收的中性原则来讲，税收同样不应该抑制智力要素在生产力中发挥重要作用。而我国的现状是，个人所得税边际税率过高，已经严重阻碍了智力要素发挥作用，这也是我国服务经济发展的一道"高门槛"。因此，当前的税制改革仅仅是在流转税领域解决服务业的税负过重问题，还没有在所得税领域解决智力要素税负过高问题。促进服务经济发展的税制改革，需要多个税种打出组合拳。特别是高端人才要素发挥关键作用的金融等行业的发展，个人所得税改革需求非常迫切。

4. "营改增"会倒逼政府职能转变

目前改革试点的"1+6"行业领域主要涉及原营业税9大类行业（另有金融保险、建筑、邮电通信、文化体育、娱乐和销售不动产等）中的"1.5个行业"，涉及税额仅占9大类行业营业税总额的不足一半，由此导致抵扣链条不系统、不完整，抵扣项目较少，部分现代服务业试点企业出现税负增加等问题。同时，更为重要的是，"营改增"将影响当前的财政管理体制。"营改增"局部试点可以暂时不改变财政管理体制，但在"营改增"扩围以后，如何保证中央财政收入和地方财政收入的合理分配，成为考验改革成功与否的重要标准。不论怎样，"营改增"都会倒逼中央和地方政府的财政体制改革，并进而深刻影响行政管理体制的全面改革。

（二）"营改增"扩围后对各相关行业税负水平研究

按上文同样的方法，我们对"营改增"全面扩围后各相关行业的税负水平变化做了预测，如表3所示。

表3 "营改增"全面扩围对相关行业流转税负影响的测算

行业	税负变化	
	税率6%	税率11%
租赁业	0.07177	0.05771
铁路运输业	0.02396	0.02325
城市公共交通业	0.00641	0.00403

续表

行业	税负变化	
	税率6%	税率11%
电信和其他信息传输服务业	-0.00262	-0.00743
管道运输业	-0.00767	-0.01780
体育业	-0.01218	0.03140
新闻出版业	-0.01237	0.03025
装卸搬运和其他运输服务业	-0.01285	-0.01905
银行业	-0.01297	0.02884
证券业	-0.01390	0.02843
航空运输业	-0.01698	-0.02783
邮政业	-0.01819	-0.01982
房地产业	-0.02349	0.01918
其他金融活动行业	-0.02369	0.02002
计算机服务业	-0.02397	-0.02776
水上运输业	-0.02685	-0.02776
道路运输业	-0.02704	-0.03083
居民服务业	-0.03015	0.01550
保险业	-0.03228	0.00462
软件业	-0.03250	-0.03646
文化艺术业	-0.03321	-0.03693
旅游业	-0.03464	0.00289
科技交流和推广服务业	-0.03509	-0.04168
广播、电视、电影和音像业	-0.03765	0.00471
研究与试验发展业	-0.04867	-0.05021
建筑业	-0.05463	-0.05507
仓储业	-0.05500	-0.06992
住宿业	-0.05786	-0.01112
餐饮业	-0.06331	-0.01578
地质勘查业	-0.06408	-0.06573
商务服务业	-0.06484	-0.06709
专业技术服务业	-0.07559	-0.07754
其他服务业	-0.07843	-0.03192
娱乐业	-0.08692	-0.04164

注：税率6%与11%表示除"营改增"试点行业和行业税率假设为零的营业税行业外，"营改增"全面扩围后可能实施的两种税率。其中，6%是"营改增"后相对较低的税率，目前主要适用于研发和技术服务等部分现代服务业；11%主要适用于交通运输业和建筑业。

从表 3 的计算结果中可以看出以下几点信息。

第一,"营改增"会同时给服务业带来增税效应与减税效应,其中主要是减税效应,企业在总体税负下降的同时,行业间税负水平分化加大。"营改增"采取行业间逐步扩围的推进模式,不同行业的抵扣链条存在先后实施顺序,企业减税效应随着涉及行业范围的不断扩大而放大。经测算,"营改增"全面扩围后,当前 34 个现代服务行业中有 21 个税负水平将绝对下降,其中专业技术服务业与商务服务业减税效应最明显。如采用 6% 的税率,租赁业、铁路运输业、城市公共交通业税负水平将增加;如采用 11% 的税率,税负水平增加的行业还将增加体育业,新闻出版业,银行业,证券业,房地产业,其他金融活动行业,居民服务业,保险业,旅游业,广播、电视、电影和音像业。在全面扩围情况下,"营改增"会使大部分服务业行业的流转税负出现不同程度的下降,其中专业技术服务业与商务服务业获得较为显著的减税效应,但租赁业和部分交通运输业的流转税负会有所上升。

第二,由于"营改增"采取由部分到全面的改革模式,不同行业存在先后顺序。

第三,各省份都将面临 3 年左右税收减少的"过渡期",其中中西部地区"过渡期"较长、税收回升增速较慢。由于中国东西部之间经济差距较大,我们估算,上海将用 3 年时间完成"过渡期",并将在 2014~2020 年实现税收和 GDP 的持续增长,而中西部地区的"过渡期"将延长到 5~6 年。

(三)"营改增"扩围后税收与经济增长的趋势预测:2011~2020 年

1994 年,中国启动了生产型增值税制度改革,并形成了生产型增值税和消费型营业税并存的格局。自 1994 年生产型增值税改革以来,我国税制改革形成了当时中国经济投资和消费双膨胀状态,消费型增值税对投资具有刺激效应,与当时实行的紧缩政策不一致,采用生产型增值税能够抑制投资需求,有利于抑制投资膨胀。本报告对上海 1994~2011 年生产型增值税制度改革进行计量分析,就其与区域经济增长的关系进行了经验检测,具体如下(见图 3)。

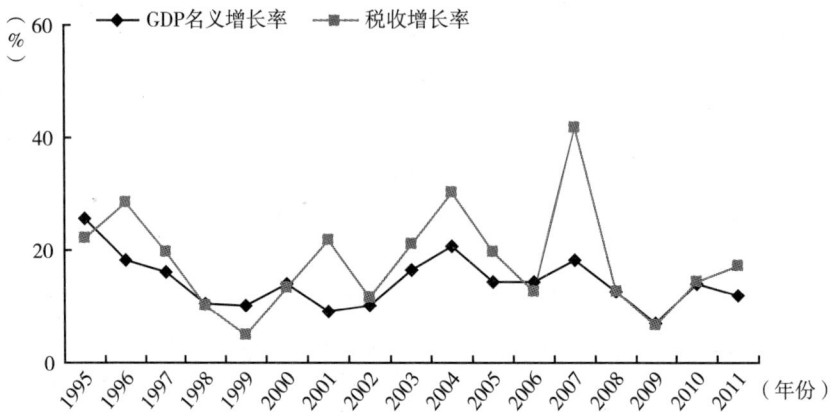

图3　1995～2011年增值税改革对上海区域经济增长的影响测算

资料来源：根据历年《上海经济年鉴》中的相关数据整理而成。

① 1995～1999年，生产型增值税运行初期。税收增长率虽基本高于GDP名义增长率，但总体趋势逐年下降，其中，1999年税收年税收增长率下降到最低点，且低于GDP名义增长率。此阶段表现出税收政策调整的"时滞性"，周期大约为5年，其中第四年为"时滞"效应的最低点。

② 2000～2008年，生产型增值税运行成熟期。GDP名义增长率与税收增长率变化开始保持一致，两者整体呈上升趋势。且总体上税收增长率逐渐超过GDP名义增长率。此阶段前期税收政策调整的"时滞效应"已结束，改革红利开始充分释放，周期为10年左右，税收结构优化与经济增长的正效应充分体现。

③ 2009～2011年，生产型增值税运行后期。金融危机开始后，受到宏观经济环境影响，税收增长出现显著下滑，增长率未能延续之前的高增长态势。同时与GDP名义增长率差距逐步缩小，说明分税制改革红利完全释放出来，需要新的税收制度改革推进。

④ 2012年至今，"营改增"调整初期。通过对经济增长和宏观税负之间的关系进行回归分析，发现税负对数和经济增长率呈现较为显著的负相关关系，这也与理论预期一致，即现阶段上海市宏观税负对经济增长产生了负面影

响,税负水平的降低将对经济增长带来正面影响,即"营改增"通过结构性减税在短期确实可以促进经济增长。

(四)"营改增"政策与经济增长的趋势预测:2011~2025年

目前,我国"营改增"仍处于试点阶段,根据国务院部署,2013年"营改增"作为我国结构性减税的重要内容,将继续扩大试点地区,并选择部分行业在全国范围试点。这意味着全国有越来越多的企业将纳入"营改增"范围。我们以1994~2011年上海生产型增值税调整与经济增长的经验检测为参考依据,模拟出2011~2025年上海市"营改增"政策与经济增长的长期趋势。结果显示,在经历了2012年"营改增"之后的迅速回落后,2013年上海经济增长与税收收入的增长速度将开始逐渐走出下降通道,进入回升阶段,但其间会出现部分波动,预计在2014年下半年呈现稳健上升趋势(见图4),这种趋势将持续到2020年。在"营改增"的政策红利带动下,上海的经济增长和地方税收增长将实现同步。

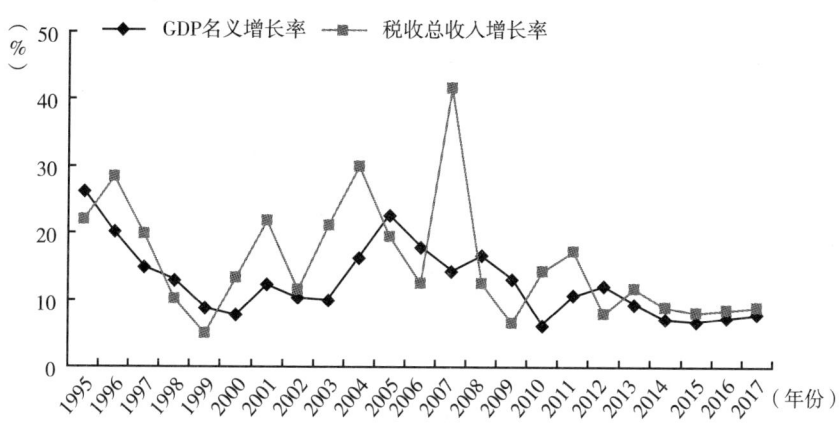

图4 增值税改革对区域经济增长的影响测算

四 "营改增"进一步深化的政策建议

上海"营改增"试点施行一年多以来,在企业减负、产业升级、专业分工、第二产业与第三产业融合和规范运行等方面成效显著,但也出现了部分企业税负增加、地方税收收入减少、"政策洼地"和税改效应冲突等阶段性问题。随着2013年8月1日"营改增"试点在全国铺开,这些问题在广大中西部地区将变得更加敏感和尖锐。与此同时,全球经济进入深刻调整期,东部经济转型发展也需要更多的制度红利。如何正视"营改增"的阶段性特征和不同区域差异,积极稳妥地推进改革试点,需要更多的理论指引和实证经验。我们通过对国外同期改革的考察和上海前期经验数据,对深化"营改增"试点后不同行业税负、地方税收和经济增长之间的关系进行了模拟预测,提出以下几点政策建议。

(一)以"营改增"为契机,加快推进房产税、资源税改革,进一步完善中央地方财权事权相匹配的财政体制

作为试点的配套措施,目前采取的税收"增减平衡"是一种权宜之计,从长期看,现有的中央地方财政关系必将被打破。因此,一方面,地方需要寻找新的主体税种;另一方面,现有的中央地方财权事权关系需要进一步理顺,分税制体系需要进一步改革完善。

财政体制的调整有两个方向:一是财权下移,向地方下放财政收入;二是事权上移,增加中央支出责任。从我国目前实际情况来看,应以前一种方式为主、后一种方式为辅。这又涉及"营改增"后地方政府的主体税种问题。结合目前各税种(房产税、资源税、个人所得税、消费税)及其属性,我们认为房产税和资源税最有可能和理由成为地方的主体税种。但目前的情况是这两者都是小税种,体量上无法和营业税相比,且资源税具有较强的区域性,对资源贫乏的中东部地区几乎没实际贡献。因此,从实际操作层面上看,建议把调整增值税共享比例和完善房产税、资源税改革结合起来,在保证地方财政收入不因改革受影响的前提下,加快培育房产税和资源税,并根据地方税收变化,适时调整增值税共享比例和完善中央对地方的转移支付制度。

(二)简化增值税税率档次数,设立基准税率和一档浮动税率

增值税从消除重复征税上说是中性的,它向服务业扩围,可以消除原来两

税并存对服务发展的抑制。但是,如果实行过多档次的税率,除了带来税收征管的复杂性,实际上仍是维持行业税负不均衡的经济运行扭曲状态,没有发挥增值税应有的中性作用。国际上,澳大利亚、新西兰实行的都是单一税率;欧洲实行传统型增值税,也只有两个档次,一个是正常税率,另一个是对少数商品(如食品)实行的低税率(见表4)。从长期来看,多档次税率会影响下一步改革和国家经济运行。我国目前采用17%、11%、6%和3%四档税率,不同税率导致企业盈亏两重天,建议参照国际通用做法,设立3%的基准税率,同时对一般纳税人采取5%或6%的一档浮动税率,保证绝大多数企业税负水平降低。

"营改增"后,我国基本税率水平与欧洲国家已接近,但低档税率仍然存在层次多、税率偏高等问题。这不仅与国际上的改革趋势不一致,而且增大了增值税征收管理难度。我们在深化增值税改革的过程中还应进一步减少税率档次,对某些行业的高增值税税率还应进一步降低。

表4　各国增值税税率设置比较

税率	国家	特点	趋势
单一税率	丹麦、挪威、智利、日本、新加坡、韩国、泰国	单一税率下增值税计征较为方便,但不利于对不同商品的利润、消费进行调节	理论上,增值税作为一个中性税种,要求采用单一税率。然而,由于各国政策需要,目前采用多档次税率的国家居多。但采用多档次税率的国家普遍有减少税率档次的趋势,如法国由5个档次减为3个档次;亚洲国家较多地采用单一税率。单一税率和出口零税率是世界各国增值税改革的发展趋势
多档次税率	欧盟国家	由两个以上税率构成,一般有基本税率、低税率和高税率。基本税率又称标准税率,体现增值税的基本课征水平,适用于一般商品和劳务;低税率适用于生活必需品,如食品、药品等;高税率则针对少数需要加以限制的高档商品或奢侈品	
免税和零税率	大多数国家	大部分国家对基本食品、医疗服务、房屋租赁、教育和金融服务实行免税。发展中国家大多对种子、肥料和农机设备等农业生产主要投入物实行免税。韩国对不特殊加工的食品、自来水、煤球,以及部分客运业和社会福利性服务业免税。零税率是指不仅免征销售环节的增值税,并且允许抵扣进项税额,大多数国家对出口商品和劳务实行零税率	

（三）建议对中西部地区采取5年过渡期的固定补偿机制

2012年，上海市"营改增"试点减税规模达260亿元，占到全年财政总收入8276亿元的3%，占上海市2011年营业税收入的28%左右。显然，"营改增"在冲击了地方政府主体税种（营业税）后，将给地方税收收入带来持续压力。

上文的研究表明，"营改增"未来能带来更好的效益，包括经济增长和税收扩大。但短期内，地方政府更注重"营改增"对地方财政带来的负面影响，一是政策转型期地方财政面临减少的压力，二是对试点纳税人增加的税负部分进行阶段性补贴也会增加地方财政负担。这"一减一增"给地方政府带来了税收压力，影响了它们改革的积极性。特别对于广大中西部地区，就短期而言，减税对区域财政收支的压力更大；就中期而言，区域通过"营改增"这一制度红利实现经济增长的"过渡期"也更长。以上海和新疆为例，上海"过渡期"的税收水平下降了3%，而新疆经测算将在10%左右；上海税收过渡期预计为3年左右，而新疆税收过渡期预计将延长到5~6年；上海3年后税收增长率将为7%~9%，新疆5~6年后税收增长率将为4%~5%。与此同时，新疆地方财政每年有1000亿元左右的资金缺口需要靠中央财政转移支付和专项补贴来平衡，"营改增"加重了新疆财政资金缺口。

因此，要真正打消中西部地方政府的顾虑，稳妥地解决中西部地区"过渡期"的财政收入减少问题，发挥它们积极落实中央改革政策的主动性，就必须更有针对性地设计好中西部"营改增"中"过渡期"的政策，把对东部"先征后返"的"事后补贴行为"提前到专项预算形式的"事前补偿机制"，并按实际需要设定5年的补偿周期。

（四）建议在东部地区率先推行增值税和个人所得税的联动改革

促进服务经济发展，税制改革本身也要打组合拳。上海的相关调研表明，前期试点行业的主要运行成本依次为：人工费、差旅费和办公场所租赁费，这三大成本占企业运行总成本的60%~80%，其中服务业的能级越高，人力资本的比重就越大，但按目前的规定，这三个主要成本部分却不能抵扣。因此，在"营改增"试点推进过程中,虽然行业和试点企业范围进一步扩大,但其政策效应的影响始终只占到企业成本的20%~40%,抵扣比例"倒挂"现象严重,无法实现对服务业内部升级的激励。并且,在中国经济转型的背景下,劳动力要素和土地要素成本将持续提高,而生产资料、固定设施等成本将降低,企业运行成本中可抵扣部分和不可抵扣部分的比例结构将进一步"倒挂",成为制约东部服务业能级提升的主要制度障碍。

基于此,建议通过增值税和个人所得税的联动改革机制,解决当前"营改增"成本结构的"倒挂"现象。对于东部发达地区,在继续全面推进"增值税"改革的同时,可针对政府财政状况和优先发展的服务业顺序,选择若干个行业进行个人所得税联动改革,如金融服务业、咨询服务业等,以实现增值税和个人所得税的双重调节作用,更好地为扩大税基、提高税基质量服务。

(五)以"营改增"为契机推动产业规范有序发展

以建筑承包企业为例,在征收营业税的情况下,购买建筑材料不需要开具增值税发票,致使税务核算、申报都不严格。如改征增值税,将会倒逼企业改革,强化财务体系管理,促进企业财务更严密、更透明、更科学。所以在推进"营改增"改革的同时,特别是在邮电通信业和铁路运输业即将纳入"营改增"试点范围的背景下,必须做好如何通过"营改增"改革加强相关行业规范化发展的研究。

(六)加强"营改增"宏观监控,拓宽"营改增"改革研究思路

建立全国宏观经济运行数据大平台,对工商、税务、海关、经信委、商委、统计等部门的统计数据进行综合分析,及早洞见交叉领域、新兴行业发展,对有潜力的行业进行定向扶持。此外,在对深化"营改增"改革的研究过程中,不应该局限于国民经济统计的产业分类,或者一级税目、二级税目规定的行业,应结合中国经济转型发展的新动向、新趋势,以新思路、新方法扶持新模式、新领域发展。如在现代服务业发展中,总部经济和楼宇经济是具有举足轻重地位的经济模式,应该积极研究与此相关的物业管理服务、无形资产

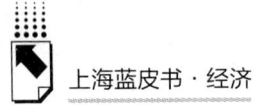

转让、不动产租赁等行业,将其纳入试点范围,使"营改增"能进一步促进总部经济和楼宇经济的发展。

参考文献

刘建民、李向阳:《澳大利亚税收制度及其借鉴》,《国外财经》2001年第2期。

国务院:《中华人民共和国增值税暂行条例》,国务院令第538号,2008年11月10日。

财政部、国家税务总局:《中华人民共和国增值税暂行条例实施细则》,财政部、国家税务总局第50号令,2008年12月15日。

陈炜、张震:《中国增值税转型的可行性实证分析》,《税务研究》2009年第9期。

胡怡建:《2013中国财政发展报告——促进发展方式转变"营改增"研究》,北京大学出版社,2013。

财政部、国家税务总局:《关于在全国开展交通运输业和部分现代服务业营业税改征增值税试点税收政策的通知》,2013年5月24日。

胡怡建等:《转轨经济中的税收变革》,中国财政经济出版社,2008。

胡怡建:《税收学》,上海财经大学出版社,2011。

B.4 上海政府职能转变的率先示范

汤蕴懿*

摘　要： 上海是全国改革开放的重点城市，也是国家"创新驱动、转型发展"先行先试的示范地区。在前期的发展中，上海通过所谓东亚"新兴市场经济"的发展模式，树立起中国地方政府治理的"上海模式"，为全国改革开放起到了带头示范作用。在"创新驱动、转型发展"的新形势下，上海的经济发展率先进入深度调整期，通过行政体制的内部改良来推动区域发展的工作机制和推进方式已达到"边际"，改革的调整空间日趋狭小。面对新一轮的发展诉求、存量改革中错综复杂的利益格局和利益群体多元化趋势，上海市地方政府必须具备更长远的眼光、更大的魄力、更系统的方式，率先进行政府职能的全面调整，为上海经济转型、社会多元和市场完善提供环境基础，也为各地的改革实践提供先行先试的经验。

关键词： 上海地方政府　职能转变　系统改革

一　上海政府职能转变的历史脉络分析

作为中国市场化程度发达的城市之一，上海在改革开放的前30年，在行

---

* 汤蕴懿，公共管理学博士、政治经济学博士后，上海社会科学院经济研究所公共政策研究室副研究员，研究方向为公共政策和NGO。

政管理体制改革实践中,按照深化经济体制改革和发展社会主义市场经济的要求,在转变职能方面取得了一定的成绩,成为中国改革开放的"先锋城市"。特别是浦东1991年开放以后,上海利用中央赋予特区的改革自主权,实施"以东带西、东西联动"的发展战略,通过打造"两级政府、三级管理"的新体制,提出多种制度创新,把规划权下放到区县,在减少行政审批的同时,把政府的监督管理从"事前"调整到"事后",成功实行了土地批租、发展资本市场、吸引外资等一系列经济项目,推动了数轮城市改造与开发,形成了强大的资源集聚与配置能力,使上海逐步从新中国成立后的单一工业城市演化为一座以金融、贸易、航运为支撑的多功能经济中心城市。

(一)计划经济时代的工业化行政管理模式

1949～1982年,在计划经济体制下,上海从工商业综合性城市转变为单一型工业城市,政府行政管理体制高度封闭集中,政企合一,条块分割,基础建设滞后。上海曾经是"远东第一大城市",也是新中国成立初中国最大的工商综合性城市,它的重要性,不仅体现在它拥有600万人口——上海是人口最多的中国都市,在区域策略上具有区域资产、大规模经济和特殊的地理位置优势,而且体现在当时中国一半的贸易额和工业产值集中在上海,是中国的经济命脉。1949年后,上海逐渐在中国的工业化思潮中转变为中国最大的工业化城市,同时在中央政府威权体制中,上海同其他地方政府一样成为地方执行机构,这不仅反映在中央对上海的干部人事安排上,而且表现在对本市国有企业管理与财政政策上。

但是,作为全国最大的城市,上海的情况要复杂得多。在从工商业综合性城市向单一型工业城市转变过程中,由于1949年以前上海具有非常优越的工商业基础,上海地方政府在市场经济的长期运行中形成了独特的惯性。如上海的行业组织发达,行业管理基本上是通过行业自治完成,"到解放初期,上海各类同业公会发展到400多家,覆盖了整个上海的工商业"。[1] 新中国成立后,在中国政府职能转变的总背景和共同要求下,上海从中国最大的工商业综合性

---

[1] 汤蕴懿:《行业协会组织与制度》,上海交通大学出版社,2010。

城市转型为最大的单一型工业城市,地方政府的主要职能逐渐缩减为中央政府的派出机构,职能重点是保障区域工业生产和效率,满足中央财政需求。在这一由中央政府主导的"强制性制度变迁"中,上海地方政府职能转变的成本相对其他区域高,对原有制度的破坏力也更强。

(二)市场化初期的"企业型"行政管理模式

1978年至20世纪80年代,上海地方政府职能转变围绕市场经济建设开始了初步探索。在举国市场经济改革的呼声中,上海提出事权下放、分权明责的行政管理构想,并开始进行政府管理职能下移。

1987年党的十三大报告首次提出了政府职能转变的问题,并制定了从中央到地方、以政府机构改革为突破口的路径。按照中央的要求,上海从1983年起,实施了地方政府职能的第一轮转变。其主要内容包括两点:第一,按照经济体制改革和政企分开的要求,合并裁减了专业管理部门和综合部门内部的专业机构,政府对企业由以直接管理为主转到以间接管理为主。在合并、撤销专业机构的同时,先后建立了经济委员会等宏观管理机构。第二,从机构配置的科学性和整体性出发,适当加强决策咨询和调节、监督、审计、信息部门,转变综合部门的工作方式,提高政府对宏观经济活动的调节控制能力。在这个时候,政府系统的监察、审计、信息中心等管理机构得到加强。

然而,在中国"财政大省"和"文革"中"政治大省"的双重影响下,上海与中央间呈现出复杂的政治经济关系。这种关系极大地影响了上海地方政府职能转变的进程,整体而言,上海在20世纪80年代的政府职能转变中取得了一些成绩,如明确了职能转变的方向和途径(理顺政府、企业和社会的关系),推进了机构改革。但由于计划经济中地方职能错位严重,同时经历了新中国成立后经济体制巨大转型的"阵痛",新的经济体制很难建立,因此整体效果比较有限,上海无论在经济建设方面还是在政府行政管理方面,均明显落后于东部其他地区。特别是改革开放初期,中央开放政策的先行先试区集中在南部沿海地区,上海在改革开放初期并没有获得像南方一样的优惠政策,在税务调整上也维持改革开放之前的比例,这种状况使上海的整个财政状况日益紧张,上海经济的可持续发展受到了严重制约。在此情况下,1984年,根据邓小平首次南方谈话精神，由时任上海市市长汪道涵起草的加速上海发展的计划书，加大了与中央进行谈判的力度，以获得税制改革和其他优惠政策的契机。

（三）全面市场化时期公共管理范式的初步转型

20世纪90年代至21世纪初，以浦东开放为契机，上海地方政府职能转变进入全面实施阶段。行政管理上形成了"两级政府、两级管理"的体制，政企分开，政府职能从全面管理逐渐转为对公共事务的管理。

中央在全面评估了上海在政治经济方面的未来影响力和当时发展制约因素的情况下，于1990年做出了开发开放浦东的重大决定，形成了"以东促西、东西联动"的格局。这一决定既看中了上海既往的财政优势，也考量了上海的未来发展条件。特别是1989年外资投入降温，上海的改革开放向外界证实了中国对外开放的决心。在浦东开放的契机下，上海地方政府加快了职能转变步伐，重点围绕促进区域开放型经济发展，率先在浦东进行了一系列的制度创新，通过合理定位政府角色、科学配置政府职能、优化经济管理体制和增加政府工作的透明度等措施，取得了显著成效。

1988年，随着国务院发布《关于上海深化改革扩大开放加快上海经济向外向型转变报告的批复》，上海经济取得了前所未有的发展。这一阶段上海的行政体制改革在扬弃原有职能的同时，着重增强了市场经济需要的宏观管理职能，转变了行政对经济的直接干预。当时上海明确提出了行政职能的四大转变：从过去以实物量管理为主转向以价值量管理为主；从过去以抓微观经济活动为主转向以宏观调控为主；从过去以直接管理为主转向以间接管理为主；从过去搞单一计划转向组织、培育和发展大市场。明确政府经济管理职能，主要是集中精力把大事管住管好，包括"五大二调"：出大思路、拟大政策、抓大项目、搞大平衡、建大市场，加强宏观调控和加强协调服务。同时，明确提出实行市与区县"两级政府、两级管理"的体制。

（四）深入市场化时期公共管理体制的全面转型

2002年党的十六大至今，随着上海深度城市化和国际化建设，政府职能转变进入完善升级阶段。进一步完善了"两级政府、三级管理、四级网络"

的城市管理体制，加强了公共建设配套，强化了社区服务。

进入21世纪后，上海和其他各省级政府一样经历了国内外一系列重大政治、经济的影响，特别是中国加入世界贸易组织和上海成功举办世博会，对深化地方政府管理体制、促进政府管理水平提高提供了强大的推动力，上海地方政府对城市的管理模式从"管理"向"治理"全面转型，初步形成了目前基本符合社会主义现代化国际大都市要求的行政体制。

在这一时期，上海行政体制改革已经进入自觉地按照社会主义市场经济体制的本质要求，自觉地全面重塑的新阶段。上海按照国际通行规则和惯例，根据世界贸易组织有关要求，结合上海城市发展特点，以全面开放促进行政体制改革与完善，注重塑造与国际通行规则接轨的行政管理体系，注重构建服务型行政体制，增强社会管理职能。全面推进外资企业享受国民待遇，增强行政透明度和贸易便利化，切实加强对国有资产的监督和管理，强化对市场的监管职能，强化对国民经济的宏观调控职能，强化社会保障职能，强化规划管理职能。与此同时，致力于推进一系列旨在理顺政企关系的改革，包括推进政府部门的全行业管理，解决体制内与体制外的不平等问题；推进控股公司改革；推进行政审批制度改革；推进信用制度改革；推进政府机构改革；等等。

目前，上海已经初步形成了与市场经济体制相适应的行政体制，行政效率、行政成本、行政透明度基本符合特大型城市管理的要求，有力地推进了上海的城市发展。上海政府职能界定不断清晰，政府机构主要的四大职能——行政职能、经济职能、文化职能、社会职能不断完善。政府与企业、市场、社会的关系逐步理顺。政企分开、政资分开、政事分开、政府与市场中介组织逐步分开，市场在资源配置中的基础性作用得到充分发挥，公民和社会组织在社会公共事务管理中的作用也逐步体现，政府机构得到了较大程度的精简和优化。

二 上海政府职能转变的阶段性特点和约束条件

（一）上海政府职能转变的阶段性特点

党的十一届三中全会以来，为适应经济体制改革和社会发展的需要，上海作为特大型城市，在党中央、国务院领导下，行政管理体制以机构改革为主线，先后进行了多次改革和调整，为逐步建立与社会主义市场经济体制相适应的行政管理体制奠定了基础。但是，面对"四个中心"建设的战略目标和现代服务业发展的迫切需求，除了上文所分析的共性问题，上海的政府管理改革还存在一些个性化的问题。

首先，上海政府管理创新的环境并不理想。上海开放度高，转型发展也较早，一些其他地方没有遇到的新情况、新问题，上海往往首先遇到，过去有用的一些老办法不再管用，用既有的现成办法也不适合，只有先行先试、大胆创新。更关键的是，上海作为改革"前锋"，先发优势已经减弱，而改革的竞争态势则在加剧。随着全国11个综合配套改革试点的深入推进，上海改革面临"不进则退"的局面。然而，由于高成本和传统行政管理体制的制约，上海市政府在改革过程中几乎没有"试错"的余地，政府管理创新的环境亟待改善。特别是上海要形成以服务经济为主的产业结构、建成"四个中心"，必须对城市政府管理的法制环境、创新精神、多元文化、民主决策及社会诚信等提出新要求。

其次，上海作为一个以发展服务经济为主体的现代化国际大都市，政府管理手段和方式创新不足。上海"四个中心"建设的本质特征是服务经济，而一个以服务业为主的经济体，必将对法治环境、政府廉政、舆论公开、民主决策、人才吸纳、企业创新、多元文化、社会宽容等提出更高的要求，但是上海市政府原有的管理方式越来越束缚着上海的社会活力。为此，韩正书记强调："我们工作总的方向是：凡是市场能够决定的，就交给市场；凡是社会有能力承担的，就放给社会；凡是社会组织和中介机构可以作为的，就依靠其发挥作用；凡是政府能购买服务的，就向社会购买。"[①] 但是，长期以来，上海仍未改变以行政命令和经济处罚等手段为主的管理方式，"钓鱼执法"等不当管理方式严重损害了政府形象，容易导致政府与公众的关系紧张，各级干部特别是领导干部管理现代化国际大都市的知识水平和能力有待提高。

最后，上海的政府管理创新缺乏市场组织和社会中介组织的参与。上海经

---

① 韩正：《牢记使命　牢记宗旨　奋力开创上海工作新局面》，《求是》2013年第2期。

济转型的枢纽在于政府转型。韩正书记指出，上海的社会活力还不够，而社会活力正是要依靠改革。政府要尽可能使用公共财政去购买公共服务。如果大量的社会组织发展起来，去从事社会活动，完成社会职能，社会就活跃起来了。① 但是现阶段，上海的现代服务业发展相对滞后，社会中介组织发育一直薄弱，大多数具有明显的行政化特征，政府仍是社会管理的单一主体。一些业务主管部门往往对社会组织进行行政干预，部分社会组织也由于人员、经费等方面的原因，与业务主管部门断"脐带"难，从而窒息了这些社会组织的独立性、自主性，对内对外的运作、管理方式都带有较为浓厚的行政化色彩，难以在表达利益诉求、参与社会管理、提供公共服务和加强自律管理中发挥和显现独特的"中介"优势。大多数市场组织缺乏参与政府管理创新的动力，主动性、积极性不高。

（二）上海政府职能转变的约束条件

马克思在《资本论》中反复阐述的关于经济基础和上层建筑的矛盾运动规律，是我国政治体制改革的理论基础，也是地方经济发展和政府职能转变的基本原则。20世纪90年代以来，在区域经济发展的"倒逼机制"下，上海政府职能转变取得了较大成效，初步建立起了与市场经济相适应的行政管理体制。然而，对国际大都市的定位和全球城市的发展目标而言，上海当前行政管理体制改革存在的问题仍然较多，特别是上海的经济转型在消耗了土地要素红利、政策要素红利、区域要素红利后，亟须一个新的要素推动。

1. 政府治理创新的动力机制不足

地方政府创新是以地方政府为主体的治理创新行为。无论是传统官僚体制，还是现代官僚体制，其共同特点是两者都为政府决策的执行者、政治体制的保守者，甚至创新的障碍者。② 特别是中国实行单一体制，地方政府更多的是中央决策的执行者，自主行为的体制空间较小。上海的情况有些许不同，由

---

① 韩正：《上海最年轻市长韩正：1975年参加工作后未离开上海》，《经济观察报》2012年11月23日。
② 徐勇：《从"中间不动"到"中间主动"——中国地方政府创新的动力机制》，《学习时报》2010年11月15日。

于如今的创新很大程度上是削减公务员自身的利益，加上公务员冲劲逐步消失，因此动力相对不足，有人指出，现在的公务员坐在20世纪90年代开发上海浦东的成绩之上，是典型的"富二代"。"上海目前发展有个弱点，就是冲劲、闯劲不如浦东开发开放初期，想当老板的劲头弱了点。"① 2010年上海"两会"期间，时任中共中央政治局委员、上海市委书记俞正声直言不讳地表示，这种"惰性"与闯劲的缺失直接带来了一种氛围：依赖政策，遇到问题就希望"要政策"，进而限制了地方政府以及地方企业创新氛围的营造。而由于依赖政策，形成了一种强势的政府氛围，并最终影响了企业的创新氛围。在浦东，政府主导下的园区开发导致企业的选择、培育等都体现出强政府的影子，无法具有较强的市场竞争力和自主创新能力。

2. 政府治理创新的目标方向不明确

由于政府治理创新属于一个较大的框架，里面涉及了多方面内容，加上改革是"摸着石头过河"，所以改革总是小范围和循序渐进的，方向不明确就显而易见。上海就在浦东新区试点了综合配套改革，但这场声势浩大的综合配套改革改什么、怎么改、改革重点何在，一直在探讨之中。到最后出台的改革方案更多的是各个部门改革的汇总，其实是个"大杂烩"。因此，学界在总结浦东综合配套改革时，也未必能分析出其核心所在，普遍认为最大的亮点在于减少了行政审批程序，即提高了所谓的效率，在行政管理体制方面，浦东已经经过四轮改革，目前浦东区一级的审批事项已经从原来的724项减少到220项。

总体来说，当时浦东综合配套改革的内容不可谓不多，以《2008～2010年浦东综合配套改革试点三年行动计划框架》和《2005～2007年浦东综合配套改革试点三年行动计划框架》为例，涉及6大方面60个具体改革事项，"包括审批权下放、规划、土地管理、投资项目审批、自主创新、人口管理、价格、文化市场管理等一系列事权都将下放到浦东"。② 但这一改革属于全局性的改革，重点不突出，什么都改，什么都往改革这个框架里装，是典型的政府治理创新目标方向不明确的体现。只有把改革和发展有机结合起来，把解决

---

① 何佳：《后世博时代的浦东：如何不做"富二代"》，《21世纪经济报道》2010年5月7日。
② 季明：《上海将赋予浦东更大改革发展自主权》，新华网，http://new.xinhuanet.com/fortune/2008 - 06/06/content_ 8323016.htm，2008年6月6日。

本地实际问题与攻克面上共性难题结合起来，把实现重点突破与整体创新结合起来，把经济体制改革与其他改革结合起来，才是推进整体改革的最有效路径。

3. 政府治理创新的主体单一

相信政府无所不能的地方政府，在推进治理创新时往往不愿意承认自己有所不能，自然也不放心让位于更有能者。因此，在政府职能转变中往往出现两类"怪象"，一种是政府在放松某项管制的同时，往往加强了相关的管制，导致政府越管越多；另一种是政府自认为非常周全的改革措施，到了基层却问题连连。长久以来，上海社会治理的主体只有各级执政党组织和政府。随着市场化改革、利益多元化，社会治理主体逐步多元化，还包括了社会组织、民间组织和企业等。政府的职能由直接管理国家和社会事务逐步转变为经济调节、市场监管、社会管理和公共服务等。因此，在改革中，许多地方政府全面梳理各级政府管理和介入的事务，积极转变职能，将可由社会组织承担的具体社会事务、微观经济调节职能以及专业服务职能，归还、转移或委托给具有相应能力的社会组织，这一点上海近年来虽着力推进，但效果和效率还亟待提高。

4. 政府治理创新的长效机制不健全

党的十八大报告提出，要"创新行政管理方式，提高政府公信力和执行力"，对提高政府公信力和执行力做出了明确要求。每一名基层公务员都应该发挥自我的作用，为打造政府的公信力提供坚实的保障。然而，要实现这一目标，除了公务员自身的努力外，如何建立行之有效的长效机制就显得颇为必要。

有意思的是，近年来，地方创新往往刚开始表现得热情高涨，但随着改革空间逐步缩小，任何局部性改革往往很难体现效果，加上改革已经从"自下而上"变为"自上而下"和"顶层设计"，地方对建立长久的创新机制并不"感冒"。这就需要法律法规层面的保障以确保长效机制的建立。有了相应的法律法规，任何一届政府或个人都必须按照法律法规执行，这也确保了长久机制能够长效运行。

上海正在打造与国际惯例较为相近的商业环境，或许在设立促进政府治理创新的长效机制上需要再进一步。如上海在主要岗位上，官员做满四年的相对较少,部分岗位的官员调动频率较高,这也导致可能的创新措施得不到长期、连贯的执行,而创新的成果无法通过法律等体制机制来确保也导致了创新无法有效延续。最明显的就体现在浦东陆家嘴的规划领域。苏州工业园区的规划经中新两国政府认定,并以苏州当地法规加以落实,因此苏州工业园区的规划一直按照规划方案执行;而上海陆家嘴的规划则相对混乱,尤其是迷宫式的道路惹人抱怨,外界普遍认为缺乏能落实陆家嘴规划的长效机制导致人为干预当地规划的事情较多,成为当地规划相对混乱的一个原因。

三 新一轮政府职能转变的背景与意义

当前,上海经过了30多年的改革进取,上海经济发展水平已达到人均1万美元,无论从经济规模、收入水平、产业结构方面还是从城市功能等方面看,上海已进入新的阶段,具备了作为全球城市崛起的潜在基础及条件。更为重要的是,上海已集聚了大量跨国公司地区总部、国际金融机构、国内外的生产者服务公司以及研发中心,在金融、航运、贸易、技术、信息等方面形成了巨大规模的经济流量,对外联系和连接程度均较高,与亚洲各国和地区建立了良好的贸易往来与合作关系。同时,城市基础设施已具有了相当的规模和完备性,生活环境良好,人力资源丰富,科技基础较雄厚,基于中西交融的海派文化具有较强的吸引力和凝聚力,特别是通过上海世博会,上海这张城市名片有了很高的国际知名度。另外,上海所处的长三角城市群是世界第六大城市群。在改革开放进程中,长三角各类城市都已建立起较广泛的国际联系,且具有良好的内部联系,表现出全球城市区域的显著特征,已成为我国参与经济全球化和世界经济竞争的重要平台。与传统的全球城市崛起不同,当今全球城市通常是立足于一个全球城市区域中崛起的。上海是这一全球城市区域的首位城市,具备了全球城市崛起的区域性条件。

然而,上海作为全球城市的崛起,除了在经济中心城市功能的基础上进一步发展与提升,以及处理与外界的关系外,面对企业自主权的提升、社会自发性力量的成长、融入全球经济规范性压力的增大,更需要进行内部管理职能的转型,从以往的"管理"城市转变为"治理"城市。

与传统"总体性社会"不同,当前中国社会存在一种多中心、蜂窝状的趋势。① 中央不再具有原来的权威性,地方对中央的服从开始建立在交换关系基础上,在不同的层级上形成与中央同构的总体性结构,在机制上出现逐级复制的过程。政府也不再是社会的唯一权威,民众对政府的认同更多的是建立在政府的服务能力上,企业更是会采用"用脚投票"的方式,选择适宜企业发展的区域环境。

上海从中央下放的自主权中、从地方国企的改制中、从经济管理职能的强化中获得了先期发展的效率,并步形成了市场和政府的二元格局,但并没有促使上海市政府赋予民间企业或社团更大的自主性;相反,权力为上海市政府所"节流"。拥有较大自主权的上海市政府,借此在城市经营方面出现了类似于企业的特征,除了调整自身,更积极地引入民间资本与外资进行合作开发,以期经济运行更有效率。但这种种措施都有一个共同点,即上海市政府拥有最终的决定权,是所有力量的运用者,以企业家的方式经营城市,而一定程度上忽略了公民社会的角色。

四 政府管理创新未来趋势:柔性政府、创新政府与服务性政府

(一)金融危机以来政府管理创新的总体趋势

1997 年亚洲金融危机曾经引起了人们对东亚模式的深刻反思,其核心是对东亚政府主导型发展模式的反思。十余年之后的国际金融危机又引发了人们对发达市场经济国家政府与市场关系的深入思考。在现代市场经济条件下,政府与市场的关系既不能太远,也不能太近;在他国的经验和中国自身的特点之间应当实现一种有效的平衡,在此基础上构建相互支撑的健康的、灵活的、具有中国特色的政府—市场、政府—社会关系,这是金融危机给当代中国行政改

---

① 孙立平:《重庆模式存在的空间是什么——散论重庆模式》,爱思想,www.aisixiang.com/data/63614.html,2013 年 5 月 5 月。

革最重要的启示。2010年世博会的筹办、召开，正值全球金融危机期间，世博会筹办中的政府管理创新深刻体现了政府与市场、社会之间的分工、合作和支持关系，其经验和价值值得深入发掘和推广，以作为当前中国行政管理创新的借鉴。

如果说新公共管理运动针对的是新的经济、社会条件下传统公共行政模式本身的危机，那么金融危机则首先是政府治理下的经济危机和市场危机，但这种市场失灵现象经由对"政府与市场""政府与社会"关系的理性思考，必然演变为对政府职能和政府治理模式的反思。如果说1997年金融危机还主要局限在亚洲范围内，其对政府管理模式的反思和影响未波及全球，那么2008年国际金融危机就不仅对全球范围的经济发展造成了持续、深入的影响，而且对全球范围内政府管理模式利弊的反思更广泛、深刻。

2007年美国次贷危机爆发，2008年演变为世界性的金融危机。我国财政部国际司的调研报告认为，对于此次危机爆发的原因，国际社会存在一些不同看法，主流观点认为有以下两大原因：一是美联储在危机前长期实施过于宽松的货币政策；二是美国对金融机构的各种创新采取放任的监管态度。一些欧美学者认为，全球国际收支失衡背景下的流动性过剩是导致本次危机的重要原因。新兴市场国家则普遍认为，本轮危机爆发的根源之一是现有的国际货币体系存在严重缺陷。由于缺乏有效的国际监督，主要发达国家宏观经济政策负面外溢效应无法及时得到遏制，是危机爆发并迅速蔓延的深层次原因。

2008年国际金融危机给新公共管理理论也提出了新的挑战。从本次金融危机的过程来看，次贷危机与市场失灵有关，但同样与政府失灵有关。有学者认为，从某种程度上讲，金融危机是由政府通过两个阶段制造出来的：首先，政府迫使银行发放次贷，拥有政府信用的"两房"把次贷投放到市场中，从根本上搅乱了金融市场的秩序和自我纠错能力；其次，政府又通过制造通货膨胀来掩盖财务窟窿。换言之，在一味强调市场的自主性时，一味强调结果的价值观指导下，公共性被弱化，在市场失灵的同时，政府也出现了失灵。

从欧美国家应对金融危机的举措来看，金融危机中欧美政府的积极救市孕育了宏观调控领域的一场新的革命，其救市行为彻底打破了长久以来美欧等国政府不对金融市场进行直接干预的"惯例"。各国政府的救市措施，大致相同的有：央行降息、政府对金融机构注资或国有化、出台大规模财政刺激计划、扶持中小企业融资或贷款等。可以说，金融管理当局对濒危机构的市场干预程度越来越深，由此亦引发了对现代市场经济中政府角色和功能的深刻反思，以及对现代自由资本主义特别是美式自由资本主义模式优越性的理性反思。

中国政府应对本次国际金融危机的措施体现了与众不同的特点。针对这次金融危机，我国采取了十项扩大内需、促进经济平稳较快增长的措施，主要包括加快保障性安居工程建设；加快农村基础设施建设；加快铁路、公路和机场等重大基础设施建设；加快医疗卫生、文化教育事业发展；加强生态环境建设；加快自主创新和结构调整；加快地震灾区灾后重建各项工作；提高城乡居民收入；全面实施增值税转型改革；加大金融对经济增长的支持力度。这十项措施的出发点超越了政府的自利倾向，而考虑更为普遍的社群利益和社会长远利益，这些政策是中国政府着眼于社会发展长期、根本的利益和公民普遍、共同的利益，将当前与未来、投资与消费、经济增长与结构调整、发展经济与深化改革有机结合起来的产物。

在本次世界性的金融危机中，各国政府都在积极寻求救市之道，亦都在寻求政府在引领各国走出危机中应当扮演的合适角色和应当使用的恰当方式、手段。各国政府的表现不一，各国政府管理方式和公共政策的效果也不一。在危机时代，我们需要一个什么样的政府模式，什么样的政府管理方式？中国模式和中国政府管理模式在此次金融危机中备受瞩目，其评价亦有着不同的声音。但无论如何，世博会创新模式中对政府、市场与社会新关系的积极探索无疑是有价值的。世博会筹办过程对上海的经济增长与社会发展、上海文化产业发展的提升作用有目共睹，而这与组织者在世博会筹办过程中创新政府管理的努力与成效密不可分。

（二）政府管理创新的基本方法

政府管理创新是特定的政府主体基于行政生态环境的变化而对自身的职能与责任、管理方式、组织结构、运行机制、业务流程、工作方法和技术手段等做出的系统性、创造性调整和变革。就各国政府管理创新的实践方法来说，主要包括公共服务的多元化、政府组织机构的优化、政府内部管理的仿企业化三个层面。

第一,公共服务的多元化,涉及政府职能的深刻调整和对政府责任的深刻反思。从西方国家政府改革的经验来看,比较典型的做法是:①通过非国有化、民营化和政府淡出等方式,将一些原本由政府提供的公共服务转移给社会和私营部门,比如英国通过出售、赠与、清算等方式,将原来由国家经营的化工、电子、电话、天然气、通信、铁路和航空公司等私有化;奥地利和瑞典等国将原来由国家管理的养老金体系部分进行民营化等。②合同承包,譬如美国等西方国家的政府,通过与营利或非营利组织签订承包合同的形式,实现某些消防、警务、医疗、救护、环境、社会保障、公用设施维护、车辆维修、计算机中心管理、公共决策咨询和设计、公共项目论证与规划、绩效评估甚至监狱管理等公共服务的提供。③特许经营,政府授予特定私营组织以某种权利,由其直接向公众出售其服务或产品。在西方国家,特许经营方式主要运用于公用基础设施领域中可收费公共物品的提供,如电力、天然气、自来水、电信、港口、机场、道路、桥梁、公交等。在基础设施领域,特许经营主要形式有建设—经营—转让(BOT)、建设—拥有—经营(BOO)、租赁—建设—经营(LBO)、购买—建设—经营(BBO)、公私合营(PPP)等。

第二,政府组织机构的优化,主要是指从传统的科层制或官僚制组织向分权—扁平化组织转变。主要通过:①政府机构内部决策权与执行权的分离,提升政府决策质量和执行力。如 1988 年,英国政府出台《改进政府管理:下一步行动方案》,在政府部门内部设立独立的执行机构——执行局,履行政策执行和服务提供职能。②政府间分权,划分政府间权责,提高地方政府的积极性,如美国里根政府还政于州的分权改革。③通过扁平化组织减少政府层级,通过精简机构提高组织效率。以临时机构如特别委员会、项目小组等解决非经常性问题,按大系统归类政府职能,避免职能交叉、部门分割。1993 年以来,美国积极压缩政府规模,到 2000 年,美国联邦政府共裁减人员 46 万多人,裁减了 7.8 万个管理岗位、2000 多个地方派出机构、250 多个管理部门。①④减少政府内外规制,如美国逐步取消繁杂的联邦人事手册,

---

① 李和中、陈广胜:《西方国家行政机构与人事制度改革》,社会科学文献出版社,2005,第 101 页。

简化联邦人事分类制度,赋予各部门在用人和薪资上更多的弹性;简化联邦采购方式;解除过时和过度的管制规章;放松对州与地方政府的规制,授权各州及地方政府;简化预算程序,改革预算体制;等等。⑤强化政府内部协调,如英国前首相布莱尔提出建立协同政府,设立直属首相的办公室和特别委员会,成立若干综合性机构,如政策中心、绩效与创新小组等,加强政府系统内部整合能力。

第三,政府内部管理的仿企业化,主要是指借鉴私营部门的管理技术、原则和精神,重塑政府内部管理的过程。西方各国政府仿企业化的主要措施包括:①建立以顾客(公众)为中心的服务型政府,广泛建立服务承诺制和服务质量标准。②将市场契约机制引入政府内部管理,契约制度尤其是短期契约制度、委托代理关系全面出现在公共部门,譬如政府与首席执行官以及其他政府雇员的雇佣契约、执行契约或绩效契约。③将公众参与和结果取向的绩效评估机制引入对政府公共服务的评价。④将企业人力资源管理制度引入政府内部人事管理,实行业绩工资制和聘用制,在公共组织和私营组织管理者之间实现人才流动等。⑤将目标管理、全面质量管理、绩效评估、成本核算、战略规划等企业管理方法全面引入政府内部管理。

五 对上海加快政府职能转变的对策建议

正如全球政府管理创新的启示,行政管理体制改革必须坚持科学设计、系统推进、突出重点的原则,完善体制改革协调机制,统筹规划和协调重大改革。当前,深入推进行政管理体制改革的重点任务和重要途径如下。

上海的经济发展经历了从以生产要素驱动和投资驱动为主向以创新驱动为主的范式转型,前期地方政府职能以"加法"为主,通过强化行政干预提高经济增长效率,后期转变为以"减法"为主,通过放松管制释放创新空间,以降低部分增长效率换取发展效益。而要实现创新驱动战略中经济的持续增长和可持续发展,下一步深化政府职能转变的重点应在制度、科技、城市功能和社会管理等领域,准确界定政府职能,优化公共资源配置。

上海市政府近年来在不断的改革实践中,对先行先试、原始创新、集成创新的历史责任与上海使命的迫切性和全局性已具备统一认识,但政府职能转变具体路线图还不清晰,对"政府进一步向市场、社会放权"的思路还有待进一步明确。政府只有有所为、有所不为,才能成为一个有限有效的现代服务型政府。结合国际经验和上海实践,在中国已形成初步市场体系的前提下,政府的制度创新应逐渐从主导地位转向保障作用,通过分权与制衡相统一的国家公共权利体制,加快产业、市场和企业的自我经济效率供给能力。如在金融创新服务平台建设、集疏运和航运服务体系建设、区域性信息服务网络建设、新社区社会服务体系建设——部分公共服务转移出来满足不同层次消费者的需求等方面,一定需要政府搭台、导演,甚至上台演出吗?政府再也不能既当编剧、导演,又当演员和监制,政府只需要制定规则、维护秩序、监督结果,甚至剧本都可以"服务外包",更多地放权于市场这个经济舞台,让更多的导演(领袖企业)、演员(各类企业和社会组织)有更多的机会在这个舞台上表演,市场这个舞台有优胜劣汰的功能。这样,政府部门和各级官员可以把更多的时间、精力、财力投到基本公共服务上,建设服务型政府,全心全意为人民服务。要形成"以服务经济为主导"的产业结构,继续当好全国改革开放的"排头兵"、科学发展的先行者,就必须打破一些人头脑中利用手中公权,打着为市场服务、为企业搭台的幌子,实则为己谋私利的错误观念,必须创建一整套有利于现代服务业健康发展的地方法规,真正完成从以制造业为主导的工业经济社会思维模式向以服务业为主导的服务经济社会思维模式转变,正确处理总量、速度、质量效益的关系。

在政府职能转变模式上,还要充分发挥市场配置资源的作用,让各种资源流动起来。目前,随着城市化进程,中国在人力资源方面流动顺利,但政府掌握的公共资源没有流动或转移,其最差结果可能是政府财政不堪重负、入不敷出、费钱费力不讨好,百姓牢骚还不断。应该逐步打开社会资本和民营资本参与公共服务的大门,比如教育、科技、文化、卫生、医疗、体育、敬老院、保障房等公共服务,可以有重点、按能力、分阶段、分类别地部分市场化和社会化,并从国家顶层改革和设计的高度合并或精简这些领域的政府机构,还权于市场。值得注意的是,这些领域不是完全自由的市场化和社会化,最基本的保障仍然必须由政府来提供,而中高端的社会服务则必须交给市场。这就是所谓的政府与企业、社会的双轨制,这也是体现中国特色社会主义的一个重要方面。社会和民间资本可以投资教育、科技、文化、卫生、体育,如私立基础教育、私募科技投资基金、私人文化服务、私人医生、私立医院等。政府主要负责最基本的公共服务,而把差别化的、个性化的公共服务让给市场、社会。最基本公共服务免费或少收费与差别化、个性化的公共服务收费和高收费对现代服务业的发展都是必需的,而且并不矛盾。无数事实证明,市场配置资源比政府配置资源更有效率。当然,市场有时也会产生更多的不公平,所以现代差别化、个性化公共服务业的发展需要政府规制、监督。这样总比现在名义上的公平、实际上的不公平好。

参考文献

〔美〕尼古拉斯·亨利:《公共行政与公共事务》,项龙译,华夏出版社,2002。

〔美〕诺斯:《国家经济角色的昨天、今天与明天》,斯蒂格利茨著《政府为什么干预经济:政府在市场经济中的角色》,中国物资出版社,1998。

〔美〕乔纳森·H. 特纳:《社会学理论的结构》,周艳娟译,华夏出版社,2006。

〔比〕热若尔·罗兰:《转型与经济学:政治、市场和企业》,吴敬琏主编《比较》第3辑,中信出版社,2002。

毛寿龙:《有限政府的经济分析》,上海三联书店,2000。

潘小娟、白少飞:《中国地方政府社会管理创新的理论思考》,《政治学研究》2009年第2期。

全球治理委员会:《我们的全球伙伴关系》,牛津大学出版社,1995。

上海证大研究所:《长江边的中国——大上海国际都市圈建设与国家发展战略》,学林出版社,2003。

世界银行:《1995年世界发展报告:一体化世界中的劳动者》,1995。

孙柏瑛:《当代地方治理》,中国人民大学出版社,2004。

汤蕴懿:《政府职能转型:从政府管理到公共服务》,上海人民出版社,2013。

B.5 "三生融合":上海新型城镇化发展的探索

谢华育*

摘　要: 改革开放以来,上海郊区城镇化发展一直与上海城市建设紧密相关。随着上海城市建设逐步由中心城区建设延伸至新城乃至中小城镇,上海城镇化模式也逐步发生转变,加之上海经济转型发展逐步深入,新型的城镇化发展模式也逐步孕育出来。注重生产、生活、生态融合的发展理念逐步融入城镇化发展,上海的新型城镇化也走出了一条适合国际化大都市发展的新路。

关键词: 新型城镇化　"三生融合"　转型发展

城市化是人类社会经济发展、社区形态、居民生活方式等各个方面由农村向城市发展的过程,而城镇化一般被认为是这一发展过程的初级阶段。上海的城市化发展水平较高,特别是近年来,上海向国际化大都市迈进的速度正逐步加快。但这并不意味着上海不需要面对城镇化发展的问题。相反,改革开放以来,城镇发展为上海的城市建设注入了巨大活力,是上海城市发展的重要组成部分,也是对上海国际化大都市建设必不可少的补充。党的十八届三中全会指出,要坚持走中国特色新型城镇化道路,推进以人为核心的城镇化,推动大中小城市和小城镇协调发展、产业和城镇融合发展,促进城镇

---

* 谢华育,经济学博士,上海社会科学院经济研究所助理研究员,研究方向为宏观经济、经济思想史。

化和新农村建设协调推进,优化城市空间结构和管理格局,增强城市综合承载能力。如何通过新型城镇化使农村地区实现可持续发展,日益受到人们的关注。上海也正根据自身特点积极创新,试图探索出一条符合上海国际化大都市发展的城镇化新路。

一 改革开放以来上海城镇化发展的历程与现状

(一)上海城镇化发展历程

一般认为,改革开放以来上海城镇化发展经历了三个阶段,第一阶段是20世纪80年代初至浦东开发开放以前,第二阶段是浦东开发开放以后至21世纪以前,第三阶段是21世纪以来。

20世纪80年代初,随着党中央、国务院提出在农村发展多种经营,乡镇企业得到了空前发展,工业开始逐步引入农村,这为农村城镇化提供了先决条件。和全国很多地方一样,这一阶段上海的城镇化发展具有某种自发性,农村集体经济空前活跃,农民在附近的乡镇企业务工,成为农业生产活动的补充。在政府层面上,从1986年起,上海就选择了36个镇进行小城镇建设试点。但是总体而言,由于改革开放刚刚起步,农村工业发展水平低,农村城镇化发展缺乏规划性,由农村工业发展所带动的城镇形态面貌改变较为无序,农村集体经济建设占用农地等问题较为严重。

1992年以后,随着浦东开发开放的展开,上海城镇化发展进入一个新阶段。上海郊区开始推进"三个集中",即工业向园区集中、农业向规模经营集中、农民向城镇集中。通过浦东地区和中心城区的经济辐射带动作用,郊区工业发展能级得到提升,同时郊区又为浦东开发开放和中心城区拓展提供了必要的土地资源,郊区农民也离土离乡进入城市工业企业工作,为上海工业发展提供了劳动力。

21世纪以来,特别是2006年中央提出建设社会主义新农村以后,上海城镇化发展得到了上海市政府的高度重视。"十五"期间上海展开了"一城九镇"建设。"十一五"期间,上海制定了"1966"四级城镇体系规划框架,即 1 个中心城 9 个新城 60 个左右新市镇 600 个左右中心村。郊区城镇面貌发生了根本改变,郊区经济水平也得到了大幅度提高。除此之外,对离土农民的社会保障力度也开始加大,户籍人口的城市化率大幅度提高。

(二)上海城镇化发展现状

上海城镇化发展现状可以通过上海城市化整体水平、上海郊区经济发展的状况、郊区城镇居民和农村居民的生活水平及郊区公共服务水平等多个方面加以说明。

1. 上海城市化整体水平不断提高

一是上海户籍人口城市化率大幅度提高。非农人口占上海户籍人口的比例已经由 1978 年的 58.7% 上升至 2012 年的 89.8%(见图 1)。二是建成区面积大幅度提高。建成区面积由 1990 年的 250 平方公里上升至 2010 年的 866 平方公里(见图 2)。

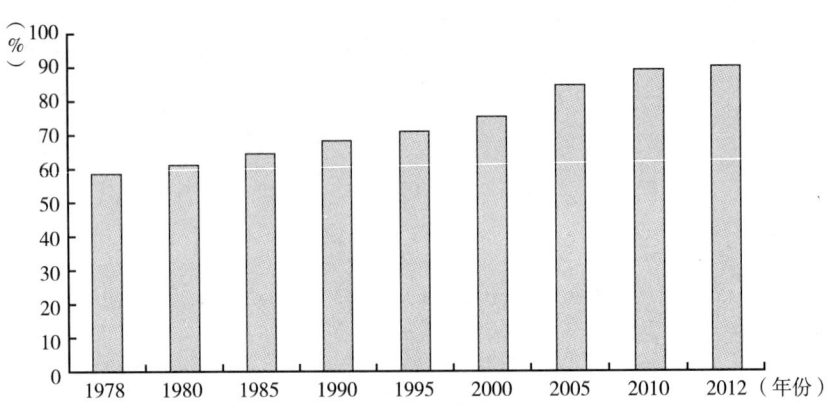

图 1 1978 年以来上海户籍人口城市化率

资料来源:《上海统计年鉴(2013)》。

2. 上海郊区经济发展水平不断提高

一是郊区经济总量不断扩大。2012 年上海郊区 9 个区县(其中浦东新区仅计算郊区部分)实现增加值 7900 亿元,占全市经济总量的 39.3%,是 2005

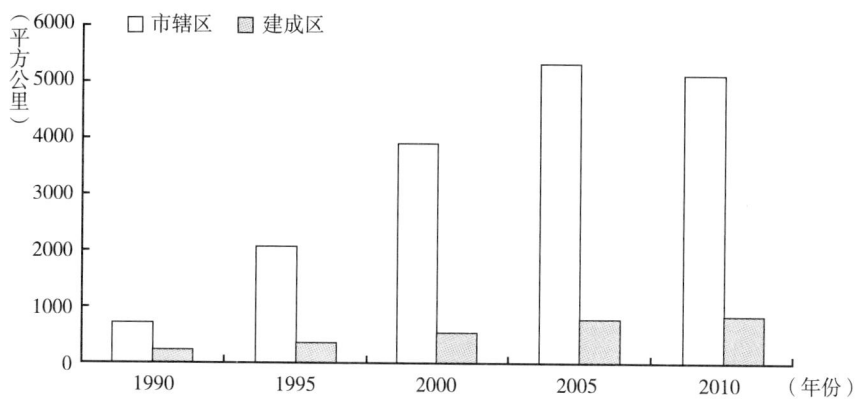

图 2　上海市辖区和建成区面积变化

资料来源：历年《中国城市发展年鉴》。

年的2.4倍、2010年的1.2倍。① 二是郊区区县财政收入大幅度提高。除浦东新区外，2012年上海8个郊区区县级财政收入为614.88亿元，较2010年增长19.6%。三是工业、服务业发展水平较高。农业在经济中的比重较小，农业占比最高的崇明县，2013年也仅为9.0%；大部分区县工业占比超过50%；浦东新区和宝山区服务业占比超过50%，分别为60.3%和56.5%。

3. 城镇化对农民生活水平提高的带动作用尚不明显

绝对而言，农民生活水平有所提高。农村居民家庭恩格尔系数自20世纪80年代以来总体呈下降趋势，从1980年的51.7%下降至2012年的40.0%（见图3）。农村居民家庭人均可支配收入也不断增加，从1990年的1665元上升至2012年的17401元。但是相对而言，农民生活水平的增速远远落后于城市居民，城乡居民家庭人均收入比从20世纪90年代开始始终呈上升趋势，自1990年的1.31∶1上升至2012年的2.31∶1，城乡居民收入差距始终在加大（见图4）。

4. 郊区公共服务供给仍显不足

一是郊区教育资源缺乏。从教育设施等硬件条件看，表面上城乡教育资源

---

① 上海市发展和改革委员会、上海社会科学院编《上海郊区发展报告（2012～2013）》，上海社会科学院出版社，2013，第5页。

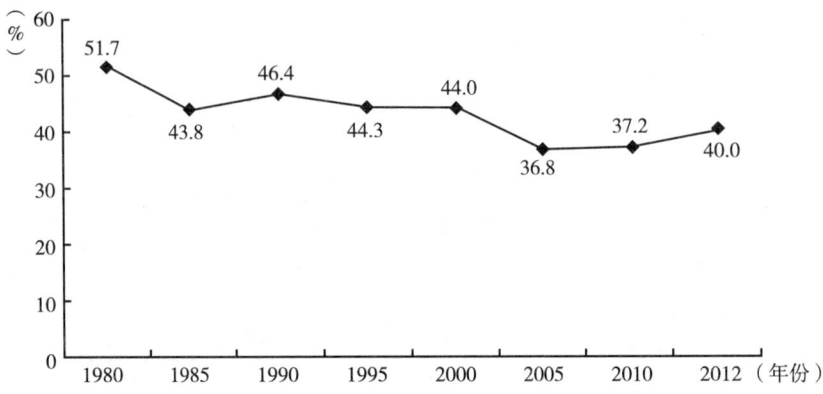

图3 上海农村居民家庭恩格尔系数变化

资料来源：《上海统计年鉴（2013）》。

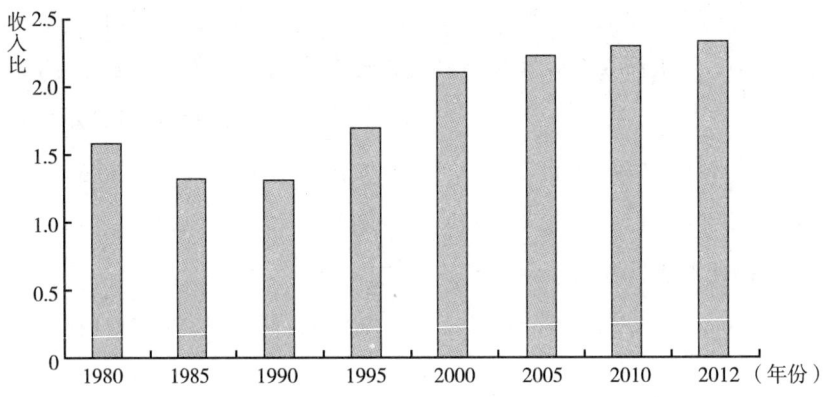

图4 上海城乡居民家庭收入比变化

资料来源：历年《上海统计年鉴》。

差距并不明显。包括浦东新区在内的上海郊区9个区县，学校面积达1658万平方米，占全市学校总面积的55.7%，但是这包括众多高校在郊区设立校区所占面积，郊区城镇和农村居民无法直接享受这些教育资源。实际上，郊区居民能享受到的教育资源，特别是普通教育资源并不充分。包括浦东新区在内，上海郊区区县2012年平均每所普通中学在校学生830.2人；除去浦东新区，2012年每所普通中学容纳学生1078.6人，而全市平均每所普通中学在校学生为776.8人。包括浦东新区校区在内，2012年郊区小学每所学校平均在校生人数为1135.7人；除去浦东新区，平均每所学校容纳学生1148.1人，而全市水平为999.2人。小学的师资配备也显不足，2012年嘉定、松江、奉贤等区学生与老师之比分别达19.6∶1、19.3∶1、19.9∶1，远高于全市15.8∶1的水平。二是公共医疗服务水平仍需提高。从常住人口千人拥有床位数看，一些远郊区县医疗硬件条件与全市平均水平差距较大，青浦区为2.32张，远低于全市4.60张的平均水平。从每千人配备医师数量看，郊区医疗服务的软件水平也不理想。除浦东新区以外的上海郊区区县2012年每千人拥有医师1.46人，远低于全市2.28人的平均水平。

（三）上海近郊和远郊城镇化发展差异

从地理位置上可以简单地把上海郊区各区县划分为近郊区县和远郊区县，近郊区县与上海中心城区接壤，包括浦东新区、宝山区、闵行区、嘉定区，远郊区县则不与中心城区接壤，包括松江区、青浦区、奉贤区、金山区和崇明县。近郊和远郊区县在城镇化发展上存在差异，这些差异体现在经济发展特点、人口状况、城镇建设水平、公共服务供给水平等方面。

1. 产业发展结构不同

一是工业化发展程度不同。远郊区县大多处于工业化发展的加速期，工业化水平较高。工业增加值在地区生产总值中占比最低的是崇明县，由于崇明县是上海主体功能区规划的综合生态发展区，工业发展受到一定限制，但是2012年崇明县工业增加值占比仍达到53.4%。近郊区县处于工业化发展后期，经济发展已经开始由工业向服务业方向转型。2012年浦东新区和宝山区服务业增加值在地区生产总值中的占比已经分别达到60.3%和56.5%。二是农业仍是远郊区县特色产业。一方面，远郊区县经济发展中仍保留一定比例的农业，崇明县农业增加值占地区生产总值的9.0%，金山区、奉贤区也分别达到了3.0%和2.8%；另一方面，远郊区县农业逐步向规模化、品牌化、科技化方向提升，农业发展水平逐步提高。

2. 人口的城镇化发展特点不同

一是人口密度存在差异。近郊区县人口相对集聚，人口密度相对较高，2012年宝山区和闵行区人口密度分别达到每平方公里7277人和6765人。而同期远郊区县人口密度较低，崇明县仅为每平方公里 590 人，金山区、奉贤区、青浦区也分别仅为每平方公里 1300 人、1644 人和 1746 人。二是外来人口导入情况不同。总体而言，上海处于人口导入区，上海郊区外来人口导入较多。但是相对而言，远郊部分区县由人口导入而导致的新二元结构问题并不突出，崇明县和金山区的外来人口在常住人口中的占比分别为 21.4% 和 31.0%，远远低于除浦东新区外上海郊区 49.3% 的平均水平。三是远郊地区户籍人口城市化率相对较低。远郊地区农业人口较多，因而户籍人口城市化率相对较低，其中 2012 年崇明县、青浦区和奉贤区户籍人口城市化率分别为 41.6%、66.8% 和 69.9%；而近郊各区则相对较高，其中宝山区 2012 年户籍人口城市化率为 97.4%，在郊区各区县中位列第一，近郊户籍人口城市化率最低的嘉定区，也达到了 85.0%。

3. 城镇化建设水平不同

一是城市建设水平存在差异。通过了解远郊和近郊建筑面积的情况，可以大致了解近郊和远郊城市建设强度的大致区别。近郊地区城市建设水平较高，2012 年每平方公里建筑面积最高的是宝山区，达 30.97 万平方米，最低的是嘉定区，为 13.84 万平方米。远郊地区最高的是松江区，达 12.98 万平方米，最低的是崇明县，为 1.45 万平方米。二是城市基础设施建设水平存在差异。以轨道交通站点数为例，目前近郊地区轨道交通建设成熟，除浦东新区外，近郊各区轨道交通站点数均在 10 个以上，而远郊地区除松江区拥有 9 个轨道交通站点、青浦区拥有 1 个站点外，其他区县无轨道交通站点。三是城镇面貌存在差异。近郊城市绿化情况较好，城市绿化面积占行政区总面积的比例较高，远郊部分地区绿化情况相对较差，2012 年奉贤区、青浦区、金山区该指标分别为 14.35%、14.98% 和 15.27%，而近郊地区该指标最低的是嘉定区，为 17.06%，其他近郊各区均在 20% 以上。

4. 城乡居民生活水平不同

一是城镇居民生活水平存在差异。远郊地区城镇居民家庭人均可支配收入总体较低，2012 年松江区城镇居民家庭人均可支配收入在远郊各区县中最高，为 32800 元，而近郊地区该指标最低的宝山区为 32948 元，仍高于松江区。二是农村居民生活水平存在差异。远郊地区农民收入水平相对较低，2012 年，崇明县农村家庭人均纯收入为12150元，在各区县中位列末尾，远郊区县最高的松江区为18634元，而近郊地区该指标最低的浦东新区也达到19033元。三是远郊地区城乡居民收入差异更大。根据2012年的数据，远郊地区城乡居民家庭收入之比相对较高，远郊地区该指标最低的奉贤区为1.80∶1，而近郊的闵行区、宝山区、嘉定区均低于这一水平（见图5）。①

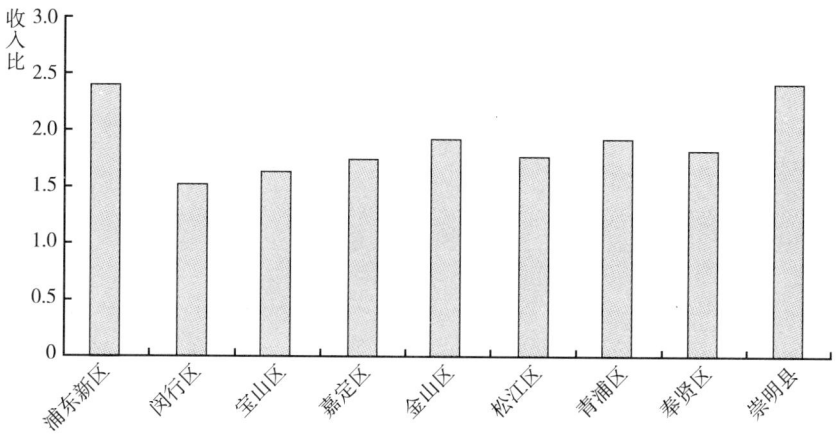

图5　2012年上海郊区各区县城乡居民家庭收入比

资料来源：《上海统计年鉴（2013）》。

二　上海郊区城镇化的发展模式

（一）近郊地区的城镇化发展模式

20世纪90年代以后，上海经济建设首先是围绕中心城区进行，而中心城区向外拓展，最先辐射到的区域就是近郊地区。这决定了近郊地区城镇化的模式必然以服务中心城区为主。

---

① 尽管浦东新区该指标达2.39∶1，但是由于浦东新区包括了城市化程度较高的市区，所以数据不具有可比性。浦东新区相关数据来自上海市浦东新区统计局、国家统计局浦东调查队编《上海浦东新区统计年鉴（2013）》，中国统计出版社，2013。

1. 围绕中心城区发展的城镇化模式

20世纪90年代以后,上海城市迎来翻天覆地的变化,中心城区在发展空间上受到限制,城市向外扩张的需求十分强烈。在此情况下,近郊地区成为最先接受中心城区经济辐射和产业资源溢出的区域,这催生了近郊乡镇的城市化。

就上海市层面而言,通过在行政区划上对城乡地区重新划分,加速近郊乡镇由乡变镇、由镇变街道(见图6),以此满足中心城区发展对土地和劳动力资源的需求,同时加强近郊地区城市基础设施和公共服务的投入,从而加快近郊地区融入城市,成为中心城区的一部分。就区和镇的层面而言,需要积极利用市级资源导入的契机,寻找发展镇级经济的合适途径,同时积极应对由于快速城镇化而出现的社会问题,加强城镇社会建设和生态环境建设。下面我们以浦东新区高东镇为例,对这种近郊地区城镇化模式进行分析。

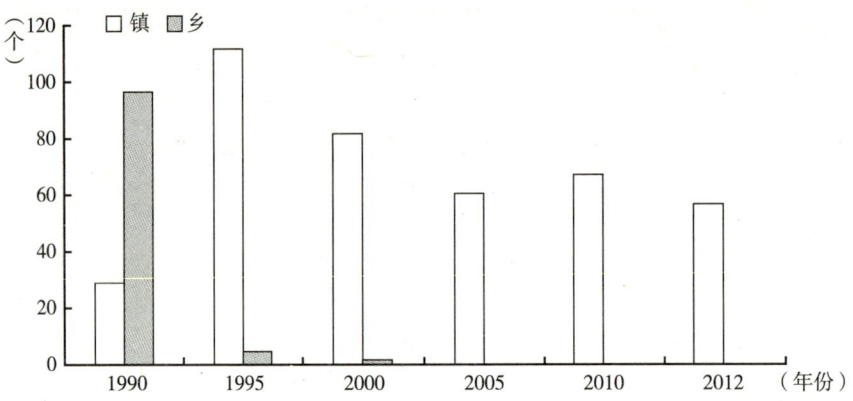

图6 上海中心城区和近郊地区乡镇数量变化

资料来源:历年《上海统计年鉴》。

2. 近郊地区城镇化分析——以浦东新区高东镇为例

高东镇位于浦东新区东北部,东临东海,毗邻外高桥保税区。得天独厚的地理区位优势,使高东镇成为浦东开发开放的重点地区,也因此推动了自身的城镇化发展。

浦东开发开放以后,特别是外高桥保税区扩区以后,国家在现高东镇镇域内征用了大量土地,1991~2003年就征用土地12717.03亩;与此同时,导入了外高桥港区四期、五期、六期工程,外高桥电厂,以及外高桥修造船基地等重大项目,并进行了重点投资,仅1995~2000年就投入资金400多亿元,这极大地提升了高东镇地区的城市基础设施建设水平和工业生产能力。2012年,高东镇工业总产值达343.79亿元,在浦东新区各镇中位列第一,实现财政收入28.13亿元,在浦东新区各镇中位列第二。

在引入市级乃至国家级资源以后,高东镇充分利用自身的经济环境优势,大力发展镇级工业园区。尽管高东镇级工业园区面积仅有1.6平方公里,但是引入益海嘉里等一批优质国际企业,使工业化能级大幅度提高。2012年,镇级工业总产值达到142.19亿元,镇级可支配财力达4.37亿元。

在经济快速发展的同时,城镇化也必然会带来大量社会问题。一方面,工业发展必然带来外来人口的涌入。2012年,高东镇外来流动人口达7.69亿,而户籍人口仅为3.63亿,外来人口是户籍人口的两倍多;另一方面,在经济工业化、农村城镇化的过程中,出现了失地农民补偿和安置问题,至2012年,高东镇尚有农业户口0.42万人。

在外来人员管理上,针对集中居住和散居外来人员分别创新了社区管理模式。对于受企业雇佣、集中居住的外来人员,高东镇由镇政府出资兴建高东公寓,企业和物业联合管理,实行公寓自助管理的集中服务模式。对于散居在农村和居民定居点的外来人员,建立了"新居民(村民)"服务管理中心,探索"依法管房、以房管人"的散居服务管理模式。

在农民动迁安置问题上,高东镇加强集镇建设,通过完善配套、优化环境,提升镇级动迁配套商品房品质。在拆迁过程中,做到"阳光动迁、规范动迁、依法动迁",对动迁过程中出现的突出问题,仔细分析,认真解决,实现了强迁少、上访少,减少了不稳定因素的发生。在农民就业和社保方面,高东镇积极促进农民就业,扩大"新农保"和"城居保"人员的参保覆盖面。

此外,高东镇还十分注重镇区环境和文化建设。在集镇内兴建了高东公园、杨园体育公园等大型景观绿地,人均绿化面积超过200平方米。同时建设了一批文化设施,丰富了镇区居民的文化生活。2011年,高东镇获得"全国文明镇"称号。

高东镇城镇发展是上海近郊地区城镇化发展的典型成功案例。首先，高东镇利用市级资源注入的良好契机，积极发展具有可持续性的镇级经济，丰富了镇级财力。其次，高东镇没有一味追求经济利益，而是同时注重了社会建设，做好农民城市化的社会保障工作，维持镇区内的和谐稳定。最后，高东镇努力优化镇区环境，使得城镇面貌向优美宜居的方向转变。

3. 上海近郊地区城镇化模式存在的问题

上海近郊地区城镇化主要围绕上海中心城区发展进行，尽管近郊地区在接受中心城区辐射上具有地理的优势，但是这种城镇化模式也使近郊地区在城镇化发展中处于被动地位，城镇化过程中的自主性不够。这种城镇化模式必须依赖市级产业资源导入，特别是重大项目能否在镇域内落户。如果这一条件不具备，或者从市级层面来看，某些区域的功能只是配套服务，那么城镇化发展的情况就会出现诸多问题。

在无法引入市级资源或者中心城区辐射力度不够的情况下，部分近郊城镇急于拉动镇域经济和财政收入增长，随意出让土地，在产业发展上缺乏规划，特别是高强度发展住宅地产。这一方面使经济发展陷入不可持续的怪圈，当中心城区辐射力度加强时，没有土地资源承接优质产业资源，就会丧失发展经济的最佳时机；另一方面，由于大量发展低端产业，包括低端地产，使社会问题和环境问题突出，并且由于低端产业无法带来较高的财政收入，无法解决这些社会问题和环境问题，出现了许多半城镇化的难题。

同样，如果市级层面只把镇域发展定位在服务配套功能上，由于主动性缺失，城镇化发展也会面临一些问题。如果市级层面只是把某些近郊城镇定位在疏导中心城区人口，或者给邻近产业地区做住宅配套，那么镇域经济发展非但缺乏带动因素，还将面临土地资源瓶颈。同时，随着大量人口导入，相关社会问题也会大量出现。当然，市级层面也会相应加大对镇域内基础设施建设和公共服务供给的投入，但市级层面对许多具体问题的处理难以面面俱到，而镇级层面在处理这些问题上又缺乏必要的财力保障，这些问题包括镇域内原有农业人口的社会保障、迁入人口和原有人口的融合等问题。

"三生融合"：上海新型城镇化发展的探索

（二）远郊地区的城镇化发展模式

对上海整体城市建设而言，新城建设是中心城区城市功能的延伸，是上海通向长三角、与外省市进行交流的重要节点。对郊区农村发展来说，新城建设可以带动中心镇、中心村的发展，进而带动农村地区经济社会整体发展水平的提高。因而，新城建设成为上海远郊地区城镇化的重要方式。

1. 以新城建设为中心的城镇化

1986年国务院批准的《上海市城市总体规划方案》提出了在郊区进行卫星城建设的构想。但卫星城基本上只是一个产业基地，是市级资源需要利用郊区土地进行工业生产的产物，卫星城与周边地区缺乏融合，城市功能过于单一。在20世纪90年代，上海编制新一轮城市总体规划时，基于对城市发展更深入、更长远的思考，提出了郊区新城的建设构想。① 经过"十五"期间的"一城九镇建设"和"十一五"期间的"1966"四级城镇体系，上海城市发展框架和郊区新城在这一框架中的意义日益明晰。"十二五"以后，上海市政府下发了《关于本市加快新城发展的若干意见》的通知，新城建设进入加速阶段。

上海是从统筹城乡发展、促进上海产业结构调整和能级提升以及推动长三角一体化的高度认识郊区新城建设的。首先，通过新城建设，加快郊区城镇基础设施建设和公共服务设施建设，提升郊区农村地区城镇建设和公共服务供给水平，从而进一步提高郊区城市综合承载能力。其次，积极促进优质资源导入，推动先进制造业基地、战略性新兴产业和重要的现代服务业集聚，提升新城产业功能。最后，使郊区新城融入长三角城市群，成为上海对外连接长三角腹地的重要节点。下面以奉贤区南桥新城为例，更为详细地介绍上海远郊地区的新城建设。

2. 远郊地区城镇化分析——以奉贤区南桥新城为例

南桥新城建设始于"十一五"期间，它是"1966"整体城市构架中9个郊区新城之一。对地处上海远郊的奉贤区而言，通过南桥新城建设可以提高全

---

① 夏丽卿：《新城规划建设的回顾及建议》，《上海城市规划》2011年第5期。

区经济社会发展水平，缓解城乡二元矛盾，改变农村地区落后的面貌。对上海市的城市发展来说，南桥新城是国家沿海大通道上的重要一环，东靠浦东新区，南临杭州湾。通过南桥新城建设，可以加强与长三角城市的联系，提升上海对长三角的辐射和带动功能。

在规划上，南桥新城注重城市综合功能的合理布局。在新城"一核四片"的布局中，中央生态林地和"上海之鱼"景观工程成为生态核心，向四周辐射，突出新城"低碳、生态、智慧、宜居"的发展理念。产业片区在原有上海工业综合开发区的基础上，引导工业向生产性服务业转型，并成立科技创新园区，逐步推动科技创新功能的提升。城南片区突出综合商务功能，吸引中小企业总部，集聚现代服务业发展，形成城市综合功能的一个小CBD。城北片区在原有现代农业园区的基础上，发展农产品深加工和生物制药产业，同时利用片区内生态景观多的特点，建设大型居住社区，突出高品质宜居功能。老城片区在通过新城建设逐步缓解自身城市承载压力的同时，为新城保留传统奉贤文化气息。

在城市建设上，南桥新城注重城市综合环境的打造。在城市基础设施建设方面，道路交通、轨道交通建设保障了新城内部和外部的通达性。特别是轨道交通5号线延伸段建设，将大大加强奉贤地区和中心城区的联系。在生态环境建设方面，中央生态林地和"上海之鱼"将原有水系和生态绿地相结合，成为新城景观的核心和南桥新城的天然"绿肺"。在社会公共服务建设方面，积极引入优质教育资源，提升医疗卫生设施建设水平。

新城整体功能提升带动了奉贤产业结构调整的步伐逐步加快。三一重工、徐工机械等众多大型先进制造业企业把一批重大项目相继引入奉贤。南桥新城内原现代农业园区积极转型，引入上海莱士等知名企业，形成生物制药产业集聚。新城商务区以重点商务楼宇为重心，形成了现代商业、金融业集聚的局面。

南桥新城建设是上海远郊新城建设的缩影。新城建设可以加快拉近城乡之间，特别是远郊和中心城区之间的差距，加快远郊地区城镇化发展的步伐。

3. 远郊地区城镇化模式存在的问题

发展新城模式可以在短期内快速提高远郊地区城镇化发展水平，就其思想方法上说，其实是在远郊地区树立一个中心城，通过中心城发展带动远郊区县整体发展。但是这种发展模式在短期内不能彻底改变城乡二元的发展结构，只

"三生融合"：上海新型城镇化发展的探索

是把市域范围内中心城区和郊区区县的城乡二元矛盾改变成郊区区县内部新城和周边乡镇的城乡二元矛盾。此外，中心城区发展过程中存在的问题，新城也都可能会出现，或者已经出现。

具体而言，首先，新城建设发展存在两难困境。郊区新城建设提高了新城发展环境的质量，同时抬高了郊区房价和土地出让价格，新城发展扩张的征地成本也随之抬高。也就是说，新城建设发展水平的提高可能通过一种意想不到的机制反过来制约新城的进一步发展。

其次，新城发展必须及时导入优质产业资源。新城建设的高质量、高标准是为了吸引优质产业入驻，除了远郊区县加强招商引资力度外，市级层面也应该将优质产业资源注入新城，同时吸引优秀人才，促使新城经济走上良性发展道路。如果优质产业资源和人才资源无法及时导入，则可能出现意想不到的发展瓶颈。目前，许多郊区新城存在外来人口计划外大量导入的情况，甚至一些新城由于外来人口大量导入，人口承载能力已达规划上限，而优质产业导入却落后于人口导入，经济发展存在低端化趋势。

最后，新城发展不能忽视与周边乡镇联动发展。新城发展的目的是带动远郊区县整体发展，如果忽视与周边乡镇联动发展，则无法全面提高城乡统筹发展水平。以公共服务建设为例，新城建设确实可以在短期内提高远郊地区基础设施和公共服务质量，但是如果远郊区县全境内的相关公共服务无法提高，新城建设水平的提高也难以惠及远郊全体城乡居民。

三 "三生融合"：上海城镇化发展的新趋势

随着上海城市建设重心逐步由中心城区转向郊区新城，并由郊区新城向中心镇延伸，上海城镇化开始由点向面发展。如何通过小城镇建设有效改变农村城镇面貌，繁荣农村经济，改善农民生活，成为这一发展过程中必须面对的问题，而上海城镇化也逐步呈现出"三生融合"的发展趋势。

（一）"三生融合"的城镇化发展趋势

传统城市化是通过在农村地区导入工业企业，促进农村地区向城市化方向转变，而城镇化则是城市化的初级阶段。在这一阶段，工业的导入会出现工业用地侵占农业用地、工业污染影响农村环境、农村居民在生活各个方面无法适应工业化等问题，这些并不是我国城镇化独有的特点，而是世界各国城市化都曾经或者正在面对的问题。正是针对这些问题，生产、生活、生态三者融合发展的理念才越来越得到人们的认同。"三生融合"发展是践行新农村建设，推动低碳、环保、可持续城镇化发展的最佳途径。

"三生融合"发展必须妥善处理城镇化发展过程中产业选择、农民生活方式转变、农村城镇化地区生态环境保护等问题。具体而言，一是在产业选择上，选择环境友好型的产业。在提高农村地区生产水平的同时，不使产业发展在外部性上带来负效应。二是减少农民生活方式向城镇化方向转变过程中付出的成本，促进农民更平滑地在现代化企业中就业，提高农民生活质量。三是在农村向城镇形态过渡的过程中，保持原有的绿色生态环境，保护与自然和谐共生的中国传统文化理念，保证农村地区呈现绿色发展的趋势。

对上海城镇化而言，在推动"三生融合"发展上具有一些得天独厚的优势。首先，上海服务经济发展的整体水平较高，对郊区服务业发展有辐射带动作用。其次，中心城区发展需要郊区对其提供配套服务，这为郊区发展具有自身特色的服务经济提供了可能。最后，上海城市的基础设施建设水平和社会公共服务水平较高，改善农村基础设施建设和提高农村社会公共服务供给的难度相对较小。所以，上海完全有能力率先探索出一条符合"三生融合"发展理念的新型城镇化之路。

（二）"三生融合"发展——以上海金山区廊下镇为例

廊下镇位于金山区西南部上海与浙江交界处。全镇面积46.56平方公里，人口3.1万人，其中农业人口1.8万人，外来人口0.7万人。从传统的认识上看，廊下镇是传统的农业镇，工业基础薄弱，距离上海中心城区也较远，中心城区对其辐射影响力较弱，城镇化发展的条件似乎并不理想。但是，廊下镇走出了一条符合自身特色的城镇化发展之路。

首先，廊下镇"镇区合一"的行政管理体制保障了经济、社会协同均衡发展。2000年，金山区在廊下镇镇域范围内建立了金山现代农业园区，中共廊下镇委员会和廊下镇人民政府全面负责金山现代农业园区管委会的管理领导工作，与廊下镇实行"镇区合一"的行政管理体制。这种行政管理体制使廊下镇可以对经济、社会两方面的发展进行统筹规划，同时可以根据廊下镇的实际情况有效对接市、区层面的产业发展规划和相关政策，更重要的是，可以结合市、区层面的规划有效制定自身的规划。2010年，廊下镇结合小城镇发展改革试点工作，组织力量修编了《廊下镇土地总体利用规划》等专项规划，加上之前完成的《上海金山现代农业园区（廊下镇）总体规划》、农业加工区控制性详规、管理中心控制性详规、廊下镇各中心村建设规划等专项规划，形成了总体规划、控制性详规、专业规划和村域规划层层配套的规划体系，这使廊下镇的城镇化发展可以科学有序地进行。

其次，廊下镇积极推动农业生产方式转型，促进农业的规模化、科技化、服务化。一是促进农业规模化。廊下镇对镇域内面积达2.66万亩的国家级基本农田示范区进行土地整治，将区域内的农民迁出，原农民宅基地复垦为耕地，整体区域内配套建设一批高水平粮田设施，促使土地利用效率提高。二是加强农业科技化。廊下镇通过优化招商引资和企业培养工作，扶持了一批现代农业企业，形成了以种苗培育、奶牛胚胎繁育为代表的种源农业集聚群。此外，全镇农业设施科技化水平较高，建设现代化玻璃温室5.3万平方米，连体、单体大棚130万平方米，植物组培技术用房及仓库2.6万平方米。三是推动农业服务化。廊下镇瞄准上海中心城区对净菜食品的需求，提出发展中央厨房加工产业体系的口号，大力发展净菜加工、色拉蔬菜和保鲜蔬菜加工、冷冻干燥农产品以及植物营养提取物加工等产业。同时，又把传统农业与服务业有机结合，确立了以农产品展示交易、旅游观光、休闲度假等为主的农业旅游产业体系。

最后，廊下镇在发展经济的同时注重农民生活水平的提高。一是妥善处理农业规模化经营带来的搬迁农户安置问题。除了搬迁工作充分尊重农民的意愿，并且对补偿金额和更换安置房面积加以明确外，更重要的是着力加强安置房建设。安置房建设点选在临近镇区但处于镇区控制性详规之外的区域，这样有利于搬迁农民就近享受镇区公建配套资源以及医疗、教育等公共服务。同时，在建设时，完善安置房配套设施，提高农民生活品质。在建设现代住宅基本的道路、雨污水管道外，还建造了活动室、乒乓球室、健身房、会议办公室等设施，可以满足农民举办包括婚丧活动在内的多层次需求。此外，安置房在建筑风格上还采取廊下农村独有的"白墙黛瓦观音兜"样式，保留了当地文化特色。通过一系列工作，农业发展方式向现代化迈进，而农民生活质量也向城镇化标准看齐。二是促进农民就近就业。全镇农村劳动力中80%以上实现了非农就业，其中大多数是在镇域内的现代农业企业工作，由于依然从事与农业有关的工作，农民对工作的适应程度较为理想。三是促进农民收入增长方式多样化。廊下镇农民通过土地流转、房屋出租获得财产性收入，通过在企业工作获得工资性收入，通过转移支付获得转移性收入，此外，还有集体经营性收入、保障性收入。

在城镇化发展中，廊下镇根据自身实际情况，没有盲目推动工业化，而是合理选择适合自身特点、有助于农村整体发展水平提高的产业，在发展经济的同时切实提高了农村居民生活水平，并实现了农村面貌向城镇形态有序、良性过渡。廊下镇城镇化之路充分体现了"三生融合"的发展理念，并取得了丰硕成果。2012年廊下镇实现地区生产总值13.52亿元，较2005年增长了128%。镇级地方财政收入达1.05亿元，同比增长9.9%。2012年廊下镇农民人均收入达15065元，相比于2005年的7199元，增长109.3%。

四 "三生融合"发展带来的思考与上海新型城镇化发展的建议

近年来，"三生融合"在城镇化发展中越来越受到人们的关注，一些城市和新城在建设过程中纷纷提出以"三生融合"为发展理念。然而我们也看到，上海一些中小城镇在发展过程中已经走上了生产、生活、生态融合发展之路，这值得引起关注。

（一）对"三生融合"发展的思考

1. 必须充分重视中小城镇在上海城镇化发展中的意义

对上海农村地区来说，通过城镇化实现经济发展、农民生活水平提高一直是郊区各级政府和城乡居民关注的问题。上海城镇化发展在改革开放初期就呈现出全面开花的局面,但是随着20世纪90年代以后上海城市建设有序推进,上海农村自主性发展的局面逐步让位于以政府为主导、以中心城区为核心、自上而下的发展方式。但是,随着上海城市建设整体步伐由中心城区向郊区推进,上海农村地区城镇化的热情又一次被极大地激起,特别是当郊区新城建设进入攻坚阶段,郊区中小城镇加强城镇化发展呼声越来越强烈。如何引导中小城镇合理发展,有序推动上海郊区全面城镇化,使上海城市整体发展的成果惠及城乡全体居民,成为必须要面对的问题。金山区廊下镇地处上海边远地区,距离中心城区较远,甚至不是中心镇,但是它能在城镇化发展过程中取得如此巨大的成绩,说明上海发展城镇化的潜力巨大。同时,必须正视中小城镇发展的意愿,尊重其发展的自主性,通过合理引导,真正在质量上提高上海城镇化水平。

2. 必须打破城镇化发展以工业为主的传统思路

上海经济已经进入工业化后期发展阶段,服务业发展速度惊人,工业外迁趋势明显。在上海经济转型发展的过程中,上海郊区农村经济发展面临巨大的机遇。根据传统思路,工业化是城镇化的主要途径,是实现经济增长的必要保障。但是随着产业服务化成为世界经济发展的主要趋势,上海服务经济发展水平逐年提高,上海郊区城镇化在产业选择上必须着眼于长远。一是着眼于产业发展的长远考虑,必须选择朝阳产业,寻求经济长期可持续发展。二是着眼于城镇发展的长远考虑,选择环境友好型的产业,不能以丧失城镇优美的环境面貌为代价换取经济短时期的增长。三是着眼于社会安定、人民幸福的长远考虑,寻找可以为民生发展服务的产业,使郊区城乡居民在产业发展中受惠。因此,这要求我们在郊区城镇化的过程中,打破工业化发展的固有思维模式,抓住全球经济发展的趋势,充分发挥自身特点和潜能,从服务经济的视角,思考招商引资、产业培育、企业扶持等问题。

3. 必须统筹考虑农村地区经济、社会协同发展

我国城镇化发展存在短期化、片面化、功利化的问题,即希望短期内实现城镇化水平的提高、完成农村向城镇的转变,片面追求农村外部面貌、形态特征向城镇方向转变,急功近利地追求工业产值的提高。表面上,这样的发展方式节省了成本，跨越式地推动了农村地区的发展，但实际上它忽视了城市和城镇发展的自身规律，不仅不能实现可持续发展，而且破坏了城乡社会生态和环境生态的基础，甚至可能造成农村经济社会发展倒退的恶果。城镇化发展的关键是人的城镇化，通过农村经济发展方式的改变，促进农村形态向城镇改变，促使居民生活方式甚至思想方式发生改变，最终实现人的城镇化。所以，忽视农村社会发展，认为社会发展增加了城镇化发展成本，都是不可取的。在城镇化发展过程中，把经济和社会两方面问题结合考虑，虽然会放慢城镇化进程、增加发展成本，但是符合我们全民族的发展利益，最终会实现全民族发展利益的最大化。

（二）上海新型城镇化发展的政策建议

1. 合理规划建设，促进中小城镇发展

一是推动中小城镇规划体系建设。推动中小城镇根据自身发展实际情况、市区两级发展规划，合理编制自身产业规划、中心村规划，建构中小城镇规划编制体系。二是推动新城与中小城镇建设相衔接。把中小城镇建设作为新城建设的延伸，注重新城基础设施建设向周边中小城镇延伸，为新城与中小城镇形成联动发展奠定基础。三是推动市级产业资源向郊区布局。积极推进市级企业、科研院所向郊区新城布局，推动优秀人才资源向郊区流动，带动新城周边中小城镇发展。

2. 合理选择农村居民集中居住推进方式

一是合理确定农村居民定居点规划范围。以镇为范围，根据农民人口数量和镇区面积，合理确定定居点数量和位置，注重利用镇区公建配套优势，在镇区周边地区建设定居点。合理布局配套服务设施，有序推进村庄归并。二是合理选择宅基地置换或归并方式。对城镇建设较好、经济实力较强的地区，选择宅基地置换商品住房方式，切实解决由城乡身份转变而带来的社会保障问题。在经济发展水平低、经济实力较为薄弱的地区，可以尝试推动农村宅基地归并，提高农村公共基础设施建设利用效率。

3. 推动土地流转，优化资源利用

一是促进农村集体建设用地流转。建立土地利用流转平台，促进各区县农业资源要素的信息交流，推动农村集体建设用地合理、合规流转。二是促进耕地占补平衡指标流转。推动耕地占补平衡流转平台建设，促进占补平衡指标流转规范化。

4. 加大郊区基础设施和社会公共服务投入

一是加强郊区基础设施建设。特别是加强中小城镇和农村基础设施建设，在用地、财政上适当加以倾斜，努力构建城乡一体的基础设施网络。二是强化农村社会公共服务供给。在新城地区引入市级教育、医疗资源，以提高新城公共服务质量、提升农村整体社会公共服务水平，注重农村村镇社会公共服务与新城相衔接。三是加强郊区公共交通路网建设。注重城乡公共交通网络衔接，推动轨道交通向远郊地区延伸，合理优化农村地区公共交通，推动郊区居民特别是村镇居民出行便利化。

参考文献

彭震伟：《上海大都市地区新城发展与规划的思考——以上海南桥新城规划为例》，《城市》2007年第2期。

夏丽卿：《新城规划建设的回顾及建议》，《上海城市规划》2011年第5期。

吴俊、邹礼瑞：《上海农村城市化发展与产业结构调整的互动关系分析》，《安徽农业科学》2006年第2期。

汪胜洋：《城乡统筹的阶段特征与发展战略思路——以上海为例》，《江汉学术》2012年第2期。

陈晓敏、于江宁：《城郊土地向城镇聚集的正负效应分析》，《黑龙江社会科学》2012年第5期。

章惠琴：《上海深度城市化进程中被征地农民社会保障问题研究》，《社会保障研究》2012年第3期。

吴振兴：《城镇化案例》，同济大学出版社，2012。

厉以宁：《中国道路与新城镇化》，商务印书馆，2012。

住房和城乡建设部课题组：《"十二五"中国城镇化发展战略研究报告》，中国建筑工业出版社，2011。

中国城市和小城镇改革发展中心课题组：《中国城镇化战略选择政策研究》，人民出版社，2013。

B.6
上海家庭农场实践对探索农业规模经营的启示

上海社会科学院"关于新农村建设中若干问题的深化研究"课题组*

摘　要：

长期以来，我国农村经济和农业生产中存在着土地分散、生产规模效应不强、生产效率不高等问题。针对这些问题，2007年上海市松江区开始进行农业经营组织方式创新，探索发展家庭农场，推动农业规模经营。近七年来，松江区推动家庭农场发展取得了一定成就，但同时一些长期困扰农村经济发展和农业生产的体制机制问题也愈加凸显。本文通过对这些情况的分析总结，对现代农业发展进行了深入思考，并提出了政策建议。

关键词：

家庭农场　农业规模经营　农业现代化

2008年，十七届三中全会《关于推进农村改革发展若干重大问题的决定》首次提出，有条件的地方可以家庭农场为规模经营主体。2013年，中共中央、国务院《关于加快发展现代农业进一步增强农村发展活力的若干意见》再次

---

* 课题组顾问：王战、盛亚飞；指导：杨建文、张兆安；组长：洪民荣；副组长：唐劲松、彭再德；主要成员：胡晓鹏、顾建发、郑琦、王秀治、薛艳杰、戴伟娟。王战，上海社会科学院院长，教授，博士生导师，主要研究方向为世界经济、中国经济与政策研究、区域经济发展战略和上海改革、开放与发展；杨建文，上海社会科学院部门经济研究所所长，研究员，博士生导师，研究方向为发展经济学和产业经济学；洪民荣，经济学博士，上海社会科学院党委副书记，研究员，研究方向为城市经济、农村经济；胡晓鹏，经济学博士，上海社会科学院部门经济研究所国情市情调研中心主任，研究员，研究方向为产业经济学；顾建发，经济学博士，上海社会科学院部门经济研究所研究员，研究方向为房地产经济。

强调创新农业生产经营体制,鼓励和支持承包土地向专业大户、家庭农场、农民合作社流转,发展多种形式的适度规模经营。在新一轮农村改革和制度创新中,家庭农场已经成为探索新型农业经营的组织形式,并且成为推进农业规模经营、实现我国农业改革和发展"第二个飞跃"的重要实践。自2007年下半年以来,上海市松江区着手推进家庭农场发展工作,为新型农业生产经营体制和农业规模经营探索了一种可行模式,提供了丰富经验,同时也提出了值得深入研究的问题。

一 家庭农场建设的背景和现状

家庭农场一直是欧美发达国家农业的基本经营方式,指主要由经营者和与经营者具有血缘或姻缘关系的个人经营的农业生产实体。上海市松江区的家庭农场则具有中国特点和时代特征,体现了中国的基本国情,反映了中国的农村实际,是具有中国本土特色的家庭农场。

(一)推动家庭农场建设的条件和动因

随着工业化、城镇化的发展,松江区农村经济和农业发展出现了一些亟待解决的问题,同时,创新农业经营方式的条件也已经具备。

1. 农业劳动力转移比较充分

在开展家庭农场建设以前,松江区已有大量农业劳动力稳定地向非农产业和城市转移。2007年底,松江本地户籍直接从事农业的农村劳动力减少到7634人,仅占农村劳动力的3.9%(见表1)。在推动家庭农场的主要地区——浦南四镇,农村非农就业人员占比最低,只有15%。

2. 农户家庭对农业收入依赖程度较低

2007年,在以农业为主的松江浦南地区农民的收入中,农业经营性收入占总收入的比重在5%~18%,非农业收入比重超过80%,其中,石湖荡镇农民的农业经营性收入比重最低,占5.3%,叶榭镇比重最高,但也只占17.4%(见表2)。从农民社会保障看,2007年除镇保和城保外,松江区农村社会养老保险投保率为99.45%,养老金水平为每月140元;松江区农村合作医疗投

表1 2007年松江区农业劳动力非农就业转移情况

单位：人，%

区镇	农村劳动力	农业就业人员	农村富余劳动力	农村非农就业人员	农村非农就业人员占比
石湖荡镇	15772	1305	447	14020	89
新浜镇	15698	422	144	15132	96
泖港镇	24741	2655	998	21088	85
叶榭镇	28402	907	744	26751	94
全区合计	196645	7634	6000	183011	93

资料来源：松江区统计局《松江区农户、人口及劳动力状况统计表》。

保率为100%，农民社会医疗保障率为100%，农村最低生活保障标准达到每人每年2800元。只有农业经营性收入不再是农民的主要生活来源，土地承包经营权的流转才成为可能。

表2 2007年松江区浦南地区农民收入结构分析

单位：%

浦南四镇	农业经营性收入	经营性收入	工资性收入	财产性收入	转移性收入
石湖荡镇	5.3	16.5	67.2	2.1	14.2
新浜镇	12.4	23.1	61.8	2.0	13.1
泖港镇	12.1	27.9	58.0	2.3	11.9
叶榭镇	17.4	35.5	49.7	3.3	11.4

资料来源：根据松江区统计局《松江区农民经营性收入统计表》《松江区农民非经营性收入统计表》计算。

3. 家庭农场发展的生产要素条件具备

一是土地流转数量达到一定规模。2007年，松江区共有农户承包地总面积188997亩，其中农户承包地流转面积140856亩，已经占农户承包地面积的74.53%。二是农业技术服务发展完备。2007年，松江的水稻高产栽培技术已经较为成熟稳定，植保、测土配方等技术水平也不断提高。三是农业机械化水平较高。2007年，松江区粮食生产基本实现了全程机械化，农业综合生产力水平也不断提高（见表3）。

表3 2007年松江区浦南地区机械化程度

单位：%，千瓦

区镇	机耕面积占耕地面积比例	机种面积占耕地面积比例	机收面积占耕地面积比例	农业机械总动力
石湖荡镇	100	9.6	98.7	2972
新浜镇	100	9.3	100	5695
泖港镇	100	29.2	100	2275
叶榭镇	99.1	66	100	6796
全区合计	98	30.5	100	32229

资料来源：松江区统计局《农业机械化作业情况表》。

4. 地方经济发展水平较高

2007年松江区GDP达642.11亿元，财政收入达159.56亿元。按照常住人口98.86万计算，2007年松江区人均GDP和人均财政收入分别达到6.5万元和1.6万元。2012年，松江区GDP和财政收入分别达到886.55亿元和277.62亿元，户籍人均分别达到15.06万元和4.72万元。地方经济发展水平较高，地方政府拥有足够的财政能力，可以为家庭农场发展提供基础设施投资、引导性和补贴性资金扶持，构建完整的生产服务体系。

5. 改变农业低效发展的要求迫切

一是耕地分散严重影响农业规模效应的提高。2007年松江区耕地面积达246136.5亩，农业人口为121504人，农业户数为42501户，农业户籍人口人均耕地面积仅2.05亩，户均经营面积则为5.79亩。耕地分散无法带来农业生产的规模效应。二是农业生产存在无序化苗头。由于农业经营性收入不高，农民将土地流转出去以获得流转费。农田经营出现粗放趋向，大量依靠外来务农人员。由于土地无序流转、缺乏规范和约束，不少地方出现了掠夺性种植现象。

松江区农业发展面临着本地劳动者缺乏、土地利用率低、农业生产效率低等问题，探索以农户家庭为主体的规模经营方式，是破解新形势下这些时代难题的最好方式。

（二）松江区家庭农场的主要特征

从严格而完整的意义上说，松江家庭农场是指在村级集体经济组织范围内，以本地户籍单个农户家庭为基本单位的农业规模经营。它具备五个显著特点或基本要素：本地农户、家庭自营、农业为主、适度规模、现代经营。我们也可以将其本质特征概括为农户家庭的规模经营，即以农户家庭经营为基础，以适度规模经营为特点，这是一种农户经营和规模经营的结合方式。

松江家庭农场的核心内涵在于：①经营者自耕，即家庭农场经营者必须主要依靠家庭人员从事农业生产经营活动，不得将所经营的土地再转包、转租给第三方经营；除季节性、临时性聘用短期工外，不得常年雇用外来劳动力从事家庭农场的生产经营活动。②适度规模经营。家庭农场经营土地规模与经营者的劳动生产能力相适应，现阶段家庭农场的土地规模以100~150亩为宜，随着农业生产力水平的提高、农业劳动力的进一步转移，可逐步扩大土地规模，不断提高劳动生产率。

因此，家庭农场与传统农户的区别在于经营规模，农户可以是微小经营农户，也可以是规模经营农户。家庭农场与专业大户和专业合作社的区别则在于经营主体，专业大户可以是本地农户，也可能是外来农户、非农户，甚至社会资本；而专业合作社的经营主体是彼此联合的农户，即非单个农户。

以本地本级户籍农户作为家庭农场经营者前提，主要基于两方面考虑：一方面，本地农民具有相对稳定性，有利于专业化职业农民队伍建设和农业生产管理；另一方面，本地农民作为集体经济成员，理应优先获得经营的权利和分享改革的利益。

（三）松江区家庭农场发展成绩

2012年底，松江粮食家庭农场已从2008年的708户发展到1206户，经营面积达13.66万亩，占全区粮田面积的比重上升为80.0%，约占全区耕地面积的54%，户均经营面积达112.34亩（见表4）。因此，松江成为全国家庭农场起步最早、发展最快、持续时间最长、覆盖范围最大、专业化程度最高、制度设计最完整的地区。

表4　2008～2012年松江粮食家庭农场发展情况

年份	户数	面积(万亩)	占粮田面积比例	水稻单产(公斤/亩)	户均经营面积(亩)	亩均净收入(元)	户均净收入(万元)
2007	597	9.05	55.4	550	—	—	—
2008	708	11.5	69.5	560	162.4	460	7.45
2009	745	10.28	65.0	563	138.9	579	8.04
2010	960	11.89	73.0	564	123.8	857	10.61
2011	1167	12.99	78.8	565	113.96	817	9.31
2012	1206	13.66	80.0	571	112.34	847	9.52

资料来源：《上海市松江区国民经济和社会发展统计公报》，户均数据为100户家庭农场抽样数据。

二　松江区推进家庭农场的主要做法

七年来，松江不断摸索、改进和完善家庭农场发展的机制、体制和政策，使家庭农场从一开始就向有序、规范、良性的方向发展。除了农地流转和规划方面的创新，还包括对规模机制、农场进退机制、农场考核补贴机制、农民收入增长机制、农业服务机制、劳动力转移机制的创新。

（一）建立适度的发展规模机制

松江家庭农场的适度规模充分考虑了三种规模，体现了三个结合：一是经济规模，即与体面的收入相结合，以能否通过农场经营获得体面的收入、能否吸引当地合格劳动力从事农业作为确定农场规模大小的主要基础和依据。二是技术规模，即与经营者的劳动生产能力相适应，农场规模既不能超出经营者现有生产能力而盲目扩张，也不能放空生产能力而人为缩小，而是在现有的农业机械化水平和农业服务水平条件下，选择农场家庭劳动力能独立承担的经营规模。三是社会规模，即农场规模受土地供求关系的制约，必须与农业劳动力转移程度和农村保障程度相衔接，充分考虑社会和农民的可承受程度，不能产生新的过剩农业劳动力，更不能降低其他农户的生活水平。

为此，松江比照当地城乡居民收入水平和近几年粮食亩均净收入水准，确定现阶段家庭农场的土地规模以 100～150 亩为宜。以 2012 年为例，根据 100 户家庭农场抽样数据，家庭农场平均经营面积为 112.34 亩，亩均净收入为 847 元，户均净收入达到 9.52 万元。而当年松江农村居民家庭户均年收入约为 66456 元，城镇居民家庭户均年收入约为 98400 元；上海农村居民家庭户均年收入约为 51681 元，城市居民家庭户均年收入约为 116545 元。因此，依靠 100 亩左右的规模，松江家庭农场户均净收入已高出松江农村居民家庭户均年收入约 43%，高出上海全市农村居民家庭户均年收入约 84%，而与松江城镇居民家庭户均年收入大致相当，并接近上海城市居民家庭户均年收入。同时，尽管根据松江农业机械化水平和农业社会化服务水平，单个家庭农场最大可经营能力达 300 亩，但考虑到农村尚有不少富余劳动力，以及平衡与非农就业劳动者的收入水平，也不宜让家庭农场经营规模过大、收入过高。因此，家庭农场的经营规模上限宜确定为 150 亩。

（二）探索灵活的农场进退机制

2007 年探索家庭农场之前，松江粮食种植户有 4900 户，平均每户经营 33 亩。按当时设计的家庭农场最低经营规模每户 100 亩计算，2/3 以上的农户要退出经营。为此，松江从一开始就建立和不断完善家庭农场的进退办法。

1. 准入机制

规定家庭农场经营者必须具备以下基本要求：①原则上是本村的农户家庭，常年务农人员在 2 人以上，以充分尊重农民对承包地的自主权，保障本村农户享有优先承包经营权；②男性年龄为 25～60 周岁，女性年龄为 25～55 周岁；③具备相应的生产经营能力和一定的农业生产经验，掌握必要的农业种植技术，能熟练使用农用机具；④主要依靠家庭人员劳动完成耕、种、管、收等主要农业生产活动。

2. 竞争机制

松江农户参与家庭农场经历了动员、抓阄和评议三个演进阶段。最初大家对家庭农场不摸底，要广泛动员。尝到家庭农场甜头后，愿意承包的农户增加，就采取抓阄办法。2013 年开始的新一轮家庭农场竞包，有的镇达到 6 家农户竞争1个家庭农场名额的程度。为此，松江推行公平竞争办法，采取由全体村民参与的民主评议制度和公示制度。全程需要两轮村民投票和三次公示。也就是说，想当家庭农场主，再也不能靠抓阄碰运气，而要靠申请者的实力。程序是：①制定标准。各村依据区、镇有关家庭农场准入条件和本村实际，制定本村家庭农场准入标准、家庭农场数量、经营规模、农田分布等，并采取发放书面告知书或在公示栏张贴公示等方式，告知本村村民。②农户申请。本村农户家庭向村委会提出申请，并提交相关申请材料。③村委会审核。村委会根据本村家庭农场准入标准，对提出申请的农户逐一进行资格审核。④民主评定。由本村老干部、老党员、老队长和民意代表进行民主评定，择优选择家庭农场经营者；遇有特殊情况，可通过"票决"制，按得票数确定家庭农场经营者人选。⑤公示签约。家庭农场经营人选确定后，必须在本村范围内公示，公示期满无异议后，村委会与家庭农场经营者按照市农委、市工商局制定的《上海市农村土地承包经营权流转合同》，签订土地流转合同和家庭农场承包经营协议，明确家庭农场经营者经营农田的区域、面积、年限、土地租赁价格等内容。

3. 退出机制

松江规定，新进家庭农场经营者有一年的考核期，年度考核不合格的，自动终止家庭农场承包经营协议；考核合格的，成为正式家庭农场经营者。凡出现下列情况之一的，取消其家庭农场经营者资格：①家庭农场经营者取得家庭农场经营权后，不直接参加农业生产和管理，常年雇用其他劳动力。②家庭农场经营者将经营土地转包、转租，或有"拼装"和虚报经营面积等行为。③家庭农场经营者管理不善；违反种子检疫规定，私自调种、乱用种子，影响稳产、高产；使用违禁农药，影响农产品质量安全；不服从本村茬口统一安排，不能做到"种田"与"养田"相结合而影响耕地质量。④家庭农场经营者无正当理由不履行协议，故意拒交、拖欠土地流转费。泖港镇文华村农户共1030户，耕地2800亩，其中粮田1628亩，2007年经过动员，仅有9个家庭报名组建了9户家庭农场；到2010~2012年第二轮家庭农场承包，共确定了16户家庭农场（其中种养家庭农场2户，机农一体化家庭农场4户）；而2013年新一轮家庭农场承包，共有47个家庭参与竞争，初选

25户合格，最终产生17户，粮田通过复垦增加到1800亩；原来16户中保留12户（包括种养家庭农场按规定直接续约而保留的），退出4户，其中3户退休，1户未评上。

4. 稳定机制

农业是自然性产业，需要鼓励长久经营和长期投入。松江在坚持家庭农场100~150亩规模的基础上，延长家庭农场承包期，要求承包期不少于3年，对一贯经营良好的鼓励延长至5年以上；对连续3年评为优秀家庭农场、种养结合家庭农场、机农一体家庭农场，且经营者年龄在50岁以下以及镇保土地承包期在5年以上的，鼓励延长至10年，从而稳定家庭农场专业生产经营。经过第三轮调整，松江区家庭农场承包期在3年及以上的有1026户，占85%，基本上稳定了松江的粮食生产和家庭农场经营者的预期。

（三）建构高效的考核补贴机制

松江家庭农场的政府补贴由中央、上海市和松江区三级财政组成，其中区级财政农业补贴的显著特点是把支持、引导和效能有机结合起来。

1. 加强和稳定财政补贴

近年来，松江家庭农场亩均补贴标准基本保持稳定，按现金补贴标准，2008年为475.5元，2009年和2010年分别增加到526元和626元，2011年为590元，2012年为610元（见表5）。根据100户家庭农场抽样调查，2012年家庭农场总收入为2662.19万元，其中生产性收入为2111.72万元，补贴收入为550.47万元，补贴收入占农场总收入的20.7%；农场总净收入为951.80万元，补贴收入占农场净收入的57.8%。在这些补贴中，松江区财政承担了相当大的份额。按照2010年补贴标准，当年家庭农场亩均财政现金补贴收入为626元，其中中央财政补贴为136元，占21.7%；上海市财政补贴为240元，占38.3%；松江区财政补贴为250元，占39.9%。2011年，松江家庭农场获得的农业补贴为2607万元，其中，中央财政占14%，上海市财政占40%，松江区财政占46%。总体上，松江既通过财政补贴支持了农业发展，又通过家庭农场使农业的财政补贴在上海各区县中控制在较低水平，如松江承包经营权流转费用补贴事实上低于浦东、闵行、宝山等经济实力更强的地区。

表 5 松江家庭农场财政补贴标准

单位：元/亩

年份	现金补贴					物化补贴			
	合计	农资综合直补	种粮直补	土地流转费补贴	绿肥补贴	合计	水稻良种补贴	水稻药剂补贴	二麦良种补贴
2008	475.5	75.5	150	200	50	63	16	14	33
2009	526	76	150	200	100	76.5	16	22.5	38
2010	626	76	150	200	200	73.5	16	22.5	35
2011	590	90	150	150	200	90	20	20	50
2012	610	110	150	150	200	101	20	31	50

2. 直接财政补贴和间接财政补贴并重

松江家庭农场获得的政府直接补贴分为现金补贴、物化补贴和保险费补贴三类，现金补贴包括农资综合直补、种粮直补、土地流转费补贴和绿肥补贴；物化补贴包括水稻良种补贴、水稻药剂补贴和二麦良种补贴。其中，松江区级财政补贴项目为土地流转费补贴和绿肥补贴，水稻药剂补贴和二麦良种补贴，以及保险费补贴（松江全区家庭农场的水稻保险费全部由市、区财政承担），直接增加了家庭农场收入。同时，松江还重视对家庭农场发展的间接补贴，例如，全部由区财政承担的粮食烘干设施、种养结合标准化畜禽养殖场建设、农机库房建设的补贴、贷款担保和贴息，以及老年农民退出土地后每月增加的 150 元补助金等，都间接增加了农民收入，支持了家庭农场发展。

3. 改财政补贴为经营管理奖励

松江区把财政补贴同家庭农场管理相挂钩。2010 年，松江将原来对 80~200 亩规模家庭农场每亩 200 元的土地流转费补贴，分解为 100 元作为土地流转费补贴、100 元作为家庭农场生产管理考核补贴。从 2011 年起，松江区财政补贴全部实行以奖代补，即土地流转补贴全部调整为生产管理考核性补贴，并且支出标准由200元/亩降为150元/亩。补贴根据考核结果发放，考核内容分为六项，涵盖了对农场的基本要求，包括茬口安排、外围沟清理、秸秆还田、夏熟作物生产管理、水稻生产管理、向区国有粮库交售稻谷等。经营期满后，经营管理好、生产水平高、考核优秀，以及获得农民培训资格证书、农机操作驾驶证的家庭农场经营者，在新一轮家庭农场经营者选用时，可优先获得延续经营权。

（四）创造多元的农业收入增长机制

松江在探索家庭农场发展过程中，一方面通过扩大农地经营规模和提高农地单位面积收益增加农户收入；另一方面重视充分利用农忙农闲的差异特点，最大限度地发挥农业劳动力的劳动效能，按照"一业（粮食）为主"的原则，围绕粮食生产延伸经营链、服务链，增加农业经营性收入和服务性收入，保障和实现家庭农场收入增长。

1. 粮食生产实现统一收购和处理

松江家庭农场以粮食生产为主，粮食收割下来后即可以全部由粮站统一收购和处理，确保了农场粮食生产收入。农户也可以选择保留部分粮食在市场价格较高时出售，以获得更高的收入。

2. "种养结合"拓展农场收入

发展"种粮+养猪"种养结合的家庭农场，在通过养猪增加农场收入的同时，增加了有机肥，节省了肥料，培育了地力，提高了粮食的品质，实现了生态循环。其基本模式是：按每亩每批2头左右设置养猪规模和猪舍，猪舍建设全部由政府投资，区生猪养殖龙头企业松林公司与家庭农场签订代养协议，由公司提供仔猪、饲料和收购，农场每头猪获得50元代养费。2012年底，松江区种养结合家庭农场达53户，较2010年的37户增加了43%。到"十二五"末期，种养结合家庭农场将达到100户。

3. 农机一体化增加农场服务性收入

发展机农一体化家庭农场，农场经营者既拥有农机，又承包土地，通过为其他家庭农场提供农机服务增加收入。机农一体化家庭农场根据其拥有的农机数量及服务能力，与周边的家庭农场签订农机服务协议，为其提供农机或农机

上海家庭农场实践对探索农业规模经营的启示

服务,每亩农田可获得纯收入40~50元。"种养结合"和机农一体化家庭农场收入显著高于纯粮食生产家庭农场,可以增加收入5万~6万元。2012年松江区机农一体化家庭农场已有140户,占全区家庭农场户数的11.6%,"十二五"期间机农一体化家庭农场户数每年新增20%。

(五)确立全面的农业服务机制

松江因地制宜地充分发挥政府、合作社和农户三者的积极性,提供培训服务、农机服务、农业生产资料服务、农业技术和信息服务、销售服务,共同构建了规模经营的生产服务体系。

1. 建立农业服务规范

松江制定了《粮食家庭农场服务规范》,并根据家庭农场生产需求,为家庭农场提供不同形式的产前、产中、产后服务。在政府层面,建立粮食种子繁育供应基地(1个原种场、3个扩繁场),实行水稻良种区级统一供种,使得全区水稻良种覆盖率达到100%。针对家庭农场担心粮食丰收后加工、存储、销售的问题,特别是稻谷收割后需要及时烘干收储,农场又缺乏设备,松江实行了"粮食订单"和政府建设粮食烘干设施、农民适当付费的办法,直接从田头收购粮食生产家庭农场种植的稻谷。目前,全区建设了1600吨容量的粮食烘干设施,其中,粮食局提供了1500吨容量的设施,用于商品粮烘干收购;种子基地提供了100吨容量的设施,用于种子烘干。此外,松江区的11个国有企业粮食收购网点还对粮食实行全部托底收购。

2. 加强农民职业培训

全面提高农村劳动者素质,建立一支有文化、懂技术、会经营的职业农民队伍,是家庭农场持续发展必须解决的核心问题。松江采取了培训人才、筛选人才、激励人才等多管齐下的政策。一是持续开展家庭农场分级资格培训,培训涉及农业实用技术、农产品安全生产、病虫害防治以及农民专业合作社经营管理等内容。2006年至今,已累计培训农民近2万人。二是实行家庭农场专业农民职业资格认证,家庭成员除了具备相应的生产经营能力和一定的农业生产经验、掌握必要的农业种植技术、能熟练使用农用机具外,还必须获得农民培训资格证书、农机操作驾驶证,目前,各类持证上岗农民达6092人,家庭农场人才结构开始向专业化转换。

3. 设立农机合作社

按照"规模化生产、社会化服务"方式,打破原各村农机各自为政的格局,遵循"适度规模、就近结合"原则,建立农机合作社。设定了农机合作社组建标准:服务范围在2~3个村,作业面积在3000~5000亩,服务家庭农场20~30户。为扶持组建农机合作社,松江配套出台了农机库房建设补贴和农机购置补贴等相关鼓励政策。目前,全区农机合作社达到30家,为家庭农场水稻生产提供了全程机械化作业服务,范围覆盖全部家庭农场。

(六)建立惠农的劳动力转移机制

为了有效减少浦南地区农村人口、推动农业劳动力向城镇和浦北工业化程度较高地区有效转移,松江积极加强了政策引导。

1. 设立专项资金扶持农民非农就业

建立浦南农村劳动力就业扶持基金,对安置浦南农村劳动力的企业,按每年每人2000元标准给予补贴;对跨区域非农就业的浦南农民,按每人每月200元的标准给予交通和用餐补贴。

2. 探索"以房换房",引导农民自愿进城

随着农村劳动力大量转移,浦南地区出现了自然村大量削减、农村房屋大量空置的现象。为此,松江尝试采取"抽稀"方式引导农民自愿离开农村。例如,新浜镇试点建立"农民自愿+村里审核+镇政府审批+农村住房(以及宅基地、自留地、承包地)退出+纳入社保"的进城居住"搬迁"机制,离土农民以农村住宅和用地换取一定面积的城镇住房和社会保障。

3. 推动集体经济产权制度改革使农民安心

通过镇级集体经济组织产权制度改革,让农民带着集体资产进城。从2009年开始,松江开展以建立镇级农村集体经济联合社为主要内容的规范农村集体资产经营管理改革试点,确认当地农民作为镇级农村集体经济联合社社员,享有农村集体资产的经营管理权和收益分配权,从而为长久性地解决种地农民和离土农民的收入增长创造了重要条件,有利于鼓励和推进农村劳动力的转移。

三 松江家庭农场实践的重要经验与政策思考

（一）上海松江区推动家庭农场发展的经验启示

上海市松江区从我国农村的实际情况和我国农业现代化发展的客观要求出发，以家庭农场为基本载体，推动规模经营取得了丰硕的阶段性成果。从松江区推动家庭农场的实践中，我们看到家庭农场虽然具有巨大的发展空间，但是需要长期的探索和推进。在推进过程中，松江区始终坚定不移地坚持组织领导与整体推进、坚持不懈地重视总体规划与城乡统筹、坚韧不拔地推进改革创新与制度设计、坚贞不渝地强调农民自愿与政策引导，在家庭农场推进工作中积累了丰富的经验，对全国范围内开展家庭农场经营具有借鉴意义。

1. 坚持走改革创新之路

改革开放以来，我国农村正经历20世纪80年代以"大包干"为核心的农村经济体制变革后新一轮的农村经济改革。在这一轮改革过程中，不仅需要重新激发和调动农民的生产积极性，而且应当承担推进农业现代化，让广大农民平等参与现代化进程、共同分享现代化成果的重任。上海松江家庭农场作为一种现代农业生产经营体制，是发生在经济发达地区的制度创新，是面向农业现代化的改革创新，代表了新一轮农村改革和发展的方向。松江区正是从当地实际出发，坚持改革创新，才走出了这样一条符合中国国情、适应发展阶段、具有地区特色的农业改革和现代化发展之路。

2. 坚持以农业发展为本

改革创新的目的是创造更好的条件促进农业有效发展。松江的经验表明，探索新型农业经营组织形式最根本的是必须对农业的重大战略意义具有高度认识。尽管在经济增长结构中，农业比重已经很低，但绝不能因小而不为。上海的农业产值在全市经济中的占比只有0.6%，但对保障城市供应意义重大。只有"三农"建设好，城市才能真正让生活更美好。所以必须坚持农业的基础地位，坚持用现代生产方式改造传统农业，用现代经营体制改造传统体制，在改革中发展农业，在探索中实现中国特色农业现代化。

3. 坚持以农民自愿为原则

家庭农场作为一种新型农业经营体制，本质上是市场经济体制的一种形式，长期发展必须坚持自愿原则和按照市场方式运行，绝不能强迫命令。松江成功探索家庭农场的关键在于群众观点至上、坚持走群众路线，即充分尊重农民的意愿、尊重农民的选择、尊重农民的自治。在家庭农场发展中，把保护农民合法权益、改善和增进不同农民群体的利益作为出发点和归结点，坚持土地流转自愿、离土进城自愿、从事农业自愿、经营农场自愿、发展方式自愿，使不同群体农民各取所需、各有所享、各得其所，真正形成改革的巨大活力和动力，从而极大地激发农民支持家庭农场发展、参与家庭农场改革的积极性、自觉性和主动性。

4. 坚持以家庭经营为根本

松江在通过家庭农场推行规模经营过程中，始终坚持家庭经营这一核心，即经营者自耕。明确限定农场经营主要依靠单个农户家庭的成员，除季节性、临时性聘用短期劳工外，不得常年雇用农业外来劳动力。家庭农场是对家庭联产承包责任制的延续和创新，它既发挥了集体统一经营的优越性，又充分调动了农民的生产积极性，同时也适应了采用先进生产手段和科学技术的现代农业。

5. 坚持以统筹协调为方针

家庭农场经营模式作为农业新型经营体制的探索，实际上是"牵一发而动全身"的改革。因此，松江在家庭农场发展中，非常注重顶层设计、协调推进。一是注重城乡统筹。必须依靠中央层面的全国城乡统筹，也需要地方层面积极主动的区域内城乡协调互动。二是注重产业统筹。探索新型的农业发展道路，必须探索产业互动、工农互惠、三次产业融合协调的具体形式和路径。三是注重规划统筹。家庭农场作为规模经营的形式，要做到全面推广、长期坚持和稳定发展，必须建立在区域发展的总体规划、农业发展的总体布局、农业经营体制变革的总体思考上，在总体框架下，形成家庭农场发展的区域规划、产业规划、目标规划和政策规划。四是注重责任统筹。松江对家庭农场实行区政府统一领导、城乡统一规划、镇村统一实施，推行区镇村三级责任制，形成区镇村分工协调、责任明确、工作联动、通力合作的机制，确保家庭农场工作有效推进。

6. 坚持以适度发展为方向

一是家庭农场规模适度。家庭农场规模在追求收益增加的前提下，也要根据家庭经营力所能及的范围，避免大面积土地承包，避免因为规模过大、超过家庭经营的承受能力，出现二次转包、长期雇工等损害不同农民群体切身利益的隐忧。二是土地流转费用适度。要通过合理、有效的方式适度控制土地承包经营权的流转费用，既避免流转费用过高，影响家庭农场发展，又避免流转费用过低，伤害承包农户的利益。同时，还要避免因财政补贴土地收益化而导致的不利于鼓励生产经营的现象发生。三是发展覆盖范围适度。不能急于求成，片面地在所有作物上大面积推广家庭农场。只能围绕粮食生产加强家庭农场的发展与建设，对于劳动投入大、劳动强度高、机械化程度低、条件尚不具备的经济作物，则应探索以专业合作社为主体的经营形式。四是农场多元经营适度。一方面，无论种养结合还是农机一体化，多元经营都必须围绕粮食生产开展；另一方面，必须根据粮田生态循环能力和农机服务能力，科学确定家庭农场多元经营的程度，体现"一业为主"的原则。

7. 坚持以规范运作为前提

为促进松江家庭农场的健康发展，松江区从家庭农场土地流转方式、程序、价格，到准入条件、筛选标准、退出机制、产业导向、经营管理、扶持政策等各方面都做了明确规定，形成了一整套严密规范的家庭农场管理规则。以民主管理制度建立家庭农场，以现代企业制度发展家庭农场，以规范制度保障家庭农场权益，确保家庭农场长期稳定发展。

8. 坚持以循序渐进为方法

探索农业规模经营在我国必然要经历一个长期过程，不能一蹴而就。特别是对不同的经济发展地区、不同的经济发展阶段和不同的农业产业结构来说，家庭农场发展的条件必然各不相同。因此，发展家庭农场既需要积极态度，又必须符合实际，因势利导，扬长避短。松江的经验表明，推进家庭农场必须具备的条件包括城镇化水平高、农户家庭对农业收入依赖低、土地流转已形成规模、农业社会服务完善、地方政府财力充沛等。要具备这些条件，并非短时期内可以实现。

（二）发展家庭农场的政策思考

松江在推动家庭农场发展中取得了相当喜人的成绩，但是目前松江家庭农场仍然处于起步探索阶段，功能和作用还有待于进一步检验与发挥，家庭农场发展的机制和政策还需要不断优化完善，一些深层次的问题还值得进一步探讨和破解。

1. 进一步改革和完善农户承包经营权制度，处理好农户承包地经营权流转与家庭农场长期稳定发展的关系

家庭农场长期稳定、充分发展的基础是承包地经营权流转的稳定和充分。但是这种稳定性却受到土地流转期限、农场承包期限和农户受益差异的约束。由于土地流转期限的存在，在期满后，土地使用权可能流转到不同的主体，造成家庭农场无法稳定发展。目前，松江家庭农场的承包期为3~5年，但是这一周期相对于经营者农业投入和回报的周期过短，使经营者无法对农业综合生产力的长期稳定提高做出规划。由于家庭农场取得了较好成效，转出土地承包经营权的农户和承包家庭农场的农户在经济收益上存在落差，出现一些农户不愿流转土地承包经营权的情况。

因此，必须进行长期制度安排，进一步完善《农村土地承包法》下的承包经营权制度，实现农地经营权长期和规模化流转。一是在家庭联产承包责任制建立的农地集体所有权和农户承包经营权分离的基础上，进一步明确农地承包权与经营权分离的政策和法律，以既保障承包农户长期的基本权益，又提高农地的使用效率。二是探索承包农户和经营农户利益共享、风险共担的制度安排，特别是市场方式的安排，以实现土地承包权与经营权可以长期、稳定和有效分离。目前，流转费用确定方式的实质是固定租金或相对固定租金（与农产品价格挂钩），可以探索各种方式的流转费用方式，如完全的分成租金制度。三是完善承包经营权集中流转方式。实践表明，分散、随机、零星的农地经营权流转，往往不能更有效地开展规模经营，农业规模经营通常需要农地一定的规模流转、稳定流转为基础。四是探索承包经营权长期流转的制度设计，推进集体经济组织框架下农地承包权股份化合作，形成农地经营权集中经营的模式。五是研究农地承包权退出、转让和继承问题。

2. 进一步改革和完善家庭农场经营制度，处理好家庭农场收入可持续增长与经营模式转变的关系

从长期看，在我国普遍和大力推行家庭农场，必然将受人多地少这一国情的严重制约：一方面，粮食生产成本不断上升约束着亩均净收入增加，假定亩均净收入保持基本稳定，在成本增加的情况下要维持收入增长，就必须扩大农地规模；另一方面，随着规模经营效益显现，越来越多的农户希望和要求参与家庭农场经营。土地少和需求大的矛盾将制约家庭农场的发展。这些问题的解决，需要从以下两方面着手。

一方面，坚持严格保护耕地，尤其是粮田。一是修编与完善全区城乡总体规划，进一步优化城乡主要功能区布局，在空间上明确可落地的耕地尤其是粮田的保护红线。二是制定保护全区耕地尤其是粮田的专项政策，在国家和上海市法律法规的基础上，细化松江区可操作的具体条款，明确行政、经济等惩戒措施，对违法违规占用、破坏耕地尤其是粮田的行为，严格按照规定进行处罚。三是力争现有耕地尤其是粮田总量实现占补基本动态平衡，并尽量避免造成粮田布局上被分割。同时，积极开展农田整治和推进规模流转，最大限度地使农地集中连片，挖掘农地的利用潜力，提高农地的使用效率。

另一方面，进一步改进和完善家庭农场经营模式。一是引导家庭农场深化主业经营，如鼓励农场主种植优质稻米和创建大米品牌。利用现代商业模式和物流配送体系，帮助家庭农场建立产销对接机制，提高粮食的利润空间。二是推进家庭农场实现多元化经营方式。在"一业为主"的基础上，拓展适度多元化经营。探索家庭农场按照生态链（如种植与养殖结合）、价值链（如种植、养殖与加工结合）、产业链（如种植、养殖与农业服务结合）、资产链（如种植、养殖与农业资产经营结合）的适度多元化经营。三是探索家庭农场多元组织形式，如农户之间组建合伙式家庭农场，吸收外部资金组建由农户控股的公司制家庭农场。这样的组织形式创新，既可以获取规模经营和多元化经营的好处，又可以实现风险共担。四是探索农业不同种养类别家庭农场的发展。在大宗低值粮食家庭农场发展受到规模和收入增长制约的情况下，试点蔬菜、水果、畜禽养殖等单位产值高、附加值高的家庭农场。

3. 进一步改革和完善农业保护和支持政策，处理好家庭农场扩大经营与风险管理的关系

农业是高度的自然风险和市场风险相结合的产业，家庭农场的发展并没有改变农业不可调节的自然风险和市场风险特质，甚至家庭农场的适度规模经营和适度多元化经营，客观上加大而不是缩小了农户的经营风险和家庭风险。家庭农场规模的扩大可能导致由自然灾害或市场波动而带来的经营损失扩大。家庭农场多元化经营会对农户经营能力、投入的时间和精力以及管理水平提出较高要求，增加家庭农场经营难度。合同经营可能存在违约成本。家庭农场投入较大，具有一定的资金风险。

针对这些经营中的风险，首先，必须完善现代农业风险管理工具。一是加大家庭农场合同建设。降低违约风险，关键是加强政府和集体经济组织在合同运作中的作用，树立契约的权威性和严肃性，提高合作履约率。二是大力发展家庭农场收入保险。以家庭农场收入而不是农业产量制定保险产品，制定现代农业保护政策。三是探索建立家庭农场收入稳定账户。通过鼓励农户在高收入年份在指定账户储蓄，而在低收入年份取出的方式来进行风险管理，政府则通过提供延税和配套储蓄的方式予以鼓励。其次，改革和完善家庭农场的政策补贴。一是控制直接补贴。家庭农场的直接补贴应当尽可能减少到最低程度，引导家庭农场内在的可持续发展机制。二是提高补贴效率。把补贴与家庭农场管理和国家的农业发展导向结合起来，例如，把家庭农场扶持政策与生态和环境保护相结合，实现家庭农场支持和环境保护支持一体化。三是重视间接补贴。采取农田基本建设、生产服务补贴、贷款贴息和保险补助、社会保障补贴等方式，为家庭农场提供更好的农业服务和外部环境。最后，重视对起步家庭农场的资金支持。家庭农场的资金制约，主要是在起步阶段的经营资本和支付的流转费用。可以采取的资金支持方式包括政府的直接融资、担保融资、贷款贴息，以及物化融资（通过农业服务实现农资统一配送，收获后结账）。

4. 进一步改革和完善集体经济组织制度，处理好家庭农场经营主体与"农二代"及"农民农"的关系

从长期看，松江本地农业劳动力的弱化趋势将逐步影响家庭农场经营者的队伍建设，5~10年后松江农业本地农村从业劳动力是否会后继乏人，将是必须予以考虑的问题。

针对这一问题,需要在本村、本镇、本区农民优先的前提下,弹性调整家庭农场的准入条件和经营条件。一是可以把集体经济组织成员扩大为与经营者和与经营者具有直系血缘或姻缘关系的个人(包括不属于经营者家庭的亲属),户籍限制由本地农村户口改变为本地户口,鼓励"农二代"继承农业经营。二是吸引和培养本地新一代职业农民。重点培养一批年轻、有田间生产经验、掌握现代农业专业知识和技能、熟悉相关政策和制度的新一代农场主,并加强农村生活设施建设、农民房屋改造和农村固有风貌维护,使家庭农场在获得体面收入的同时,农民的生活条件和生活质量也得到同步明显改善,并通过提供与城镇相同的生活配套条件和更好的生态环境条件,留住和吸引年轻一代的新型农民。三是从加快改善经营者队伍结构、提高经营者队伍素质出发,通过设置引进条件、严格民主评议、加强考核监管,鼓励和引进非本地户籍的现代农业专业人才申请和经营家庭农场。四是探索"农民农"有序参与农业与家庭农场经营。通过发展农业服务体系和在服务体系中吸纳、组织"农民农",既满足家庭农场对劳动力的季节性需求,又更好地管理外来农业人口及其就业。

5. 进一步改革和完善农村政府的职能,处理好家庭农场发展中政府与市场、集体与农户的关系

目前,家庭农场发展大多采取政府主导的模式,并积极依托村委会的作用。这种方式既体现了我国农村发展的一般情形,又有利于实现政府对家庭农场的支持。

从长期看,在家庭农场普遍推广的情况下,一要重视农户在家庭农场发展中的主体地位,发挥农户的积极性,包括农户在家庭农场准入、择优、管理中的自治特色。二要改进和加强集体经济组织功能。集体经济组织目前普遍存在缺位和失位的情况,要避免完全的"以政代集",在家庭农场发展中维护和发展集体经济,特别是发挥其统一经营的作用。同时,确立和发挥集体经济组织作为所有者在家庭农场发展中的职能。三要更好地体现政府在推进家庭农场中的作用。从长期看,政府更多的作用应当体现在帮助建立家庭农场公平竞争体制、家庭农场风险防范机制、家庭农场科学管理制度,以及解决家庭农场发展瓶颈和引导家庭农场发展方向上。例如，加强对农户土地承包经营权流转的规范管理和服务指导，建立和完善权威的农村土地信息管理平台、村级土地流转台账、土地流转登记备案等制度，确保土地流转规范有序、公平合理、稳定长效。

参考文献

上海市松江区农业委员会：《关于进一步规范家庭农场发展的意见》，2013。

上海市松江区农业委员会、上海市松江区财政局、上海市松江区粮食局：《关于松江区家庭农场考核和补贴的实施意见》，2011。

上海市松江区统计局、国家统计局松江调查队：《2012年松江区国民经济和社会发展统计公报》，2013年2月8日。

松江农业网，http：//sj.shac.gov.cn/。

松江统计信息网，http：//tjj.songjiang.gov.cn：8081/。

开 放 篇

Reports on Opening-up

B.7 新型开放格局与中国（上海）自由贸易试验区建设

赵蓓文

摘　要： 十八届三中全会公报提到"放宽投资准入，加快自由贸易区建设"，虽未直接提及上海，但反映出决策层对中国（上海）自由贸易试验区（以下简称"上海自贸区"）的偏爱。本文回顾了加入世界贸易组织以来中国对外开放的总体进程，从国际贸易体制变化后中国在新型开放格局下如何进行上海自贸区的总体方向探索入手，从金融创新和金融开放、投资自由化和负面清单的调整、上海自贸区的贸易转型、上海自贸区的监管模式、上海自贸区建设与政府职能转变五个角度，分析了上海自贸区未来的发展方向。

---

* 赵蓓文，经济学博士，上海社会科学院世界经济研究所国际投资研究室主任，研究员，研究方向为国际贸易和投资、中国对外开放战略等。

关键词：

自由贸易试验区　新型开放格局　上海

一 "入世"以来中国对外开放的总体进程

2001年底"入世"以后，按照"入世"承诺，中国对外开放的领域逐步从制造业扩大到服务业。过去一直保密的民用卫星、运载火箭设计和制造，以及历来由国家垄断经营的电信、铁路运输、商品批发等行业，也陆续对外开放。2008年国际金融危机爆发后，中国为应对危机，陆续推出了一系列政策法规，加快了贸易便利化和投资自由化的进程。

（一）国际贸易体制变化新趋势对中国扩大对外开放的影响

1. 国际贸易投资体制变化的新趋势

一方面，在2010年6月多伦多G20峰会上，G8宣布放弃对2010年前结束多哈回合谈判的承诺，这意味着多边贸易体制进展不仅遭遇"减速障碍"，而且面临"停滞威胁"，世界贸易组织（WTO）多哈发展议程面临困境。另一方面，美国先后带头倡导了跨太平洋伙伴关系协议（TPP）和服务贸易协定（TiSA），希望与发达国家先制定规则，再与发展中国家进行谈判。

目前，全球投资规则基本形成，美式高标准主导了全球投资谈判的规则。经济全球化已经从贸易自由化、制造业价值链分工深化向以高标准市场准入为主要内容的投资自由化方向发展。中国如果不能充分利用全球投资规则重构的窗口期参与国际投资规则的制定，不仅将失去在全球投资规则制定中的话语权，而且随着传统竞争优势被周边国家超越，会对中美构建新型大国关系产生不利影响。

2. 从货物贸易开放走向服务贸易开放

一方面，中国全面履行"入世"承诺，不断削减关税，贸易和投资便利化程度显著提高。到2011年底，中国的关税总水平已经由15.3%降至9.8%，达到并超过了世界贸易组织对发展中国家的要求。2012年以后，随着中国与部分国家双边自由贸易协定的签订，中国的关税进一步得到削减。2013年7月，为了进一步贯彻落实党的十八大报告提出的"坚持出口和进口并重，强化贸易政策和产业政策协调，形成以技术、品牌、质量、服务为核心的出口竞争新优势，促进加工贸易转型升级，发展服务贸易，推动对外贸易平衡发展"，① 国务院办公厅发布《关于促进进出口稳增长、调结构的若干意见》，包括12条政策措施：调整出口法检费用和目录、加大出口退税支持力度、加快推进跨境贸易人民币结算、改善融资服务、扩大信用保险支持、完善人民币汇率形成机制、提高贸易便利化水平、完善多种贸易方式、支持民营外贸企业加快发展、更加重视开拓国际市场、积极扩大进口、调整和完善棉花储备政策。

另一方面，中国逐步放宽外资进入服务贸易市场。2009年8月20日，国家新闻出版总署和商务部联合发布《关于〈中外合作音像制品分销企业管理办法〉的补充规定》，允许我国香港、澳门地区的服务提供者在内地以独资形式提供音像制品的分销服务。9月1日，司法部颁布《关于修改〈香港特别行政区和澳门特别行政区律师事务所与内地律师事务所联营管理办法〉的决定》，该办法对港澳律师事务所与内地律师事务所联营的条件做出了具体规定。2010年11月26日，国务院办公厅转发国家发改委等部门《关于进一步鼓励和引导社会资本举办医疗机构意见的通知》，进一步向外国资本开放了中国的医疗机构。到2011年底，中国服务贸易开放部门已经达到100个，接近发达国家水平。2013年9月30日，中国正式宣布参加服务贸易协定（TiSA）谈判。该谈判由美国倡导，目标是制定服务贸易国际新规则、推动全球服务贸易进一步自由化。目前，该谈判已经进行了四轮，有48个国家加入了TiSA，覆盖了全球70%的服务贸易。作为世界服务贸易第三大国，中国正在加快从货物贸易走向服务贸易开放的步伐。

3. 加快自由贸易区建设

自2002年中国与东盟签署自由贸易区协议以来，中国的自由贸易区建设从无到有，稳步推进，取得了良好开局和积极进展。目前，"中国在建自贸区

---

① 胡锦涛：《坚定不移沿着中国特色社会主义道路前进　为全面建成小康社会而奋斗——在中国共产党第十八次全国代表大会上的报告》，人民出版社，2012，第24页。

18个，涉及31个国家和地区。其中，已签署自贸协定12个，涉及20个国家和地区，分别是中国与东盟、新加坡、巴基斯坦、新西兰、智利、秘鲁、哥斯达黎加、冰岛和瑞士的自贸协定，内地与香港、澳门的更紧密经贸关系安排（CEPA），以及大陆与台湾的海峡两岸经济合作框架协议（ECFA），除了与冰岛和瑞士的自贸协定还未生效外，其余均已实施；正在谈判的自贸协定6个，涉及22个国家，分别是中国与韩国、海湾合作委员会（GCC）、澳大利亚和挪威的自贸谈判，以及中日韩自贸区和《区域全面经济合作伙伴关系协定》（RCEP）谈判。此外，中国完成了与印度的区域贸易安排（RTA）联合研究；正与哥伦比亚等开展自贸区联合可行性研究；还加入了《亚太贸易协定》"。①

（二）进一步促进投资和加强投资便利化

1. 加强引进外资的产业导向

为了促进产业升级，中国出台了一系列法规鼓励外国直接投资进入高科技、新能源、节能和环保产业。2010年10月18日，国务院发布《关于加快培育和发展战略性新兴产业的决定》，明确将从财税金融等方面出台一揽子政策，加快培育和发展战略性新兴产业。该决定指出，现阶段将重点培育和发展节能环保、新一代信息技术、生物、高端装备制造、新能源、新材料、新能源汽车等产业。2012年，在国家发展和改革委员会、商务部发布的《外商投资产业指导目录（2011年修订）》（2012年1月30日实施）中，不仅增加了鼓励类项目的数量，而且减少了限制和禁止类项目的数量，并对一些特定的战略性新兴产业如节能、环保和高技术等产业进行投资鼓励。对于制造业和服务业部门，新修订的指导目录还新增了部分鼓励类项目，并将医学机构、金融租赁企业从限制类中剔除，将汽车制造业从鼓励类中剔除，体现了对战略性新兴产业的鼓励以及对产能过剩和低水平重复建设产业的战略调整。2012年5月24日发布的《关于加快培育国际合作和竞争新优势的指导意见》，再次强调了优化利用外资结构；丰富利用外资方式；在符合外商投资产业政策的前提下，鼓励外资以参股、并购等方式参与境内企业兼并重组，促进外资股权投资和创业

---

① 中国自由贸易区服务网，http://fta.mofcom.gov.cn。

投资发展；积极探索排放权交易、应对气候变化、服务外包等领域利用外资方式；增强利用外资效应。①

2. 加快完善境外投资促进体系

首先，简化程序。2009年3月16日，商务部颁布《境外投资管理办法》，简化了对外投资的程序。中方投资额1000万美元及以上、1亿美元以下的境外投资，能源、矿产类境外投资，以及需在国内招商的境外投资，可以报省级商务主管部门核准。其次，完善境外直接投资外汇管理，改善跨国公司外汇资金集中管理，便利重点产业符合条件的企业参与国际竞争与合作。2009年7月13日，国家外汇管理局颁布《境内机构境外直接投资外汇管理规定》。境内机构可以使用自有外汇资金、符合规定的国内外汇贷款、人民币购汇或实物、无形资产及经外汇局核准的其他外汇资产来源等进行境外直接投资。境内机构境外直接投资所得利润也可留存境外用于其境外直接投资。2011年1月，中国人民银行公布《境外直接投资人民币结算试点管理办法》，跨境贸易人民币结算试点地区的银行和企业可开展境外直接投资人民币结算试点，规定企业可以将其所得的境外直接投资利润以人民币汇回境内，银行可向境内机构在境外投资的企业或项目发放人民币贷款。2011年1月，中国取消国内企业强制结售汇制度，这进一步延伸了2010年10月1日国家外汇管理局在四个城市60家企业取消强制结售汇的试点。最后，分散"走出去"企业的汇率风险。《关于进一步做好金融服务支持重点产业调整振兴和抑制部分行业产能过剩的指导意见》规定，加紧推动跨境贸易人民币结算试点，分散"走出去"企业的汇率风险；推动保险企业帮助重点产业出口企业化解出口收汇等各类风险；对于重点产业企业在境外投资国家建设急需的能源、矿产等战略资源，开展境外资源勘探和开发，以及向境外转移过剩的生产能力和成熟技术，金融机构要做好配套金融服务。

（三）扩大金融领域的开放

1. 进行人民币跨境结算的试点

2009年4月8日，国务院决定在上海市和广东省广州、深圳、珠海、东

---

① 国家发展和改革委员会、商务部、外交部、科技部、工业和信息化部、财政部、中国人民银行、海关总署：《关于加快培育国际合作和竞争新优势的指导意见》，2012年5月24日。

莞四个城市先行开展跨境贸易人民币结算试点工作，境外地域范围暂定为港澳地区和东盟国家。2009年7月，《跨境贸易人民币结算试点管理办法》出台，迈出了人民币跨境结算的关键一步。2009年9月，中国国债首次在内地以外的地区发行，对推进香港发展人民币离岸交易中心起到了积极作用。

2. 扩大外资金融机构经营的业务范围

2009年5月，中国首次对外资企业发行人民币证券敞开大门，汇丰银行、东亚银行成为第一批在香港发行人民币债券的外资银行。6月1日，中国精简了对外资的审核程序，放宽了对外资机构从事金融信息服务的条件限制。12月18日，中国保监会发布《关于外资保险公司设立营销服务部有关事宜的复函》，允许外资保险公司设立营销服务部。2012年，国家出台了一系列政策，加大了金融领域的对外开放力度。3月29日，国家发改委发布公告，宣布2012年度共核定240亿美元外资银行中长期外债规模，并选取汇丰银行、德意志银行、摩根大通银行、花旗银行、三井住友银行、东亚银行六家银行进行试点。这是中国官方第一次公开外资银行外债额度。

3. 有效利用境内外资本市场

2009年9月29日，国家外汇管理局颁布《合格境外机构投资者境内证券投资外汇管理规定》。规定单个合格投资者申请投资额度每次不得低于5000万美元，累计不得高于10亿美元（之前为8亿美元），合格投资者应在每次投资额度获批之日起6个月内汇入投资本金。在2011年颁布的《以人民币计价的外国直接投资结算业务管理条例》（中国人民银行，2011年10月14日）以及《基金管理公司、证券公司人民币合格境外机构投资者境内证券投资试点办法》（中国证监会、中国人民银行、国家外汇管理局，2011年12月16日）的基础上，中国证监会先后批准了21家试点机构的人民币合格境外机构投资者（以下简称RQFII）资格，并不断扩大RQFII投资额度，允许试点机构将投资额度用于发行人民币A股交易型开放式指数基金（ETF），投资于A股指数成分股，并在香港交易所上市。同时，试点机构的RQFII产品也已获得香港证监会批准，部分产品已开始投资境内证券市场及银行间市场。2012年4月3日，中国证监会、中国人民银行及国家外汇管理局决定新增合格境外机构投资者（QFII）投资额度500亿美元，总投资额度达到800亿美元。2012年5月

24日,国家发展和改革委员会、商务部、外交部、科技部、工业和信息化部、财政部、中国人民银行、海关总署联合发布《关于加快培育国际合作和竞争新优势的指导意见》,提出有效利用境内外资本市场,支持有条件的企业在境内外上市;允许符合条件的企业通过发行债券(包括可转换债券)方式到国际金融市场融资;适时启动境外企业到境内发行人民币股票试点。① 2012年10月11日,中国证监会颁布第86号令,将外资在合资证券公司中的股份限额从33%提高到49%。

二 上海自贸区总体方向探索

(一)建设上海自贸区的战略意义

1. 提高中国开放型经济水平的必要手段

2012年11月8日,胡锦涛同志在党的十八大报告中强调:"全面提高开放型经济水平。适应经济全球化新形势,必须实行更加积极主动的开放战略,完善互利共赢、多元平衡、安全高效的开放型经济体系。"② 党的十八大报告为中国进一步扩大对外开放指明了目标和方向。

2013年3月,习近平同志在莫斯科国际关系学院发表重要演讲,强调建立以合作共赢为核心的新型国际关系。他指出,当今世界,和平、发展、合作、共赢成为时代潮流,一大批新兴市场国家和发展中国家走上了发展的快车道,各国相互联系、相互依存的程度空前加深,人类依然面临诸多难题和挑战。今天的人类比以往任何时候都更有条件朝和平与发展的目标迈进,而合作共赢就是实现这一目标的现实途径。十八届三中全会公报提到要"放宽投资准入,加快自由贸易区建设"。

在此背景下,中国适应经济全球化新形势,实行更加积极主动的开放战

---

① 国家发展和改革委员会、商务部、外交部、科技部、工业和信息化部、财政部、中国人民银行、海关总署:《关于加快培育国际合作和竞争新优势的指导意见》,2012年5月24日。
② 胡锦涛:《坚定不移沿着中国特色社会主义道路前进 为全面建成小康社会而奋斗——在中国共产党第十八次全国代表大会上的报告》,人民出版社,2012,第24页。

略，建立以合作共赢为核心的新型国际关系，对中国进一步扩大对外开放，成功实施经济转型具有十分重要的意义。因此，建设上海自贸区不仅是中国顺应全球经贸发展新趋势、更加积极主动对外开放的重大举措，而且有利于培育我国面向全球的竞争新优势，构建与各国合作发展的新平台、拓展经济增长的新空间，打造"中国经济升级版"。

2. 培育带动区域发展开放高地的阶段性要求

党的十八大报告提出："创新开放模式，促进沿海内陆沿边开放优势互补，形成引领国际经济合作和竞争的开放区域，培育带动区域发展的开放高地。"[1] 2013年3月，李克强同志在江苏、上海考察时也指出，要立足内需、面向世界、深耕亚太，吸引更多的跨国公司地区总部、运营总部来华落户，推进新一轮对外开放。"引进来"要放宽领域，特别是服务业领域，"走出去"要注重形成研发、品牌、营销相结合的综合优势，在扩大开放中拓展发展空间，用倒逼机制推动转型升级。

一方面，要吸引更多的跨国公司地区总部、运营总部进入中国，必须以国民待遇为外资准入管理的基本原则，加深长三角、珠三角、环渤海等沿海地区对外开放的程度，通过自由贸易区进行试点，率先达到全球投资规则的要求，获得经验后在全国推广。另一方面，在国际投资规则的谈判中，我们必须遵循对等原则。中国要培育本土跨国公司，必须通过加入TPP参与全球投资规则的制定，在知识产权保护等方面遵循对等原则，从而为本土跨国公司建立相应的投资保护规则，避免本土跨国公司在东道国受到歧视，为中国企业"走出去"奠定基础。

目前，全球经贸格局发生演变，美式高标准主导了全球投资规则的制定。上海自贸区的建立将率先推行准入前国民待遇、负面清单，进行外商投资管理体制的改革，在开放体制上率先取得突破。这对加快完成中美双边投资保护协定的谈判、中国加入TPP，进而参与全球投资规则的制定具有十分重要的意义。

---

[1] 胡锦涛：《坚定不移沿着中国特色社会主义道路前进 为全面建成小康社会而奋斗——在中国共产党第十八次全国代表大会上的报告》，人民出版社，2012，第24页。

3. 加快上海国际金融中心建设和本土跨国公司基地培育的需要

目前，中国已全面实现企业进出口货物贸易、跨境服务贸易和其他经常项目人民币跨境结算，并出台了《跨境贸易人民币结算试点管理办法》（2009年7月）、《境内机构境外直接投资外汇管理规定》（2009年7月）、《境外直接投资人民币结算试点管理办法》（2011年1月）等一系列文件。上海自贸区将获得率先在区内取消资本项目管制、实现人民币可兑换及金融市场利率市场化等先行先试政策，有利于上海国际金融中心的建设。同时，人民币国际化进程的加快还将为上海培育和集聚本土跨国公司提供良好的环境，有力地推动国内外跨国公司集聚上海，为上海加快本土跨国公司基地的培育提供难得的重要窗口期。

（二）上海建设自贸区的总体目标和主要任务

1. 总体目标

上海自贸区与国际通行的自由贸易区、自由贸易园区、自由贸易港区、自由贸易港、出口加工区、保税区等的含义不同，根据国务院公布的《中国（上海）自由贸易试验区总体方案》（以下简称《总体方案》），建立自贸区的总体目标是："经过两至三年的改革试验，加快转变政府职能，积极推进服务业扩大开放和外商投资管理体制改革，大力发展总部经济和新型贸易业态，加快探索资本项目可兑换和金融服务业全面开放，探索建立货物状态分类监管模式，努力形成促进投资和创新的政策支持体系，着力培育国际化和法治化的营商环境，力争建设成为具有国际水准的投资贸易便利、货币兑换自由、监管高效便捷、法制环境规范的自由贸易试验区，为我国扩大开放和深化改革探索新思路和新途径，更好地为全国服务。"①

2. 主要任务

建设上海自贸区还是中国进一步扩大开放和深化改革的重大举措。上海自贸区的建立不仅有助于上海"四个中心"的建设，而且是培育本土跨国公司

---

① 国务院：《中国（上海）自由贸易试验区总体方案》，上海市人民政府网站，http://www.shanghai.gov.cn/shanghai/node2314/node2319/node12344/u26ai37023.html。

"走出去"基地的需要。根据《总体方案》的规定，建立上海自贸区的主要任务在于：加快政府职能转变、扩大投资领域的开放、推进贸易发展方式转变、深化金融领域的开放创新、完善法制领域的制度保障。因此，上海自贸区有别于全球其他自由贸易园区的是，它必须承担一项重要的任务，即成为推进改革和提高开放型经济水平的"试验田"，形成可复制、可推广的经验，发挥示范带动、服务全国的积极作用，促进各地区共同发展。

（三）上海自贸区在投资领域开放的主要内容

从《总体方案》来看，建立上海自贸区的主要任务之一是扩大投资领域的开放。其中，与上海密切相关的内容主要包括以下三个方面。

1. 扩大服务业开放

根据《总体方案》，"选择金融服务、航运服务、商贸服务、专业服务、文化服务以及社会服务领域扩大开放，暂停或取消投资者资质要求、股比限制、经营范围限制等准入限制措施（银行业机构、信息通信服务除外），营造有利于各类投资者平等准入的市场环境"。[1]

2. 探索建立负面清单管理模式

根据《总体方案》，探索建立负面清单管理模式的主要内容包括："借鉴国际通行规则，对外商投资试行准入前国民待遇，研究制订试验区外商投资与国民待遇等不符的负面清单，改革外商投资管理模式。对负面清单之外的领域，按照内外资一致的原则，将外商投资项目由核准制改为备案制（国务院规定对国内投资项目保留核准的除外），由上海市负责办理；将外商投资企业合同章程审批改为由上海市负责备案管理，备案后按国家有关规定办理相关手续；工商登记与商事登记制度改革相衔接，逐步优化登记流程；完善国家安全审查制度，在试验区内试点开展涉及外资的国家安全审查，构建安全高效的开放型经济体系。在总结试点经验的基础上，逐步形成与国际接轨的外商投资管理制度。"[2]

---

[1] 国务院：《中国（上海）自由贸易试验区总体方案》，上海市人民政府网站，http://www.shanghai.gov.cn/shanghai/node2314/node2319/node12344/u26ai37023.html。

[2] 同上。

3. 构筑对外投资服务促进体系

根据《总体方案》，构筑对外投资服务促进体系的主要内容包括："改革境外投资管理方式，对境外投资开办企业实行以备案制为主的管理方式，对境外投资一般项目实行备案制，由上海市负责备案管理，提高境外投资便利化程度。创新投资服务促进机制，加强境外投资事后管理和服务，形成多部门共享的信息监测平台，做好对外直接投资统计和年检工作。支持试验区内各类投资主体开展多种形式的境外投资。鼓励在试验区设立专业从事境外股权投资的项目公司，支持有条件的投资者设立境外投资股权投资母基金。"①

（四）上海自贸区服务业扩大开放的主要措施

扩大服务业开放是上海自贸区的一项重要开放措施，主要包括金融服务领域、航运服务领域、商贸服务领域、专业服务领域、文化服务领域、社会服务领域六个方面（见表1）。

表1　上海自贸区服务业扩大开放的主要措施

开放领域	主要措施
金融服务领域	①允许符合条件的外资金融机构设立外资银行,符合条件的民营资本与外资金融机构共同设立中外合资银行。在条件具备时,适时在试验区内试点设立有限牌照银行。②试点设立外资专业健康医疗保险机构。③融资租赁公司在试验区内设立的单机、单船子公司不设最低注册资本限制。④允许融资租赁公司兼营与主营业务有关的商业保理业务
航运服务领域	①放宽中外合资、中外合作国际船舶运输企业的外资股比限制,由国务院交通运输主管部门制定相关管理试行办法。②允许设立外商独资国际船舶管理企业
商贸服务领域	①在保障网络信息安全的前提下,允许外资企业经营特定形式的部分增值电信业务,如涉及突破行政法规,须国务院批准同意。②允许外资企业从事游戏游艺设备的生产和销售,通过文化主管部门内容审查的游戏游艺设备可面向国内市场销售

---

① 国务院:《中国（上海）自由贸易试验区总体方案》，上海市人民政府网站，http://www.shanghai.gov.cn/shanghai/node2314/node2319/node12344/u26ai37023.html。

续表

开放领域	主要措施
专业服务领域	①探索密切中国律师事务所与外国(港澳台地区)律师事务所业务合作的方式和机制。②允许设立外商投资资信调查公司。③允许设立中外合资人才中介机构,外方合资者可以拥有不超过70%的股权。④外资人才中介机构最低注册资本金要求由30万美元降低至12.5万美元。⑤允许设立股份制外资投资性公司。⑥对试验区内为上海市提供服务的外资工程设计(不包括工程勘察)企业,取消首次申请资质时对投资者的工程设计业绩要求。⑦对试验区内的外商独资建筑企业承揽上海市的中外联合建设项目时,不受建设项目的中外方投资比例限制
文化服务领域	①取消外资演出经纪机构的股比限制,允许设立外商独资演出经纪机构,为上海市提供服务。②允许设立外商独资的娱乐场所,在试验区内提供服务
社会服务领域	①允许举办中外合作经营性教育培训机构。②允许举办中外合作经营性职业技能培训机构。③允许设立外商独资医疗机构

资料来源:《中国(上海)自由贸易试验区总体方案》。

1. 金融服务领域开放

金融服务领域的开放措施不仅有利于外资金融机构入驻上海,而且有利于外资中小企业在上海的投资。租赁公司的设立可以为金融机构汇聚客户,巩固客户群,因此,相关租赁业务的开放也将进一步推动外资金融机构到上海投资。

2. 航运服务领域开放

航运服务业的开放对外资船舶运输企业投资上海、促进上海航运中心建设具有重要意义。同时,贸易和航运的发展能够为投资上海的外资企业提供更多、更便捷的服务,这对出口规模较大、产品以面向海外为主的外资制造业企业来说,也是一大利好。

3. 商贸服务领域开放

大陆市场广阔,商贸服务领域的开放措施中允许通过文化主管部门内容审查的游戏游艺设备面向国内市场销售,对相关外资企业到上海投资、销售甚为有利。

4. 专业服务领域开放

专业服务领域的开放措施有利于相关外资企业到上海投资,对促进两岸人才交流和律师事务所合作具有重要意义;关于中国律师事务所与外国(港澳台地区）律师事务所业务合作方式和机制的探索，能够为港澳台资企业的生产、运行、管理和销售等各环节提供更多的服务保障，从而有利于吸引港澳台商到上海投资。

5. 文化服务领域开放

文化服务领域的开放措施不仅能够吸引更多的外资企业到上海投资，而且能够为在试验区内的外资企业管理人员提供更丰富多彩的生活、娱乐环境，有利于提升上海吸收外资的软环境水平。

6. 社会服务领域开放

在社会服务领域的开放措施中，允许设立外商独资医疗机构是首次放开的，对外商到上海投资具有十分重要的意义，允许举办中外合作经营性教育培训机构和允许举办中外合作经营性职业技能培训机构也有利于进一步推动中外文化交流。

总之，从《总体方案》来看，投资领域扩大开放不仅有利于外商对上海金融服务、航运服务、商贸服务、专业服务、文化服务、社会服务等领域的投资，而且能够为外资制造业企业入驻上海提供更好的投资软环境。因此，服务业领域的开放对制造业领域的投资也具有推动作用。

三　上海自贸区今后的发展方向

（一）金融创新和金融开放

金融创新和金融开放是上海自贸区建设的重点，也是上海自贸区建设的难点。上海自贸区建设与上海国际金融中心建设、陆家嘴金融贸易区建设之间的关系，上海自贸区建设与香港国际金融中心发展、台湾自由经济示范区建设之间的关系，都是需要我们去研究、探讨的。特别是作为金融创新重要目标的人民币资本项目可兑换、金融市场利率市场化、人民币跨境使用等，在具体实施中有可能出现怎样的风险，都是需要上海自贸区去试验的。只有通过在上海自贸区中进行金融创新，并且有效地控制风险，才有可能形成向全国推广的可复制经验。这是上海自贸区发展的一个重要方向，也是其作为"试验田"的一项重任。

（二）投资自由化和负面清单的调整

投资自由化体现了上海自贸区对传统货物贸易自由化最重要的功能升级。从正面清单转向负面清单不仅是我国投资管理体制改革的一项重要内容，而且是投资自由化的集中体现。上海自贸区探索投资自由化的重要性和难点在于，在有限的范围内进行负面清单的试验，进行监管各类投资风险的探索，为将来从国家层面制定负面清单积累经验，为中国从现有政府体制向取消审批制后的管理体制转型探索路径。因此，上海自贸区必须对从正面清单向负面清单过渡期内可能产生的投资风险，特别是有关"灰色地带"风险的监管进行探索，通过2013年以后各版负面清单的推出，为今后国家层面负面清单的推出提供经验借鉴。

（三）上海自贸区的贸易转型

上海自贸区试验的核心内容不是关税削减，而是投资管理体制的改革，以及贸易功能的提升。上海自贸区的重要性在于构建一个平台，突破传统贸易方式，培育新的贸易业态，完善整体的投资贸易环境，为上海成为培育本土跨国公司"走出去"的基地、成为国内外跨国公司总部的集聚地塑造新的贸易功能，为上海国际贸易中心的建设提供条件。跨境电子商务的发展、大宗商品交易平台的建设等一系列重要的新型贸易业态，都将成为我国从货物贸易开放走向服务贸易开放的一项重要探索。

（四）上海自贸区的监管模式

作为改革开放的"试验田"，上海自贸区既要承担改革的重任，又要保证试验在有限的范围内进行。因此，上海自贸区如何处理一线和二线的关系，如何处理区内和区外的关系，将成为中国对外开放在监管模式上的一项重要创新。目前，在上海自贸区监管模式方面比较权威的文件主要包括国务院2013年7月3日通过的《中国（上海）自由贸易试验区总体方案》，2013年8月25日上海出台的"42条实施意见"，全国人大2013年8月30日通过的《关于授权国务院在中国（上海）自由贸易试验区暂时调整有关法律规定的行政审批的决定》，以及2013年9月29日上海市政府公布的一系列政府令等，远远不能满足现在上海自贸区的实践要求。特别是今后长江流域有望成为中国经济发展新的支撑带，在这方面，上海自贸区能够发挥什么作用，如何通过上海自贸区的建设带动整个长江流域的发展，如何探索在有效防范风险的前提下在长三角乃至全国提供可复制、可推广的经验，将是上海自贸区在今后三年内要努力解决的问题。

（五）上海自贸区建设与政府职能转变

体制创新是上海自贸区试验的又一核心内容。由于对外资的审批制改革相应涉及广泛的事中事后监管体制构建，因而与如何实施政府职能转变密切相关。正确处理政府与市场之间的关系，防范金融服务、航运服务、商贸服务、专业服务、文化服务以及社会服务领域扩大开放后可能产生的各种风险，特别是文化服务和社会服务领域扩大开放后可能产生的意识形态方面的风险和社会风险，建立一套能够适应高风险开放市场的市场监督管理体系，并且通过上海自贸区的试验形成可复制、可推广的经验，将是上海自贸区真正实现"政府职能转变"的重要体现。

参考文献

卞彬：《我国保税港区发展及其功能创新和整合研究》，《探索》2009年第2期。

成思危：《从保税区到自由贸易区：中国保税区的改革与发展》，经济科学出版社，2003。

崔迪：《从欧美自由贸易园区发展经验看上海建立自由贸易园区研究》，《江苏商论》2013年第6期。

黄志勇、李京文：《中国保税港区发展战略研究》，《国际贸易问题》2012年第6期。

李友华：《境外自由贸易区与中国保税区比较研究》，吉林大学出版社，2006。

祁欣、孟文秀：《全球自由贸易园区发展模式及对比分析》，《对外经贸实务》2010年第6期。

石良平、周阳：《试论中国（上海）自由贸易试验区海关监管制度的改革》，《上海海关学院学报》2013年第4期。

武康平、吴蓉：《自由贸易区功能特征与法律保障》，经济科学出版社，2004。

杨明华：《我国保税区向自由贸易区转型研究》，《学海》2008年第1期。

张幼文：《避免自贸区方案设计陷入政策误区》，《社会经济问题专报》2013年6月。

B.8 从综合保税区到自由贸易区的转型发展及展望

徐美芳*

摘　要： 从上海综合保税区到中国（上海）自由贸易试验区（以下简称"上海自贸区"）转型探索，是中国经济体制改革进入深水区的一项重要国家战略措施。非均衡增长理论、诺斯出口基地理论、模仿优势假说理论和制度创新理论，是自由贸易区建设和发展的重要理论基础。对中国而言，开放倒逼改革是制度创新理论最重要的体现。目前，自由贸易区政策溢出效应值得期待，但改革动力溢出效应更具价值。从综合保税区到自由贸易区转型发展存在的挑战，包括自由贸易区建设理论准备不足、可借鉴的国际经验相对较少、2～3年改革试验期内调整各部门（集团）利益仍具困难、国家金融安全不容忽视等。

关键词： 综合保税区　自由贸易区　转型发展

2013年9月29日上午，上海自贸区正式挂牌成立。这不仅意味着上海综合保税区成功向上海自贸区转型发展，也标志着中国改革开放进入新的历史阶段。从改革开放的角度进一步梳理综合保税区到自由贸易区转型发展的过程，分析自由贸易区建设的理论基础及国际经验，有助于推动上海自贸区建设。

---

* 徐美芳，经济学博士，上海社会科学院经济研究所副研究员，研究方向为发展经济学和航运保险。

一 自由贸易区建设的理论基础和当前特点

实践中，最常见的自由贸易区又可分为广义和狭义两类。广义上的自由贸易区（free trade area，FTA）是一个特定的概念，即两个以上的主权国家或单独关税区通过签署协定，在世界贸易组织最惠国待遇基础上，分阶段取消特定货物的关税和非关税壁垒，改善服务和投资的市场准入，推动贸易和投资实现自由化的特定区域；狭义的自由贸易区是指自由贸易园区（free trade zone，FTZ），指在某一国家或地区境内设立的实行优惠税收和特殊监管政策的小块特定区域。现实生活中，北美自由贸易区、欧盟和中国—东盟自贸区类似于前者，美国的纽约1号对外贸易区、巴拿马的科隆自由贸易区、德国的汉堡自由贸易区类似于后者。由于上海自贸区更接近于后者，所以本报告所指的自由贸易区也主要以后者为研究对象。

（一）自由贸易区建设的理论基础

自由贸易区在实践中有多种形式，但从理论上分析，都是经济一体化的主要形式之一。与其他经济一体化形式相比，自由贸易区属于初级的经济一体化形式。早期成立的自由贸易区主要针对商品贸易，但从20世纪末起，服务贸易逐渐成为自由贸易区的重要组成部分。而且，随着经济全球化从贸易自由化、制造业价值链分工深化向以更高标准市场准入为主要内容的投资自由化趋势发展，自由贸易区已是一种促进贸易和投资便利化和自由化的经济组织形式。

贸易是交换的一种重要表现和实现手段，减少或消除贸易壁垒有利于经济增长，促进世界福利最大化。以下三个经济理论为早期的自由贸易区建设提供了的理论基础：第一，诺斯出口基地理论。封闭经济模型的主要缺陷是没有看到贸易对经济增长的潜在作用，诺斯出口基地理论弥补了这个不足，也为世界自由贸易区建设提供了理论来源。这个理论最早由诺斯在1955年提出，他认为一个区域的经济增长取决于其输出产生的增长，区域外生需求的扩大是内生增长的主要原动力。据此，为提高一国或地区外生需求、促进一国经济增长，一国或地区有必要建设自由贸易区，通过自由贸易逐步平衡本国与其他国家间的要素和价格，从而促进本国经济增长。第二，非均衡增长理论。针对均衡增长理论，赫希曼、佩鲁、鲍莫尔等先后在1950年、1967年提出区域经济非均衡增长理论和两部门非均衡增长理论，这些理论也为自由贸易区建设提供了理论依据。例如，区域经济非均衡增长理论认为某一国家或地区不具备全面增长的资本和其他资源，平衡增长是不可能的，投资只能有选择地在若干部门或地区进行，其他部门或地区则通过利用这些部门或地区投资带来的外部经济而逐步得到发展。因此，自由贸易区通过贸易自由化和便利化等条件，形成一国或地区经济的增长极或增长高地，带动周边区域、整个国家或地区经济的增长。可见，非均衡增长理论为自由贸易区建设提供了空间概念，这也是20世纪七八十年代发展中国家大力推行自由贸易区的重要原因。第三，模仿优势假说。随着发展中国家或地区的兴起和发展，格申克龙等发展经济学家提出了后发优势理论。后发优势理论中的模仿优势假说也为自由贸易区建设提供了重要的理论依据。模仿优势假说认为，经济发展中的后起者往往有更多的空间模仿发达国家的技术和制度，通过模仿发达国家的技术、组织形式和制度，节约大量的创新成本，包括开发成本、试制成本及可能面临失败的风险成本等，从而获得后发优势或模仿优势。在自由贸易区建设过程中，基于贸易协定，后起者为与发达者竞争，必须更快更好地模仿发达者的技术、组织形式和制度，促使发达者的新技术、组织形式和制度在本国较迅速且低成本地实现。毫无疑问，后发优势理论也在一定程度上为自由贸易区存在提供了合理及必要的理论基础，更为重要的是，超越了自由贸易本身，在一定程度上解释了贸易组织形式、技术和制度的实现，从而有效地推动了世界自由贸易区的发展。

基于上述理论，自由贸易区建设在早先发展的基础上，获得了进一步发展。首先，美国在20世纪50年代初明确提出，自由贸易区内的主要产业是以出口加工为主要目标的制造业。其次，20世纪60年代后期，一些发展中国家也纷纷建立出口加工区，促进商品、服务和资本、技术、人员等生产要素的自由流动。但上述理论均基于两国或地区的经济或贸易的比较分析，作为人口和经济总量分别居世界第一和第二的发展中大国,中国不仅面临全新的经济全球化背景,而且本身也进入经济体制改革深水区,需要更多的理论支撑自由贸易区建设。本报告认为,制度创新理论为中国自由贸易区建设提供了重要的理论依据。制度创新理论是制度经济学与创新理论的融合,指能够使创新者获得追加或额外利益的、对现存制度的变革。制度创新理论在中国的最佳实践是中国的渐进式改革,即在工业化和社会主义宪法制度基础上进行市场化改革。从主要表现来看,中国渐进式改革具有从"易"到"难"、从传统体制外到传统体制内、从传统体制内易于突破的外围到需要攻坚的内核的特点。例如,先农村改革,再城市改革,后城乡综合配套改革;先改革一般竞争性领域,再向传统的垄断性领域推进。这种中国渐近式改革取得了举世瞩目的成就,目前已到了攻坚阶段。为使改革红利成为中国经济增长最重要的动力,必须进一步深化改革。上海自贸区建设明确提出开放倒逼改革,正是进一步深化改革的体现。无数实践证明,与改革内源性动力相比,这种外源性动力更能有效地推动改革进一步深化。一方面,这为中国改革提供了可供参考、可复制的经验;另一方面,这也是倒逼改革的压力,能够进一步深化中国经济体制改革。因此,上海自贸区建设本身就是一项制度创新,而开放倒逼改革则需要更多的制度创新来推动,例如,在模仿发达国家先进的技术、组织形式、制度的同时,结合本国国情和全球经济发展新趋势,创造更多的适合中国经济发展的组织形式和制度。

(二)自由贸易区建设的当前特点

综观世界自由贸易区发展和现状,可以将自由贸易区建设的当前特点归纳为以下几个方面。

第一,数量不断增加。自由贸易区在20世纪七八十年代得到快速发展之后,近年来仍在不断增长。以美国为例,1980年全美国的自由贸易区为77个;1994年,美国的自由贸易区数量达199个。据不完全统计,目前有1200多个自由贸易区分布在全球各地,其中,发达国家和发展中国家的自由贸易区数量分别占35%和65%。

第二,功能趋向综合。转口和进出口是自由贸易区的最初功能,从20世纪70年代起，自由贸易区的功能增加了出口加工，且以出口加工为主，出现了转口、进出口和出口加工等功能相互融合的现象。当前，大部分自由贸易区不仅具有以上三种主要功能，而且出现进出口贸易、转口贸易、仓储、加工、商品展示、金融等多种功能，且有明显的综合趋向。

第三，标准明显提高。近年来，以美国为首的西方国家力推跨太平洋伙伴关系协议（TPP）等，谈判的主要内容也不再是相互取消关税或与关税具有同等效力的其他措施，而是知识产权保护、贸易便利化、环境标准、健康标准、负面清单、准入前国民待遇等更高标准的国际经济一体化协议。事实上，对部分国家而言，许多优惠政策都不用谈，本身就是零关税。

第四，管理不断加强。各国自由贸易区在初创时条件不同，功能定位也各异，管理水平更是相差较大。经过几十年的竞争发展，各国自由贸易区的管理水平仍存在较大差别，但有一个共同的特点是逐渐趋向规范化，且形成了各具特色的管理体制。

二 综合保税区和自由贸易区的主要区别

为适应我国不同时期对外开放和经济发展的需要，国务院先后批准设立了保税区、出口加工区、保税物流园区、跨境工业区、保税港区、综合保税区六类海关特殊监管区域。例如，上海外高桥保税区（1990年）、昆山出口加工区（2000年）、上海外高桥保税物流园区（2003年）、珠澳跨境工业区（2003年）、上海洋山保税港区（2005年）和苏州综合保税区（2007年）作为全国首个相应类型海关特殊监管区域先后成立。对比分析上述六大海关特殊监管区域的政策，综合保税区是我国开放程度最高、功能最综合的一种，它在一定程度上模仿了自由贸易区的发展模式。但综合保险区和自由贸易区仍有本质区别，主要表现为以下三个方面。

（一）定位和目的不同

通常，设立自由贸易区的基本目的是在不影响对国内市场保护的前提下，最大限度地获取全球自由贸易和投资给整个国家经济带来的好处。因此，自由贸易区通常重点发展加工贸易经济与转口贸易经济，集中表现为一种外向型经济。例如，中东国家的法律传统上规定所有外资企业至少51%的股份必须由当地公司控制，但是在阿联酋迪拜港自由港区内，优惠政策包括外资可100%拥有企业所有权、50年免征公司税（还可延长）等。

我国设立综合保税区的目的是最大限度地利用国外的资金、技术发展开放型经济，使综合保税区成为经济发展的新增长点，并促进区域经济的发展。因此，我国综合保税区主要表现为开放型经济，既鼓励向外拓展的外向型经济发展，又有意利用综合保税区先行开放国内市场，服务于国内经济的发展。

从上可见，自由贸易区设立的目标相对比较简单，主要是出口。而开放型经济作为一种经济体制模式，除了需要促进要素、商品与服务实现较自由的跨国流动，还要强调国内经济和国际市场的有相联合，尽可能在充分参与国际分工的同时，发挥本国经济的比较优势。因此，我国综合保税区设立的战略目标更为综合。如果说发展开放型经济目前成为许多国家的主流选择，那么这种选择是源于许多国家迫切需要提高市场化水平、实现经济追赶发展。正由于综合保税区被赋予更多的战略目标，综合保税区的管理和实施也才相对更具挑战性。

（二）区域性质以及监管模式不同

分析美国纽约1号对外贸易区、德国汉堡港自由贸易区等自由贸易区，可以发现，它们都属于海关管辖区之外的特殊区域，实现了所谓的"境内关外"。而我国综合保税区仅仅享受保税区、出口加工区相关的税收和外汇管理政策，属于海关监管的特殊区域，是"境内关内"。

区域性质的差异性由完全不同的监管模式体现。一般而言，海关基本不干预自由贸易区内货物的存储、流动、买卖活动，海关监管手续比较简单。综合保税区同样实施封闭管理，但境外货物进入综合保税区时，也要按有关规定报送相关手续，且接受海关的严格监管。另外，综合保税区内的存储、贸易、投资等活动，仍需要接受海关监管。因此，自由贸易区比综合保税区具有更高的权威性和协调管理能力。而且自由贸易区内有独立的法律法规，或国内部分法律不适用于自由贸易区，保证了自由贸易区内政策措施具有较强的稳定性和统一性。

（三）自由度和开放度不同

自由贸易区是一种比较初级的国际经济一体化组织形式，但相对于综合保税区而言，自由贸易区的自由度非常高。自由贸易区的自由度主要表现为贸易、资金来往、投资和运输等自由，区内企业具有完全的自主权，自主决定投资、经营、决策和发展。我国综合保税区的自由度相对较低，政府不仅关注产品质量、企业经营成效，而且对企业的设立、资金来往的数额等都有严格审批。

自由贸易区与综合保税区自由度的不同，主要表现为两者的开放度有较大区别。通常，自由贸易区不仅体现为税收政策开放，即互相取消税收壁垒，而且表现为人员出入境、外汇兑换等的国际化。但我国综合保税区的开放度目前主要体现在税收优惠政策方面，对人员出入境政策、货币政策、外商投资政策等并没有太多涉及。

从上可见，综合保税区和自由贸易区不仅在功能、定位等方面差距很大，而且在管理体制、自由度等方面有本质区别（见表1、图1）。这些差距，是由一国经济发展水平、经济发展模式、经济体制、全球经济形势等多种因素形成的。从综合保税区到自由贸易区的跨越，不仅与一国经济发展方式转变密切相关，而且与该国整个社会经济转型，甚至政治体制改革休戚相关，必定是一个较长期的、曲折的历史发展过程。

表1　综合保税区和自由贸易区特点比较

方面	综合保税区	自由贸易区
定位	开放型经济	外向型经济
区域性质	"境内关内"特殊监管区	"境内关外"特殊监管区
开放度	比较高	非常高
优惠政策	主要体现在税收优惠	税收优惠、人员出入境自由、外汇兑换自由等

资料来源：笔者整理。

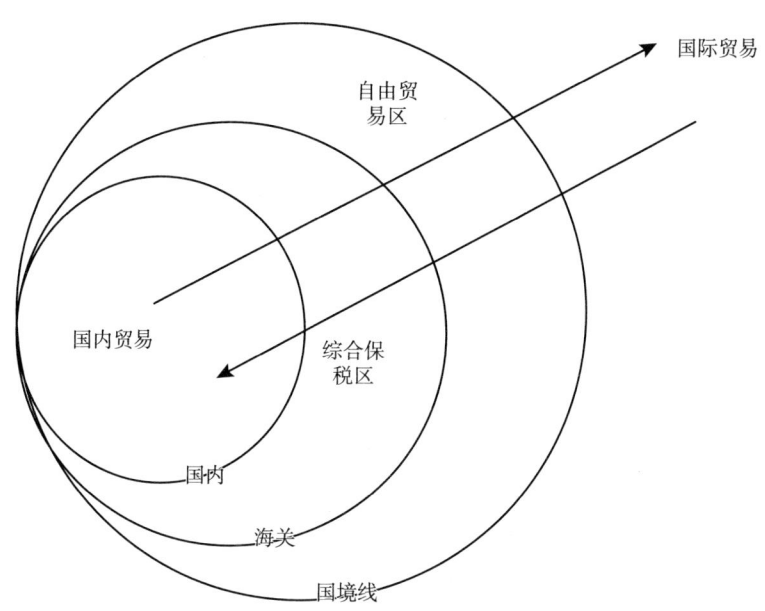

图 1　自由贸易区与综合保税区的区别

三　自由贸易区建设的国际案例分析

世界上自由贸易区有 1200 多个，目标均是促进贸易自由化和经济发展。但由于设立时国内外社会经济环境有较大差别，自由贸易区管理模式和优惠政策明显不同，且随着国内经济形势的发展，自由贸易区出现了发展和萎缩的明显分化。为使案例具有代表性，本报告分别选取发达国家和发达展中国家的自由贸易区，兼顾不同发展趋势。

（一）美国纽约 1 号对外贸易区

美国首个自由贸易区——纽约 1 号对外贸易区成立于 1936 年。经过几十年的发展，美国目前共有 200 多个自贸区。

美国的自贸区大多数成立于 20 世纪 30 年经济大萧条之后，旨在提高美国的进出口商品额。1930 年，美国《斯姆特－霍利关税法》将 2000 多种进口商品的关税提升到历史最高水平，结果使许多国家对美国采取了报复性关税措施,导致美国进口额和出口额骤降50%以上,美欧之间的贸易规模急剧退到历史低位。针对这种情况,1934年,美国出台了"自贸区法案",明确规定在自贸区内关税和非关税的贸易壁垒都不存在,对海关而言,自贸区相当于海外区域。因此,美国纽约1号对外贸易区是有法律保障的"境内关外"区域,其目标是促进美国进出口、促进经济复苏和繁荣。

美国纽约港出台了许多税收减免政策。例如,境外货物出港(进入美国)之前不收关税;满足一定条件可延迟缴纳进口关税;自贸区内的企业可以在支付原料的税率和成品的税率之间自由选择;自贸区内产品到了海外出现退货情况,企业无须缴纳退货进口关税;自贸区企业增值税率约为区外的一半;等等。

美国自贸区的管理相对比较严格。尽管对入驻自贸区的企业没有限制国别,但海关和港务局对其进行资格背景审查和不定期抽查,成立之初还要求港口方提供担保,企业交纳一定的保证金。美国自贸区另一个显著特点是,自贸区内不允许有常住居民,必须雇用美国当地的工人,这大大提高了美国工人的就业机会,成为提高美国就业率的重要措施。当然,美国自贸区通关所需要时间、文件手续和相应的费用都较低。例如,企业可以随时通关,可以一次性提交一周来需要通关的货物申请。不可否认,这种高效的通关效率为企业节约了大量的时间和费用,是吸引境内外投资者入驻自贸区的重要原因之一。

实践证明,美国自贸区建设不仅为美国创造了大量的进出口贸易额,而且为美国提供了大量的就业岗位。根据美国自贸区委员会统计,2010年度,美国所有的自贸区总共提供了32万个就业岗位。伴随就业率提高的经济增长,使自贸区建设不仅得到了政府支持,而且取得了大量普通工人的拥护。另外,值得一提的是,对于美国自贸区建设,企业拥有一定的发言权。例如,私人公司可以向自贸区委员会申请,把自己的企业所在地变成自贸区,也可以和附近的普通自贸区合作。这种充分尊重、发挥企业积极性的审批举措,是美国自贸区顺利运作和发展的重要因素之一。

(二)巴拿马科隆自由贸易区

科隆自由贸易区成立于1948年,位于巴拿马第二大城市——科隆市东北部,是西半球最大的自由贸易区、全球第二大转口站。建设初期,自贸区仅有

49公顷,现已扩展到240公顷。

重振科隆经济、为国家创造就业机会是科隆自由贸易区成立的目的。二战期间,由于美国大批军舰、部队及军需补给要通过巴拿马运河,科隆经济因之而获得快速发展。但随着二战结束,科隆经济发展也陷入低谷。为重振经济,巴拿马政府经过两年多的研究,于1948年颁布法令,兴建科隆自由贸易区,且定性为"境内关外"区域。目前,科隆自由贸易区有近3200家来自世界各地的企业,自贸区经济成为巴拿马经济的主要支柱之一,其占该国GDP的比例为7.5%左右,年均创造就业机会达2.4万个。从产值和就业指标看,科隆自由贸易区可称得上是一个成功的自贸区。

科隆自由贸易区内管理非常严密。一座高大的围墙把自贸区与科隆市区隔开。通往自贸区的大门均由保安把守,进出车辆必须接受检查,前来购物的外国游客则统一用护照登记后才能放行。区内设有管理委员会,该管理委员会负责管理和组织本国和外国企业从事展销、制造、进口、装配和转口业务。但海关对区内货物的储存、流通、销售等正常经营活动不加以干预,对进出商品的控制也很少,豁免关税的范围相对较宽。

科隆自由贸易区有较优惠的政策,且有法律保障。货币优惠政策是科隆自由贸易区优惠政策的最大特色。一方面,巴拿马本国货币巴波亚仅为辅币,其合法货币为美元。因此,美元结算为投资者减少了汇兑的不便及汇率风险。另一方面,在巴拿马的银行存款,存款者无须纳税,无外汇管制,利润汇出汇入自由。科隆自由贸易区内的税收优惠也很有力,不仅货物进口自由,无配额限制,不必缴纳进口税,而且用于转口的货物也自由、不必缴税,所得税仅为8.6%。与其他规范的自贸区一样,科隆自由贸易区内的政策也有严格的法律保障。例如,巴拿马政府即以颁布法令的形式设立科隆自由贸易区。

较好的投资环境,稳定的优惠政策,加上显著的区位优势,使科隆自由贸易区不仅成为巴拿马经济的主要支柱,而且成为中美洲的贸易中心、世界贸易的主要集散地之一。

(三)德国汉堡自由贸易区

汉堡自由贸易区最初的形态为汉堡自由港区,建于1888年。汉堡是世界上最早的自由港,是世界自由贸易区的发源地,面积约为15平方公里。

汉堡自由港区是典型的经济自由区,港区不属于关税管辖区范围,不是海关的监管区域,装卸、存储货物不受海关限制,货物可以自由从水上进出该区,原材料可在区内加工,不需申报及征收关税。

汉堡自由港采取关内关外分离管理方式。汉堡自由港被一条长约23.5公里、高3米的金属栅栏与其他港区隔开,有20多个进出自由港的陆上通道关卡和10多个水路通道关卡。汉堡自由港的开放程度较高,境外货物可以自由进入汉堡自由港,区内视同德国关境外,船只进入汉堡自由港不需要向海关结关,挂上海关关旗的船舶在航行时,可免海关任何干涉。

但与世界其他国家特别是亚洲国家自贸区开发方兴未艾的趋势相反,德国汉堡自由港从"自由贸易"逐渐走向终结。1994年起,汉堡自由港改建为自由贸易区,结束了汉堡自由港100多年的第三国地位,成为欧盟关境内享受特殊政策的区域;2001年,为适应国际反恐需要,汉堡自由贸易区要求各种货物(包括转口货物)入区均需申报;2013年,德国政府决定终止汉堡自由贸易区。这种趋势,一方面是由于汉堡自由港区功能趋于萎缩,另一方面则源于欧洲统一市场不断完善,欧盟内部大部分货物实现免税流通。这种趋势也提醒目前热衷于开发自贸易区的亚洲国家,类似于自贸区的组织或制度安排,是特定社会经济发展的需要,应该因时因地制宜,不能照抄照搬。

表2 美、巴、德三大自由贸易区比较

方面	美国纽约1号对外贸易区	巴拿马科隆自由贸易区	德国汉堡自由贸易区
成立时间	1931年	1948年	1888年
管理方式	管理比较严格	管理非常严密	关内关外分离管理方式
优惠政策	税收减免	税收减免、货币优惠政策(本国货币巴波亚仅为辅币,其合法货币为美元)	1994年以前为第三国性质的自由港
成效	创造了大量的进出口贸易额,提供了大量就业机会(2010年美所有自贸区为美国提供了32万个就业岗位)	近3200家来自世界各地的企业;自贸区经济占该国GDP的7.5%左右;年均创造就业机会达2.4万个	2013年终止

资料来源:笔者整理。

四 上海自贸区建设的由来及核心内容

上海自贸区建设是中国经济体制改革进入深水区的一项重要国家战略措施,是上海综合保税区建设基础上的进一步改革开放,对整个中国经济的发展将产生重大影响。

(一)上海综合保税区建设的客观回顾及转型发展的必要性

上海综合保税区成立于2009年,是在洋山保税港区、外高桥保税区(含外高桥保税物流园区)及浦东机场综合保税区基础上通过管理体制改革,融三者于一体而成的。其中,分别成立于1990年、2003年和2005年的外高桥保税区、外高桥保税物流园区和洋山保税港区分别是中国第一个保税区、保税物流园区和保税港区。因此,上海综合保税区不仅体现了"三区联动",而且是中国探索海关特殊监管制度的最佳"试验田"。

2010年,上海综合保税区企业大会顺利召开。大会不仅展示了综合保税区政策互补、功能叠加、竞争力进一步凸现,而且传出了海关、检验检疫、外汇等政府部门将分别推出多项具有突破性意义的扶持政策和措施的消息。9月,浦东机场综合保税区开始运营,成为上海综合保税区联动发展的区域中心节点。之后,上海综合保税区积极谋求"多元"突破,发展"创新功能",提出探索自由贸易园区新模式的改革目标,并在融资租赁、期货保税交割、贸易便利化等方面取得了一定的成绩。

但必须承认,上海综合保税区建设仍无法适应国内外经济社会形势的变化,也不能满足中国经济发展的内在需求,迫切需要转型发展。首先,转型发展是国家战略发展的需要。从全球经济看,2008年金融危机以来,世界经济基础和创新技术发生重大变化,导致全球生产力或生产布局发生重大变化,如离岸交易转移频繁、跨国公司区域性布局调整、国际贸易规则出现巨大变化。从国内经济看,经济增长缺乏新的动力、产业结构调整缓慢、政府职能转变成效有限、贫富差距继续扩大,改革无疑进入了深水区。作为一个负责任的大国,中国必须在世界舞台上扮演越来越重要的角色。这种内外压力推动中国

"开放倒逼改革",探索自由贸易试验区建设。其次,转型发展是上海产业结构升级和寻找新增长动力的需要。1998年和2009年,上海在全国范围内分别率先进入中等收入水平行列和中等偏上收入水平行列后,积极探索"创新驱动、转型发展",并直面经济发展连续5年进入低速增长期。其中,转型发展动力从要素驱动转变到创新驱动,从人口红利转变到改革红利。因此,上海自贸区建设正是改革和创新的需要和结果。最后,转型发展也是综合保税区自身发展的需要。由于体制机制、历史文化等原因,上海综合保税区发展瓶颈日益突出。2012年,上海港货物吞吐量和集装箱吞吐量分别达到7.36亿吨和3252.9万标准箱,分别连续7年和3年排名世界第一。但是,上海2020年基本建成具有全球资源配置能力的国际航运中心的任务仍非常艰巨。例如,水水中转箱量有待提高,2012年洋山保税港区完成水水中转箱吞吐量660.79万标准箱,与2008年相比,仅上升约10个百分点,国际中转箱量比重更低,不足10%;高端航运业发展缓慢,上海航运保险保费规模尽管约占全国一半,但2012年也仅为31亿元,占比不到全球的5%;企业转型面临土地性质不易变更、企业创新缺乏技术人才、商务成本逐年上升的困境,联动发展更是受政府多部门管理制约,尤其是严格的海关监管等,这些发展瓶颈迫切需要得到有效缓解。事实上,近年来,上海综合保税区在不同程度上已在积极呼吁、探索转型发展契机,建设自由贸易试验区无疑是上海综合保税区自身发展的需要。

(二)上海自贸区建设的由来

从国务院总理李克强在上海调研时提出建设自由贸易试验区到上海自贸区正式挂牌,仅用了约半年时间。但我国对自由贸易区的探索也有多年,上海为建设自由贸易区也努力了多年。

第一,从全国范围内讨论到上海打造自由贸易园区聚焦。我国加入世界贸易组织(WTO)后,保税区在功能定位、管理体制、区域定位、设区原则等方面面临的挑战日益突出,保税区向自由贸易区转型的主张逐渐出现。例如,2003年12月在青岛保税区举行的"中国保税区管理与发展研讨会"上,有学者明确提出向自由贸易区转型是我国保税区的发展方向。2005年之后,上海、深圳、天津、成渝地区都先后向国务院及各部委提交了关于保税区转型为自由贸易（园）区的建议。但是，保税区向自由贸易区转型，仍没能形成一致的推动力。2009年，时任国务院总理温家宝在相关报告上将"自由贸易区"批示为"自由贸易园区"，上海打造自由贸易园区的事宜才逐渐"眉目清晰"。

第二，上海为建立符合国际惯例的自由贸易园区的探索。上海自贸区最初的设想是"探索建立符合国际惯例的自由贸易园区"。2011年10月，上海正式宣布上海综合保税区要率先转型为自由贸易园区。2012年12月21日，上海市人大常驻机构委员会第37次会议表决通过了《上海市推进国际贸易中心建设条例》，鼓励相关产业融合发展，并首次提出"探索建立符合国际惯例的自由贸易园区"。随后，在2013年上海"两会"上，新任市长杨雄表示："2013年上海将深化浦东综合配套改革试点，按照国家部署，试点建立自由贸易园区，深入推进开设外币离岸账户、融资租赁业务创新等改革事项。"

第三，国家战略高度加快推进自由贸易试验区探索。如果上述举措是上海在谋求自身发展时对上海综合保税区发展前景的一种积极探索，那么中央的大力支持和鼓励则推动了上海综合保税区转型发展。2013年3月底，国务院总理李克强考察外高桥保税区时表示，鼓励支持上海积极探索，并明确指示在现有综合保税区基础上，先行试点建立一个自由贸易区园区。总理的这次上海之行无疑是上海在6月向中央报批上海自贸区建设方案的强大动力。2013年7月3日，国务院常务会议原则通过了《中国（上海）自由贸易试验区总体方案》（以下简称《总体方案》）。2013年8月16日，国务院常务会议讨论通过了《总体方案》，拟提请全国人大常委会审议。

2013年9月29日，上海自贸区正式挂牌成立，标志着成立了四年的上海综合保税区成功向上海自贸区转型发展。

（三）上海自贸区建设的核心内容

自由贸易试验区建设的核心是制度创新，突出地表现在投资管理制度创新、贸易监管制度创新、金融制度创新和综合监管制度创新。具体而言，主要包括五方面内容，具体如下。

第一，加快转变政府职能。开放倒逼改革的一个重要方面是加快转变政府职能。《总体方案》明确提出要深化行政管理体制改革，改革创新政府管理方式。为促进更安全、更高标准的开放，《总体方案》要求积极探索建立与国际高标准投资和贸易规则体系相适应的行政管理体系，政府管理由注重事先审批转为注重事中事后监管。

第二，扩大投资领域开放。为进一步扩大开放，《总体方案》明确指出金融、航运、商贸、文化以及社会服务领域将进一步扩大对外开放。与此同时，为营造平等准入的市场环境，除银行业机构、信息通信服务机构之外，其他领域的机构在设置时暂停或取消投资者资质要求、股比限制、经营范围限制等准入条件。

第三，推进贸易发展方式转变。鼓励跨国公司在上海自贸区内设立亚太地区总部和营运中心，促进总部经济发展；进一步深化国际贸易结算中心建设、融资租赁业务创新、期货保税交割、跨境电子商务服务等改革试点；推动服务外包业务发展；探索形成具有国际竞争力的航运发展制度和运作模式；等等。

第四，深化金融领域的开放创新。金融领域创新开放是上海自贸区建设的重点和难点。《总体方案》要求在上海自贸区内加快金融制度创新，先行先试人民币资本项目可自由兑换、人民币跨境使用、金融市场利率市场化。

第五，营造良好的监管和税收制度环境。具体表现为构建国际高水平投资和贸易服务体系，"一线放开"，"二线安全高效管住"；促进管理制度公开、透明。同时，在维护公平、统一、规范的现行税制前提下，探索与上海自贸区相配套的税收政策。

五　上海自贸区建设展望

上海自贸区建设不仅受到全国的高度重视，而且成为全球关注热点，上海自贸区建设任重而道远。

（一）上海自贸区建设的效应分析

上海自贸区的成功建设至少在以下两方面有较明显的溢出效应。

第一，政策溢出效应仍然值得期待。政策优惠是世界上所有自由贸易区的一个特色,也是推动自由贸易区成功发展的重要举措之一。上海自贸区建设的政策优惠主要体现在两个方面:第一,投资领域的扩大。入驻上海自贸区的企业没有国别限制,而且按照负面清单备案,明显提高了外资企业或民营企业的投资领域,例如,中国银监会明确支持民间资本进入区内银行业,中国保监会明确支持在上海自贸区内试点设立外资专业健康保险机构。在上海自贸区外,民间资本或外资企业目前进入这些领域的门槛还较高,或者会被"玻璃门"或"弹簧门"挡在门外。第二,税收优惠。境外货物进入上海自贸区(进入中国之前)或中转,关税免收;上海自贸区内符合相关条件的企业的所得税税率是15%。

尽管与美国纽约1号对外贸易区、巴拿马科隆自由贸易区相比,上海自贸区上述政策优惠并没有太多优势,而且设计者、参与者一再强调上海自贸区强调的是制度创新而不是"政策洼地",但上述优惠政策的溢出效应仍值得期待。

第二,改革动力的溢出效应更具价值。与改革初期相比,深水区的改革存在许多挑战,其中之一是改革动力不足。一方面,原有的改革损害了部分工人和农民的利益,他们不支持改革,即使对现状存在许多不满,也没有力量推动改革;另一方面,现有改革将触动部分既得利益集团,特别是部分权力集团的利益,他们都反对改革。但在人口红利、WTO红利逐步消失的今天,只有改革才是出路。上海自贸区除了其本身就是一种改革、一种制度创新外,带给大家更多的是改革动力。例如,国际竞争压力带来的动力。金融危机后的世界经济竞争,更多的是制度、体制、机制竞争,资源竞争之外还有技术创新竞争,中国只有改革才能参与全球经济竞争。上海自贸区建设的核心是制度创新,重在提升我国软实力,实现以开放促发展、促改革、促创新,形成可复制、可推广的经验,因此,改革动力的溢出效应更具价值。

(二)上海自贸区建设的挑战

有人把上海自贸区建设比为第二次浦东开发开放,有人把上海自贸区建设看成中国深化改革的象征。不管是哪种看法,上海自贸区建设确实给上海、中国甚至世界带来了许多期望。但我们必须清醒地看到,上海自贸区建设要求的是可复制、可推广,发挥示范带动作用,但缺少充足的理论准备,又没有成熟的经验借鉴，试验的时间也只有3年。因此，上海自贸区建设面临许多挑战，具体如下。

第一，自由贸易试验区建设理论准备不足。充分的理论准备是达成共识的重要前提，也有助于决策的制定和执行。例如，资料显示，浦东开发开放前夜，仅上海范围内的研究时间就超过两年多，1987年成立开发浦东联合咨询研究小组，1988年召开开发浦东新区国际研讨会，1989年召开上海市市长国际企业家咨询会议。中国加入WTO的理论准备则更是超过了15年之久，2002年中国真正加入WTO时，相关著作或研究报告超过3000本（份）。但上海自贸区建设的理论准备不能与上述两次开放相比。从2013年3月28日李克强总理考察外高桥保税区指出建设自由贸易园区到2013年9月29日上海自贸区正式挂牌，时隔仅半年。半年时间内，不管是在上海还是在全国，理论界和实务界经过讨论、深入理解形成自由贸易试验区建设理论都是一种挑战，理论宣传也同样面临极大挑战。

第二，可借鉴的国际经验较少。如前所述，目前世界上有1200多个自由贸易区，仅美国就有200多个，但必须承认的是，上海自贸区建设与它们有着巨大的差别，可借鉴的国际经验较少。差别之一在于定位不同。世界自由贸易区的定位基本在于通过提高开放度和自由度，减少关税，促进贸易和投资便利化和自由化，从而推动本国经济发展；但上海自贸区建设的定位是制度创新，是开放倒逼改革，这种自贸区建设的定位很难找到国际经验。差别之二在于世界经济环境不同。世界上较早的自由贸易区都是建立在地域相连、政治相似、经济发展水平相当的经济体间的，如今，这些特点都可能被打破，例如，中国—瑞士自贸区就是典型的在经济发展水平不相当的两个经济体之间建立的自贸区。这种政治、经济和地理上的差异，给自贸区建设带来了更多的挑战，可借鉴的国际经验并不太多。另外，中国目前已是世界第二大经济体，在主动参与全球投资规则体系重构过程中，外贸是否成为国家发展巨擘、如何在第三次工业革命浪潮下的世界经济新格局中定位，都是上海自贸区建设必须回答的课题，超过了现有的世界自由贸易区面临的问题，也就没有现成的国际经验可以借鉴。

第三，2~3年内调整各部门（集团）利益并非易事。在实践操作中，上海自贸区建设面临不少改革难题。从国家层面讲，体制改革将触动部门（集团）利益，调整、调动它们的积极性必将成为上海自贸区建设的一大挑战。以金融业为例，货币政策优惠是世界自由贸易区建设的一大惯例，也是上海综合保税区建设过程中遇到的关键瓶颈之一，但当前我国金融业开放程度有限，金融资源高度集中在为数不多的大型金融集团手中，上海自贸区建设必将对这些利益集团产生冲击，受到它们的阻挠。而与之密切相关的金融监管部门的监管能力和水平仍然有限，从国家金融安全角度出发，也不会支持太多的金融开放。提高金融监管部门的监管能力、改变它们的监管意识和方式，无疑是一项艰巨的任务。从上海自贸区本身发展讲，历史遗留问题，例如土地问题、企业清场问题、规则转变过程中的权力约束问题等也较多。以原来的外高桥保税区为例，实质性推进土地利用的空间瓶颈问题就突出。按照国际惯例，外企通常要完整地办好用地、审批等一系列手续，而不能像原来那样先注册再办土地使用证。但按照现有的土地使用政策，60%的工业用地指标均已用完，但融资租赁、新兴业态、金融、保险、银行等新产业落地，必须先解决土地问题。而调整这些部门（集团）利益的时间是有限的，仅为2~3年。总之，短时间内调整各部门、各集团利益的压力是很大的，必须进一步凝聚更强的改革力量和改革信心，才能把上海自贸区建设从政策优惠优势转变为制度、机制和功能优势。

第四，自贸区建设与国家金融安全问题。自贸区建设为贸易、投资提供便利的同时，由于部分激励措施削弱了对金融和贸易的管控及执法，为洗钱和恐怖分子融资创造了机会，严重危及国家金融安全，这是世界上所有自贸区建设的软肋，也是上海自贸区建设必然面临的挑战。事实上，上海自贸区建设中国家金融安全挑战更为严峻。第一，有研究显示，已有自贸区建设中洗钱等金融安全问题主要源于自贸区系统的弱点，例如，反洗钱和打击恐怖分子融资等保障措施不足、货物检验和法人机构注册程序薄弱、主管机构和海关之间缺乏足够的协调与合作。较成熟的自贸区目前尚存在这些风险，上海自贸区自然也不会例外。第二，上海自贸区建设的特殊性增加了金融安全风险。一方面，我国金融体系仍处于不断完善的过程中；另一方面，上海自贸区内的改革是一种制度创新。两者导致了中国金融体系的不完善和脆弱性，更容易受到违法分子非法行为的攻击。国家金融安全问题无疑将成为上海自贸区建设不可回避的挑战。

（三）上海自贸区建设的前景展望

自贸区仍然是当前国际经济一体化最重要的组织形式。十八届三中全会明确提出"放宽投资准入，加快自由贸易区建设"。因此，上海自贸区建设有着广阔前景。

不可否认，上海自贸区建设的道路必然是曲折的。建设初期，自贸区组织架构、相关制度措施在产生较大变化的同时，会出现千头万绪的问题，部分入驻上海自贸区的企业可能还会存在不同程度的不满，或者持观望态度。而体制机制改革进一步深化，也不一定带来立竿见影的成效，因此，2013年应该是上海自贸区建设的起步阶段。从2014年起，随着政府职能转变的进一步到位，入驻上海自贸区的企业数量将继续增加，业务开拓也可能出现实质性变化，特别是服务业的发展可能得到实质性提高并呈现集聚效应。总之，不管建设过程中面临多少挑战，上海自贸区更高标准、更高水平、更加安全的开放建议目标不会改变。

参考文献

任寿根：《中国建立内地港澳自由贸易区的理论基础与战略选择》，研究报告，南京大学商学院，2002。

东方证券：《FTA自贸区和上海的新使命》，东方证券研究报告，2013年8月27日。

B.9 中国（上海）自由贸易试验区：人民币可自由兑换的制度探索与展望

闫彦明[*]

摘　要：

在实体经济和国际贸易的支撑下，近年来人民币国际化进程显著提速。与此相对应，国内外对我国逐步放开人民币在资本项目下的管制，并对人民币实现可自由可兑换提出了新的要求。中国（上海）自由贸易试验区的启动，为人民币可自由兑换带来了新的契机。在对我国资本项目开放的进程、现状进行分析的基础上，本文分析了资本项目开放潜在风险，提出了有序推进人民币可自由兑换的政策思考。

关键词：

自由贸易试验区　人民币可自由兑换　资本项目管制　金融风险

自2009年我国启动跨境贸易人民币结算试点之后，人民币国际化进程显著提速，人民币与外币互换协议的规模、频率均快速刷新纪录，境外的离岸人民币市场也同步迅速扩大。从境外人民币存量情况看，目前已经大体形成了香港、新加坡、伦敦三大金融中心主导的离岸人民币业务中心，亚太区域其他相关城市也竞相加入业务竞争。但是就经济规模而言，我国作为全球第二大经济体，国际贸易规模也处于全球第二位，货币的国际化进程及国际地位没有得到相应的体现。因此，加快推进人民币国际化、逐步实现人民币在资本项目下的可自由兑换成为现实需求。2013年9月，中国（上海）自由贸易试验区的挂

---

[*] 闫彦明，经济学博士，上海社会科学院经济研究所研究员，研究方向为区域金融。

牌及总体方案的公布,将为我国探索人民币在资本项目下实现可自由兑换带来重要契机。同时应当关注的是,从局部性、有限制的可兑换,到可自由兑换,是我国货币制度、资本项目监管制度的重大变革,对促进金融和经济改革开放具有极为重要的推动作用。然而,在人民币可自由兑换的过程中,也伴随着新的金融风险。

一 当前人民币国际化及我国资本项目开放的状况与特点

人民币国际化与资本项目开放是紧密联系但又具有独立性的两个问题,并从总体上呈现相辅相成、相互促进的格局。人民币国际化主要是指人民币作为货币能够跨越国界在境外实现流通,并成为部分区域或国际上普遍认可的计价、结算及储备货币的过程;资本项目(capital and financial account)开放是针对国际收支平衡表中,与经常项目相对应的资本的输出与输入管制措施的放松或放开,主要涉及居民和非居民间资产或金融资产的跨境转移。这两个方面的主要特点如下。

(一)人民币国际化明显加速

在国际金融危机爆发的背景下,国际货币体系受到了影响,国际上以多元货币来计价和结算的需求日趋强烈。2009年7月1日,中国人民银行、财政部、商务部、海关总署、国家税务总局、中国银监会联合签署的《跨境贸易人民币结算试点管理办法》公布实施,正式开启了人民币国际化进程。2010年6月,试点地区扩大至20个省份,境外结算地扩至所有国家和地区。2011年8月,跨境贸易人民币结算境内地域范围扩大至全国。

近两年,人民币的跨境结算量、离岸人民币存量等都得到了迅猛增长,人民币甚至成为周边区域及其他部分区域的"硬通货"。据统计,2012年全年跨境贸易人民币结算业务累计为2.94万亿元,较上年的2.08万亿元增长41.3%。环球银行金融电信协会(SWIFT)在2013年10月8日的一份报告中显示,人民币在2013年8月的全球货币市场份额中达到1.49%,已经升至全球第 8 位;① 而 2013 年 7 月,国际清算银行(BIS)公布的三年一度的外汇与衍生工具市场成交额调查结果显示,人民币的日均交易额从 2010 年 4 月的第 17 位跃升至 2013 年的第 9 位。根据 SWIFT 2013 年 10 月 29 日发布的另外一份报告,虽然 2013 年 9 月全球支付货币的总金额仅增长 1.2%,但人民币的增长则达到 4.6%。进一步从区域分布情况看,亚洲是人民币国际支付规模最大、增速很快的地区,该区域以人民币为支付货币的交易额同比增长了 109%,增长的份额主要来自中国台湾地区及新加坡,但在日本的使用率仍然较低。欧洲地区的人民币支付则体现出激增的特点——人民币作为支付货币的交易额同比增长 163%。在非洲地区,截至 2013 年 1 月,中非贸易中采用人民币结算的国家已达 18 个,使用范围不断扩大,虽然 2012 年人民币结算的贸易量仅占中非贸易量的 0.5%,但渣打银行预测,2015 年采用人民币结算的中非贸易量将达 385 亿美元,占中非总贸易的 10%;另外,非洲国家中自 2011 年尼日利亚首次认购人民币债券作为外汇储备以来,坦桑尼亚和南非央行都将中国人民币债券纳入外汇储备投资计划,以抵御美国国债收益率波动的风险。

境外人民币业务井喷式的增长,主要得益于中国实体经济的强大支撑,国家对人民币国际化的推动也发挥了重要作用。例如,2013 年 6 月,中国人民银行与英国央行签署了 2000 亿元人民币/200 亿英镑的中英双边本币互换协议;2013 年 10 月,中国人民银行与欧洲央行签署了 3500 亿元人民币/450 亿欧元的中欧双边本币互换协议,将进一步推动人民币在中欧贸易中的使用;截至目前,除了美联储之外,包括欧洲央行、英国央行、日本央行等在内的全球主要央行都与中国人民银行签署了货币互换协议。大量人民币在境外沉淀,使得离岸人民币市场体系正在酝酿形成。根据国际清算银行 2013 年 9 月发布的统计报告,截至 2013 年 4 月末,离岸人民币资产规模约为 1.4 万亿元;而根据各地的大体统计,目前离岸人民币市场主要集中于四个地区:香港有 7000 亿~8000 亿元,新加坡、英国、中国台湾各有近 1000 亿元的存量。国内有关学者估计未来离岸人民币资产规模有可能增加至 10 万亿元。

---

① 《环球银行金融电信协会:人民币 8 月全球市场份额升至全球第 8 位》,FX168 资讯,http://news.fx168.com/guide/20131008112710080.shtml,2013 年 10 月 8 日。

（二）资本项目可兑换稳步推进

真正意义上的人民币国际化，需要具备国际经济交易的结算货币、外汇市场上的交易货币、各国外汇储备的主要货币等多项主要货币功能。跨境贸易人民币结算仅仅可以视为这个进程的开端，要真正实现人民币国际化，人民币还需要具备多元的国际货币功能。要达到这一目标，客观上对稳步推进人民币资本项目下的可自由兑换、使人民币最终成为完全可兑换货币提出了新的要求。在国际收支领域，我国于1997年开始成为国际货币基金组织（IMF）第八条款成员国，实现了人民币经常项目可兑换。在近十多年时间内，我国金融监管部门也在有序地推进资本项目的放开，为了适应人民币国际化进程，资本项目开放有所提速。2009年6月，国家外汇管理局出台《关于境内企业境外放款外汇管理有关问题的通知》，境内企业可以用人民币购汇对外投资。从2010年起，中国人民银行进行试点，境内机构可以使用人民币到境外直接投资。2011年1月，中国人民银行发布《境外直接投资人民币结算试点管理办法》，允许获准开展境外直接投资的境内企业用人民币进行境外直接投资。同年6月，中国人民银行发布的《外商直接投资人民币结算业务管理办法》明确，境外投资者和银行可直接办理外商直接投资人民币结算业务。根据中国人民银行调查统计司在2012年发布的报告，IMF划分的资本项目下可兑换的40个子项中，中国已有14项"基本可兑换"、22项"部分可兑换"、4项"不可兑换"，具体见表1。

表1 我国资本项目可兑换概况

项目	不可兑换	部分可兑换	基本可兑换	完全可兑换	合计
资本和货币市场工具	2	10	4	—	16
衍生品和其他工具交易	2	2	—	—	4
信贷工具交易	—	1	5	—	6
直接投资	—	1	1	—	2
直接投资清盘	—	—	1	—	1
房地产交易	—	2	1	—	3
个人资本交易	—	6	2	—	8
小　计	4	22	14	—	40

资料来源：IMF《汇兑安排与汇兑限制年报》（2011），转引自中国人民银行课题组《加快资本账户开放条件基本成熟》，2012年2月。

为了促进人民币世界货币功能的提升、有序推进资本项目开放，我国在近年来采取了开展双边货币互换，以及通过合格境内机构投资者（QDII）、合格境外机构投资者（QFII）、人民币合格境外机构投资者（RQFII）等推动有关项目开放，有关业务的规模、频率等都在快速推进。就货币互换而言，在人民币尚未实现资本项目下可自由兑换的情况下，货币互换在一定程度上有助于推动人民币在境外实现计价、结算和储备的职能，扩大人民币在境外的流通范围。根据中国人民银行统计，截至2013年5月底，中国已经与19个国家或地区的货币当局达成了货币互换协议，涉及总金额超过2万亿元。2013年6月以来，货币互换则迈上了新的台阶：6月22日，中国人民银行宣布其与英国央行签署了规模为2000亿元人民币/200亿英镑的中英双边本币互换协议，英国也由此成为首个与中国签订货币互换协议的七国集团（G7）国家；10月9日，中国人民银行与欧洲中央银行签署了规模为3500亿元人民币/450亿欧元的中欧双边本币互换协议。由此，人民币国际互换获得了欧洲主要发达国家的认可。一些相关信息显示，美国对人民币的需求也在逐渐增强：截至2013年11月11日，中国已有2个A股交易所交易基金（exchange traded funds，ETF）在美国上市，近期将有另一个ETF赴美上市，从效果看美国投资者对人民币投资有强劲需求。

另外，就金融投资方面而言，通过QDII、QFII、RQFII等渠道，资本项目开放也得到了实质性的突破。在政策方面，2013年10月以来，伦敦、新加坡先后获得RQFII额度，中国人民银行也在积极推动人民币与英镑、新加坡元的直接交易。QFII的来源范围、投资于内地金融市场的深度等也在不断突破。根据有关估算，QFII及RQFII的投资额将会于5年内由目前的800亿元增至1600亿元，我国金融部门如果在未来适度降低投资门槛，则会让更多的境外基金公司、机构投资者等参与投资中国的市场。目前，QFII的投资额仅约占内地股市市值的1.5%；而在我国台湾地区及韩国，该比例为20%~25%。随着境外流通的人民币数量的增加，我国推出了RQFII政策，表2显示了近年来RQFII机构和投资规模的进展情况。

表2 RQFII投资额度审批情况

单位：亿元

RQFII名称	批准日期	累计批准额度
南方东英资产管理有限公司	2011年12月30日至2013年8月28日(10批次)	226.0
嘉实国际资产管理有限公司	2011年12月30日至2013年9月26日(7批次)	112.5
华夏基金(香港)有限公司	2011年12月30日至2013年7月26日(9批次)	218.0
大成国际资产管理有限公司	2011年12月30日至2013年7月26日(3批次)	19.0
汇添富资产管理(香港)有限公司	2011年12月30日至2013年5月15日(2批次)	31.0
博时基金(国际)有限公司	2011年12月30日至2013年10月30日(3批次)	46.0
海富通资产管理(香港)有限公司	2011年12月30日至2013年7月26日(3批次)	29.0
华安资产管理(香港)有限公司	2011年12月30日至2013年5月30日(3批次)	39.0
易方达资产管理(香港)有限公司	2012年1月2日至2013年7月26日(10批次)	187.0
工银瑞信资产管理(国际)有限公司	2012年12月27日	8.0
上投摩根资产管理(香港)有限公司	2012年12月26日	8.0
广发国际资产管理有限公司	2012年12月27日至2013年7月26日(3批次)	24.0
国投瑞银资产管理(香港)有限公司	2013年4月28日	8.0
富国资产管理(香港)有限公司	2013年4月28日、2013年9月26日	13.0
诺安基金(香港)有限公司	2013年6月13日	5.0
工银亚洲投资管理有限公司	2013年7月26日	8.0
基金系合计		981.5
申银万国(香港)有限公司	2011年12月30日、2013年6月24日	19.0
安信国际金融控股有限公司	2011年12月30日、2013年5月30日	14.0
中国国际金融(香港)有限公司	2012年1月2日、2013年6月24日	17.0
国信证券(香港)金融控股有限公司	2012年1月2日、2013年6月24日	17.0
光大证券金融控股有限公司	2012年1月2日至2013年7月26日(3批次)	27.0
华泰金融控股(香港)有限公司	2012年1月2日至2013年5月30日(3批次)	19.5
国泰君安金融控股有限公司	2012年1月2日至2013年9月26日(3批次)	33.0
海通国际控股有限公司	2012年1月2日至2013年7月26日(4批次)	49.0
广发控股(香港)有限公司	2012年1月2日、2013年5月30日	17.0
招商证券国际有限公司	2012年1月2日至2013年7月26日	17.0
中信证券国际有限公司	2012年1月2日	9.0
国元证券(香港)有限公司	2012年1月2日至2013年9月26日	15.0
中投证券(香港)金融控股有限公司	2013年7月26日	8.0
证券系合计		261.5
建银国际资产管理有限公司	2013年5月3日	8.0
泰康资产管理(香港)有限公司	2013年5月29日、2013年7月26日	16.0
中国人寿富兰克林资产管理有限公司	2013年6月24日	10.0

续表

RQFII 名称	批准日期	累计批准额度
农银国际资产管理有限公司	2013年7月26日	8.0
恒生投资管理有限公司	2013年7月26日	10.0
信达国际资产管理有限公司	2013年8月28日	8.0
兴证（香港）金融控股有限公司	2013年8月28日	5.0
太平资产管理（香港）有限公司	2013年8月28日	8.0
中银香港资产管理有限公司	2013年8月28日	8.0
中国平安资产管理（香港）有限公司	2013年8月28日	10.0
汇丰环球投资管理（香港）有限公司	2013年9月26日	8.0
丰收投资管理（香港）有限公司	2013年9月26日	8.0
交银国际资产管理有限公司	2013年9月26日	8.0
惠理基金管理香港有限公司	2013年10月30日	8.0
南华资产管理（香港）有限公司	2013年10月30日	5.0
中国东方国际资产管理有限公司	2013年10月30日	10.0
东亚银行有限公司	2013年10月30日	10.0
东方金融控股（香港）有限公司	2013年10月30日	5.0
其他合计		153.0
合　计		1396.0

注：截至2013年10月30日。
资料来源：根据国家外汇管理局网站资料整理。

我国近年来相继推出了QFII、QDII等跨境机构投资者制度，取得了快速发展。随着境外人民币存量规模的不断扩大，我国进一步推出了RQFII制度。2011年12月16日，中国证监会、中国人民银行、国家外汇管理局等部门联合发布《基金管理公司、证券公司人民币合格境外机构投资者境内证券投资试点办法》，允许符合条件的基金公司、证券公司香港子公司作为试点机构开展RQFII业务。该业务初期试点额度约200亿元，试点机构投资于股票及股票类基金的资金不超过募集规模的20%。作为资本项目开放的一种探索，RQFII的境外机构投资人可将批准额度内的外汇结汇投资于境内的证券市场，从而使之成为推进人民币回流的一种重要渠道。因此，对RQFII放开股市投资，是我国加速人民币国际化的重要举措。表2显示，2011年12月30日以来，我国RQFII出现了"井喷"，短短一年多的时间内，包括基金系、证券系、其他类别的机构在内，累计获批的RQFII额度达到了1396.0亿元，其中基金系占比达到70.3%。除此之外，2013年下半年，上海银行还探索为首批境外人民币股权投资试点企业提供首单境内股权投资服务，从而成功成为国内第一笔人民币合格境外有限合伙人（RQFLP）开展的境内投资业务。

总体而言，目前人民币国际化以及资本项目开放都处于快速推进的关键阶段。从现实需求看，人民币资本项目可兑换是加快我国经济金融发展的必由之路，是促进实体经济开展国际贸易和国际投资的需要，是上海建设国际金融中心的必然选择，是有效融入国际服务贸易新体系的重要途径。

二 上海自贸区政策框架中关于人民币可自由兑换的规定

2013年9月29日上午，上海自贸区正式挂牌运营，成为全球关注的焦点。国内外各界普遍对上海自贸区的定位、相关政策与相关改革极其关注。根据政策总体框架，上海自贸区或将拉开中国新一轮改革开放的序幕，其中货币金融领域的改革是重要内容。

（一）上海自贸区相关政策条文

1. 国务院发布的总体方案

2013年9月27日，国务院发布《中国（上海）自由贸易试验区总体方案》（以下简称《总体方案》），要求扩大服务业开放、推进金融领域开放创新，建设具有国际水准的投资贸易便利、监管高效便捷、法制环境规范的自由贸易试验区。《总体方案》对货币金融改革进行了着重阐述，从人民币国际化及资本项目开放的角度，涉及的相关条文如表3所示。

根据政策规划，在上海自贸区内，人民币国际化、资本项目开放等都将在未来数年内展开深入、具体的探索，从而在金融国际化方面迈出重要的一步。客观上看，《总体方案》中涉及的资本项目开放、民营金融、利率市场化等相关问题基本上是金融改革的深水区，也是复杂的系统工程，而以自贸区的形式从"点"上加以突破是一种战略层面的智慧。如果这个尝试能够取得成功，就能以点到面，实现全面开放。

中国（上海）自由贸易试验区：人民币可自由兑换的制度探索与展望

表3 《总体方案》涉及资本项目开放及人民币国际化的具体条文

序号及条目		相关内容
二 主要任务和措施		
（三）推进贸易发展方式转变	5. 推动贸易转型升级	深化国际贸易结算中心试点，拓展专用账户的服务贸易跨境收付和融资功能
（四）深化金融领域的开放创新	7. 加快金融制度创新	在风险可控前提下，可在试验区内对人民币资本项目可兑换、金融市场利率市场化、人民币跨境使用等方面创造条件进行先行先试。在试验区内实现金融机构资产方价格实行市场化定价。探索面向国际的外汇管理改革试点，建立与自由贸易试验区相适应的外汇管理体制，全面实现贸易投资便利化。鼓励企业充分利用境内外两种资源、两个市场，实现跨境融资自由化。深化外债管理方式改革，促进跨境融资便利化。深化跨国公司总部外汇资金集中运营管理试点，促进跨国公司设立区域性或全球性资金管理中心。建立试验区金融改革创新与上海国际金融中心建设的联动机制
	8. 增强金融服务功能	推动金融服务业对符合条件的民营资本和外资金融机构全面开放，支持在试验区内设立外资银行和中外合资银行。允许金融市场在试验区内建立面向国际的交易平台。逐步允许境外企业参与商品期货交易。鼓励金融市场产品创新。支持股权托管交易机构在试验区内建立综合金融服务平台。支持开展人民币跨境再保险业务，培育发展再保险市场
附件：中国（上海）自由贸易试验区服务业扩大开放措施		
一 金融服务领域	1. 银行服务（国民经济行业分类：J金融业——6620货币银行服务）	①允许符合条件的外资金融机构设立外资银行，符合条件的民营资本与外资金融机构共同设立中外合资银行。在条件具备时，适时在试验区内试点设立有限牌照银行。②在完善相关管理办法，加强有效监管的前提下，允许试验区内符合条件的中资银行开办离岸业务
	3. 融资租赁（国民经济行业分类：J金融业——6631金融租赁服务）	①融资租赁公司在试验区内设立的单机、单船子公司不设最低注册资本限制。②允许融资租赁公司兼营与主营业务有关的商业保理业务

资料来源：《中国（上海）自由贸易试验区总体方案》。

2. "一行、三会、外管局"配套政策

《总体方案》发布后，"一行、三会、外管局"也纷纷跟进，出台了相应的配套政策，对上海自贸区建设和金融改革给予政策支持，详见表4。

表4　"一行、三会、外管局"出台的上海自贸区建设相关配套政策

出台(信息发布)部门及概况	政策要点
中国人民银行:中国(上海)自由贸易试验区情况说明会上,中国人民银行上海总部官员的讲话	中国人民银行虽然并未就《总体方案》中有关金融开放创新领域宣布相关细则,但中国人民银行上海总部官员提出:监管核心就是要防止短期资金、短期资本的大进大出,维护宏观金融稳定。中国人民银行、国家外汇管理局将在四个方面推进上海自贸区金融改革试点:一是在上海自贸区内创造条件扩大人民币跨境使用。二是在上海自贸区先行先试金融市场利率市场化。在上海自贸区内实现金融市场利率市场化,符合现行利率管理政策和继续推进利率市场化改革的要求。上海自贸区利率市场化将在宏观审慎金融管理框架内,根据区内实体经济发展需要、金融市场主体培育目标、市场环境建设情况稳步推进。三是在上海自贸区内先行先试人民币资本项目可兑换。四是建立与上海自贸区相适应的外汇管理体制
中国银监会:《关于中国(上海)自由贸易试验区银行业监管有关问题的通知》,主要涉及8条政策,其中机构准入方面4条、业务准入方面2条、监管体系方面2条	①机构准入方面,主要是支持中资银行入区发展;支持区内设立非银行金融公司;支持外资银行入区经营;支持民间资本进入区内银行业。②业务准入方面,鼓励开展跨境投融资服务;允许符合条件的中资银行在区内开展离岸银行业务。③监管体系方面,完善监管服务体系和健全操作措施。在完善监管服务体系方面,中国银监会将支持探索建立符合区内银行业实际的相对独立的银行业监管体制,贴近市场提供监管服务,有效防控风险;建立健全区内银行业特色监测报表体系,探索与完善符合区内银行业风险特征的监控指标。在健全操作措施方面,上海自贸区金融改革首先应该满足中国银监会现有所有审慎风险监管要求,在此基础之上,研究对监管制度进行创新,前瞻性地建立一些符合银行业和实体经济相适应的相对独立的银行业监管架构;建立与上海自贸区内银行业金融活动相适应的特色监测报表体系
中国证监会:发布的资本市场支持上海自贸区建设的政策措施,从五个方面加大对上海自贸区建设的金融支持力度	一是拟同意上海期货交易所在上海自贸区内筹建上海国际能源交易中心股份有限公司,具体承担推进国际原油期货平台筹建工作。二是支持上海自贸区内符合一定条件的单位和个人按照规定双向投资于境内外证券期货市场。三是区内企业的境外母公司可按规定在境内市场发行人民币债券。根据市场需要,探索在区内开展国际金融资产交易等。四是支持证券期货经营机构在区内注册成立专业子公司。目前,海通期货、宏源期货、广发期货、申万期货和华安基金等机构正在设立或准备设立风险管理子公司和资产管理子公司。五是中国证监会支持区内证券期货经营机构开展面向境内客户的大宗商品和金融衍生品的柜台交易

续表

出台(信息发布)部门及概况	政策要点
中国保监会:发布的公告提出,为充分发挥保险功能作用、支持上海自贸区建设,中国保监会对上海保监局提出的有关事项做出批复,主要内容包括8个方面	一是支持在上海自贸区内试点设立外资专业健康保险机构;二是支持保险公司在上海自贸区内设立分支机构,开展人民币跨境再保险业务,支持上海研究探索巨灾保险机制;三是支持上海自贸区保险机构开展境外投资试点,积极研究在上海自贸区试点扩大保险机构境外投资范围和比例;四是支持国际著名的专业性保险中介机构等服务机构以及从事再保险业务的社会组织和个人在上海自贸区依法开展相关业务,为保险业发展提供专业技术配套服务;五是支持上海开展航运保险,培育航运保险营运机构和航运保险经纪人队伍,发展上海航运保险协会;六是支持保险公司创新保险产品,不断拓展责任保险服务领域;七是支持上海完善保险市场体系,推动航运保险定价中心、再保险中心和保险资金运用中心等功能型保险机构建设;八是支持建立上海自贸区金融改革创新与上海国际金融中心建设的联动机制,不断强化和拓展中国保监会与上海市政府合作备忘录工作机制

资料来源:笔者根据各部门网站及媒体公开信息整理。

"一行、三会、外管局"等部门整齐划一地出台了配套政策,一方面体现出货币金融改革的系统性、全局性、审慎性,另一方面从条文内容也可以看出各部门之间业务具有极为密切的关联,其中许多政策涉及人民币国际化及资本项目开放的问题。例如,中国证监会政策中提及的"全面引入境外投资者参与境内期货交易"等,中国保监会提出的"支持自贸区保险机构开展境外投资试点"等。另外,非常值得关注和期待的是,在2013年底或2014年度将会推出关于上海自贸区金融改革的细则,从而会从更为具体、更为贴近操作的角度对货币金融改革做出规定。

(二)人民币资本项目可自由兑换在上海自贸区政策框架中处于核心地位

金融开放在很大程度上与经济贸易密切相关,因此把探索人民币资本项目可自由兑换放在上海自贸区政策框架中是最具有可行性的选择。从上海自贸区的设立情况看,虽然在空间上脱胎于上海综合保税区,但未来在外汇、金融方面的自由,上海自贸区将远远高于保税区。上海自贸区一方面必须以庞大的国际贸易量为支撑，另一方面只有真正实现货币国际化和可自由兑换，才能成为真正意义上的自由贸易区。因此，货币金融改革领域的开放将在上海自贸区政策框架中处于核心地位。

首先，作为探索对外开放的重要战略举措，上海自贸区将体现一系列制度创新，而这多方面的创新具有密切的内在关联。从我国战略转型的格局来看，迫切需要对金融体系进行适应性的变革与开放。在上海自贸区范围内，要真正实现跨境贸易投资便利，首要的条件是货币资金的自由流动，资金转移过程中为了最大限度地控制汇率风险，需要实现货币的可自由兑换，这也是一个自由贸易区必备的基础金融条件。而在上海探索国际经济、金融、贸易、航运中心建设的联动机制过程中，金融往往发挥着重要的核心角色。

其次，设立上海自贸区的一个战略初衷是全面参与新的全球服务贸易体系，其中许多方面与货币金融体系具有密不可分的关系。自贸区与保税区的重要区别在于，实现从以货物贸易为主到以服务贸易为主的转变，这种转变实际上就要求上海自贸区更多地体现为服务贸易和投资的开放，并融入全球体系。中国期望通过上海自贸区的探索，使中国在全球货币市场占据一定的地位，而这是与我国不断增长的实体经济规模及进出口贸易规模相适应的。通过离岸金融政策的深入探索，上海也将由此成为人民币回流最大的目的地和集散地。上海自贸区如果能够建立庞大的人民币及外币的金融资产池和国际资本流动的"自由港"，则将从整体上提高人民币的跨境循环效率，实现金融资源的全球优化配置。

最后，上海自贸区的主要特征是"境内关外"，上海自贸区的金融形态大体上表现为"境内的离岸金融"，随着大批国内外金融机构的入驻，金融服务将成为上海自贸区的重要支柱行业。区内的运作机制应该按照离岸模式进行，这种离岸金融业务在合适的管制下具有巨大的成长空间，并具有一定的独立性。因此，把上海自贸区作为货币金融开放的前沿阵地，不仅需要体制机制上的配套跟进，而且需要从战略高度加以重视，其影响将是深远的。

三 上海自贸区背景下人民币可兑换的潜在风险

长期以来，实现人民币在资本项目下可兑换，是摆在人民币国际化进程中

中国（上海）自由贸易试验区：人民币可自由兑换的制度探索与展望

的"拦路虎"。但从国际经验来看，在货币从经常项目可兑换到资本项目可兑换的发展过程中，需要谨慎，防止过于激进的举措。由于目前全球游资肆虐，其规模屡创历史新高，且操作手法日趋多样、隐蔽，往往对一些缺乏有效监管体系的国家和地区造成巨大损害甚至毁灭性打击。20 世纪末的东南亚金融危机以及此前的英镑货币危机等，都彰显出货币金融领域过度自由化的巨大风险。在次贷危机引发的全球金融危机全面爆发后，美欧主要发达国家受到了不同程度的冲击，而我国正是由于构筑起了有效的资本项目管制的"防火墙"，使得金融体系受到了较小的冲击；在金融危机爆发后，美欧部分国家也对货币金融体系进行了改革，在自由化方面均呈现出趋于保守的特点。这充分证明在金融安全与金融开放方面，安全始终应当是第一位的。

具体来看，人民币资本项目可兑换将面临以下四方面风险。

（一）金融改革和开放，相比于实体经济领域的改革开放，可能蕴含着更大的风险

金融天然具有系统性、虚拟性、流动性、杠杆效应，使得货币金融风险能够在短期内快速集聚、放大、扩散，从而给一个国家和地区带来系统性的风险。就上海自贸区货币金融改革而言，也涉及了货币、金融领域的各个方面、各个层次，这次改革也绝非意味着享受政策优惠，而是将直接面临国际金融市场和货币竞争中的激烈角逐。推动人民币在资本项目下可兑换的实现对上海自贸区的综合条件要求很高，对金融监管也会带来非常严峻的挑战。例如，资本项目下可兑换开放后，短期资本流动的速度和规模都将大幅度提高，且资本流动的方向具有很大不确定性和波动性；如果不能保持宏观经济的稳定和金融体系的健康运行，极易诱发对冲基金等利用制度漏洞而进行攻击。

（二）货币领域开放是一个渐进过程，过快的资本项目开放具有巨大的潜在风险

在各国金融发展史上，很多国家都遇到过货币从经常项目到资本项目开放的转换阶段，但有的国家获得了成功，有的国家却在开放过程中遇到了麻烦。

例如，英镑、日元等曾经出现危机的重要教训在于国家操之过急，没有实现与经济基础、政策与金融机制的有机整合；反观美国在二战以后所倡导的以美元为核心的全球货币体系，其背后是一系列极为完善、相互之间逻辑关系紧密的货币制度安排，从而在其后的长期发展中得以保持稳定的统治地位。因此，货币体制改革的"快"和"慢"是在不同条件和语境下开展的。由于人民币汇率制度改革仍处于渐进的探索过程中，人民币国际地位处于缓慢上升过程中，而相应的货币职能、监管机制、风控手段等都还没有相应地建立和完善起来，贸然地推进资本项目开放具有巨大的潜在风险。同时，由于许多非法的跨境金融活动具有一定的伪装特征，一些国际机构可能会利用上海自贸区的制度"漏洞"开展活动，甚至包括在我国已经开放了的经常项目下开展虚假贸易及跨境资本流动。因此，上海自贸区里各种机构的离岸账户和在岸账户之间的通道设计将是机制设计和风险防范的一个重点。

（三）资本项目开放将带来货币政策的风险，提高了货币决策的难度

蒙代尔曾经提出了国际货币经济学中著名的"三元悖论"理论，即一个经济体不能同时在资本自由流动、独立的货币政策和固定汇率中获得满足，而只能在三个因素中选择其二。从上海自贸区改革的部署来看，推动资本自由流动、推动汇率制度的市场化改革都将是未来的重要方向，而其后果和代价将是对国家货币政策的独立性带来新的挑战。这对处于经济转型深化阶段、逐渐步入"中等收入"阶段的中国而言，是非常具有挑战性的。在这个阶段，中国尤其需要较为独立的货币政策来对国内的宏观经济进行调节，同时需以缓慢升值的政策来减少短期资本流入、减缓人民币持续升值对出口企业带来的压力。在这个过程中，应当对有关宏观金融制度进行全面考虑。

（四）在人民币升值预期下，应当防范游资在短期内的大进大出

国内不少学者提出，由于目前事实上存在国内外利率落差、人民币持续升值的预期等因素，在上海自贸区推行利率市场化及资本项目开放，必然会带来游资的涌入。例如，上海自贸区内银行利率的放开会导致存款利率高于

中国人民银行规定的上限；当资本项目"闸门"放开后，任何套利的机会都会吸引国际、国内资本的大量流入，并对短期资本项目下的平衡带来冲击。而短期资本的活跃，对处于泡沫较为明显的房地产市场、游资频繁冲击的大宗商品市场、投机色彩仍较为浓厚的股票及期货市场等，都将会带来明显的波动效应。

四 上海自贸区框架下人民币可兑换的举措思考

十八届三中全会明确提出："放宽投资准入，加快自由贸易区建设。"中央和金融监管的相关部门已经对人民币国际化及资本项目下的人民币可兑换做出了总体部署，但目前关于上海自贸区货币金融改革的细则方案仍未出台，充分显示出决策部门对此的谨慎态度。本文结合前文的分析观点，以及上海自贸区实践的推进情况，探索从如下四个方面提出一些思考和建议。

（一）资本项目渐进开放的次序设计

从国际经验看，国际社会对货币在资本项目下可兑换没有严格的标准和细致的要求，这就给我国探索资本项目渐进式开放提供了重要条件。根据国际货币基金组织对各国资本管制的观点，项目开放更多地显示出了包容性。而在实践中，已经实现了货币资本项目下可兑换的国家和地区也或多或少地保留了必要的限制和管理。也有学者指出，几乎所有的发展中国家和发达国家资本项目开放度在金融危机以后都出现了回落。在上海自贸区框架下，应当积极借鉴各国经验，采取分阶段、分层次开放资本项目的方法。

关于资本项目开放的顺序问题，国内学者已经达成了较为统一的共识，并大体遵循以下基本原则：先流入后流出；先直接投资后证券投资；先长期投资后短期投资；先机构后个人；先债权类工具后股权类工具和金融衍生产品；等等。但必须指出的是，这种顺序仅仅是理论上的分析，实践中应根据金融及经济发展实际情况对排序进行适时灵活调整。从时间期限来看，完全开放资本项目不能操之过急，可考虑放在一个较长的时期内完成，根据国际经验可大体在未来 5~10 年的时间内渐进完成。

（二）引进金融机构，构建离岸金融市场，构筑"境内关外"资本项目"防火墙"

实现货币金融的对外开放，往往以吸引大量的跨国金融机构落户为先机。在上海自贸区管理体制下，可以通过"宽入严控"的策略对入驻金融机构开展监管——按照国际惯例，金融领域的监管并不纳入自贸区的负面清单。一方面，以较低的准入门槛，引进更多的金融机构入驻上海自贸区；另一方面，借鉴国际经验，大力发展离岸金融市场，在监管上要区别于国内现有监管体制，并给予各类开展离岸金融业务的金融机构以更多的自主权。在市场运行中，通过一定的资本项目管制在"境内关外"区域设立"防火墙"。

（三）对上海自贸区企业在区内设立的自贸账户（FTA），探索"分账管理"模式

为了防范风险，在上海自贸区人民币资本项目可兑换方面，中国人民银行可能将采取"分账管理"的模式，并对不同账户实行"实时监控"，在人民币资本项目可兑换的初期，也可能实行额度总量控制。具体而言，所谓人民币资本项目下的"分账管理"模式，是指允许在自贸区内注册的部分试点企业，同时开设自贸账户（FTA）和离岸账户（FTN）。其中，FTN将具有实现货币可自由兑换、利率市场化等方面的新功能。另外，上海自贸区范围内的个人也可以考虑开设个人离岸账户（FTI），但在初期可从总量上予以控制。与企业账户相配套，进驻的商业银行也需要"分账管理"。企业、银行、个人等多方面的有机组合，实质上将使上海自贸区构建起一个涵盖离岸和在岸业务、本外币一体化、与国际金融市场逐渐接轨的独立金融环境。

在"分账管理"模式下，企业不同的账户之间虽然是独立的，但也具有一定的联系渠道。最为关键的是，应当探索在FTA、FTN与企业的国内账户等之间，实现一定程度的相互"渗透"——资金的往来。但资金往来的比例、设定的往来标准等应当有较严格、细致的规定。同时，中国人民银行可协同其他金融部门共同开发建设自贸区资金监控系统，对重点账户实行"实时监

控",这将有助于中国人民银行更加准确地掌握资金动向,及时发现资金运作过程中的各种突发问题,并采取及时的对应措施。

(四)探索功能性监管新体制,完善监管的方法体系

客观而言,现行的"一行三会"的条线监管模式在自贸区模式下存在一定的缺陷,特别是对一些新业务、新领域会存在监管盲点,而在跨部门监管过程中往往又存在低效的情况;同时,在自贸区内也进行分头监管,对自贸区的经营运作和区内经济主体来讲是不方便的。从国际经验来看,上海自贸区内应该探索开展统一的功能性监管试点,构建一个综合性的"超级金融监管机构"(如成立一个整合起来的自贸区金融管理局),一站式地开展监督管理,这样不仅有利于提高监管效率,而且能够为自贸区企业带来很多便利。随着试点经验的不断成熟,可考虑将其模式逐渐加以改进、推广。

在监管方法体系上,应当侧重于从事前审批到事后监管的转变,积极引进更多先进的监管手段和监管工具。虽然金融领域可能不纳入负面清单体系,但在监督和行政管理方面,也应当契合自贸区推行的"从重审批到重服务、从事前审批到事后监管"的转型。在监管手段上,应当更加侧重于构建量化的指标跟踪、监控、预警制度,对资本项目相关指标实施全程跟踪。同时,应当要求自贸区内银行等金融机构建立有效防范跨境风险的机制,并强化事前、事中的监管。

参考文献

〔美〕蒙代尔:《蒙代尔经济学文集:一般货币与宏观经济理论》(第二卷),向松祚译,中国金融出版社,2003。

沈开艳主编《上海经济发展报告(2011)》,社会科学文献出版社,2011。

《自贸区探路资本项开放:权衡"放得开"与"防得住"》,《第一财经日报》2013年11月4日。

B.10 中国（上海）自由贸易试验区建设与行政审批制度改革

沈桂龙*

摘　要： 为更好地实现计划经济向市场经济转变，并建立相适应的法制政府，我国较早地推行了行政审批制度改革。但改革主体不完整、法规冲突、部门利益掣肘以及行政人员的寻租动机等，导致改革存在一定的滞后性。中国（上海）自由贸易试验区（以下简称"上海自贸区"）的建立为行政审批制度改革提供了有利契机，其试验性质放松了利益变量的束缚，特别是更多力量的引入，有助于打破原有的平衡。自由贸易试验区内部的行政审批改革试验，未来应瞄准市场力量的充分释放，着眼于与国际高水准的全面接轨，并在整体改革中实行"前轻后重"的整体转向。

关键词： 自由贸易试验区　行政审批制度改革　制度创新

我国行政审批制度改革作为转变政治职能、推进行政管理体制改革的重要抓手，经过多年的探索与实践，取得了一些积极效应。但从正确处理好政府和市场的关系以及完善社会主义市场经济的内在要求来看，还存在一定程度的滞后，一些内在的症结问题没有得到根本解决。上海自贸区建设重在制度创新，通过新一轮高层次开放倒逼改革，为行政审批制度改革提供有利契机，并对未来的改革方向和实际效应带来长远影响。

---

* 沈桂龙，经济学博士，上海社会科学院经济研究所副研究员，研究方向为国际投资与贸易。

一 我国行政审批制度的改革实践与滞后症结

（一）推进行政审批制度改革的内在原因

我国推进行政审批制度改革，关键在于消除计划经济的影响，建立与社会主义市场经济相适应的法制政府，更好地发挥市场的最根本性作用。

首先，推进行政审批制度改革有助于去除长期计划经济残留的理念和方式。尽管我国提出并已初步建立起社会主义市场经济，但不可避免地带有计划经济下管得过多、过细的行为，政府管理模式长期留有"父爱"痕迹。尤其是我国经历了从长期的封建社会到半封建半殖民地社会再到社会主义社会的迅速过渡，缺乏资本主义工业化和市场经济的充分发育，政府管理有着强烈的大一统和无所不包的特点，这使市场经济的发展存在反应不灵活、市场信号迟滞、微观主体不活等一系列弊端。而行政审批制度改革是改革计划经济管理经济方式的重要内容和核心环节，推行行政审批制度改革可以进一步促使政府管理向市场经济方式转变。

其次，推进行政审批制度改革有助于建立法制政府。市场经济是法制经济，经济的运行和管理应在法制框架下有序运行。但长期以来，政府管理行政化和法制化的脱节，使得不少领域存在行政超越法制的现象，从而造成行政管理和审批制度的主观化倾向突出，而市场主体的法律地位和依法经营行为受到行政管理的不必要干预。这带来的严重后果就是市场运行得不到法律的有效保护，存在巨大的风险，交易时间过长，交易成本过高，整体的社会运行也会产生不必要的过高成本，从而大大降低了经济效率。推进行政审批制度改革有助于建立法制政府，使政府的管理建立在法制基础上，保证宏观经济管理透明、公正、公开和公平。

最后，推进行政审批制度改革有助于更好地发挥市场的作用。在不断完善社会主义市场经济的过程中，强化政府管理的呼声也时有出现。不可否认，在危机阶段需要政府的有力调控和干预，但这种临时性的凯恩斯主义干预措施不能取代长期经济的运行方式，不能过多地抑制市场的作用。推进行政审批制度改革就是要更好地发挥市场的作用，让市场在长期的整体经济运行中成为根本性的方式。行政审批制度改革是政府管理经济过程中的重要环节，推行行政审批制度改革就是要划清政府和市场的边界，让市场能够在更良性的环境中发挥更大的作用。

（二）行政审批制度的改革进程及其成效

从推进过程来看，我国行政审批制度改革大体可以分为三个阶段。

第一个阶段：经济转轨过程中的行政审批制度改进。这个阶段可以追溯到20世纪70年代末80年代初，这正是中国实行改革开放的重要转折点。这个阶段的行政审批制度改进是随着中央向地方下放权力、政府向市场放权同步进行的。尤其是20世纪80年代的政府职能转变，在精简政府职能的同时，也将政府对企业的直接管理变成了间接管理。而20世纪90年代则主要是改变政府管理经济方式，更加强调宏观调控和监督，给予企业更多市场反应的权利和时间。这个阶段持续到20世纪末21世纪初，应该说这个阶段的行政审批制度作为政府行政职能转变的一部分，并没有过于凸显，其本身的改革也处于配套和辅助的作用。

第二个阶段：适应市场经济运行的行政审批制度改革。这个阶段的一个明显标志是中国于2001年加入世界贸易组织。当年，国务院成立了行政审批制度改革工作领导小组，办公室设在监察部，小组组长由国务院领导同志担任。2002年十六大召开后，国务院进一步加强了工作领导小组和办公室改革。十七大召开后，为适应国务院机构改革的需要，重新成立了由监察部牵头、中央编办和国家发改委等12个部门组成的行政审批制度改革工作部际联席会议，国务院行政审批制度改革工作领导小组被取消。各部委和地方政府也参照中央和国务院的架构，建立了相应的机构。这说明行政审批制度改革进一步得到了党和政府的重视，其改革的重要性也日益凸显，也表明中国在加入世界贸易组织后，力求在行政审批制度方面与国际接轨。这个过程一直持续到2012年党的十八大召开之前。

第三个阶段：经济转型发展中的行政审批制度改革攻坚。这个阶段始于党的十八大的召开，预示着行政审批制度改革成为政府职能转变、政府运作模式改进的重要抓手和突破口。党的十八大报告要求"按照建立中国特色社会主义行政体制目标,深入推进政企分开、政资分开、政事分开、政社分开,建设职能科学、结构优化、廉洁高效、人民满意的服务型政府。深化行政审批制度改革,继续简政放权,推动政府职能向创造良好发展环境、提供优质公共服务、维护社会公平正义转变"。① 新一届党和政府领导班子成立后,在全国人大通过国务院机构改革方案后不久,李克强总理强调,国务院机构职能转变的特点就是把机构改革与职能转变有机结合起来,在以职能转变为核心的基础上,把行政审批制度改革作为突破口和抓手。2013年6月,国务院明确行政审批制度改革工作牵头单位改为中央编办,办公室相应设在中央编办,监察部不再为牵头单位。这说明行政审批制度改革已经成为一项重大改革,目前进入并处在改革攻坚阶段(见图1)。

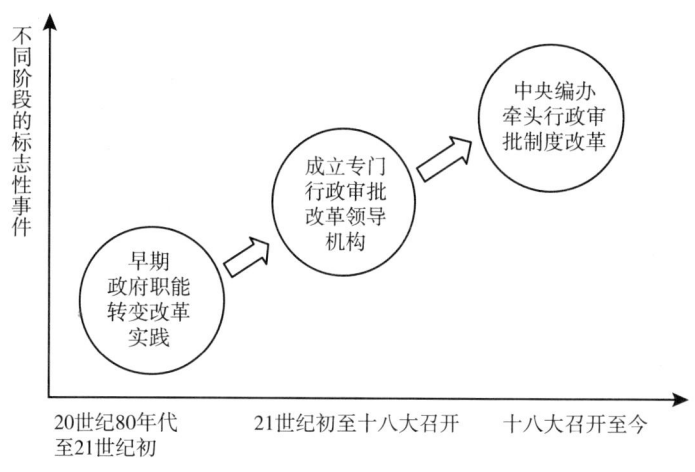

图1 行政审批制度改革三个阶段的标志性事件

我国行政审批制度改革经过多年改进,取得了令人瞩目的成绩,不仅提高了行政效率,而且加快了政府职能转变,使得政府运作方式更加透明,有效抑制了腐败行为,具体来说表现在以下三个方面。

第一,取消了大量行政审批事项,提高了行政效率。21世纪以来,我国

---

① 胡锦涛:《坚定不移沿着中国特色社会主义道路前进 为全面建成小康社会而奋斗——在中国共产党第十八次全国代表大会上的报告》,人民出版社,2012,第28页。

取消和调整行政审批事项，共进行了九个批次。进入行政审批制度改革攻坚阶段后，2013年新一届政府再次启动了行政审批制度改革，进行第七、八、九批行政审批权改革，这三批改革中国务院总共取消和下放了165项行政审批权。通过前六批行政审批权改革，中央层面上被取消或调整的行政审批项目总数是2456项，占原来总量3603项的68.2%（见表1）。[①] 大量行政审批事项被取消，以及对行政方式进行的革新，大大提高了行政效率。肇始于1999年浙江上虞的"行政审批服务中心"在全国绝大部分地区得到了复制和推广，企业投资和注册的便利性大为提高。

表1　2002~2012年国务院取消和调整行政审批事项一览

批次	数量	时间
第一批	789	2002年10月
第二批	488	2003年2月
第三批	495	2004年5月
第四批	186	2007年10月
第五批	184	2010年7月
第六批	314	2012年8月

第二，加快政府职能转变，促进依法行政。行政审批制度改革的推进，进一步加快了政府职能转变，使政府从强调"管"转变到以"服务"为主，在为市场经济提供良好环境的过程中做到"以人为本"。政府的权责更加明晰，政府与市场的关系也更为清楚。更重要的是，在推进行政审批制度改革过程中，政府的权力受到了约束，政府的行政管理被置于法律的框架中，这也为保障市场经济责任、契约奠定了较好的基础。

第三，政府的运作方式更加透明，行政管理中的腐败行为有了更多的制约。由于行政审批方式的改进，政府的运作模式也发生了变化。特别是行政审批制度改革后集中办公和窗口服务等措施，使得审批程序缩短、审批方式更为透明、审批行为得到监督。特别是互联网的运用，使得行政审批的便捷性和反馈性大大优化，行政审批的公开、公平也得到了提高。更重要的是，政府行政

---

① 部分数据参见李瑞昌《进行时的行政审批制度改革》，《东方早报》2013年7月23日。

权力受到监督,行政审批置于"阳光"之下,也有利于防止腐败行为的发生,强化行政管理人员的廉政意识。

(三)行政审批制度改革滞后的主要症结

尽管我国行政审批制度改革进行了多年,取得了不少成绩,但从多年的实践反复和再三强调看,改革在一定程度上未能达到预期目标,行政审批制度的一些主要症结依然存在。

1. 改革主体不完整是行政审批制度改革不彻底的初始诱因

政府机构改革进展缓慢、审批制度反复调整的初始诱因是改革主体没有尽可能多地容纳"利益相关者",审批制度的"寻租动机"依然存在,审批制度监督不力和缺失,导致寻租成本相对低廉。国务院已多次进行政府机构改革,对行政审批项目数次取消和调整。上海市的政府机构和行政审批制度改革也已进行了多年,但改革还没有完全满足发展的需要,许多深层次问题亟待解决。目前,改革已经进入深水区,改革攻坚不可能进行"帕累托改进",改革是一场"动奶酪"的利益调整。而政府作为改革的主要对象,必然会加大改革的难度。政府机构和行政审批制度改革之所以"小步慢跑",甚至偶尔"徘徊退步",关键问题是作为被改革对象的政府,同时是改革的"主刀者",这就使得利益的调整纠缠于体制间的博弈,改革形式化和浅层化现象比较突出。

2. 法律和政策规范冲突是行政审批制度改革缓慢的直接因素

《行政许可法》于2003年第十届全国人民代表大会常务委员会第四次会议通过,并于2004年7月施行。《行政许可法》的出台是行政审批制度改革的重大成果,规范了行政许可的设定和实施,保障和监督了行政机关有效实施行政管理,也保护了公民、法人和其他组织的权利和合法行为。但2004年8月国务院办公厅下发的《关于保留部分非行政许可审批项目的通知》,使得非行政许可突破了法律规定的行政审批、行政许可,也给有关部门留下了突破的空间,各种以部门名义出台的非行政许可审批事项基于部门需要不断重复出现。这就是一轮轮行政审批事项调整和取消后,部分取消的审批事项又以其他名义出现的原因,也是新生出名目繁多的事实上的行政审批事项的直接原因。

如果不能取消行政审批中的法律和政策规范冲突，那么就难以从法律层面遏制部门设置行政审批事项的冲动。

3. 部门利益是行政审批制度改革滞后的体制性障碍

政府机构和行政审批制度中"寻租动机"的背后深层次影响因素是部门和公务员的利益驱动。一方面，不少政府机构支出难以降低；另一方面，公务员薪资薪酬结构不合理。政府机构需要更多的收入平衡不断上升的各种支出，更重要的是政府机构和行政审批制度改革，意味着权力的丧失、部门以及人员的缩减。这也是导致政府机构出台非许可审批并和《行政许可法》产生冲突的内在原因。公务员薪酬结构中岗位工资偏低，其他津贴或收入远超过基本工资，也会导致行政审批过程中公务员产生"寻租动机"，特别是当市场经济中公务员收入的增长低于生活成本的提升时，这种利用公权寻求灰色收入的动机就更加强烈。这使得政府机构和行政审批制度改革难以"到位"，审批项目也会变相增加和回潮，陷入改革—有所退步—再改革的陷阱。

4. "寻租成本"是行政审批制度改革缓慢的深层次原因

具有行政权力的主体"寻租成本"低廉更是改革屡屡不能取得实效的重要原因。在没有强有力的法律约束条件下，并不能保证行政权力主体放弃利益动机，也难以约束政府机构无限扩张权力的冲动。特别是行政审批的透明度不够、对行政审批的监督力度不强、对行政违规行为的执法不力，导致审批制度中"寻租成本"较低。审批者在外在约束宽松环境下受内在利益动因驱使，很容易会生审批过程中的腐败行为，特别是当审批行为成为一种变相的合法行为时，变相鼓励更多的审批行为就成为一种潜在的做法，这必然会造成对审批制度改革本身的抵制。

二 上海自贸区建设对行政审批制度改革的影响

（一）上海自贸区建设为行政审批制度改革提供了有利契机

1. 上海自贸区作为国家战略提供的国家政策支持

上海自贸区顾名思义，是国家建立的试验性质的自由贸易园区，试点的区域为上海。也就是说，上海自贸区的建立是国家战略的需要，而不仅仅是地方性的改革试验。作为体现国家意志的新一轮改革开放，虽然和20世纪深圳和浦东的开发开放有所不同，但制度创新的方向和目标在发挥市场的基础性作用方面具有一致性。而政府职能转变则在体制方面进一步得到提升，特别是行政审批制度改革。国家对上海自贸区的要求是在投资和贸易的便利化方面进行创新探索，并提供国家层面的政策支持。国家也将在全国层面进行顶层设计，统筹规划，支持上海对行政审批制度进行改革探索，并形成可复制、可推广的经验。

从实践层面看，国家战略为行政审批制度改革提供的有利契机正在显现。在上海自贸区正式挂牌之前，第十二届全国人民代表大会常务委员会第四次会议已经决定，授权国务院在上海自贸区内暂时调整《外资企业法》《中外合资经营企业法》和《中外合作经营企业法》规定的有关行政审批，并提供了具体目录，调整的试验运行期限为3年。在上海自贸区挂牌前几天，国务院也公布了《中国（上海）自由贸易试验区总体方案》，再次强调要加快政府职能转变和管理模式创新，要求探索建立投资准入前国民待遇和负面清单管理模式，深化行政审批制度改革，并要求有关部门大力支持，做好协调配合、指导评估等工作。

2. 上海自贸区更高层面的开放倒逼行政审批制度改革

20世纪70年代末我国开始实行改革开放，并作为基本国策确定下来。改革开放政策实施的基本目的，还是通过开放倒逼改革，并在改革中推进开放。2001年我国加入世界贸易组织，使我国在一个新的起点上和更高的层次上实行对外开放，在贸易和投资规则上进一步与国际接轨。但值得注意的是，目前，世界贸易组织多哈回合谈判没有取得成功，在农产品补贴、工业产品关税、服务贸易等方面还没有达成协议。中国加入世界贸易组织的红利正在衰减，目前的改革也缺乏来自国际层面的强有力推进和约束。上海自贸区的建立就是要通过开放倒逼改革，特别是对行政审批改革提出新的要求，譬如准入前国民待遇、负面清单管理等。

更为关键的是，美国参与的跨太平洋伙伴关系协议（TPP）、跨大西洋贸易与投资伙伴关系协议（TTIP）等更高层次的关系协议，正在贸易和投资的更高层面制定新的规则,这个规则显然要高于现有的世界贸易组织相关规定。这些协议所包含的贸易和投资便利措施、更宽松的进入方式以及更高水平的监管,将会对中国等一大批发展中国家构成新的壁垒。因此,上海自贸区在更高层面开放,将迫使行政审批制度做出更大调整,突破原有的小幅调整甚至某种程度的倒退,从而真正将行政审批制度改革推向深入。

3. 上海自贸区建设是上海寻找改革突破口的重大举措

上海经历浦东开发开放的快速发展后,改革开放的积极效应不断缩小。综合配套改革试验区的建立,也并未带来人们所期待的新一轮改革红利。系统性、综合性较强的综合配套改革实践,效果低于原先预期和目标。值得关注的是,近年来上海的经济增长在低位徘徊。改革突破不理想、经济增长不够快的双重不利局面,迫使上海需要寻找新一轮的改革生长点,力求利用重大改革效应推动经济增长。行政审批制度改革事实上也是上海过去改革的重点和亮点,目前正成为上海新一轮改革在深度和广度上拓展的着力点。

上海自贸区作为一项国家战略,主要由上海具体落实和推动,这说明上海的改革突破,特别是行政审批制度改革的突破,将会为中国整体的改革带来示范和带动效应。行政审批制度改革是上海自贸区推进政府职能转变的重要内容,上海有着较强的内在动力和热情来实施。上海作为改革开放的前沿地带、开放和改革水平较高的城市,本身也有着良好的开放基础与较强的能力和水平。因此,上海力图在行政审批制度改革上寻求突破也就与中国整体改革形成了共振,并通过上海节奏来传导和加强我国行政审批制度的改革。

(二)上海自贸区建设的试验性质有利于放松利益变量束缚

1. 上海自贸区建设的有限空间有利于减轻部门阻力

上海自贸区的空间范围是上海浦东新区的外高桥保税区、外高桥保税物流园区、洋山保税港区以及浦东机场综合保税区四个海关特殊监管区域,总面积为28平方公里左右。试验空间的有限性将不会涉及更多的利益,也不会给现有管理带来更大冲击。从整体改革的角度看,属于整体格局中的增量改革,这有利于减轻部门的阻力。而且由于明确了上海自贸区的试验性质,也能够让众多利益相关方达成一致意见,这应该是现有改革方案中的"最小最大原则"。

上海自贸区由于不是特殊政策供给区,国家战略目标在小范围空间的试验就更能够让改革冲破阻力。从《中国(上海)自由贸易试验区总体方案》来看,上海自贸区并不涉及引起关注的税收优惠问题,也不会触及中央有关部门的机构调整,从而不易引起政策的竞争风险,也不会大面积触及某个部门的利益。另外,上海自贸区的试验期为3年,目标和各项政策措施的,也采取了逐步推进、风险可控的原则,这就避免了改革推进过程中增量措施推出过多、过激所引起的争议,更好地将改革意愿和利益妥协融合到上海自贸区的改革中,避免阻力过大对改革的干扰。

2. 上海自贸区建设有利于协调中央和地方的关系

行政审批制度改革中的一个突出问题是,中央和地方的行政审批制度改革很难进行协调。地方改革的积极性受到中央总体政策的束缚,地方上的创新必须在中央制定的框架下进行。因此,地方行政审批制度改革的创新在一定程度上受到抑制。如何保证在中央整体改革方向上,发挥地方改革的积极性,是长期以来抑制我国经济、社会发展的一个重要问题。一个相对理想的模式是中央提出大的方向,给予地方改革的足够权力,或者让地方尝试新的改革方案,进行渐进式改革。

上海自贸区恰恰是中央和地方目标一致、利益融合的一个非常难得的载体。上海自贸区是国家战略,得到上层的政策支持,中央各部委可在协调推进中共同支持上海自贸区的相关改革。《中国(上海)自由贸易试验区总体方案》中也已明确,国务院统筹领导和协调上海自贸区的推进工作,主要任务落在上海本地政府身上,有关重大问题及时向国务院请示,这就确保了中央和国家战略与地方积极性两者相一致,既能保证整体改革方向的推进,又能充分调动地方的积极性。事实上,从上海地方层面看,市一级成立领导小组,而自贸区设立由副市长任主任、由浦东新区相关领导任副主任的管委会,也使得市级层面和区级层面的利益相一致,上海的改革要求和区级层面的创新动力相结合,这和地方与中央在行政审批制度改革中的关系是类似的。

（三）上海自贸区建设为行政审批制度改革引入了更多的推动力量

1. 上海自贸区建设中国际力量的参与

改革开放以来，我国许多重大问题的推进，得益于外部力量的参与，通过更多变量的加入打破原有平衡。中国作为外资引进的最大发展中国家，吸引了众多大型跨国公司，中国美国商会和中国欧盟商会的成立，也反映了这种外部力量参与中国改革的现象。上述两个具有影响力的商会，每年都会提交关于中国商务环境的调查报告。尽管这些报告不一定都很客观，某种程度上也是自身利益的反映，但不少建议客观上对中国的行政审批制度改革起到了推动作用。上海自贸区的建立，将会引入更多的国际变量，特别是为园区、上海乃至中国吸引更多的跨国公司，这也就更进一步在中国国内加入了改革的动力和新生力量，在更高层次开放背景下，有利于冲击行政审批制度存在的根本性问题，打破现有利益格局。

从《中国（上海）自由贸易试验区总体方案》看，现有政策支持更多外资的进入，在外资进入领域和行业门槛方面大大放宽。如允许外商以超过49%的比例在上海自贸区投资船舶运输业务，允许设立外商独资医疗机构，允许外商投资资信调查公司，提高外方持股人才中介机构上限，允许设立股份制外资投资性公司，降低外资工程设计企业准入门槛，等等，都为外商投资企业的进入开拓了更大空间。上述有关方面的原有规定一直为中国美国商会和中国欧盟商会所诟病。因此，有理由相信，上海自贸区建设为行政审批制度改革引入了更多的推动力量，将有助于在深层次上推进行政审批制度。

2. 上海自贸区建设对国内企业的激活

上海自贸区建设不仅在微观主体上对国外企业放开，而且对国内企业进一步开放，特别是对民营企业开放。这种开放必然会激发国内企业的热情，真正发挥企业作为微观主体的作用。譬如，《中国（上海）自由贸易试验区总体方案》中允许符合条件的外资金融机构设立外资银行，符合条件的民营资本与外资金融机构共同设立中外合资银行；在条件具备时，适时在区内试点设立有限牌照银行。这一规定对民营企业来说就是一个很好的发展机遇。此外，上海自贸区对企业注册和项目投资实行备案制，也必然会缩短国内企业对市场的反应时间，鼓励企业进入。值得关注的是，这种对国内企业的开放和激活，本身就是上海自贸区在行政审批制度改革上的推进和突破。而国内企业参与上海自贸区建设反过来会进一步促进行政审批制度改革，并将改革成果巩固和稳定下来。

从实际情况看，这个政策效应正在显现。上海自贸区挂牌后的首个业务受理日，就有570家企业申请注册登记，管委会综合服务大厅受理咨询1400余次。此外，《中国（上海）自由贸易试验区总体方案》放宽了包括民营企业在内的国内企业进入的领域，并降低了其进入门槛。现有政策的效果和改革的初衷，正导致大量企业进入。

3. 上海自贸区建设来自国内其他贸易区的竞争

在全国高度重视行政审批制度改革的大背景下，不少地方政府发挥地方的积极性、主动性，在改革上大胆突破、主动探索，形成改革的先发效应。广东作为我国早起改革开放的先行者，2012年经国务院常务会议批准，在行政审批制度改革方面先行先试，推出了一系列突破性的改革，如"零首付"开公司、允许在家办公等。上海自贸区管理模式改革的一个重点就是改革行政审批制度，如果说作为国家战略、高水平对接国际规则的试点区域，在行政审批制度改革方面还不如其他地区，显然会使得这一改革蒙上阴影。而这种压力反过来又会为上海自贸区更好地推进行政审批制度改革提供动力。

值得注意的是，其他地区也在积极申请自由贸易试验区，如广东的南海、浙江的舟山、山东的青岛以及重庆等地区，有些已经向国务院提出了设想和方案。这些地区建立自由贸易试验区有着特定的优势，譬如广东立足于粤港澳的联动发展、青岛立足于中日韩自贸区建设等。这些地区的竞争必然促使上海更好地发挥自身优势，在制度创新方面有较大的突破，特别是在行政审批制度改革方面有实质性举措，否则就会在竞争中落后，也会拖累国家战略目标的实现。

三 上海自贸区行政审批制度改革创新突破的未来方向

十八届三中全会明确提出："放宽投资准入，加快自由贸易区建设。"因此，必须积极探索行政审批制度改革创新。未来突破方向包括以下三大方面。

（一）上海自贸区的行政审批制度改革应瞄准市场力量的充分释放

1. 上海自贸区行政审批制度改革要大幅度减少政府对市场的干预

中国社会主义市场经济发展的一个重要目标是发挥市场在配置资源中的根本性作用，政府将在宏观层面运用政策工具进行调控。30多年的改革开放实践证明，脱胎于计划经济，体制改革的释放、市场作用的不断发挥是整体改革红利的极其重要的组成部分。上海自贸区的开放是新一轮对接高端水平的开放，需要在开放质量上下功夫，而其中的一个关键点，就是要推进行政审批制度改革，继续放大市场边界，限制政府对微观经济的干预，真正激活市场竞争的微观主体。

上海自贸区的改革不可能一蹴而就，中央和上海要求风险可控，说明这项改革必然需要稳步推进。从行政审批制度改革措施来看，现有的管理框架、审批程序和方式尽管相比于过去又有了很大进步，但从改革的幅度看，还没有达到对市场力量充分释放的预期，其中一些做法在部分地区的行政审批制度改革中已经出现。因此，未来要进一步在构建服务型政府、加快政府职能转变、减少对企业的行政干预方面推出更多的有力措施，真正让政府和市场形成推动经济社会发展的相得益彰的"两轮"，构建具有活力和中国特色的社会主义市场经济。

2. 上海自贸区行政审批制度改革要形成包容更广泛的市场微观主体

充分发挥市场的作用，关键是要形成包容更广泛的市场微观主体，让众多主体在市场中自由竞争。上海自贸区挂牌成立后，行政审批制度改革有了进一步推进。一方面，进一步开放相关行业和领域，给予外资准入前国民待遇，允许民营资本进入更多的产业；另一方面，企业注册登记"先照后证"，注册资本从"实缴制"改为"认缴制"，这必然会吸引大批企业进入园区。此外，园区采用"一线放开""二线管住"的管理模式，也有利于园区容纳更多的企业。

但从更充分的释放市场力量的长远目标看，目前行政审批制度的改革措施还需要在实践中进一步深入。对民营企业释放的改革信号还不够明显，尽管允许民资和外资银行成立中外合资银行，但设置了前提条件，即需要符合条件，却没有具体说明什么条件,而且这一条对民营资本释放的利好并没有超出温州金融改革试验区的力度。而对外资股本的审批限制在一些制造领域依然存在,这必然在某种程度上削弱外资和民资进入的自由。因此,未来上海自贸区行政审批制度的改革还需要进一步在行业、规模和股本方面放开,形成更多的并充分竞争的市场主体。

3. 上海自贸区行政审批制度改革要更加有利于投资主体对市场的快速反应

投资主体对市场的快速反应是市场充分发挥作用的关键要素。目前,上海自贸区已经实施了一系列有利于投资主体对市场产生快速反应的审批制度改革,如企业注册方面的改进、投资项目的备案制等。这些措施的推出将有助于企业对市场信号做出快速反应,可以迅速将资源配置到更为有利的地方,从而有利于企业降低商务成本、提高核心竞争能力。但从企业的管理来看,上海自贸区还没有形成具体的管理方式,有些管理细则还没有出台,特别是区内区外的联动,在审批监管方面的具体措施还没有公布。从上海自贸区的长期战略目标看,其改革效应需要溢到区外,并在全国其他地区复制。如果行政审批和中后期管理只是囿于28.78平方公里的区内,在过分强调风险控制的情况下限制区内区外的联动,那么行政审批制度改革就不利于投资主体对市场产生快速反应,特别是在全球经济一体化、国内市场整体化的条件下,不利于改革整体效应的发挥和资源在更大范围的配置。

(二)上海自贸区的行政审批制度改革应着眼于与国际高水准的全面接轨

1. 上海自贸区的行政审批制度改革要在更高层次上与国际接轨

上海自贸区是在美国绕开世界贸易组织进行跨太平洋伙伴关系协议、跨大西洋贸易与投资伙伴关系协议谈判,以及中美开展中美双边投资保护协定的大背景下建立的。它作为一项国家战略,需要在更高层次上与国际接轨,包括与投资和贸易关联度最大的审批制度。只有与国际高水准的审批制度接轨,才能改变现有审批事项多、流程复杂、透明度不高的情况,也才能够适应全球经济一体化条件下的贸易和投资发展。从国际高标准的贸易和投资便利看,上海自贸区目前推出的行政审批制度改革还有很大的空间。

从内容上看，出于风险可控的需要，以及我国目前的发展水平和管理现状，《中国（上海）自由贸易试验区总体方案》和负面清单管理还存在不少和国际水平有落差的审批环节和措施。对认证公司、货运代理公司、船舶代理公司的等中介公司监管仍然过于严格，对进出口商品检验鉴定公司认证资格也还存在过多的审批和管理。这些和国际高水准审批制度不相一致的地方，还需要上海自贸区在稳步推进改革的基础上，成熟一批，不断推出新的一批，从而逐步接近国际高水准的审批制度。

2. 上海自贸区的行政审批制度改革要形成公开透明的政府运作模式

行政审批制度改革的一个重要目的，就是形成公开透明的政府运作模式，将权力关进制度的笼子里。上海自贸区要在公开性、透明性方面深化行政审批制度改革，形成状态清楚、过程明确、运作透明的审批程序和环节。上海自贸区目前已经在行政审批制度方面进行了程序简化、环节压缩、公开透明等改革。但从制度基础和科技运用方面看，现有的改革还没有超出地方政府已经进行的各种有益尝试，还没能在公开透明的政府运作模式方面推出重大的行政审批制度改革并取得突破性进展。

从未来行政审批制度改革的方向看，要形成公开透明的运作模式，仍然要朝着制度和科技的方向进行探索。特别是要利用好信息技术条件下的网络平台，抓住大数据发展的潮流，通过网络平台和数据集中，形成服务集中、处理迅疾、反馈及时的行政审批程序。由于互联网的互动性高、透明度强，再配以明晰而严格的制度体系，能够构建起公开、公平、透明的行政审批制度，形成权力受到约束、服务比较周到的政府运作模式，为我国政府职能转变打下良好的基础。

3. 上海自贸区的行政审批制度改革要为多边贸易和投资的加入准备条件

目前，全球的多边和双边贸易投资谈判势头正劲，发达国家在服务贸易和投资上的谈判正进入关键阶段。我国要避免再次出现类似于加入世界贸易组织出现的困难和波折，就需要分析现有的各种协定和谈判对我国的影响，考虑加入它们的可能性和可行性。从发达国家和服务贸易协定强调负面清单管理的角度看，中国需要在行政审批方面充分熟悉并尝试利用负面清单管理。事实上，中美双边投资保护协定已经明确要在贸易和投资方面进行负面清单管理。上海自贸区推出负面清单,并在外资利用监管方面尝试与国际接轨,正是出于上述目的的战略选择。

但从上海自贸区的负面清单公布内容看,距离发达国家成熟的负面清单管理模式还存在距离。上海自贸区对外资管理的负面清单和原有的外资产业目录差别不是特别大,负面清单仍然是正面清单基础上的混合物。负面清单中有190项特别管理措施,尽管相对于1069个产业小类来讲,只占了不到18%,但清单内容仍然过长。因此,要适应现有高端多边和双边贸易投资保护协定中的准入条件和审批程序,未来上海自贸区的行政审批制度改革还需要升级,不断缩小负面清单的内容和范围。

(三)上海自贸区的行政审批制度要在协调配套的整体改革中实行"前轻后重"的整体转向

1. 上海自贸区的行政审批制度要和其他改革相配套

上海自贸区行政审批制度改革理应成为国家整体改革的一个有机组成部分,是国家推进行政审批制度改革的一个重要契机和关键探索;与此同时,它也是上海改革深化的重要举措,是上海行政审批制度改革的重大实践。因此,应该在承上启下的过程中,通过上海自贸区行政审批制度改革来推动上海和全国的改革。由于行政审批制度内嵌于整体改革,和其他相关改革密切关联,彼此依赖和制约,特别是它和公务员薪酬体系、行政监管改革等紧密联系在一起。目前,上海自贸区行政审批制度改革还没有体现相关改革之间的综合和配套性质,这对未来改革的进一步深化可能会有所制约。因此,可以在上海自贸区中将它们置于整体改革中,改革公务员薪酬体系中基本工资过低,不得不提高津贴等制度,进一步加强行政监管,使相互依赖的各项改革有机衔接,相互推动和促进,真正消除行政审批制度改革推进缓慢的深层次原因。

2. 上海自贸区行政审批制度改革要形成"前轻后重"的整体格局

中国经济体制和管理模式中的一个显著特点,就是正面清单式的前端收紧。这对政府管理者来说是一件相对比较容易的事,同时行政力量也能深入经济发展。但这一模式的特点容易导致行政干预和腐败,而且随着经济的快速发展,政府的行政力量也会愈发显得相对不足。更重要的是,前端收紧式的行政审批模式，必然会扼杀创新，大量富有创新的新型业态可能也会被抑制。上海自贸区尽管正在放松企业注册和项目投资的审批范围，并大量压缩审批时间，但仍然有许多工作要做，备案制仍然停留在有限的范围之内，负面清单管理也还没有体现足够的放松。相应地，中后期的监督和管理也就没有实质性的动作和体现。因此，上海自贸区未来在行政审批制度改革上要切实做到"前轻后重"，全方位、大空间由审核和核准制向备案制过渡，切实加强行政审批制度中后期的监管和服务，把应该交给市场和社会的权利真正下放，真正有效地发挥市场配置资源的基础性作用。

3. 上海自贸区的中后期行政监管也应充分利用"非政府"力量

上海自贸区推进行政审批制度改革，切实做到轻前端、重后端，就需要加强中后期的监管和服务力量，因为中后期监管和服务的工作任务实际上要大大超过前端工作的收紧。因此，仅仅依靠政府的力量是不够的，需要充分利用和发挥"非政府"的力量，要能够走群众路线。一个比较理想的模式是，将社会组织和行业协会调动起来，让它们对市场行为进行监管，并充分调动广大企业和群众的力量对违法行为进行主动举报。政府则应对这样的行为建立相应的奖惩机制，譬如对于市场违规行为的罚没收入，可以按照一定比例奖励给举报人等。只有这样，才能建立一个小政府、大社会的服务型政府，也才能减少政府对市场的干预。

参考文献

胡锦涛：《坚定不移沿着中国特色社会主义道路前进 为全面建成小康社会而奋斗——在中国共产党第十八次全国代表大会上的报告》，人民出版社，2012。

李瑞昌：《进行时的行政审批制度改革》，《东方早报》2013 年 7 月 23 日。

洪威雷、谭琪、汪杰：《行政审批制度改革法治化进程中的障碍分析》，《湖北大学学报（哲学社会科学版）》2007 年第 4 期。

谢明：《我国行政审批制度改革若干问题探讨》，《四川师范学院学报（哲学社会科学版）》2002 年第 2 期。

李晓燕、赵肖筠：《我国行政审批制度改革探析》，《山西省政法管理干部学院学报》2003 年第 1 期。

B.11
中美双边投资保护协定谈判进程下的中国（上海）自由贸易试验区建设

黄鹏 梅盛军*

摘　要：

中国（上海）自由贸易试验区（以下简称"上海自贸区"）建设作为国家战略，肩负着政府职能转变、探索管理模式创新、为深化改革和扩大开放探索新途径的重要使命，是在国际投资规则体制由以双边协定为基础转向以区域投资协定为基础，并进而形成全球多边投资规则雏形框架的背景下进行的。其中，中美双边投资保护协定（BIT）谈判的实质性启动标志着中国将以高标准模式开展投资自由化谈判，这正是上海自贸区建设过程中的方向性坐标系。中美BIT谈判进程的深入将会以外力的形式推动中国投资管理体制改革及对外开放，进而促进上海自贸区的建设；同时，上海自贸区建设先行先试形成的可复制推广的改革开放方案将会反过来促进中美BIT谈判进程的深入。

关键词：

BIT　负面清单　准入前国民待遇

2013年9月18日，国务院下发了《关于印发中国（上海）自由贸易试验区总体方案的通知》，并发布了《中国（上海）自由贸易试验区总体方案》

---

* 黄鹏，经济学博士，上海WTO事务咨询中心副研究员，研究方向为贸易政策效应评估及中国对外自贸区谈判研究；梅盛军，经济学博士，上海WTO事务咨询中心助理研究员，研究方向为国别贸易投资环境及国际投资规则研究。

(以下简称《总体方案》)。9月29日,上海自贸区正式挂牌成立。自此,上海自贸区正式迈入建设进程。从《总体方案》来看,上海自贸区的主要任务可以归纳为三点:一是深化行政审批制度改革,加快转变政府职能,全面提升事中、事后监管水平,建立监管高效便捷、法制环境规范符合国际水准的营商环境;二是扩大服务业对外开放,探索建立投资准入前国民待遇和负面清单管理模式;三是推进金融领域开放创新,提供具有国际水准的贸易投资便利化措施。其中,第一点属于国内投资管理体制改革的范畴,第二和第三点则主要属于对外开放范畴。借此,也说明上海自贸区已不能再沿用以往通过政策税收优惠来吸引外资的传统路径,而要以改革开放来实现创新转型。

上海自贸区的建设不仅仅是上海地方政府的重大举措和任务,不仅仅是中国新时期推行新战略的重大举措和任务,更是中国参与全球双边、区域乃至全球多边投资规则建设的重要举措。因此,上海自贸区的建设目标及进程应该放到当前全球投资体制规则正在发生重大变化的大背景下。其标志性事件是2013年7月11~12日的中美第五轮战略与经济对话。

在新华社2013年7月13日发布的《第五轮中美战略与经济对话框架下经济对话联合成果情况说明》中,有两段话值得注意,第一段是:"中美双方认识到制定一套包括开放、非歧视和透明度等高标准的双边投资协定对双方都是重要的,并高度评价此前谈判取得的进展。双方重申,将共同致力于提升开放程度,提供公正公平待遇,努力减少或消除歧视性做法和市场壁垒。经过九轮技术性讨论,中国同意与美国进行投资协定的实质性谈判。该投资协定将对包括准入环节的投资的各个阶段提供国民待遇,并以负面清单模式为谈判基础。"这是中国政府第一次在对外投资谈判中做如此表态。第二段话是:"中方重申在第四轮中美战略与经济对话中关于实施更加积极主动开放战略的承诺。中方正积极研究进一步主动扩大服务业开放的措施,包括建立中国(上海)自由贸易试验区,该试验区将试行新的外资管理模式,并营造各类国内外企业平等准入的市场环境。"[1]

---

[1] 参见《第五轮中美战略与经济对话框架下经济对话联合成果情况说明》,新华社,http://www.gov.cn/jrzg/2013-07/13/content_2447005.htm,2013年7月13日。

两段话同时出现在经济对话联合成果的"促进开放的贸易和投资"部分,考虑到《总体方案》对上海自贸区"经过两至三年的改革试验,加快转变政府职能"的要求,而中美双边投资保护协定(BIT)谈判在进入实质性谈判后估计也需要3~4年才能有阶段性成果,其暗含的逻辑关系可以理解为:中国将以中美BIT谈判为契机,采取以负面清单和准入前国民待遇等为基础的高水平投资自由化措施,进而融入当前全球区域/多边国际投资规则制定的进程;而在此过程中,上海自贸区将是中国投资管理体制改革和对外开放的重要实验地,上海自贸区的成功经验所形成的新投资管理体制及开放模式复制、推广至全国后,形成国家新的投资管理体制和开放模式,进而起到推动中美BIT谈判以及未来与其他重要经济伙伴的双边或区域投资协定的谈判。

可以看到,在上海自贸区正式挂牌之前,其未来建设目标和任务就已经被纳入了向以美国为代表的双边/区域投资协定规则框架靠拢的大背景。因此,从研究的角度来讲,国际投资规则的演变过程及未来趋势、当前各类BIT谈判的主要模式尤其是美国在全球力推高标准投资自由化的实质内涵、中国对外资市场准入及管理的现行做法与国际通行做法的差异、改革开放的坐标系如何设立、上海自贸区的建设如何与中美BIT谈判进程相辅相成等,是目前亟须加以研究分析的重大问题。

(一)国际投资规则谈判的历史演进路线

投资规则的发展可以追溯到历史早期有关对待外国人的问题,那时外国人往往得不到所在国的保护。但随着历史的发展,一些保护外国人及其财产的原则和规范逐渐形成。随着对外国人财产的保护延伸到投资领域,国际投资规则也就形成了。起初,对外国投资的保护还限于有形资产,随后,对投资的保护扩展到无形资产。

当前,国际投资的保护机制主要体现在各国签署的双边投资保护协定(BIT)以及双边自由贸易协定(FTA)的投资章节。虽然国际社会一直以来都在致力于达成统一的全球投资协定,但利益博弈和各国政治意愿强弱不均导致了全球统一多边投资规则的制定将要走过漫漫长路。大体而言,当今国际投资规则的历史演进路线大致可以分为殖民时代、后殖民时代和全球化时代三个阶段。

1. 殖民时代

殖民时代是指二战之前的历史时期,这一时期西方列强对其国外侨民和财产的保护往往不需要借助国际法,强权和武力就是保护方式。当然,在此时期各国也签订了一些友好通商航海条约(FCN),这些条约通常也规定一方对另一方国民在其境内的财产要给予保护,对征收要赔偿,要给予最惠国待遇,以及从事某些商业活动方面的国民待遇等,但总体来说,这个时期所签订的条约的重点是建立贸易关系,而不是保护投资。

随着历史发展和国际投资的增长,西方国家要求东道国依据习惯国际法给予外国投资最低国际待遇标准,但所谓的习惯国际法和最低国际待遇标准往往被解释为西方列强的法律。为了抵制这种最低国际待遇标准,拉美国家主张平等待遇标准,也就是著名的"卡尔沃主义"。"卡尔沃主义"由曾任阿根廷外交部长的法学家卡尔沃提出,其主张外国人不应要求得到比本国人更大的保护,当受到任何侵害时,应依赖所在国政府解决。但西方发达国家始终抵制"卡尔沃主义"。1938年,时任美国国务卿的赫尔提出对征用财产要给予"即时、充分和有效的赔偿",即所谓的"赫尔原则"。

总体而言,殖民时期国际投资规则的主要特点是:第一,投资规则主要体现在友好通商航海条约中,国家之间通常并不单独谈判签订投资保护协定;第二,条约的重点是确立贸易或商业关系,投资保护相比较而言是次要的;第三,条约在范围上是有限的,提供的保护也是比较弱的,特别是没有规定执行方式;第四,投资规则的诉求方主要是西方国家,而殖民地往往处于被动地位,而且非法律的武力和外交方式往往成为保护投资的主要方式。

2. 后殖民时代

后殖民时代是指二战后到苏联解体这一时期,这一时期有三大事件对国际投资规则的发展产生了重大影响:一是二战后的非殖民化进程产生了一大批新独立的国家,这些国家对外资持怀疑态度;二是苏联领导的社会主义集团的出现以及由此带来的对私人财产包括外国持有资产的大规模征收;三是二战后缔结了关税及贸易总协定(GATT),把有关投资规则排除在外,导致国际投资规则仍主要是西方国家以双边形式来推进。

在这样的时代背景下,一方面,新独立国家普遍借助联合国大会这一平台伸张主权,特别是经济主权。同时,联合国大会的一系列决议的通过,① 对国际投资规则的发展产生了重要影响,许多发展中国家此后在其制定的法律和签订的条约中,确认了对自然资源的主权原则,以及管理外资和跨国公司的权力。社会主义国家更是普遍否定私有产权,强调对外资进行征收的权力。另一方面,发达国家则坚持有关投资的最低国际待遇标准,强调东道国对外资征收的即时、充分和有效赔偿,并努力强化对外资的国际保护。1965 年,世界银行主持签署了《关于解决国家与其他国家国民之间投资争端公约》,成立了解决投资争端国际中心(ICSID),使外资拥有了绕过东道国司法管辖的手段。1985 年,同样在世界银行主持下,多边投资担保机构(MIGA)成立,主要为西方资本输出国担保东道国的政治风险,包括征收、限制转移和政治动乱等。

随着国际形势的发展,发展中国家出于发展经济的需要,逐渐开始改变对外资的态度,一些国家开始积极招商引资。在这种形势下,全球投资规则发展的重要变化是资本输出国和资本输入国开始签订 BIT。德国是最早开始 BIT 项目的国家。1959 年,德国与巴基斯坦签署了第一个 BIT,其主要内容包括投资的定义、鼓励和保护投资的责任、非歧视、投资安全、征收的补偿、母国的代位权、资本和投资收益的转移,以及国际法院或仲裁庭仲裁解决国家间争议等。1982 年,美国开始推出了自己的第一个 BIT 范本,并在同年与埃及签署了第一个 BIT。美国 BIT 与德国 BIT 不同,主要是美国 BIT 从一开始就规定给予投资准入的国民待遇。

随着时代发展,BIT 的内容也不断有所扩展,其中一个重要发展是在 BIT 中规定了仲裁条款。1969 年,意大利和乍得签署的 BIT 首次规定了国家无条件同意的投资者—国家仲裁条款,此后签署的 BIT 也普遍包含了仲裁条款。这类 BIT 因其规定了有约束力的投资者—国家仲裁条款,使得其对投资的保护更具实质性。1958 年,在纽约召开的联合国国际商业仲裁会议签署了《承认及执行外国仲裁裁决公约》(1958 年纽约公约),对有关承认和执行外国仲裁裁

---

① 如 1962 年联合国大会通过《关于自然资源永久主权的决议》,宣告各国及其人民对其自然资源具有永久主权;1974 年联合国大会通过《建立国际经济新秩序宣言》和《各国经济权利和义务宪章》,主张建立国际经济新秩序,寻求重建国际经济关系的法律框架。

决的问题做了规定。

总之,在后殖民时期,国际投资规则在新的形势下发展,其主要特点是:第一,发展中国家的经济主权得到重申,并在其国内法和签订的国际条约中得到体现;第二,专门的BIT发展迅速,其内容日渐全面;第三,国际投资规则的执行机制得到强化,投资争端的国际仲裁被普遍接受;第四,基于法律而非武力的保护方式基本确立。

3. 全球化时代

全球化时代是指冷战结束至今的这一时期,这期间的国际形势发生了深刻变化:首先是"苏东剧变"使得新自由主义在全球经贸领域占据了主导地位,发展中国家普遍开始实行经济自由化政策;其次是随着美国和加拿大作为东道国在北美自由贸易协定(NAFTA)体制下被诉,美国等发达国家开始强调对外国投资的当地管理和对国际仲裁的限制。这些变化对国际投资规则的发展产生了重要影响,主要体现在以下几个方面。

(1)国际投资规则强调进一步的自由化,贸易与投资条款相互交织

冷战结束后,众多发展中国家开始制定或修改法律,普遍放宽对外资的限制。在此期间签订的众多BIT也普遍放宽外资准入,给予外资更全面的保护。特别是1995年建立的世界贸易组织(WTO),把许多与投资相关的议题纳入了WTO管理体制,如与贸易有关的投资措施协议(TRIMS)重申了WTO成员方的国民待遇责任,不应实施违反一般禁止数量限制的措施;服务贸易总协定(GATS)规定的商业存在服务贸易方式,等于是为外国投资者提供了在承诺服务部门中的投资权利,其关于待遇的承诺构成了保护外国投资的承诺。从这个角度说,WTO对服务部门的所有投资具有潜在的管辖权,即GATS可被视为最早的采用正面清单管理方式的多边投资条约。

(2)贸易投资进一步自由化带来BIT数量的爆炸式增加

20世纪90年代以来,BIT签署的数量迅速增加,据联合国贸发会(UNCTAD)统计,到2012年底,全球共有2858个BIT,[①] 其中绝大部分是冷战结束后签订的。BIT数量的增长主要有三个原因:一是多边贸易自由化进程

---

① UNCTAD, *World Investment Report 2013*.

加快,货物、服务与投资国际流动加快;二是发展中国家对资金的需求比较依赖对外直接投资,因而对吸引和保护外资采取了更为积极的政策;三是许多发展中国家也从纯粹的资本输入国变为资本输入和输出并行的国家,发展中国家之间也开始了大量签订 BIT。比如中国,自 1982 年与瑞典签署第一个 BIT 后,目前已签订了 128 个 BIT,① 其中大部分是与发展中国家签订的。

(3)包含与投资相关条款的双边和区域贸易协议迅速增加

这不仅体现在发达国家间的自由贸易协定里,也体现在发达国家与发展中国家间以及发展中国家间的贸易协定里。具有实质性国际投资保护内容的区域贸易协定的代表是北美自由贸易协定,其第 11 章是专门的投资章,规定了有关投资保护和争端解决等方面的内容。2007 年签署的美韩 FTA 也是如此。这说明,贸易和投资不再被视为一种替代,而是一种互补,这也体现了全球更深程度的经济一体化。

总之,冷战结束以来,国际投资规则在新的形势下持续演进,投资的自由化有了进一步发展,环境、健康和劳工等一些新议题日益受到关注。从整体上讲,全球投资规则网络像是一个复杂的蜘蛛网,其基础是一个由超过 3164 个国际投资协定(IIA)组成的网络,② 包括 BIT、含有投资条款的地区和部门协议,以及大量的避免双重征税协定(DDT)。尽管从范围上说,投资规则的体系是全球层次的,但是这个网络是分散的、重叠的,它缺少像 WTO 这样一个集中的机构来管理这一复杂的投资规则网络。

(二)国际投资规则的未来演进趋势——以美式高标准的区域投资协定为载体的多边投资规则

正因为在多边框架达成综合性投资协定的努力屡遭挫折,③ 发达国家开始

---

① 见联合国贸易和发展会议(UNCTAD)统计,http://unctad.org/Sections/dite_pcbb/docs/BIT_china.pdf。

② UNCTAD, *World Investment Report 2012*。

③ 早年建立的 GATT 开始就把投资议题排除在外,此后虽然在 WTO 体制下达成了 TRIMS、TRIPS 和 GATS,但这些协定是有关投资具体问题的单项性协定,不是综合性协定。经济合作与发展组织(OECD)在 1995~1998 年进行了一次缔结综合性多边投资协定(MAI)的尝试,但由于各方意见存在分歧,最终也告失败。在 WTO 体制下的多哈回合谈判中,2003 年坎昆部长会议放弃投资议题谈判,使得达成有关投资多边协定的努力再次失败。

转向通过双边或区域安排来推动其主导的投资规则。在全球投资规则的网络中，BIT 无疑是其主要载体和表现形式。目前，全球已有 2858 个 BIT，其构成的网络覆盖了世界 181 个经济体。可以说，当前的投资规则体系是以双边投资保护协定网络为基础的。

在这个双边投资保护协定网络中，虽然各国签订的 BIT 在结构和内容上不完全相同，一些国家也推出了自己的 BIT 范本，① 但总体而言，双边投资保护协定大致可以分为两大模式，即德国模式和美国模式。德国模式的最新范本是其 2008 年 BIT 范本，美国模式的最新范本是其 2012 年 BIT 范本。②

1. 德国模式

德国是世界上最早推出 BIT 项目的国家。二战后，德国很快实现了经济重建，但由于其殖民体系已经瓦解，因此德国面临向外投资和保护其投资的紧迫课题。在这种情况下，德国推出了保护其海外投资的 BIT 项目。自 1959 年与巴基斯坦签署了第一个 BIT 以来，到目前为止，德国已经签署了 137 个 BIT 项目。③ 随着时代的发展，德国也对其 BIT 范本做了一定的修改和补充，其中最显著的一个变化是在后来的 BIT 中增加了投资者和东道国投资争端仲裁条款。德国最新的 2008 年 BIT 范本共同 13 条，具体规定了定义、投资准入和保护、国民待遇和最惠国待遇、征收补偿、自由兑换、代位求偿、其他规定、适用范围、缔约国间的争议解决、缔约国和投资者间争议的解决、缔约国间的关系、登记条款，以及生效、期限和终止通知等内容。总体而言，德国模式的 BIT 篇幅不长。

2. 美国模式

美国自 1982 年与埃及签署第一个 BIT 以来，到目前为止，已签署了 45 个 BIT。④ 美国的 BIT 项目有三大基本目标，即保护美国海外投资；鼓励东道国采用开放、透明和非歧视对待外资的市场导向政策；支持与前述目标一致的国

---

① 如加拿大 2004 年 BIT 范本、法国 2006 年 BIT 范本、印度 2003 年 BIT 范本和哥伦比亚 2007 年 BIT 范本。
② 具体见 German Model Treaty 2008 和 2012 U. S. Model Bilateral Investment Treaty。
③ 见 UNCTAD 统计，http://unctad.org/Sections/dite_pcbb/docs/BIT_germany.pdf。
④ 有 6 个尚未生效，见美国贸易代表办公室（USTR）网站，http://tcc.export.gov/Trade_Agreements/All_Trade_Agreements/exp_002699.asp。

际法标准的发展。美国 BIT 意在为投资者提供六大保障，即确保美国投资者及其投资获得国民待遇和最惠国待遇，包括从设立、管理、经营、扩大到处置的投资全生命周期；为投资的征收设立界限，要求征收时提供即时、充分和有效补偿；确保投资相关资金的转移；限制东道国业绩要求；确保投资者人事管理权；确保投资者将投资争端提交国际仲裁的权利。① 美国自推出 BIT 项目以来，随时代发展不断对其 BIT 范本进行修改完善，其最新的 2012 年 BIT 范本，内容分为三部分，共 37 条，另有 3 个附件。②

3. 美德模式最新范本的比较

总体而言，德国范本和美国范本都立足于促进和保护投资，两大范本的核心条款基本上是一致的。但是相对而言，美国范本的规定更加全面和详细，对投资的保护标准也更高。以下就两大范本的投资定义、准入和待遇、征收与补偿，以及争端解决做简述。

就投资定义而言，尽管德国范本和美国范本表述的方式有所不同，但其内容基本类似，对投资都是基于资产来定义，定义涵盖的范围都十分广泛，特别是美国范本定义中有关证券的规定是否意味着资本市场开放并被纳入投资规则框架，需要引起注意。

就准入和待遇而言，两大范本的规定也类似，都比较全面。其根本的区别在于美国范本把待遇要求扩展到投资设立阶段，也就是说，美国范本要求投资准入前的国民待遇和最惠国待遇，而德国范本没有此要求。此外，美国范本在规定公平和公正待遇时明确提及参考习惯国际法，而这在德国范本里没有提及。

就征收与补偿而言，两大范本都规定了无补偿则无征收原则，两大范本的

---

① 见 USTR 网站，http：//www.ustr.gov/trade-agreements/bilateral-investment-treaties。
② 具体内容包括定义，范围，国民待遇，最惠国待遇，最低国际标准待遇，征收与补偿，转移，实绩要求，高层管理和董事会，有关投资法律和决定的公布，透明度，投资与环境，投资与劳工，不符措施，特殊手续和信息要求，不可贬损，拒绝授予利益，根本安全，信息的披露，金融服务，税收，生效、期限和终止通知，磋商与谈判，提交仲裁请求，各缔约方对仲裁的同意，各方同意的条件和限制，仲裁员的选择，仲裁的进行，仲裁程序的透明度，准据法，附件的解释，专家报告，合并审理、裁决，附件和脚注，文书服务，以及国家间争端解决等实体性和程序性规定。此外，还有三个不符措施清单附件。

一个区别是，在征收补偿上，美国范本明确规定了"赫尔原则"，即"即时、充分和有效补偿"，德国范本没有采用"赫尔原则"的表述，但其具体内容则类似。

就争端解决而言，美国范本的规定要更加详细具体，但在核心内容上，两个模式的规定是类似的，即投资者可以无母国襄助，也不必用尽当地救济，就可以把有关投资争端提交国际仲裁，这在某种程度上对东道国司法主权也是一种限制。

4. 美国模式向区域投资保护协定谈判的推广

通过比较美国范本和德国范本，可以看出，相对于保护力度，美国范本在全球范围内无疑是具有最高标准的。美国通过双边投资保护协定谈判和自由贸易协定谈判两个渠道，一直力推其投资市场准入的负面清单及准入前国民待遇。

目前美国按照高标准签署 BIT 的对象不仅包括了捷克、斯洛伐克、波兰、罗马尼亚、乌克兰等东欧国家，而且包括了蒙古、柬埔寨、斯里兰卡、阿根廷、哥斯达黎加、刚果等数十个亚非拉国家。在自由贸易协定方面，最早的北美自由贸易区协定为这一方式的代表之一，而其最新成果则是2007年签署的韩美自由贸易区协定。[①]

近两年，美国加快了推进美式高标准投资规则制定的步伐，并从双边层面开始向区域层面推进，跨太平洋伙伴关系协议（TPP）、跨大西洋贸易和投资伙伴协议（TTIP）以及服务贸易协定（TiSA）则是其最为核心的途径。美国主导的包含美式高标准保护要求的双边投资协定以及区域贸易协定投资章节的发展迅猛，大有形成未来多边投资规则基础和雏形的趋势。

（1）TPP 范围内的投资谈判

到目前为止，TPP 谈判已经进行了 17 轮，因为谈判案文没有对外公布，

[①] 韩美自由贸易区协定第 11 章是专门的投资章节，在该章中，韩美双方明确规定了各自在投资市场准入方面的义务，并以负面清单的形式对各自豁免的领域做出了清晰界定，除列入清单的领域外，其余部门均允许对方投资进入。同时，韩美自由贸易区协定明确规定，韩美双方应当对设立、获取、扩大、管理、经营、运营、出售或其他投资处置等各个环节提供国民待遇，即双方均承担向对方投资提供准入前国民待遇的义务。

所以外界对其具体内容不得而知。就 TPP 谈判中的有关投资规则而言，2012年6月，美国公民贸易运动（Citizens Trade Campaign）在其网站上公布了泄露的 TPP 投资章节的文本，其内容共有 29 条，从第 12.2 条到第 12.16 条为实体条款，分别规定了定义、适用范围、与其他各章关系、国民待遇、最惠国待遇、最低国际标准待遇、武装冲突或内乱中的待遇、业绩要求、高层管理和董事会、不符措施、承诺表的修改、转移、征收和补偿、代位求偿、特殊手续和信息要求、拒绝授予利益、投资与环境及健康安全与劳工、企业社会责任、实施等内容。从第 12.16bis 条至第 12.29 条为程序性条款是其第二部分，即投资者和国家争端解决。此外，还有习惯国际法、征收、转移、文件递送等若干个附件。

从上述泄露出来的 TPP 投资章节文本来看，无论是内容上还是结构上，都与美国近年来力推的投资规则基本一致，也就是说，与美国 BIT 范本内容及美国自由贸易协定投资章节的内容基本一致。

尽管目前 TPP 谈判在许多领域的进展并不顺利，但有关投资章节的问题尤其是投资章节中涉及美国高标准的准入前国民待遇和投资准入的负面清单并不是各谈判参与方的主要分歧所在，这意味着美国有关投资规则的高标准已基本在 TPP 中得到了各方认可，而 TPP 的参与方不仅包括了加拿大、澳大利亚、新西兰、新西兰等发达国家，而且涵盖了墨西哥、越南、文莱、秘鲁等发展中国家。尤为重要的是，另一个采用德国模式的重要资本输出国日本也正式加入了 TPP 谈判，这意味着美国在投资规则方面的高标准正在被越来越多的国家所接受。

（2）TTIP 范围内的投资谈判

美国与欧盟之间的 TTIP 是美国在区域投资谈判层面的另外一个重大举措。2012 年 4 月，美国和欧盟联合发布了有关国际投资共享原则的声明，就投资规则达成了七点共识，既开放和非歧视的投资环境、公平的竞争机会、有力的投资保护、公正和有约束力的争端解决、全面的透明度和公众参与规则、负责的商业行为、有限制的国家安全审查考虑。

2013 年 2 月 13 日，欧美发布联合声明，宣布双方将启动 TTIP 谈判。2013 年 3 月 20 日，美国代理贸易代表 Demetrios Marantis 在向美国国会报告有关

TTIP工作时表示,就投资方面,该报告指出要实现投资方面的同等待遇,消除人为或扭曲贸易的投资障碍,建立能快速、公正和透明解决争端的有意义的争端解决程序等。2013年7月8日,美欧双方贸易代表在华盛顿正式开始了TTIP第一轮谈判,领域涵盖市场准入、投资、服务、监管等20项议题。

综上可以预见,未来美欧TTIP中的投资规则,德国模式将有可能向美国模式靠拢。

(3) TiSA范围内的投资谈判

在美国的推动下,美、欧、日、韩、加、墨等22个WTO成员计划在2013年11月签署一个TiSA,其所涉及的服务贸易部门开放也希望采用全面给予外资国民待遇的模式,即除各国明确保留的例外措施以外,所有服务贸易部门均需对外资一视同仁。

可以预见,一旦TPP、TTIP和TiSA谈判成功,以美式高标准投资保护协定为模板的区域性投资体制将横跨亚太和欧洲,在中国也与美国启动BIT实质性谈判的情况下,未来全球多边投资规则将更多地立足于美国模式的规则体系。

(三)中美BIT谈判背景下上海自贸区的外资准入规则坐标及其挑战

中美BIT谈判其实早在1982年就启动,并分别于1982~1985年、2007~2009年以及2012年举行过多轮谈判。但真正启动实质性谈判是在2013年第五轮中美战略与经济对话中,中方表示同意采用负面清单的谈判方式展开后续谈判。这标志着中国原则上认可了美方的投资规则,并将在未来通过国内投资管理体制改革和扩大对外开放来逐步向美式标准靠拢。尽管最终谈判进程将会是曲折漫长的,但美国高标准的投资规则将成为上海自贸区建设各项举措的方向性坐标。

1. 上海自贸区面临的要求与挑战

对上海自贸区来讲,投资管理体制的改革与外资市场准入的负面清单是紧密结合在一起的,而负面清单又是与给予外资准入前国民待遇紧密相连的。对于中美BIT谈判中关于准入前国民待遇的要求,上海自贸区面临的主要挑战有以下几个:①如何调整现行外资法律法规并改革外资准入管理体制。②如何以负面清单的方式进一步开放投资领域，尤其是服务业投资领域。③如何确保在负面清单模式下政府监管外资的政策空间。④如何设计准入前国民待遇负面清单，同时又不会形成外资的超国民待遇。⑤如何设计并运用安全审查机制等其他保护性措施。⑥行政部门能否适应从重审批到真正有效监管的模式转变。

在上述挑战中，最为核心的仍是负面清单的设计。从中美 BIT 谈判来看，预计将分为两个大的阶段：第一个阶段是文本谈判阶段，即主要就协定涉及的相关定义、法律解释等原则性问题达成共识；第二个阶段则是市场准入和负面清单的谈判。其中，第二个阶段是最为艰难的，因为负面清单模式要求外资准入存在限制的行业和部门，应按照部门和行业将对外资采取的与国内企业不同的措施（不符措施）全面、详细地列入负面清单，负面清单以外的行业和部门将对外资开放，并给予其准入前和准入后各个环节的国民待遇。

2. 外商准入管理现状与真正负面清单的差距

从中国目前对外资准入的管理和国内相关产业尤其是服务业的发展现状来看，尚不具备拿出一套全面的、基本符合美国 BIT 范本要求的负面清单条件。中国的外资产业政策主要体现在国务院 2004 年修订的《指导外商投资方向规定》和 2011 年新修订的《外商投资产业指导目录》，此外，中国服务业的开放则主要是基于入世时的服务业开放承诺。其中，《外商投资产业指导目录》实际上是一个混合清单（正面清单＋负面清单），因为其规定了三类行业，即鼓励类、限制类和禁止类行业。其中，禁止类和限制类属于负面清单；鼓励类属于正面清单，但在部分行业又存在限制措施，如在采矿业中，鼓励外商从事煤层气勘探、开发和矿井瓦斯利用等业务，但又将外商投资限于合资、合作。此外，按照《指导外商投资方向规定》，外商投资还应有一类"允许类"行业，即在鼓励类、限制类和禁止类行业之外的其他所有行业应当对外商投资不设限制，但事实情况并非如此。而中国服务业入世开放承诺则基本属于正面清单，即罗列出允许外商准入的部门和行业。因此，从外商投资管理的基础模式来看，离真正负面清单的要求还相差很远。

从上海自贸区目前出台的各种方案和规定来看，情况较为类似。在《中国（上海）自由贸易试验区总体方案》中所列明的"扩大服务业开放"部分，明确将"选择金融服务、航运服务、商贸服务、专业服务、文化服务以及社会服务领域扩大开放，暂停或取消投资者资质要求、股比限制、经营范围限制等准入限制措施（银行业机构、信息通信服务除外），营造有利于各类投资者平等准入的市场环境"，而其具体开放附件显然属于正面清单。

2013年9月29日，上海市政府发布了《中国（上海）自由贸易试验区外商投资准入特别管理措施（负面清单）（2013年）》。[①] 该清单以外商投资法律法规、《中国（上海）自由贸易试验区总体方案》和《外商投资产业指导目录》（2011年修订）等为依据，列明了上海自贸区内对外商投资项目和设立外商投资企业采取的与国民待遇等不符的准入措施。整个清单按照《国民经济行业分类及代码》（2011年版）分类编制，包括18个行业门类。S（公共管理、社会保障和社会组织）与T（国际组织）两个行业门类不适用于负面清单。对负面清单之外的领域，将外商投资项目由核准制改为备案制（国务院规定对国内投资项目保留核准的除外）；将外商投资企业合同章程审批改为备案管理。

纵观此次针对上海自贸区出台的负面清单，对外资采取不符措施的行业部门涵盖面仍然很广。从国民经济行业分类的第一层级"门类"来看，涉及16个大的门类，再加上S、T这两个排除的门类（严格意义上讲仍在负面清单内），对外商采取不符措施的门类共18个，只有H（住宿和餐饮业）和O（居民服务、修理和其他服务业）两个门类不在负面清单内。从国民经济行业分类的第二层级"大类"来看，负面清单涉及的16个门类中共有89个行业大类，而其中61个行业大类存在对外资的不符措施，离真正开放的负面清单相比，行业涉及面过大。该清单只是形式上符合负面清单，或者用"当前中国外资市场准入正面清单的负面表述"来界定该清单更为合适。由此可见，即便上海这一中国经济活力最大、规章制度和管理更加公开透明的地区，如果想按照中美BIT谈判的要求来衡量，短时间内拿出一个开放型的负面清单也是存在极大困难的。

[①] 参见：《中国（上海）自由贸易试验区外商投资准入特别管理措施（负面清单）（2013年）》，http://www.shanghai.gov.cn/shanghai/node2314/node2319/node12344/u26ai37036.html，2013年9月29日。

（四）上海自贸区建设进度设计以及与中美 BIT 谈判的相互支撑

目前，上海自贸区建设已正式启动，截至 2013 年 10 月 30 日，上海市政府及中央各部委已下发包括《中国（上海）自由贸易试验区总体方案》在内的 23 项新的管理政策。但正如前述，短期内形成中美 BIT 谈判要求的投资管理体制及高水平的市场开放存在很大的困难。因此，上海自贸区的建设注定是一个渐进式、探索实验式的过程。在具体建设过程中，应着重注意以下几个问题。

第一，美式高标准的市场准入和负面清单是上海自贸区建设的一个长远目标，在现阶段还必须要逐步进行，不能一蹴而就。对于对外资的市场准入，尤其是服务业开放，要综合考虑国内市场竞争力、国内监管水平与能力，选择把握较大的行业先行先试。同时，要考虑服务业的发展趋势，对于未来可能成为战略性行业，或发展潜力大，但目前发展尚不明朗的行业，应谨慎对待。对于最终的负面清单，可选择"有限行业内实施负面清单管理，并逐步扩展到全行业"的路线进行：第一步，先圈定一些国内竞争力较强且外资进入后能够通过监管来保证国内市场有序竞争的行业，在圈定的行业范围内实施外资准入的负面清单管理；第二步，随着经验的积累和国内行业的发展壮大，可逐步扩大负面清单管理的行业范围；第三步，负面清单管理行业范围最终涵盖全行业，此时的负面清单将是一个基本符合国际水准的市场准入清单。

第二，在投资管理体制改革的过程中，除了对外资管理进行改革、简化、便利国外投资之外，还需要考虑内资管理改革。不可否认，在一些行业，中国内资管理之间还存在很大的差距，集中体现在国有企业和民资企业的差别性待遇上。国外要求的准入前国民待遇中的"国民"指得更多的是国有企业。因此，在允许外资进入的行业，必须要对内资（尤其是民资）给予同样的待遇，否则，对于外资，上海自贸区内将会出现大量的超国民待遇。

第三，行业开放以及贸易投资便利化措施实施范围的"区内"与"区外"关系。《中国（上海）自由贸易试验区总体方案》提出了"一线放开"和"二线高效管住"的要求。对货物贸易而言，这个要求基本能够实现，但对于服务业开放、金融资本项目放开和利率汇率市场化等贸易投资便利化措施，则要谨慎对待。对于服务业，若将服务领域限定在"区内"，则没有问题，但这样一来就失去了服务业开放的本来意图。而如果某一服务行业在"区内"开放后，服务范围可以辐射到全国，那么其实质则是该服务行业的全国开放，这势必影响中国在多边/区域以及双边服务贸易自由化谈判中的主动权。因此，服务业在"区内"开放后，如何向"区外"辐射，是辐射到上海市，还是辐射到长三角地区，或者是辐射到全国范围，是一个需要深入研究的问题。在进行政策设计时，监管能力也是一个非常重要的考量因素。

上海自贸区的建设与中美BIT谈判进程是相互支撑的关系。首先，从中美BIT谈判的角度来看，在结束文本谈判后，各方将进入出要价阶段。而其核心将是外资市场准入的国民待遇和负面清单。从美国在多边回合谈判以及区域/双边谈判的要价来看，其对服务业开放非常重视。这对中国的服务业开放将产生一个外部的压力。从目前上海自贸区的服务业开放来看，上海市尚不具备自主开放的空间，必须要中央与服务业相关主管部门进行沟通协调，而中美BIT谈判对中央政府层面形成的外部推动力将有利于增加上海自贸区在服务部门先行先试的可能性和可行性，从而加快上海自贸区的建设进程。其次，上海自贸区在先行先试过程中形成的新的投资管理体系和服务业市场准入负面清单一旦可复制、可推广，势将形成中方在中美BIT谈判中的出价，进而推动中美BIT谈判的有序进行。最后，关于上海自贸区的开放进度与中美BIT谈判进展相协调的问题。目前有一种观点认为，上海自贸区的建设进程不能过快，以免减少中国在中美BIT谈判中的谈判筹码。其实，从中国目前对外资的市场准入和投资管理来看，且不讲完全符合美式标准，即便是向其靠拢也存在很大的困难。上海自贸区作为国内投资体制管理改革和外资市场准入的"试验田"，同样存在很大的困难。因此，上海自贸区的建设进程应当尽量加快，事实上，十八届三中全会公报已明确提出"放宽投资准入，加快自由贸易区建设"。因为从管理体制改革的方案设计与实施到服务开放的行业选择、实际开放并评估，再到形成可复制、可推广的综合方案，需要较长的时间。如能满足《中国（上海）自由贸易试验区总体方案》"两至三年"的时间要求，在建设上初见成效，届时中美BIT谈判也正处于出要价的交织阶段，对谈判将产生较大的推动作用。

参考文献

M. Sornarajah, *The International Law on Foreign Investment*, (New York: Cambridge University Press, 2010).

UNCTAD, *World Investment Report 2011*, http://unctad.org/en/pages/PublicationWebflyer.aspx?publicationid=84.

UNCTAD, *World Investment Report 2012*, http://unctad.org/en/Pages/DIAE/World%20Investment%20Report/WIR2012_WebFlyer.aspx.

UNCTAD, *World Investment Report 2013*, http://unctad.org/en/pages/PublicationWebflyer.aspx?publicationid=588.

Mahnaz Malik, "Time for a Change: Germany's Bilateral Investment Treaty Programme and Development Policy," 2006.

〔英〕伊恩·布朗利:《国际公法原理》,曾令良等译,法律出版社,2002。

崔凡:《中国高水平投资自由化谈判模式的确定及其深远影响》,《国际贸易》2013 年第 8 期。

屠新泉、张中宁:《跨大西洋贸易与投资伙伴关系协议谈判及中国的战略选择》,《国际贸易》2013 年第 7 期。

张平、张晓通:《美欧构建跨大西洋自贸区有关情况及应对》,《国际贸易》2013 年第 7 期。

创新篇

Reports on Innovation

B.12
上海创新转型发展指标体系的构建与实证分析

雷新军 李凌*

摘 要： 本文在吸收和借鉴国际机构等研究成果与经验的基础上，结合上海的实际情况，设计和构建了反映上海创新转型发展的路径、驱动力、环境及效益等综合评估指标体系。同时采用正向化、归一化和赋权的方法，对2006～2012年上海创新转型发展综合指数及2011年沿海地区主要城市的创新转型发展综合指数进行分析和比较，并借此来衡量上海经济创新转型发展的进程。

关键词： 创新 转型发展 综合指数

---

* 雷新军，日本专修大学经济学博士，上海社会科学院经济研究所副研究员，研究方向为产业经济、中小企业发展等；李凌，经济学博士，上海社会科学院经济研究所助理研究员，研究方向为宏观经济理论与政策。

一 创新转型发展的含义和研究经验的借鉴

2013年3月17日,新任国务院总理李克强在与国内外记者的见面会上,首次提出了打造"中国经济升级版"的概念。这是对创新转型发展的一种诠释,它的实质是要改变粗放的经济发展方式,调整不合理的经济结构,提升经济发展的质量和效益、劳动就业和收入水平,促进环境保护和资源节约等。上海作为全国经济改革开放的排名兵和科学发展的先行者,特别是在2008年全球金融危机爆发后国内外发展环境急剧变化的冲击下,举全市之力率先实践"创新驱动、转型发展",打造上海特色的"经济升级版",并呈现出一些新动向和新趋势。

但从现有的各种统计指标看,还没有一个能够系统、综合反映经济增长质量、发展动力、发展环境与经济效益的指标体系,因而也难以客观且真实地反映与评价上海创新转型发展的成绩与效果。为此,我们基于创新转型发展的含义和国际经验,探索构建既符合上海经济发展的特征与发展阶段,又能对上海创新转型发展做出科学评价的指标体系。

(一)创新转型发展的含义

2011年出台的《上海市国民经济和社会发展第十二个五年规划纲要》明确指出"创新驱动、转型发展,是上海在更高起点上推动科学发展的必由之路",制度创新、科技创新、管理创新和文化创新是推动经济转型发展的支撑,是提高经济发展质量和持续发展能力的保障。

实际上,创新驱动、转型发展的含义包括三个层面。首先,是经济发展的"量"与"质"的融合,保持稳定、适度的增长速度和结构的优化与升级是其核心。其次,是经济转型发展的动力来自创新。最后,是市场环境的优化,更公平、更公正和更高效的市场环境是社会和谐和创新的基本保障。追求更强的创新实力、更优化的经济结构、更公平高效的市场环境是上海创新转型发展、"上海经济升级版"的含义。

从以上的含义来分析,上海经济的转型是一种发展方式的更迭,是经济发展驱动力的转变，从以要素驱动为主转向以创新驱动为主，同时通过优化市场环境，促进知识、人才等各类创新要素集聚与扩散的过程。首先，从要素驱动到创新驱动并不能一蹴而就，而是要经历一个从粗放到集约、循序渐进的效率提升阶段。效率驱动不仅有助于在要素驱动的后期阻止要素边际报酬递减的趋势，而且还能为创新驱动集聚效能较高的投入要素，在生产函数不变的条件下，有效提高偏生产率与全要素生产率。所以，从这个意义上说，以促进生产力为导向的经济转型，势必是一个在时间上继起、空间上连续的，即"要素（投资）驱动—效率驱动—创新驱动"完整的动态递进发展过程。其次，创新能引起连锁反应。它从知识创新开始，只要转化路径选择正确，就能推动产业领域的技术创新和产业组织创新，实现商业模式创新、社会管理方式创新或组织创新，进而波及生活方式与文化理念的创新，这种传导机制意味着创新不仅仅局限于科技领域，更像是一场革命，从硬件环境到软件环境，越是在信息开放和法制健全的社会体制中，其引领社会进步的作用与效果也就越显著。最后，经济结构的升级、市场环境的优化和效益的提升是经济升级的动态反映，是创新转型发展的结果。产业结构、就业结构、贸易结构以及技术结构等结构性变化是创新转型发展方式变化的一种直观反映。市场环境的优化是更公平、更有效的市场竞争环境和创新激励环境改善的体现，也是实现可持续发展、挖掘发展潜力不可或缺的制度支撑。

综合上文，我们认为创新是经济转型发展的动力，市场环境是经济转型发展的支撑，结构和效益是经济转型发展的体现。因此，上海创新转型发展的评价指标体系也应是围绕以上四个方面的。

（二）国内外经验

国际上，对创新转型发展评价指标体系的研究，大多从创新的角度来分析。归纳起来，主要有三种类型：一是从技术层面把"转型"狭义地理解为技术的演进与发展，代表性的创新评价指标体系有经济合作与发展组织（OECD）的科技创新指标体系（STI）和欧盟创新记分牌（EIS）等，这些指标体系以投入产出方式，对知识创新体系进行深度评估；二是从创新创意层面把"转型"理解为生活水平和意识形态领域的变迁,代表性的创新评价指标体系有Florida欧洲创意指数及其香港版本,其特点是注重思想和创意产生的社会诱发机制;三是从发展模式层面把"转型"理解为从一种相对低级的发展阶段向另一种相对高级的发展阶段的跨越与变革,代表性的创新评价指标体系有世界经济论坛(WEF)的全球竞争力指数,以及马萨诸塞州(麻省)创新型经济指数等,主要特点是挖掘创新驱动的新动力,即围绕创新要素的实现、集聚与扩散而展开。实际上,这些评价指标体系的差异主要源自对创新发展含义的不同理解,其中,第一种对创新发展的理解过于狭隘,第二种理解不符合上海经济升级阶段的特征,第三种理解比较接近上海的阶段性特征,但要对其重要指标本土化做出严格筛选。

对"创新驱动、转型发展"评价指标体系的设计源于对"创新驱动"含义的理解。目前,国内外一些比较有影响力的创新评价指标体系主要基于对"创新驱动"的三种理解。

第一种理解侧重于从技术层面将创新驱动解释为科技创新驱动。这是一种狭义的创新理念,强调创新的硬件支持,认为只有高等院校、科研机构和企业研发技术部门等从事科技前沿研究的工作者,才可能带来新知识引导下的科技创新。以施穆克勒(Schmukler)、罗森伯格(Rosenberg)以及弗里德曼(Friedman)等为代表的科技创新经济学家,提出了科技创新的五种模式:技术推动模式(Walsh,1979;Friedman,1982)、需求拉动模式(Schmukler,1966)、"推—拉"综合作用模式(MoeKeale and Rosenberg,1982)、技术规范—技术轨道范式模式(Dorsey,1982)以及"社会需求—资源"关系模式(斋藤优,1984)。杰里米·里夫金(Jeremy Rifkin,2012)在《第三次产业革命》一书中聚焦了以智能制造、绿色能源与数字服务为主要特征的新产业革命引发的科技创新远景。在这一视角下,代表性的创新评价指标体系主要是经济合作与发展组织(OECD)的科技创新指标体系(STI),以知识创造与运用的过程为核心,设计了包括研发与创新、知识的创造和扩散、科技人力资源、知识与技能、专利、对知识的保护和商业化等九大方面的指标体系,是目前比较完备的用以衡量一国创新能力的指标评价体系。类似的指标体系如欧盟创新记分牌(EIS),以投入产出的方式,揭示了知识创造和技术应用领域中受教育者、研发资金、发明专利与新产品销售数量等指标的变动情况。

第二种理解侧重于从创意层面将创新驱动解释为文化创意驱动。这是发达国家和成熟市场经济国家与城市对创新内涵的解读，强调创新的软件支持。因为这些国家和城市正处于生产效率高度发达的科技前沿，也都处于服务经济主导的业态结构，在长期的发展过程中，已经形成了一整套用以激发创新的社会机制与体制，所面临的问题是如何进一步完善对创新的激励，挖掘对创新主体潜能的开发，以创意维持全球引领地位。比如，泰勒（Talor，2006）认为科技创新主体必须有明晰的产权制度、良好的市场机制、社会化的服务体系的支持。兰德利（Landry，2000）提出了企业科技创新的七大要素：富有创意的人、意志与领导力、人的多样性与智慧获取、开放的组织文化、对本地身份强烈的正面认同感、城市空间与设施和网络机会等。达尔曼和奥贝尔（Dahlman and Aubert，2001）指出，科技创新体系的构建、科技创新主体作用的发挥、生产价值的实现都需要巨额的资本投入，稳定而重组的资金支持是实现科技创新体系正常运转的基本条件。霍尔（Hall，2000，2007）揭示了欧美发达国家之所以在科技创新方面获取领先地位，与其激励科技创新的财税体制密切相关。在这一视角下，代表性的创新评价指标体系主要有：Florida 欧洲创意指数，发展了包括科技（technology）、人才（talent）以及包容（tolerance）三方面的指数内容，其中包容指数建立在态度指标、价值观指标和自我表现指标基础上；香港创意指数，由创意成果、制度资本、人力资本、社会资本、文化资本五个方面构成，该指数认为四种资本间相互影响，是决定创意成长的决定因素，而创意成果则度量了地区创意的活力及重要性。

第三种理解侧重于从发展模式层面将创新驱动阶段解释为一种高级形态的发展阶段。这是一种广义的创新理念，符合发展经济学对创新本质属性的界定。熊彼特（Schumpeter，1912）在其代表作《经济发展论》一书中，首度将技术进步从外生变量过渡到内生变量，引入经济学主流领域，创立了创新经济学，后经其两本著作《经济周期》《资本主义、社会主义和民主主义》的进一步完善，技术创新和经济发展的内在关系被揭示为"创新的基本内涵是旨在建立一种新生产函数或供应函数，是在生产体系中引入生产要素的生产条件的新组合，不断地打破经济均衡，经济发展依靠内部自身创造性来实现"。罗斯托（Rostor，1960）提出的经济成长阶段论，根据主导产业部门相更迭的特征，将经济成长划分为六个阶段，即传统社会阶段、预备起飞阶段、起飞阶段、成熟阶段、高额群众消费阶段及追求生活质量阶段，其中，创新驱动对应于主导产业趋向于服务业的发展阶段，金融业成为经济发展的动力来源。迈克尔·波特（Porter，1998）的国家竞争理论从要素层面区分了一国经济处于不同发展阶段所倚重的基本动力，即从资源驱动和要素驱动过渡到创新驱动和财富驱动，在创新驱动时期，经济增长倚重的是创新和知识要素的积累，经济中存在强有力的支持创新的制度与激励机制。

在这一视角下，对发展中国家发展模式总结的代表性创新评价指标体系主要有：①世界经济论坛（WEF）的全球竞争力指数，该指数定量刻画了经济发展依次递进的三个阶段，即要素驱动、效率驱动和创新驱动，分别对应三种微观基础，即价格竞争、高效的生产方式、支持创新的制度和激励机制。②马萨诸塞州（麻省）创新型经济指数，该指数认定创新框架由创新过程、经济影响和创新潜力构成，其中，创新过程是指从前期研究到成果转化的过程，包括研究、技术开发与商业应用三个互动部分；经济影响是通过就业、工资和集群经济产出的变化来衡量创新经济的成果；创新潜力则是影响地区创新能力的外部因素，包括资本、资金、专业技术人员规模、基础设施以及市场需求等。

二 上海创新转型评价指标体系的设计原则与基本框架

（一）创新转型指标体系设计的四个原则

基于导向性、综合性、规范性、可操作性四个设计原则，本报告构建了创新转型评价指标体系的基本框架。

1. 导向性

所谓导向性，是指指标体系的设计应遵循国家创新发展战略的需要，政府相关部门应通过创造良好的宏观环境、制度环境和市场环境，使市场主体的行为方向与发展战略方向相一致，诱导与激励企业和市场朝着优化结构、提高质量、增强效益的方向努力，从而对创新转型起到指导作用。各主要城市可以根据指标体系中的数值与排名，来规划创新驱动的各个方面，全面发挥创新驱动各个要素的功能，从而有针对性地推动城市的转型发展。

2. 综合性

所谓综合性，是指指标体系的设计应既反映创新发展的全过程和整体面貌，又有利于突出主要矛盾，收到提纲挈领的效果。这一指标体系无论是数量方面综合性的实现，还是质量方面综合性的实现，均不同于一般意义的综合性。一般意义的综合性只是强调把研究对象的不同部分、多种属性、各个影响因素联系起来，作为统一体进行考虑；而该指标体系的综合性要求在此基础之上强调和遵循各类创新驱动模式产生的先后逻辑顺序；数量方面的综合性是消除那些偶然的、次要的、非本质表现的指标，从而可计算出既真实、准确、客观、全面，又具有化繁为简功能的指标。

3. 规范性

所谓规范性，主要体现在三个层面，即指标体系结构的拟定、指标的取舍、权重的设置等都要有科学的依据。各级指标的设计应体现层次性，各层次之间应具有一致性和逻辑关联：一级指标的设计应反映创新驱动的各个环节，包括总量、结构、潜力、环境和效益等；二级指标的设计既可以从创新要素生成与发展的逻辑顺序入手，又可以从互相并列的经济结构等多个层面的逻辑关系入手，反映创新转型的质量与成果；三级指标主要是从地区统计年鉴、城市统计年鉴、科技统计年鉴、统计局网站等官方的权威数据中，筛选具有代表性与可操作性的创新转型指标数据。此外，在研究方法上还包括指标的正规化与无量纲化处理以及赋权等，以符合评价体系设计的规范性原则，使得获取的信息具有可靠性和客观性，评价的结果有可信性。

4. 可操作性

所谓可操作性，是指指标的概念要明确、定义需清晰，现有统计资料的可获得性也应考虑在内，以便于采集数据与收集资料。可操作性同时也意味着指标体系的评价结果具有可比性，一些指标在做横向比较时，必须把统计年鉴在统计口径与统计内容方面的地区差异考虑在内，并进一步对指标体系做出筛选与调整，剔除不满足可获得性条件的指标。因此，在实际应用时，需要按时序和截面两个不同角度，分别对评价指标体系加以测算及衡量，以避免产生因数据不可获得而导致的研究谬论。

（二）创新转型评价指标体系的具体设计

依据导向性、综合性、规范性、可操作性等设计原则，对创新转型评价指标体系做出具体设计。

1. 基于时序数据的创新转型评价指标体系设计

从时间序列的纵向视角，选取2006~2012年上海经济的变化过程作为实证研究的对象，其原因有如下两点：一是上海的统计制度与可获得的数据相对比较完善；二是在此期间，上海于2008年遭受金融危机的外部冲击，又于2010年底提出"创新驱动、转型发展"的"十二五"规划发展主线，反映了处于重大事件窗口期内上海经济转型的外部压力与内部动力，上海在积极践行国家创新发展战略、从要素驱动向创新驱动转型的过程中，已出现一些发展质量和效益提升的迹象。

为此，在剔除若干高度相关指标后，创新转型指标体系设计如下：5个一级指标，分别是总量发展、结构调整、创新挖潜、环境优化和效益提升，反映了不同领域创新转型的开展过程及其结果；22个二级指标的具体构成是，总量发展包括经济活动与知识产权两部分，结构调整覆盖了产业结构、投资结构、技术结构、贸易结构、人口结构、收入结构和消费结构七部分，创新挖潜从创新资金、创新人才、创新产出和知识积累四部分来设计，环境优化容纳了社会保障、宜居环境、基础设施、对外开放、对外交流、物流功能和空间功能七部分，效益提升包含全要素生产率和偏要素生产率两部分；三级指标由75个可获得的指标组成，其中65个正指标、6个逆指标和4个适度指标。考虑到城市规模对指标体系的影响，指标设计一般采取相对形式（见表1）。

表1 基于时间序列数据的创新转型评价指标体系

一级指标	二级指标	三级指标	单位	指标特性	权重(%)
总量发展	经济活动	年末常住人口	万人	适度值为2700万人	0.5
		国内生产总值(GDP)指数(1978年=100)	—	正	0.5
		全社会固定资产投资	亿元	正	0.5
		社会消费品零售总额	亿元	正	0.5
		进出口总额	亿美元	正	0.5
		每年新增企业	万户	正	0.5
	知识产权	专利授权量	万件	正	0.5
		商标注册量	万件	正	0.5
		技术合同成交量	亿元	正	1
结构调整	产业结构	第三产业占GDP比重	%	正	1
		第三产业就业人口比重	%	正	1
		生产性服务业从业人员占第三产业从业人员比重	%	正	1
		装备制造业占工业总产值的比重(规模以上)	%	正	1
		高技术产业产值占规模以上工业总产值的比重	%	正	1
	投资结构	第三产业占全社会固定资产投资比重	%	正	1
	技术结构	对外技术依存度	%	逆	4
	贸易结构	出口总额占国内生产总值的比重	%	逆	1
		高新技术产品占出口总额的比重	%	正	2
		外商投资企业占出口总额的比重	%	正	2
		一般贸易占出口总额的比重	%	正	2
	人口结构	平均受教育年限	年	正	2
		劳动人口比重(户籍,18~59岁人口比例)	%	正	0.5
		城乡人口比重(人口城市化率)	%	正	0.5
		外来常住人口占总人口比重	%	正	0.5
		外来流动人口占外来人口比重	%	逆	0.5
	收入结构	劳动者报酬比例	%	正	4
		城乡居民收入比	—	适度值为1	1
		城市低收入家庭人均可支配收入与平均值的相对差	元	逆	1
	消费结构	城市居民家庭人均消费支出占可支配收入的比重	%	正	1
		教育文化娱乐服务占城市居民家庭人均消费支出的比重	%	正	2

续表

一级指标	二级指标	三级指标	单位	指标特性	权重(%)
创新挖潜	创新资金	R&D（研究与试验发展）支出与GDP之比	%	正	2.5
		科技经费支出占地方财政支出的比重	%	正	2
		教育支出占地方财政一般预算支出的比重	%	正	1
	创新人才	每万人R&D科学家和工程师数量	人/万人	正	1
		科技活动人员占从业人员的比重	%	正	1
		每万人口在校大学生数	人/万人	正	0.5
	创新产出	每十万人拥有重大科技成果数	项/十万人	正	1
		每万人口拥有专利申请授权量	件/万人	正	1
		发明专利占专利授权数的比重	%	正	1
		大中型工业企业新产品销售额占工业销售收入的比重	%	正	2
	知识积累	每万人口国内科技论文数	篇/万人	正	0.5
		每万人口国际科技论文数	篇/万人	正	0.5
环境优化	社会保障	城市养老保险覆盖率（按非农业人口）	%	正	1
		城市医疗保险覆盖率	%	正	1
		城市失业保险覆盖率	%	正	1
		每万人拥有医生数	人/万人	正	1
	宜居环境	城市房价收入比	—	适度值为4.5	1
		城镇居民人均住房面积	平方米	正	1
		城市人均公园绿地面积	平方米	正	1
		城市绿化覆盖率	%	正	1
		城市污水处理率	%	正	1
		环境空气质量优良率	%	正	1
	基础设施	互联网用户普及率	%	正	1
		家庭宽带接入用户普及率	%	正	1
		每万人拥有公共图书馆藏书量	册/万人	正	0.5
		每万人拥有运营公交车辆数	辆/万人	正	1
		每平方公里轨道运营里程数	公里/平方公里	正	1
		每平方公里道路长度	公里/平方公里	正	0.5
	对外开放	外商直接投资占全社会固定资产投资总额的比重	%	正	1
		外商投资企业占规模以上工业企业总数的比重	%	正	1
		每年新增海外企业数	家	正	1
		每年新增跨国公司地区总部	个	正	1

续表

一级指标	二级指标	三级指标	单位	指标特性	权重(%)
环境优化	对外交流	国际旅游入境人数	万人次	正	1
		常住外国人数	万人	正	1
		外国留学生	万人	正	1
		国际会展数	次	正	1
	物流功能	远洋运输占货物运输量的比重	%	正	2
		航空货物占货物运输总量的比重	%	正	2
	空间功能	中心城区商务商业面积占总建筑面积的比重	%	正	2
		中心城区人口比重	%	适度值为25%	2
效益提升	全要素生产率	全要素生产率指数(1978=100)	—	正	4
		全员劳动生产率	万元/人	正	4
	偏要素生产率	投资回报率(资本产出比)	—	逆	4
		地均非农产出	亿元/平方公里	正	4
		单位GDP能耗	吨标准煤/万元	逆	4

2. 基于截面数据的创新转型评价指标体系设计

从截面数据的横向视角，聚焦东部沿海地区的两类城市样本：第一类是东部沿海地区的直辖市、各省省会和经济发达城市，如北京、天津、青岛、南京、上海、杭州、广州、深圳；第二类是长三角地区的主要城市，如上海，江苏的南京、苏州、无锡，以及浙江的杭州、宁波、温州等。如此，样本共包含12个东部沿海城市。选取东部沿海地区的12个城市进行实证研究基于以下三大原因。

第一，东部沿海城市具有一定的转型基础。改革开放以来，东南沿海在发展路径上进行了大胆的探索，形成了政府发动型的苏南模式，私人发动型的温州模式，前两者兼而有之的珠江模式，以及东莞、南海、顺德、中山"四小虎"等各具特色的发展模式，涌现了深圳、浦东等新经济增长极和义乌、晋江等特色增长地区，如此百舸争流般的发展态势极大地推动了东南沿海地区的产业成长与经济增长，也对中西部地区发展起到了重要的辐射与示范作用。由此，东部沿海城市具备了一定的经济基础，能够适时地根据国内外形势变幻做出主动调整，实现创新转型。

第二，东部沿海城市也面临着一系列的共同挑战。金融危机之后，东南沿海城市的劳动力和土地成本上扬，产业资本逐渐向外部转移，传统的要素驱动模式已经不能承载城市增长的需求；同时，东部沿海城市还面临资源环境约束、增速下降、竞争加剧、路径依赖、基础能力不足、自主创新技术欠缺、体制机制落后等各方面的挑战，亟须寻找创新驱动的新动力和转型发展的新契机。东南沿海城市正在加快转变经济发展方式、探索新的发展模式。然而，这一轮的转型发展需要一个持续、复杂、艰难的过程，面临着创新突围、体制束缚、路径依赖、中等收入陷阱等风险和挑战，不同地区、不同产业转型升级的方式和路径也不尽相同。由此，对东南沿海地区不同城市的创新驱动指标进行测算和排序，有利于探索和比较各城市不同的发展方式和路径，明确各自需要着重解决的问题，从而有针对性、有目的性地寻找各自创新驱动和转型发展的新动力。

第三，经济发达地区的数据可获得性较好。相对而言，东南沿海城市以及长三角各主要城市的相应统计年鉴和科技统计年鉴数据的可获得性较好，同时课题组立足上海，对东南沿海地区各城市的实际情况也有切实把握，便于通过采集数据与收集资料，发挥地理与信息的双重优势。

需要指出的是，基于截面数据的创新转型指标体系和基于时间序列数据的指标体系是同构的，在剔除若干高度相关指标以及数据不可获得的指标后，个别指标做了替代，如用一年中同一段时期空气质量指数（AQI）的均值替代环境空气质量优良率来反映环境质量；用日均接待外地旅游人数替代日均外地旅游人数，来反映城市的集聚功能，等等。经比对，共有20个三级指标得以留用。

（三）样本选择与数据预处理

为了便于开展评价指标体系的实证研究，需要先对样本数据进行预处理：一是对逆指标和适度指标进行正向化处理；二是采用均值化方法或极差正规化方法对已正向化的指标进行无量纲化（归一化）处理；三是对指标进行赋权处理。

1. 正向化

研究采用 $x'_{ij} = 1/x_{ij}$，将逆指标转换为正指标，用 $x'_{ij} = 1/|x_{ij} - k_j|$，将适度指标转换为正指标，其中 k_j 代表适度值。

2. 归一化

针对时间序列数据与截面数据特性方面的差异，一是采用均值化方法处理时间序列数据，以消除时间趋势对指标的影响；二是采用极差正规化方法处理截面数据，以凸显地区间的差异。

具体而言，在上海的时序数据比较中，令 $y_{ij} = \dfrac{x_{ij}}{\bar{x}_j}$，均值化后各指标的均值都为1，方差为 $\mathrm{Var}(y_j) = \mathrm{E}[(y_j - 1)^2] = \dfrac{\mathrm{E}(x_j - \bar{x}_j)^2}{\bar{x}_j^2} = \dfrac{\mathrm{Var}(x_j)}{\bar{x}_j^2} = \left(\dfrac{\sigma_j}{\bar{x}_j}\right)^2$，即均值化后各指标的方差是各指标变异系数 $\bar{x}_j$ 的平方，较大限度地保留了各指标变异程度的信息。在东部沿海代表性城市的截面数据比较中，令 $y_{ij} = \dfrac{x_{ij} - \min_{1 \leq i \leq n}\{x_{ij}\}}{\max_{1 \leq i \leq n}\{x_{ij}\} - \min_{1 \leq i \leq n}\{x_{ij}\}}$，消除指标量纲。

3. 赋权

为便于操作，研究邀请了来自上海社会科学院和上海市人民政府发展研究中心等单位的专家学者，分别对上述评价指标体系的指标权重进行打分，并在此基础上综合各位专家学者的评分，对各类指标的权重进行主观赋值。各部分的权重设置如下：总量发展占5%、结构调整占30%、创新挖潜占14%、环境优化占31%，效益提升占20%。反映评价指标体系设计的"轻重"与"取舍"，侧重于反映经济发展的环境优化、结构调整与效益提升，这正是创新转型所要表达的科学内涵。

三 基于创新转型评价指标体系的实证分析

通过广泛收集实证数据，研究结果发现，上海的创新转型综合指数从2006年的100.0增长到2012年的121.7，年复合增长率为3.32%，高于同期全要素生产率1.61%的年复合增长率，但低于人均GDP约12%的增长速度。而在同类城市的比对中，上海正处于中国创新驱动战略部署的第一梯队，但同北京和深圳相比，仍有一定的差距。

（一）实证分析：基于上海时间序列的创新转型指数

1. 综合指数

研究表明，上海在2006～2012年的创新转型综合指数经历了一个从100.0到121.7的增长过程，且年度环比增长率呈现递增趋势，表明上海创新转型的综合能力正在不断加强（见图1）。尽管此间受到金融危机等外部冲击的影响，2010年之后基本恢复到3%～5%的创新转型增长路径。从总体上看，上海创新转型综合指数的年复合增长率达到3.32%，略高于同期全要素生产率1.61%的年复合增长率。

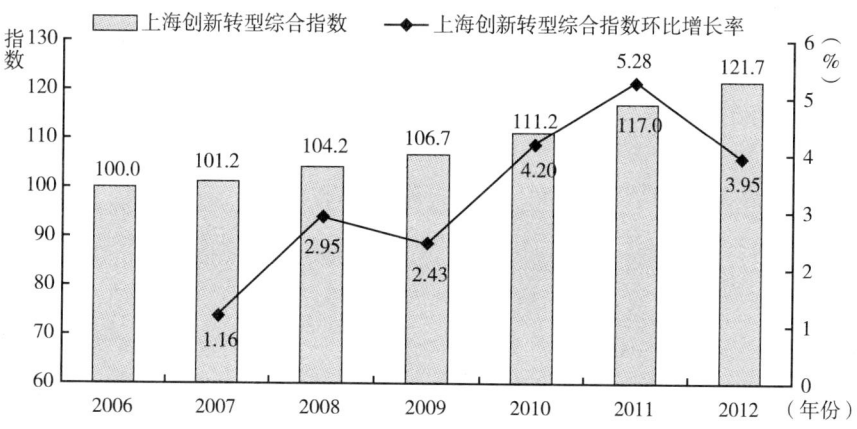

图1　2006～2012年上海创新转型综合指数及其环比增长率

2. 分项指数

从总量发展看，上海经济总量的扩张十分迅速，该分项指数从2006年的100.0增长到2012年的182.2，几乎增长了1倍（见图2），年复合增长率达10.51%。进入"十二五"以来，经济增速明显放慢，提升发展质量成为创新转型的核心。而且以知识产权为代表的软实力的增长速度领先于以固定资产投资等经济活动为代表的实物增长速度（见表2）。

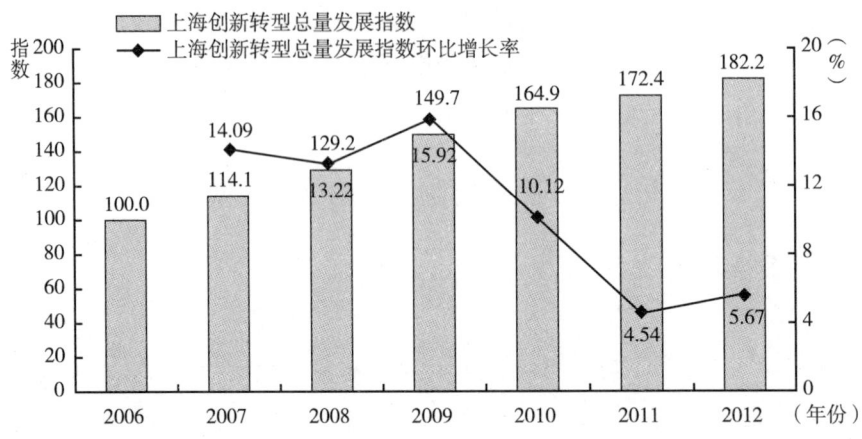

图2 2006~2012年上海创新转型总量发展指数及其环比增长率

表2 2006~2012年上海创新转型总量发展指数分指标年复合增长率

单位：%

三级指标	经济活动	知识产权
年复合增长率	7.05	16.45

从结构调整看，上海经济结构变化相对有限，该分项指数从2006年的100.0增加到2012年的106.7，年复合增长率仅为1.10%，进入"十二五"之后，结构调整的速度有所加快（见图3）。其中，技术结构调整速度最快，其次是人口结构和投资结构调整，收入结构调整相对缓慢，消费结构出现逆向调节（见表3），这主要是平均消费倾向下降和教育文化娱乐服务支出占市居民家庭人均消费支出比重下降所致，一定程度上反映出在经济结构调整过程中，重"技术"、重"投资"、轻"收入"、轻"消费"的客观事实。

从创新挖潜看，上海创新挖潜的能力有所增强，该分项指数从2006年的100.0增加到2012年的124.1，年复合增长率为3.66%，经历了2009年的恢复性增长后，"十二五"时期创新挖潜指数增速保持在5%~6%的水平上（见图4）。更进一步地从投入产出的视角加以审视，可以发现，上海在创新资金、创新人才、创新产出以及知识积累等方面，均以3%~4%的速度稳步提升（见表4）。

从环境优化看，上海环境改善力度有待增强，该分项指数从2006年的100.0增加到2012年的122.0，年复合增长率为3.37%，"十二五"时期环境

上海创新转型发展指标体系的构建与实证分析

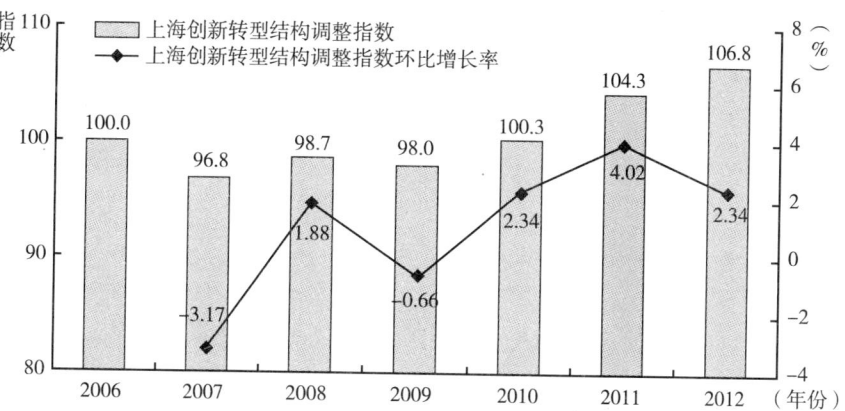

图3 2006～2012年上海创新转型结构调整指数及其环比增长率

表3 2006～2012年上海创新转型结构调整指数分指标年复合增长率

单位：%

三级指标	产业结构	投资结构	技术结构	贸易结构	人口结构	收入结构	消费结构
年复合增长率	1.29	1.50	2.17	1.29	1.63	1.09	-2.15

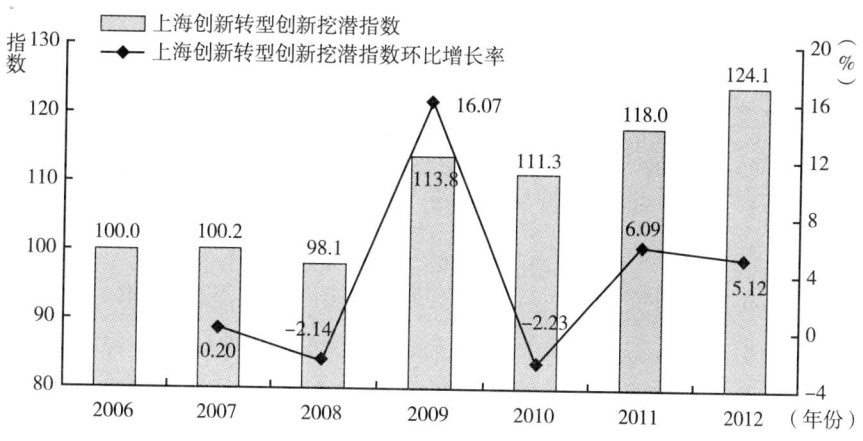

图4 2006～2012年上海创新转型创新挖潜指数及其环比增长率

表4 2006～2012年上海创新转型创新挖潜指数分指标年复合增长率

单位：%

三级指标	创新资金	创新人才	创新产出	知识积累
年复合增长率	3.81	4.33	3.11	3.98

211

优化指数增速稳定在4%~7%的区间内（见图5）。研究发现，上海环境优化的强项在于对外开放，而且随着财政支出结构的调整，社会保障和基础设施的环境改善力度也较大，但与此同时，上海不断高企的房价和商务成本，在一定程度上阻碍了宜居环境和物流功能的提升。

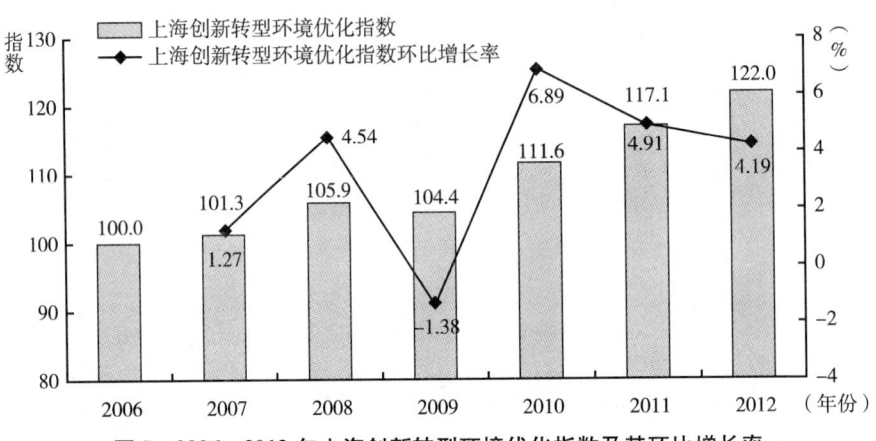

图5 2006~2012年上海创新转型环境优化指数及其环比增长率

表5 2006~2012年上海创新转型环境优化指数分指标年复合增长率

单位：%

三级指标	社会保障	宜居环境	基础设施	对外开放	对外交流	物流功能	空间功能
年复合增长率	4.15	0.19	3.67	9.07	3.57	1.42	3.14

从效益提升看，上海经济发展质量显著提高，该分项指数从2006年的100.0增加到2012年的132.9，年复合增长率为4.85%，"十二五"时期效益提升指数增速处于高位平稳运行状态（见图6）。研究发现，上海经济效益提升主要是由于偏要素生产率较高，即对劳动、资本、土地和能源等的利用更有效率，而全要素生产率的贡献相对有限（见表6）。①

---

① 关于全要素生产率的测算方法，参阅张军等《中国省际物质资本存量估算：1952~2006》，《经济研究》2004年第10期；曹吉云：《我国总量生产函数与技术进步贡献率》，《数量经济技术经济研究》2007年第11期；单豪杰：《中国资本存量K的再估算：1952~2006》，《数量经济技术经济研究》2008年第10期。其中，资本初始存量来自单豪杰（2008），折旧率取9.6%和旧资产处置价值4%来自曹吉云（2007），核算框架来自曹吉云（2007）。运用Eviews 7.0软件计算1978~2012年的上海全要素生产率，可得资本产出份额为0.689，劳动产出份额为0.404，具体过程备索。

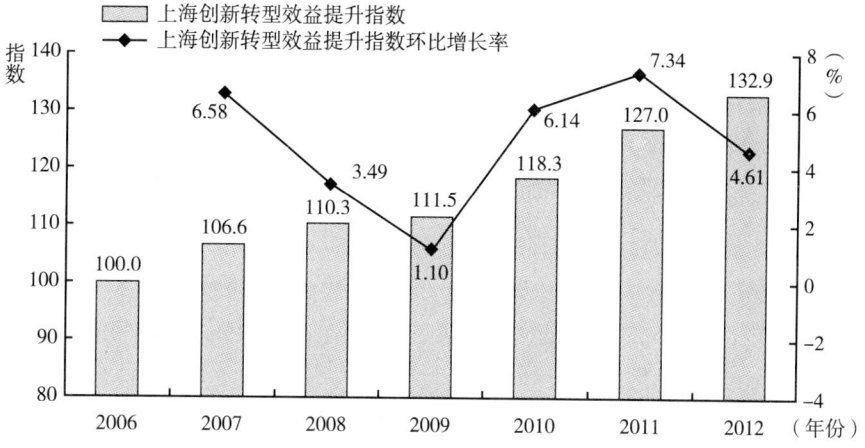

图6 2006~2012年上海创新转型效益提升指数及其环比增长率

表6 2006~2012年上海创新转型效应提升指数分指标年复合增长率

单位:%

三级指标	全要素生产率	偏要素生产率
年复合增长率	1.61	5.68

（二）实证分析：基于截面数据的创新转型指数及比较

1. 东部沿海主要城市比较

研究发现，基于东部沿海城市截面数据测算而得的创新转型指数，总体呈现深圳、北京、上海处于相对领先地位，而温州、天津、青岛则相对滞后。研究以北京为基准值100，其他各城市的评价指标依次为深圳103、上海91、苏州87、广州83、杭州82、南京77、宁波74、无锡69、青岛58、天津47、温州43（见图7）。

2. 东京与上海的比较

从上海创新转型评价指标的测算及分解中可以发现，相对于其他部分，上海在结构调整方面，调整速度相对缓慢，特别是在收入结构和消费结构上几乎没有变化。这是否符合经济转型的内在规律，还是上海创新转型的特殊表现？在回答这一问题之前，需要引入国际比较作为新的参照系。

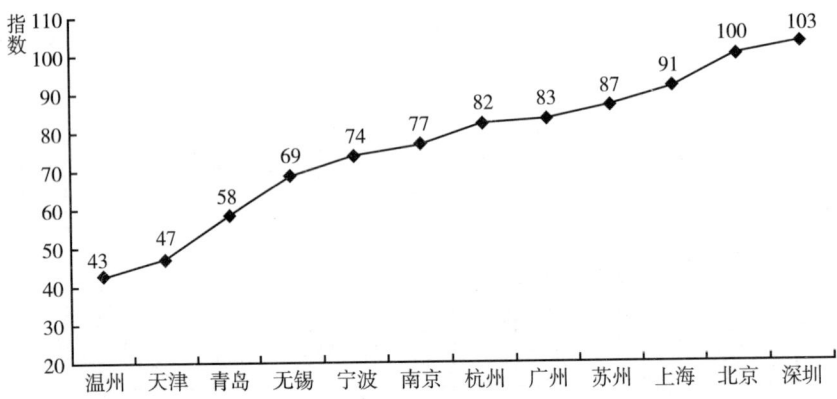

图7　东部沿海地区代表城市创新转型指数比较（2011年）

研究选择东京为比较对象，是基于以下三方面的考虑。首先，与伦敦、巴黎、纽约等国际化大都市相比，东京是日本20世纪60年代以后整体经济势力崛起中凸显的"新兴"国际化大都市，从时间节点上看与上海的兴起比较接近。其次，20世纪60年代日本实行了"国民收入倍增计划"（以下简称"计划"），经济增长进入快速发展时期，东京第二、第三产业的产值比重基本上保持在36∶63左右，第二产业的比重远高于伦敦、巴黎和纽约，产业结构特征与目前上海的状况比较接近。最后，进入20世纪70年代，日本经济发展的环境条件遭遇了巨大变化，如日元大幅升值、能源危机、国内生产成本上升以及环境污染等问题，这与2008年金融危机之后我国面临的国内外发展环境发生的改变具有一定的相似之处。为此，在这一背景下了解东京产业发展方向及其内部结构变化趋势，对上海经济结构调整具有现实借鉴意义。

第一，从东京之于日本的地位以及上海之于中国的地位来看，既有相似性，又有区别。相似性在于，两者都是以占全国较少的土地面积和空间资源，吸引和集中了大量的生产要素，创造了大量可观的社会与经济财富，对周边地区产生了一定的辐射效应和集聚效应。所不同的是，从经济效率即投入与产出的视角看，同一时期内无论是在有形商品财富的流通还是在无形知识财富的创造上，东京都更胜一筹（见表7）。

表7 东京之于日本与上海之于中国的地位比较

指标	上海	东京	上海/全国(%)	东京/日本(%)	东京/上海(倍)
占地面积(平方公里)	6340.5	2187.4	0.1	0.6	0.3
人口(万人)	2380.4	1319.6	1.8	10.3	0.6
从业人口(万人)	1115.5	952.1	1.5	15.1	0.9
GDP(亿美元)	3197.1	9108.6	3.9	17.6	2.8
人均GDP(美元)	13524.0	69025.0	222.2	170.8	5.1
三种专利授权量(件)	51508.0	126170.0	4.4	41.3	2.4
其中:发明专利(件)	11379.0	115692.0	7.9	42.1	10.2
商标注册量(件)	59679.0	34194.0	6.8	44.3	0.6
产业活动单位(万个)	41.0	69.4	6.0	11.5	1.7
社会消费品零售总额(亿美元)	1174.2	46555.0	3.5	33.3	39.6
股票成交额(亿美元)	26066.5	36015.6	52.3	97.8	1.4
股票市价总值(亿美元)	25140.4	34846.8	68.9	N.A.	1.4
普通高校数(所)	67.0	175.0	2.7	15.0	2.6
普通高校在校学生数(万人)	50.7	73.6	2.1	24.2	1.5
常住外国人数(人)	174192.0	406096.0	N.A.	19.0	2.3
口岸出口商品总额(亿美元)	4912.0	1762.2	24.0	21.5	0.4
口岸进口商品总额(亿美元)	3101.5	2214.9	17.1	26.0	0.7

注:在东京的各项指标中,股票成交额、股票市价总值为2012年数据;人口、普通高校数、普通高校在校学生数、常住外国人数、口岸出口商品总额、口岸进口商品总额为2011年数据;其他各项指标为2009年数据。

资料来源:东京都《东京都统计年鉴》、日本总务省统计局《日本统计年鉴》和上海市统计局《上海统计年鉴》、国家统计局《中国统计年鉴》。

第二,从发展阶段看,上海2012年的人均GDP达到1.35万美元,相当于东京20世纪70年代末80年代初的发展水平(见表8)。为此,研究的重点是20世纪60年代实行"国民收入倍增计划"至20世纪80年代初的这段时间内东京经济结构的变化。

第三,从东京产业结构的演进看,从20世纪60年代起,即日本实行"国民收入倍增计划"之后,东京第二产业和第三产业之比并没有立即发生剧烈变化,而是相对稳定对峙了一段时间,这种情况一直延续到1975年,甚至更

表8 东京与上海人均GDP比较

单位：美元

东京		上海	
年份	人均GDP	年份	人均GDP
1955	367	2002	4103
1960	596	2003	4650
1965	1125	2004	5417
1970	2661	2005	6061
1975	6582	2006	6882
1980	15976	2007	8159
1985	18338	2008	9637
1990	46811	2009	10125
1995	76808	2010	11238
2000	66648	2011	12784
2004	66464	2012	13524

资料来源：日本总务省统计局《县民经济核算》、上海市统计局《上海统计年鉴》。

晚一些。20世纪80年代初，东京的第二产业占比开始快速下降，而第三产业占比迅速上升。2000年之后，日本的产业结构进入另一个稳定状态（见图8）。这一变化过程反映了结构转型的内在规律：一是经济结构调整之初，第二、第三产业结构的变化并不明显，而是会经历一个相对持久的僵持阶段；二是外部经济环境的改变是导致产业结构变迁的重要诱因，东京20世纪60~70年代产业结构的变迁是日本经济转型的一个缩影，70年代日本出口导向型经济面临了汇率变化（日元大幅升值）、能源危机以及国内生产成本上升、环境污染等一系列问题，外部市场摩擦对经济增长方式提出了结构调整的内在诉求，使以东京为代表的日本经济在产业结构升级中寻求创新转型的动力。

第四，从东京就业结构的变动看，就业结构的变化特征与产业结构的变化特征基本吻合。研究发现，20世纪60年代东京就业结构的变化并不显著，而到了70年代，则出现了明显的"退二进三"迹象。90年代基本保持稳定，进入2001年之后，以信息通信业为代表的新兴服务业从传统服务业中分离出来，推动服务业内部分工与专业化向纵深发展（见图9）。

第五，从经济增速放缓和产业结构转型之间的关系看，东京用了30年的

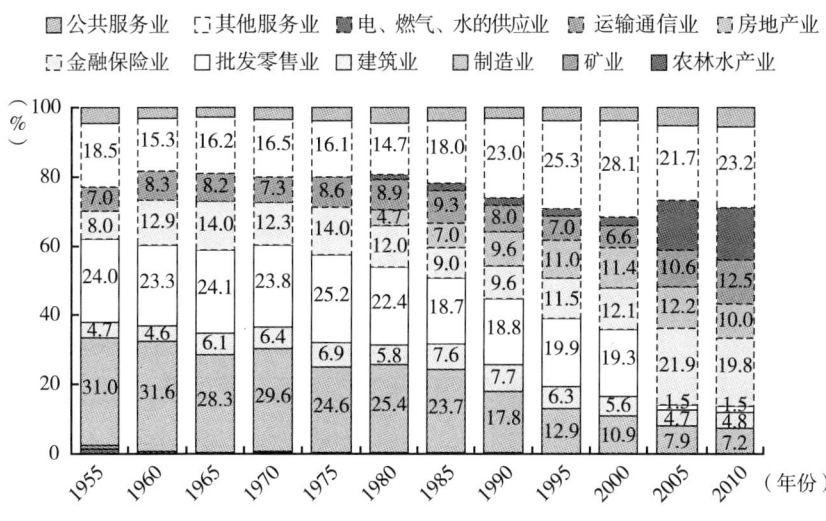

图8　1955～2010年东京产业结构变迁

资料来源：日本总务省统计局《县民经济核算》。

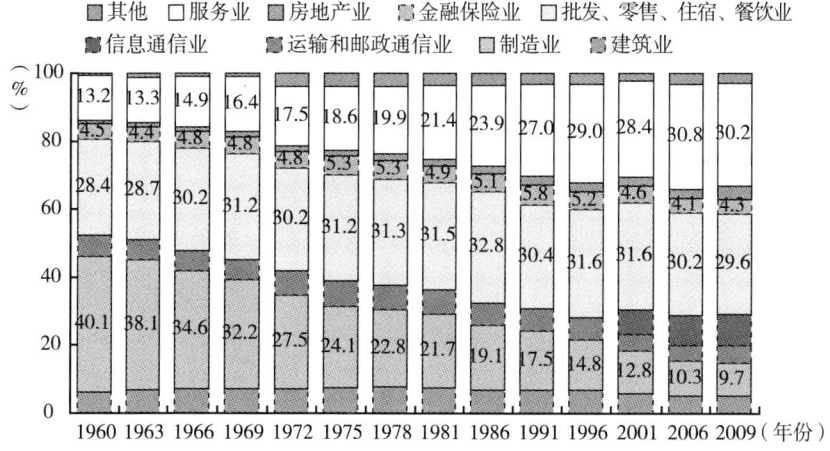

图9　1960～2009年东京就业结构变迁

资料来源：日本总务省统计局《事业所企业统计调查》。

时间（1956～1985年）完成了第三产业占比从50%向70%的跨越，这一转换标志着东京实现了从工业经济向服务经济的转型。其中，1956～1967年的12年间，东京的GDP平均增速达到9.0%，完成了第三产业占比从50%到60%的跨越；之后的18年，即1968～1985年，东京在GDP平均增速5.3%的水平上，又实现了第三产业占比从60%~70%的跨越。此后，东京的GDP增速基本维持在2%左右，相应的第三产业占比在70%~75%的区间内波动（见表9）。此番经验事实表明，从转型与降速的关系看，由于外部冲击或者经济刺激政策的冲击，经济活动的重心从工业部门向服务业部门的转型，往往伴随着经济增长速度的下滑。

表9 东京经济增速放缓与产业结构转型之间的关系

单位：%

时间	1956~1967年	1968~1985年	1986~1999年
时间跨度	12年	18年	14年
GDP平均增速	9.0	5.3	2.1
第三产业占比均值	56.5	65.2	73.3
第三产业变动区间	50~60	60~70	70~75

数据来源：日本总务省统计局《县民经济核算》。

3. 国内外比较的启示

国内横向比较表明，上海创新转型的经济绩效排名相对靠前，但与深圳、北京相比，仍存在一定的差距。上海在担当创新转型"先行者"和"排头兵"的过程中，应当借助评价指标体系，明确自身转型所处的阶段，以及相对于其他城市而言上海转型所处的相对阶段。从技术结构—投资结构—产业与贸易结构—就业结构—收入结构—消费结构的反映链条看，作为经济结构调整的结果，收入结构和消费结构调整速度相对缓慢，一定程度上反映出上海经济结构转型的特点。

国际比较表明，金融危机之后上海面临的创新转型，同20世纪60~70年代日本东京在汇率波动和石油危机之后面临的经济结构调整具有惊人的历史相似性。东京创新转型的经验事实表明，上海近年来出现的增速下滑和结构调整迟缓可能与转型过程密切相关，是经济转型艰难性和复杂性的具体表现。转型能否取得成功，还取决于经济政策能否发挥应有的作用。

20世纪60年代日本出台"国民收入倍增计划"，当时日本的社会经济背景与现阶段中国所处的经济发展阶段有着诸多相似之处，意外的经济危机阻挠了经济腾飞，导致了主要行业产能明显过剩、内需拉动增长效果不显著。当时的日本学界已经弥漫着一片有关战后恢复内需拉动的政策措施已经失效的悲观论调，然而年轻学者下村治却通过科学论证后大胆提出，日本经济并非难以持续增长，相反，已经具备了继续高速增长的充要条件，要求政府由单纯应付危机的政策尽快转变为推行促进经济持续健康增长的政策。这一政策建言在池田勇人的支持下，形成了日本20世纪60年代宏伟的复兴战略，并于1960年7月着手制定并实施"国民收入倍增计划"，其内在的核心指导思想是：一方面通过经济的高速增长来实现国民增收和促进经济与社会全面协调发展；另一方面通过国民增收和经济社会全面协调发展来促进经济持续增长；三者互为促进，相辅相成。该计划在规划经济增长数量与质量的同时，以产业结构高级化为促进经济增长的抓手，将"充实社会资本"作为产业高级化的助推动力，将加强教育培训与人力资本投资作为产业高级化提供必要的人才储备；形成了以提高低收入阶层城市职工和农民收入、建立和健全社会保障体系，以及区域协调均衡发展为主要内容的政策体系。该计划在实施后的第七年就实现了国民收入增长1倍的目标（见表10），成功、彻底地扭转了日本农民收入过低的局面，使得日本国民的生活方式、社会形象、人民的思维方式乃至日本的对外经贸关系和国际地位发生了根本性的变化。

表10　日本"国民收入倍增计划"取得的经济绩效：原计划与实际执行情况对照

指标		原计划		实际执行情况	
		1970年指标	年均增长率(%)	1970年实际水平	年均增长率(%)
总人口(万人)		10222	0.9	10372	1.0
就业人数(万人)		4869	1.2	5094	1.5
雇佣人数(万人)		3235	4.1	3306	4.3
GNP(1958年价格,亿日元)		260000	8.8	405812	11.6
国民收入(1958年价格,亿日元)		213232	7.8	328516	11.5
个人消费(1958年价格,亿日元)		151166	7.6	207863	10.3
企业职工的月均工资(当年价格,日元)		—	—	74436	7.4
国民收入构成比(%)	第一产业	10.1	—	7.4	—
	第二产业	38.6	—	38.5	—
	第三产业	51.3	—	54.1	—
出口额(按海关统计,亿美元)		93.2	10.0	202.5	16.8
进口额(同上)		98.9	9.3	195.3	15.5

资料来源：国家信息中心经济预测分析，2009年5月19日。

2012年底,党的十八大提出了人均收入翻番的战略目标,实际上是对经济运行和发展方式是否健康可持续的一个重要判别标准。就上海而言,面对日益高企的土地成本和欠佳的商务环境,上海对劳动力的吸纳相对有限,在全国中的比重仅为东京的1/10(见表7),不利于经济结构,特别是产业结构和空间结构的调整,而土地收益又通过一定渠道转化为企业的负担和政府的收入,导致宏观收入分配结构偏向政府,而不是企业家和劳动者,出现劳动收入占比过低现象。2012年上海的劳动收入占比仅为42%,不仅低于全国,也低于北京,影响了消费结构调整和消费需求增长。

上海可以从东京的转型发展和日本"国民收入倍增计划"的实施中获得大量的有益启示:一是要提高居民收入和劳动者报酬,让人民分享经济增长成果,这是内需拉动经济增长的前提;二是要在经济高速增长过程中有效解决社会二元结构问题,通过提高政府对农业的财政投入、设计工农业"逆向剪刀差"机制、加速农民的市民化等措施,缩小城乡社会经济发展差异;三是要进一步完善社会保障制度,尤其应倡导在就业、医疗、养老、住房、子女教育等方面提供均等化的公共服务;四是要探索构建产业结构高级化的有效途径,培育迅速摆脱外生冲击影响的能力,以实现经济的可持续增长;五是要重视教育在国民经济发展中的基础性作用,加大对人力资本的投资和储备力度。这些方面将成为决定上海能否率先实现以发展质量和经济效率为核心的"经济升级版"、加快推进创新转型的结构变迁。

参考文献

Carlsson, "Internationalization of Innovation Systems: A Survey of the Literature," *Research Policy* 35 (2006).

Nelson, *National Innovation System* (London: Oxford University Press, 1993).

Porter, Stern, "The New Challenge to American's Prosperity: Finding from Innovation Index," Harvard Business School, 1999.

Porter, Stern and Furman, "The Determinants of National Innovative Capacity," *Research Policy* 6 (2002).

OECD Science, "Technology and Industry Scoreboard 2009," Paris, 2009.

〔美〕约瑟夫·熊彼特：《财富增长论：经济发展理论》，李默译，陕西师范大学出版社，2007。

俞正声：《创新驱动　转型发展　为建设社会主义现代化国际大都市而奋斗——在中国共产党上海市第十次代表大会上的报告》，《解放日报》2012年5月24日。

潘世伟等：《建设创新驱动的世界城市——上海"十二五"发展规划思路研究》，上海人民出版社，2011。

周振华等：《创新突破　加速转型——2011~2012年上海发展报告》，格致出版社、上海人民出版社，2011。

周振华等：《体制创新与政策选择：上海发展转型之瓶颈突破研究》，格致出版社、上海人民出版社，2009。

叶宗裕：《关于多指标综合评价中指标正向化和无量纲化方法的选择》，《浙江统计》2003年第4期。

吴宇军等：《创新型城市创新驱动要素的差异化比较研究》，《中国科技论坛》2011年第10期。

沈露莹等：《上海转变经济发展方式评价指标体系研究》，《科学发展》2010年第6期。

徐国祥等：《上海转变经济发展方式评价指数及对策建议》，《科学发展》2011年第8期。

汤育书、张敏：《城市创新型经济发展能力指标体系研究——以江苏镇江为例》，《江西农业学报》2011年第9期。

徐宝艳：《美国麻省创新型经济评价指标解析》，《科学与管理》2007年第3期。

周勇等：《刍议创新型国家省市的评价指标体系》，《科学与管理》2006年第3期。

关晓静等：《从〈欧洲创新记分牌〉看我国创新型国家建设面临的挑战》，《统计研究》2007年第3期。

陈伟：《新指数、新思维、新趋势——世界经济论坛新的全球竞争力指数简介》，《经济研究参考》2005年第82期。

蒋玉涛等：《创新驱动过程视角下的创新型区域评价指标体系研究》，《科技管理研究》2009年第7期。

香港特别行政区政府：《民政事务香港创意指数研究》，2005年11月3日。

B.13
互联网金融业务发展给上海国际金融中心建设带来的挑战与机遇

徐明棋*

摘 要: 互联网金融最近几年迅猛发展,一方面给金融业带来了新的发展机遇,另一方面对传统金融业产生了巨大的冲击和挑战。本文在阐述互联网金融发展的基础上,分析了互联网金融业务的发展给上海国际金融中心建设带来的挑战和机遇。

关键词: 上海 互联网金融业务 国际金融中心建设

一 互联网金融发展概述

互联网金融最近几年迅猛发展,一方面给金融业带来了新的发展机遇,另一方面对传统金融业产生了巨大的冲击和挑战。所谓互联网金融,主要涉及两个方面,一是传统金融机构利用互联网销售传统的金融产品,开展传统金融活动;二是网络平台商侵入金融领域,成为传统金融业的"搅局者",带来一系列新的金融业态。

(一)网上金融产品的销售业务

金融机构和非金融机构通过互联网直接销售和代理销售基金公司、保险公司、信托公司和银行开发的各种金融产品。

---

* 徐明棋,上海社会科学院世界经济研究所副所长,研究员,博士生导师,研究方向为国际金融。

1. 基金网上销售

目前，基金网上销售有四个渠道。一是银行网上代销基金。2003年4月，银联电子支付服务有限公司（ChinaPay）推出银联通网上基金交易系统，使用户可以方便地在网上银行进行开户、申购、赎回、分红等一系列基金交易活动；二是券商网上代理销售基金，即通过证券公司在网上购买和赎回基金产品；三是基金的直销渠道，即通过自己的网站直接购买和赎回本基金公司的基金；四是第三方机构代理网上销售基金。2012年2月22日，中国证监会公布了首批第三方基金销售牌照名单，有好买基金网、众禄投资、诺亚财富、东方财富网等。

艾瑞咨询统计数据显示，2011年中国基金销售市场整体电商化水平达到30.8%，通过线上渠道销售的基金规模为4144亿元。其中，从各不同的销售渠道来看，电商化水平差距显著，券商（包括天相投顾）渠道的电商化水平最高，达到82.9%，通过证券公司交易软件实现的销售规模为640.6亿元；其次是商业银行渠道，电商化水平为43.5%，通过网上银行实现的销售规模为3271.6亿元；最后是基金公司直销渠道，电商化水平最低，仅为4.5%，通过网上直销渠道实现的交易额为231.8亿元。

2013年，第三方机构代理网上销售基金异军突起，其代表为余额宝和活期宝。2013年6月17日，余额宝正式上线，不过，只可以购买天弘基金的增利宝货币基金。截至6月30日24时，余额宝累计用户数已经达到251.56万，累计转入资金规模66.01亿元，累计消费金额（主要指用余额宝进行购物的支付）12.04亿元。随后，东方财富网的全资子公司天天基金网推出了新型理财工具活期宝。活期宝支持多个优质货币基金充值，包括南方现金增利货币及华安现金富利货币等老牌基金。活期宝可实现资金的随用随取，最快1秒钟即可到达银行账户，手续费为"零"。目前，活期宝绑定中国工商银行、中国农业银行、中国银行、中国建设银行、招商银行等14家银行推出的银行卡。活期宝累计23天销售16.48亿元，实现交易80096笔。

余额宝和活期宝的成功，标志着第三方机构代理网上销售基金逐渐成为基金网上销售的主渠道，不过，其发展的关键在于该产品是否能够实现其预期的受益，或者说同预期的受益偏差较小，一旦其实际受益同预期受益偏差过大，该产品发行将不会持续其初期的快速发展。此外,银行会逐步介入类似于余额宝和活期宝等基金产品的创新与销售,随着银行加入该类基金产品的创新与销售,其市场竞争会愈演愈烈。

2. 保险网上销售

保险网上销售大致有两个渠道:一是保险公司网站上的直接销售;二是非金融机构网上代理销售。

保险公司网站上的直接销售有两种形式。一种是线下经营的保险公司在互联网上提供保险产品,如平安保险公司的网站提供了平安车险等险种的网上销售,其他保险公司也有类似的产品。另一种是理赔保险公司完全通过互联网销售,如众安在线财产保险公司,注册资本金为10亿元,注册地上海,阿里巴巴控股19.9%、平安控股15%、腾讯控股15%、携程控股5%,还有多个网络科技公司股东,方案已报送中国保监会等待审批。众安在线财险最大的特点是,全国不设任何分支机构,完全通过互联网进行销售和理赔服务。产品主要包含两个方面:基于互联网的产品和基于物联网的产品,比如虚拟货币失盗险、网络支付安全保障责任险,甚至还有基于语音技术的保险保障服务。

非金融机构网上代理销售同样有两种形式。一种是专门从事网上销售的保险代理公司(见图1),如新一站保险网,其保险超市代理车险、旅游险和健康险、意外险、家财险、团体险等。新一站类似于保险的网上超市,能够提供中国平安、太平洋保险和人保财险等多家保险公司的保险产品,可以在不登录各个保险公司网站的前提下,对各保险公司产品进行比较,极大地便利了投保者。另一种是电商提供的保险销售平台,如国华人寿、合众人寿及弘康人寿等在淘宝聚划算平台上线,推出了保险团购,仅一天时间,国华人寿、合众人寿、弘康人寿的累计销售额分别为912.8万元、327.1万元、1036.5万元,总额已超过2000万元。目前,泰康人寿、阳光保险、华泰保险、中国平安等保险公司均在天猫、苏宁易购及京东商城等电商平台上开设了网络旗舰店,在线销售旗下的部分保险产品。网上销售的保险产品大多为消费型保险,相对比较便宜,保险产品的价格从5元到350元不等,险种以意外险、家财险、交通工具意外险为主,而以养老或储蓄分红为目的的万能险、分红险等较为复杂的险种则几乎没有上网销售。

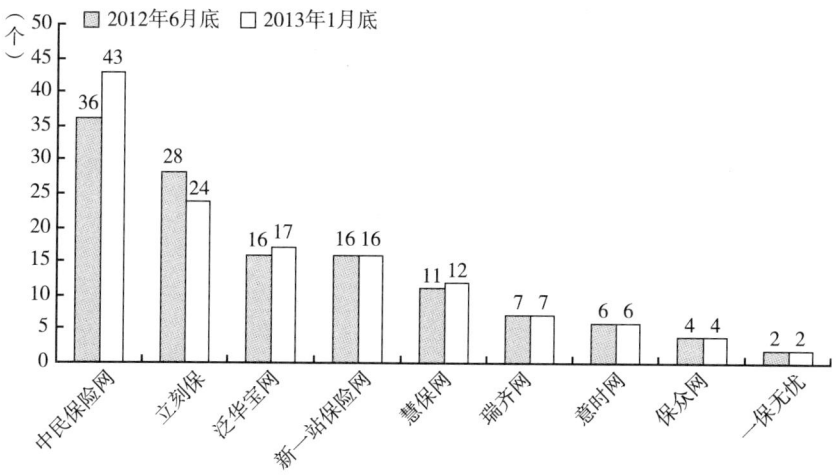

图1　中国主要在线保险中介平台合作保险公司数量变化

资料来源：易观国际。

艾瑞咨询数据显示，2012年中国保险电子商务市场在线保费收入规模达到39.6亿元，较2011年增长123.8%，占中国保险市场整体保费收入的0.26%（见图2）。艾瑞咨询预计，2016年中国保险电子商务市场在线保费收入规模将达到590.5亿元，渗透率将达到2.6%。

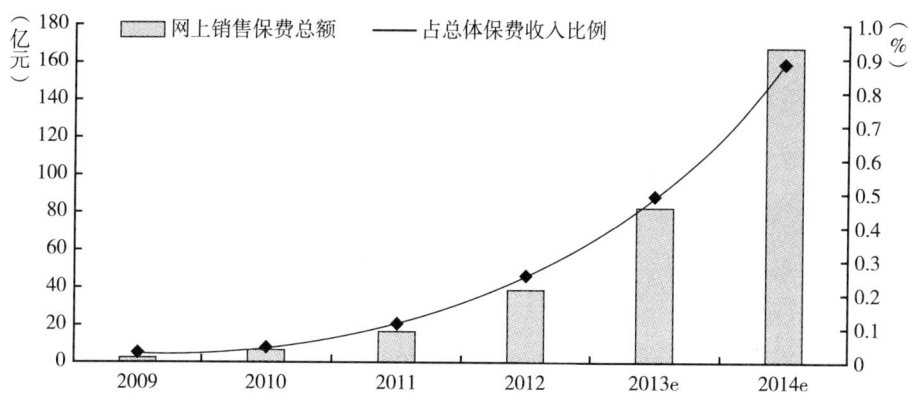

图2　网上保险销售规模及占总体保费收入比例

注：e表示预测，下同。

2012年，中国保险电子商务市场的高速增长受到了以下几方面因素的影响：首先，标准化程度更高的财产险增速远超整体市场增速，为保险电商化提供了稳定的产品基础；其次，中国电子商务市场经过了几年的高速增长之后步入成熟期，大型电商平台、第三方支付企业纷纷通过扩展品类以及向传统金融市场扩张来维持市场增速，这为传统金融的互联网化提供了有力的支撑；最后，面对传统渠道增速趋缓、销售成本上升的市场现状，保险公司及中介企业纷纷通过拓展以电销、网销为代表的新渠道来提升增量、降低销售成本。①

3. 理财产品网上销售②

理财产品网上销售实质是金融机构将线下柜台销售的理财产品在互联网上销售，投资者可以在网上银行购买理财产品，不仅省了时间，而且提高了效率。同时，网上理财产品的收益一般高于柜台销售的同类型同结构理财产品，导致网上销售理财产品异常火爆。尽管没有确切的网上购买理财产品的数据，但是通过网上银行购买理财产品的客户逐渐增多，大多数银行通过网上银行渠道销售的理财产品占比约为四成，有的银行这一比例已接近六成。

理财产品网上销售主要有两个渠道：一是金融机构自身的网上商城提供理财产品的销售；二是金融机构在电商平台上推出理财产品。

大多数银行的网上商城能够提供各种收益率的理财产品，如中国民生银行高度重视网上银行利差产品创新和推广，于2010年6月首家推出U宝系列网银专属理财产品，并坚持每周提供20余款票据理财产品供客户选择。这些产品期限短，覆盖7天、14天、18天、1个月、2个月、3个月、6个月等众多周期；安全稳健，预期收益高于柜台同期同类型理财产品，充分满足了客户需求。通过中国民生银行个人网上银行，客户可在线完成个人风险评估，以及理财产品的查询、选择和购买，操作十分简便。中信银行网上金融商城正在试运行，商城提供了琳琅满目的理财产品，从低风险到高风险产品一应俱全，不定期还有专属产品特供。

2012年以来，一些金融机构开始借助电商渠道来销售理财产品。2012年12月3日，国华人寿在淘宝网上推出专供网络销售的理财型保险产品，分别

---

① 引自艾瑞咨询《2012~2013年中国保险销售电商化研究报告》，2013。
② 一般是指人民币理财产品，即由商业银行自行设计并发行，将募集到的资金根据产品合同约定投入相关金融市场及购买相关金融产品，获取投资收益后，根据合同约定分配给投资人的一类理财产品。

是金钥匙一号、金钥匙二号、创富人生2011。以金钥匙一号保险理财计划为例，截至2012年12月13日14时，已经累计售出3799件，短短几天保费收入实现数千万元。银行也参与了电商平台，如光大银行在淘宝网上推出定存宝，期限从3个月到5年不等，购买的最低投资金额仅50元，其中3个月利率为2.86%，远高出银行同期定存利率。不仅如此，银行开始在电商旗舰店销售包含理财产品在内的众多金融产品，如中国交通银行在淘宝网上开设了旗舰店，针对不同资产的客户提供了多种在线理财产品。

（二）网上资金借贷业务

网上借贷指的是在资金借贷过程中，认证、记账、清算和交割等流程全部通过网络实现，借贷双方足不出户即可实现借贷目的，而且一般额度不高，无抵押，纯属信用借贷。它是随着互联网的发展而兴起的一种新的金融模式，是未来金融服务的发展趋势。

按资金出借方划分，网络借贷可分为两种模式：一种是金融机构（银行与小额贷款公司）与公司和个人之间的借贷模式；另一种是个人与个人之间的借贷模式，即P2P（peer to peer）。

1. 金融机构的网上借贷业务

金融机构网上资金借贷业务与网下资金借贷业务最大区别在于公司和个人不需要去银行柜台办理贷款，可以直接在网上申请贷款，从申请到完成放贷仅需几分钟。但是，大额信贷一般难以在网上进行，网上主要针对个人贷款和小微企业。

（1）个人网上贷款

大多数银行针对个人客户开设了网上贷款。网上贷款分为两种。一种为个人网上质押贷款，个人在银行的网上银行提出在线申请，并在线提供定期存款、国债作为质押，签订网上贷款合同；银行进行审核后，将贷款划入客户账户；贷款到期后，个人在网上还款，如兴业银行的网上自助抵押贷款。另一种为个人网上信用贷款，个人不需要提供质押品，可以在银行授信额度内在网上申请贷款，其流程同网上质押贷款一样，如兴业银行的网上自助循环贷款。

(2) 小微企业网上贷款

主要有三种：第一种，基于抵（质）押和担保的小微企业网上贷款。一般需要在线下完成首次授信额度（额度主要是根据抵押的财产和自然人评分的情况确定，目前主要以抵押为主，也可以担保），此后，小微企业可以在授信额度内通过网上银行办理贷款，并通过网上银行还款。如招商银行的生意一卡通、建设银行的小企业客户在线融资等。第二种，基于应收账款的小微企业网上贷款。金融机构根据小微企业的应收账款数据，审核其网上贷款申请，并确定贷款额度，小微企业最终在网上归还贷款。如淘宝（天猫）订单贷款，淘宝（天猫）卖家以个人名义，用店铺中处于"卖家已发货"状态的订单申请贷款，系统会对这些订单进行评估，在满足条件的订单总金额范围内计算出可提供的最高贷款金额，发放贷款。第三种，基于信用的小微企业贷款。金融机构在不需小微企业提供担保和质押的前提下，给予其一定的授信额度，在授信额度内，小微企业可以通过网络完成贷款。如阿里信用贷款，阿里巴巴 B2B 电子商务平台上的诚信通或中国供应商会员无须提供担保即可申请。在综合评价申请人的资信状况、授信风险和信用需求等因素后核定授信额度，额度为 5 万~100 万元。阿里巴巴小额贷款至今累计投放 280 亿元，客户数量达 13 万，均为小微企业和个人创业者。

(3) 国内 P2P 的主要特征

P2P 的主要特征之一是多对少，即较多借出人对较少借入人。以红岭创投为例，2012 年 9 月单月的借出人数为 2948 人，借入人数为 760 人（见图 3），加权成交量为 7.9 亿元（期限折算为 1 个月），平均借款期限为 4.5 个月，年化利率为 11.14%（见图 4）。

P2P 的另一个特征是平均借贷利率高，显著高于银行借贷利率。最高的搜搜贷竟然达到了 31.83%，最低的红岭创投为 11.14%，不同的网络借贷平台之间利差如此之高，其实质上蕴涵着较高的信用风险。

2. 网上直接融资业务

网上直接融资是指有资金需求的单位（包括公开上市公司和未公开上市公司）借助互联网，销售其发行的有价证券，从而完成资金融通的过程。一种是公开上市公司在金融市场上依靠互联网销售其发行的有价证券，如企业的

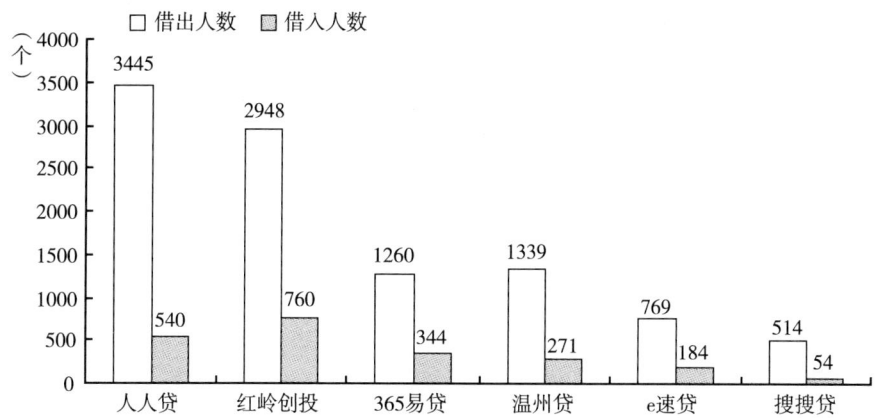

图 3　2012 年 9 月各网络借贷平台成交人数统计

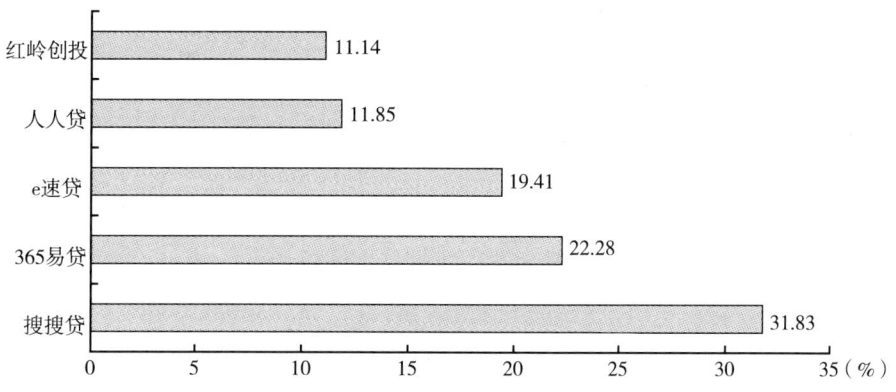

图 4　2012 年 9 月各网络借贷平台平均借贷利率

首次公开募股（IPO）；另一种是未公开上市公司不通过金融市场，仅通过互联网完成有价证券的销售，如众筹模式。

（1）证券网上发行

证券网上发行主要是金融机构借助互联网销售首次公开发行的证券，主要包括股票和债券在互联网上的发行与销售。IPO 最早实现了网上发行与销售，机构和个人投资者都可以在网上进行申购，而债券在股票之后，也实行了网上申购；同时，可以在银行柜台直接购买。

股票网上发行目前只有一个通道，即无论个人还是机构投资者，都只能通过券商的平台购买首次公开发行的股票。债券网上发行有两个渠道：一是机构和个人投资者通过券商的通道购买网上发行的债券；二是机构和个人投资者通过银行的网上银行购买网上发行的债券。网上不仅可以销售企业债券，而且可以销售国债。

2006年7月，山东鲁能集团有限公司2亿元的公司债券通过深圳证券交易所交易系统上网发行，企业债券上网发行试点工作正式启动。企业债券网上发行使中小投资者参与债券业务更加便利，而且投资者通过交易系统进行认购也无须缴纳任何费用，成本非常低。

2007年开始，凭证式（三期）国债首次开通了网上购买渠道，即单个投资者可以在网上购买，此后，多家银行的网上银行业务都支持在网上购买凭证式（三期）国债，大大降低了柜台购买国债拥挤的程度和等待时间的长度。记账式国债通过交易所交易系统以记账的方式办理发行，因此，记账式国债支持网上购买。只要投资者在交易所开立证券账户或国债专用账户，并委托证券机构代理进行，就可以从网上购买新发行的国债，并参与国债的二级市场交易。

（2）众筹模式

众筹，翻译自国外"crowd funding"一词，即大众筹资，是指用"团购+预购"的形式，向网友募集项目资金。相对于传统的融资方式，众筹更为开放，能否获得资金也不再以项目的商业价值为唯一标准。只要是网友喜欢的项目，都可以通过众筹方式获得项目启动的第一笔资金，为更多小本经营或创作的人提供无限的可能。① 目前，众筹模式主要有四大类型：股权制、募捐制、借贷制和奖励制。在北美，大多数采用了奖励制。

众筹起源于2009年美国网站Kickstarter，Kickstarter把大众团购的模式成功应用在天使投资领域。2011年，Kickstarter被《时代周刊》评为2011年最佳网站。2012年筹资总额达3.2亿美元，目前已实现赢利。Kickstarter上成功募资的项目应接不暇，募资额也屡创新高。Veronica Mars在Kickstarter上30天的募资期内共筹集到超过570万美元的资金，支持者达到91585人，创下影视创意众筹最新纪录。

---

① 引自百度百科，http://baike.baidu.com。

互联网金融业务发展给上海国际金融中心建设带来的挑战与机遇

在美国,众筹融资网站如今有 700 多家,到 2013 年第二季度增加到 1500 家,而到 2014 年第一季度又将在不声不响中缩减至 200 家。剩下的都为资金充足而且产生营收的众筹融资网站。到 2013 年底,预计总共有 104 家初创公司通过众筹融资方式至少募集到 100 万美元。众筹融资将成为一种被普遍接受的筹集资金的方法,而到 2014 年,当"美利坚公司"正式接受众筹融资模式之后,众筹融资将会在大众中呈现爆发式的增长。①

(三)网上支付(含移动支付)业务

互联网支付,指银行和第三方支付机构通过互联网为 B2B、B2C、C2C 之间办理在线货币支付、资金清算和查询统计等业务。互联网支付包括网上银行支付、第三方支付平台支付和移动支付。

1. 网上银行支付

网上银行从业务概念上看,指银行通过信息网络提供的金融服务,包括传统银行业务和因信息技术应用带来的新兴业务。网上银行支付作为最早被接受的互联网支付方式,由用户向网上银行发出申请,将银行里的金钱直接划到商家名下的账户,直接完成交易。

中国网上银行发展相当迅速,截至 2011 年 1 月,已有 120 家银行业金融机构接入网银系统,日均处理业务 64 万笔,金额 84 亿元,同比分别增长 310% 和 308%。2012 年,全年中国网上银行交易规模达 995.8 万亿元,同比增长 26.7%。据艾瑞咨询的统计数据,至 2014 年,中国网上银行的交易规模有望突破 1400 万亿元(见图 5)。从交易规模的结构来说,企业网银交易是网上银行交易最主要的组成部分,与此同时,个人网银交易规模占比也超过 17%,呈逐年上升趋势。

2. 第三方支付平台支付

2011 年 5 月 26 日,中国人民银行发放了第一批第三方支付平台支付牌照,首批 27 家企业获牌,支付宝、财付通、快钱、盛付通、环迅支付、渤海

---

① 〔美〕戴维·德雷克(David Drake):《2013 将是众筹融资的淘金年》,福布斯中文网,http://forbeschina.com/review/201212/0022310_2.shtml,2012 年 12 月 28 日。

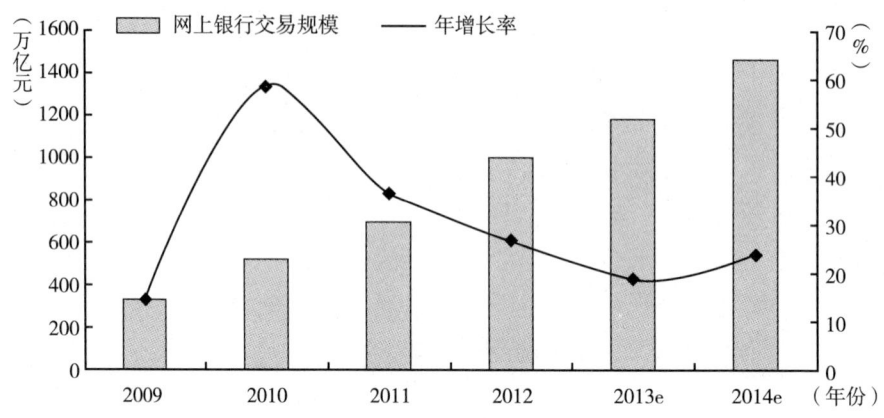

图5 网上银行交易规模及年增长率

易生等在列。2011年8月31日,中国人民银行发放第二批支付牌照,上海银联、杭州银通、联动优势、成都摩宝、捷付睿通等13家企业获牌。2011年12月31日,中国人民银行发放第三批支付牌照,天翼电子商务、联通沃易付、中移电子商务三大通信运营商同时上榜。2012年6月27日,中国人民银行发放第四批支付牌照,数字电视支付首获牌照。2012年7月20日和2013年1月9日,中国人民银行发放第五批和第六批支付牌照。截至目前,中国人民银行已颁发六批第三方支付牌照,共计223家企业,包含网络支付、预付卡的发行与受理、银行卡收单及中国人民银行确定的其他支付服务。

2009年以来,第三方支付经历了快速的发展。2012年中国支付行业互联网支付业务交易规模达36589亿元,同比增长66%,较2011年增速放缓(见图6)。艾瑞咨询预计到2016年,整体市场交易规模将突破14.7万亿元。

截至2011年底,支付宝、财付通的互联网支付业务市场份额分别为49.0%和20.4%,银联位列第三,市场份额为8.4%,初步形成了三足鼎立的市场格局。从互联网支付细分应用行业交易规模结构来看,2012年网络购物贡献最大,占比为41.5%;其次为航空客票,占比为15.3%;电信缴费、电商B2B、网络游戏占比分别为6.2%、3.9%和3%;创新行业应用贡献比例持续扩大。①

---

① 艾瑞咨询研究报告。

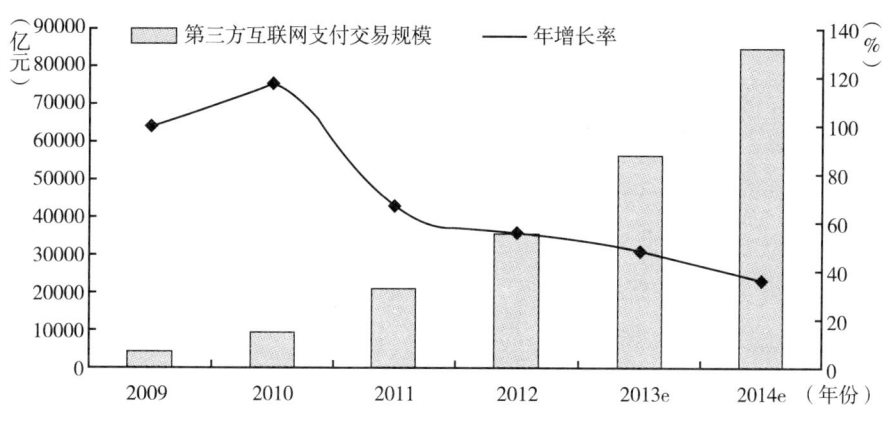

图6　第三方互联网支付规模及年增长率

3. 移动支付

移动支付，是指用户使用移动设备，通过无线网络实现资金从支付方到接收方转移的一种支付方式。就移动支付的分类而言，按通信方式来看，则可以将移动支付分为远程支付和近场支付。

远程支付，亦称线上支付，是指利用移动终端通过移动通信网络接入移动支付后台系统，完成支付行为的支付方式。近场支付，是通过移动终端，利用近距离通信技术实现信息交互，从而完成支付的非接触式支付方式。常见的近距离通信技术包括蓝牙、红外线、射频识别（RFID）以及近场通信技术（NFC）等。

艾瑞咨询报告显示，2012年移动支付市场交易规模达1511.4亿元，同比增长89.2%（见图7）。远程支付占比高达97.4%，近场支付占比仅为2.6%。预计2016年，我国移动支付市场交易规模将突破万亿元大关，达到13583.4亿元。

从细分市场规模交易结构来看，2012年移动远程支付占比达97.4%，其中移动互联网支付占比超过短信支付占比，达51.7%。但是，近场支付占比仅为2.6%。从交易规模企业份额来看，支付宝在移动支付市场整体和移动互联网支付领域的市场份额分别为31.5%和57.9%，均占据市场第一位；联动优势、上海捷银凭借其市场先发优势，亦在整体市场中占据一定位置，两者市

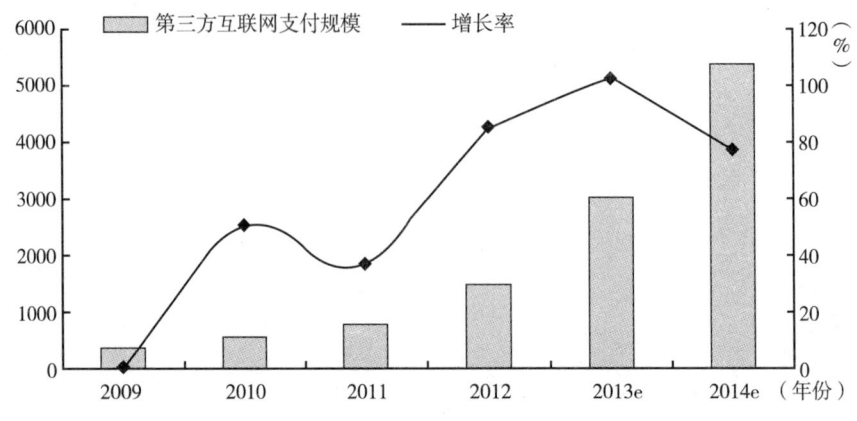

图 7　第三方移动支付规模及年增长率

场份额分别为27.8%、10%，分列第二、第三位；中国银联在移动支付市场整体和移动互联网支付领域的市场份额分别为6.8%和11.9%，分别排第四位和第二位。

目前，移动支付主要有如下几种形式：支付宝钱包、中信银行的摇一摇支付、快钱的手机钱包、招商银行联合中国联通推出的信用卡手机支付等手机支付方式，此外，中国交通银行、浦发银行、中国工商银行和中国建设银行等纷纷推出了各种形式的手机钱包。

支付宝钱包主要包含"付钱""转账""扫码""手机充值"四大服务，此外还包含了信用卡还款，水费、电费、燃气费、宽带费、条码费支付及彩票购买等服务。中信银行在业内首推手机摇一摇转账支付功能，打破了传统银行转账汇款的提交、确认和完成等烦琐的操作环节，用户通过手机摇动即可完成交易，给消费者带来全新的支付体验。招商银行同中国联通共同推出的信用卡手机支付产品，是国内首款基于SWP-SIM卡模式的近场手机支付产品，实现了真正意义上的3G手机支付。成功申请办理手机钱包业务后，用户出门购物无须携带信用卡，只要带上手机，就可在瞬间完成信用卡付款。

移动支付行业发展处于起步阶段，尚未形成稳定的市场竞争环境，未来几年，移动支付可能会出现爆发式增长。据艾瑞咨询报告，移动支付产业整体市场会迎来三个浪潮：一是移动互联网远程支付，即基于移动互联网把PC端照搬过来；二是 O2O 电子商务支付，如二维码，在经历一段市场调研之后，将会出现一些满足用户需求的产品形态，从而为移动支付产业带来一个短期的高速增长态势；三是非接近端支付，随着近场行业标准、受理环境、应用场景、应用内容等基础条件的逐步成熟，移动支付将会迎来市场的爆发式放量。①

（四）网上金融信息的服务业务

互联网金融信息服务行业属于新兴行业，互联网金融信息服务是指通过互联网和移动通信网络向用户提供股票、基金、债券等有价证券相关信息的服务。服务内容包括金融资讯、金融数据、信息交流、培训教育、分析工具、理财工具、交易工具等。

2005 年以前，是互联网金融信息服务的市场培育期。2005 年以后，伴随互联网逐渐普及与资本市场快速发展，互联网金融信息的规模在不断增大。根据艾瑞咨询的数据，2004 年，互联网金融信息服务的销售额为 3.3 亿元，2009 年已经增长到 21.8 亿元，年复合增长率为 45.9%（见图 8）。

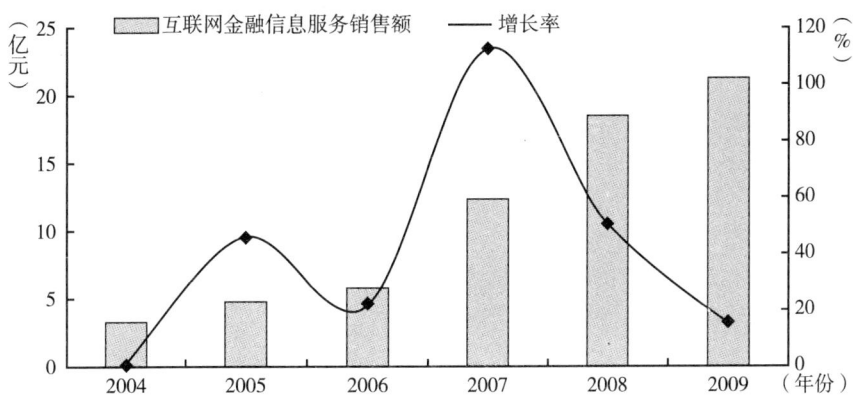

图 8 互联网金融信息服务销售额及年增长率

互联网金融信息服务提供主要有四种业务模式：其一，财经网站提供财经信息；其二，金融信息终端提供金融信息；其三，电商平台销售金融信息；其

---

① 引自艾瑞咨询《中国移动支付市场逐步放量 或将迎来三波浪潮》，2013 年 3 月 12 日。

四，金融信息销售电商化。在初始发展阶段，大多数信息供应商专业分工明确，或从事财经网站，或从事金融信息终端。但是现阶段，金融信息供应商开始跨界经营。譬如，第一财经推出大数据金融终端，搭载国内唯一的财经通讯社"第一财经新闻社"的原创滚动新闻，为用户提供更权威、及时、准确的财经新闻，终端同时还结合最新技术提供多元化展示，以全新的方式为金融领域的专业人士提供最准确的金融数据与个性化的投资分析工具。

1. 财经网站

财经类网站分为三大类：金融投资理财专业服务机构的服务网站，主要是各大商业银行、证券期货交易所、证券公司等机构的网站，如深圳证券交易所的巨潮网站、招商证券的牛网；专业的财经网站，主要是提供专业财经信息和专业理财产品服务的独立运营网站，如东方财富网和金融界网；大型综合性网站的财经频道，主要是综合性网站中专门的财经频道，如腾讯和新浪的财经频道。

2. 金融信息终端

金融信息终端服务有两种类型：PC终端服务，以PC终端软件和互联网为载体，为用户提供金融咨询、专业数据的查询和分析，以及委托交易等服务；移动终端服务，以移动终端软件和无线网络为载体，为用户提供金融咨询、专业数据的查询和分析，以及委托交易等服务。大智慧和同花顺等能够提供上述服务。

3. 金融信息销售电商化

金融信息销售电商化的实质是在互联网上销售金融信息产品。目前，出现了两种形式的该类网络销售平台，一种是券商进驻网上商城，如证券公司在网上商城开设自己的网店；另一种是券商的网上商城，即证券公司建立自己金融产品的网上销售平台。

第一，券商进驻网上商城。2013年3月，方正证券在淘宝网天猫商城开设的泉友会旗舰店正式上线，这是证券行业在金融创新方面的重要探索之一，也标志着券商开始涉足互联网销售，向打造券商的网上金融超市方向迈进。方正证券在网上商城上销售的产品共有五个大类，分别是资讯、软件、理财咨询产品、会员服务以及旺点数据宝。其中，资讯产品占据主导地位，既有公司对市场的观点分析，也有公司资深投资顾问精心打造的个股模拟组合等。购买方式与普通淘宝购物无异，可通过支付宝直接完成支付。

第二，券商的网上商城。国泰君安和华创证券是涉足网上商城的头一批券商，国泰君安打造的是网上金融超市，而华创证券采用的则是金融产品与非金融产品综合经营的电商模式。国泰君安金融超市销售的金融信息类产品为手机报、投资组合和投资软件类。其中，手机报和投资组合为咨询产品，包含了公司对市场、机构、行业、个股和投资组合等方面的观点和分析，而投资软件则是类似于同花顺和通达信的股票分析软件。

4. 金融信息的搜索平台

金融信息的搜索平台不提供直接的金融信息产品的销售，而是一个金融信息产品的搜索平台，用户可以在网站上搜索个人需要的金融信息。

典型的金融信息的搜索平台是"融360"，它是一个为广大消费者和小微企业提供融资贷款搜索和推荐的互联网平台。目前，"融360"具有如下功能：贷款搜索比较及申请交易；利用贷款产品信息应用直接联系银行进行申请；银行理财产品的筛选和推送。譬如，在申请贷款时，"融360"提供了货比多家的功能，输入贷款金额即可查询到有哪些金融机构提供这种贷款，贷款条件如何，如是否需要房产抵押、担保，放款时间，每家申请贷款的成功率，贷款额度，以及月供信息。目前，其贷款服务包括经营、消费、购房购车等领域。"融360"提供信用卡服务，用户在其网站平台上可以浏览各家银行的信用卡信息，在线申请信用卡最快2小时内就能获得银行人员的上门服务，其希望以此方式打造一个满足用户和银行需求的融资贷款产品直销平台。①

二 网络金融发展对上海金融中心建设带来的挑战和机遇

2013年6月2日，在上海首届外滩金融论坛上，马云"要做金融搅局者"

---

① 《融360，快拿3000万美元去买耕牛吧！》，虎嗅网，http://www.huxiu.com/article/17678/1.html，2013年7月23日。

的一席言论引起了媒体的广泛关注。马云以电子商务为起点成为网络平台商的领军者，随后又将服务链延伸至物流，其第三阶段的发展是金融电子支付和网络贷款，现在还高调宣布进入担保、保险、基金、理财等其他金融领域。其"三级跳"的最后一跳不仅将对传统金融业构成挑战，成为其宣称的传统金融"搅局者"，而且对原来金融机构集聚于中心城市开展金融活动的模式形成巨大冲击，这些冲击直接威胁着按照传统路径建设国际金融中心的效果，甚至对原有建设国际金融中心的思路产生颠覆性的影响。

（一）网络平台商和新兴的网络金融业务已经对传统金融业务构成严峻的挑战

网络经济的特点是极大地突破了现实世界的时空限制，减轻了交易双方之间信息不对称的程度，大幅度降低了交易成本，无限制地复制和组合信息为不同的经济主体提供了个性化服务。网络经济的这种特点对传统金融业至少产生了三个方面的直接影响。

第一，网络交易"平台经营者"通过其交易平台提供第三方支付服务，部分地取代了原来银行提供的支付中介服务功能。由于平台经营者掌握了大数据、云计算等功能，不仅可以直接为其交易平台的交易者（电商以及消费者）提供支付服务，而且可以超越其交易规模的限制，为整个经济提供原来只有银行具有的支付体系的服务，对现有的商业银行构成挑战。阿里巴巴旗下的支付宝、财付通、快钱等均属于此类，其中，快钱依托与各大银行的战略合作伙伴关系，打造了跨银行、跨地域、跨网络的信息化平台，并以此为基础向企业客户提供电子收付款、应收应付账款及票据融资等创新产品组合，实现了资金流与信息流的无缝整合，帮助企业提高了资金流转效率，俨然成为一类新型的金融机构。当然，在目前，网络支付平台尚无法完全取代银行，网络支付平台的资金只是从一个银行账户转向另一个银行账户，对外支付最终还要借由银行账户完成，不过其未来的发展潜力不可低估。

第二，网络平台商利用其大数据的优势，在提供支付服务的同时，提供了相关金融业务，侵蚀了现有银行业务。其中最为典型的是阿里巴巴小额贷款股份有限公司（以下简称"阿里小贷"），其利用买方支付和卖家收款之间时间差所形成的大量沉淀资金,为需要资金的客户提供贷款。虽然其无法像银行那样吸收存款,但是其8000万注册用户和已经超过万亿元的支付规模,使得这一新兴的网络金融服务有着巨大的贷款潜力,其对现有银行的挑战不可小觑。阿里小贷从2010年成立到2012年底,已经累计发放贷款300亿元。目前,这一类网络P2P(peer to peer,即所谓的"点对点"或者"终端对终端")贷款公司正迅猛地发展,全国已经有200多家类似的网络贷款公司,整个网络贷款的规模2012年已经突破200亿元。就目前看,由于对民间金融的管制开始放松,这些网络贷款公司的合法性有了一定的保障,但是其业务经营的模式和范围尚没有明确的法规予以监管,其间孕育的风险比较大,发展的潜力还没有完全释放。未来如果相关的法规不断健全,风险控制得到加强,其所具有的低成本、大数据信息优势对银行现在的经营将会构成更加多的挑战。

第三,传统金融机构利用网络提供网上金融服务,门店和网点的重要性下降。便利的网络信息传输和直接点对点的链接,使得商业银行、保险公司、证券公司等传统的金融机构也开始利用网络提供各自传统的金融业务。网上银行、网上保险销售和理赔以及网上证券买卖已经广泛地被广大客户接受,并且正以越来越快的速度发展。现在网络的发展已经进一步向移动网络延伸,银行提供的手机银行服务方兴未艾。中国工商银行称其银行业务的67%已经是通过网络电子渠道完成的。这使得传统金融机构业务发展主要依靠门店网点扩张的格局发生了翻天覆地的变化,一个金融机构可以在不增加网点的情况下,通过网络迅速扩大业务。

(二)新型网络金融兴起对金融中心建设的影响

上海虽然在国际金融中心建设上已经取得了重大的突破,集聚了全国最完善的市场要素、最多的金融机构,但是网络金融的发展使得这些优势的重要性下降。

第一,网络金融大大削弱了原来金融机构集聚的需求和动力。由于网络覆盖面广阔,金融机构集聚于中心城市,利用中心城市的信息、交通通信优势开展金融业务的需求大大降低。因为信息的获取、业务的拓展都可通过网络进行,这就使得金融机构集聚于上海这样的大都市的动力大大减弱。

第二，新型金融业务的拓展，已经不需要金融机构集聚于上海这样的大都市。从网络支付和网络贷款的角度看，这些业务的创新和快速发展已经脱离了传统金融中心的集聚过程，点对点的直接交易使传统金融中心的中介功能大大削弱。即使从当前人民币国际化推进过程中的一些新兴业务看，上海金融中心在其中发挥的作用也越来越小，如人民币国际贸易结算完全可以通过现有的商业银行支付网络完成，不需经过上海有形的金融市场。截至2012年底，人民币国际贸易结算量已经有3万亿元，但经过上海银行体系账户结算的约4000亿元，比重大约为12.8%，与上海关区进出口贸易额在中国占20%以上的比例显然不匹配，这说明网络分散金融中心业务的影响不可小觑。

第三，中心城市的相对优势尽管仍然存在，但是中心城市的人文、生活、交通便利等条件的重要性将让位于网络信息基础设施。传统金融中心具有的优质交通、办公空间、商业配套设施等因素可能不再是建设金融中心最关键的因素，大数据传输的便利、全天候的网络服务和支持、更加安全的网络保障，以及对网络犯罪的防范和及时打击等，将变得更加重要。

第四，城市创新的氛围和对创新活动的支持与宽容可能对新型金融机构的落户具有更加重要的影响。基于互联网生存和发展起来的新型电商和金融业务提供者都是创新型的企业，它们的竞争优势在于不断地突破现存体制的限制，在新的空间创设和拓展新型业务。上海以管理规范和"强政府"而闻名于全国，虽然在金融中心建设中上海出台了很多优惠政策吸引金融机构集聚于上海，但是互联网新型企业的总部基本上设在杭州或深圳，这可能与这两个城市对新型的业态和企业有较高的支持和容忍度、政府监管相对宽松有重要的关系。

（三）互联网金融给上海国际金融中心建设带来的机遇

机遇与挑战并存，互联网为上海国际金融中心建设提供了一些机遇，如果能够将上海原有的国际化大都市的有利条件与互联网金融发展的特点相结合，上海国际金融中心建设将取得新的突破。

第一，互联网金融业务需要更强的信用服务为之控制风险。互联网金融的空间广泛性使得金融交易者之间的相互熟识程度和信用了解程度大大降低，这就使得这些业务的风险加大，对专业信用服务的需求也就相应加大。上海在这些服务领域具有领先于全国的优势，如果能够将这些优势及互联网业务的开展和集聚吸引至上海，上海国际金融中心的地位将得到提高。

第二，互联网金融需要有效率、创新的金融监管。互联网金融本身的创新性使其在带来更多便利的同时，也增加了很多不确定性和风险。这就需要开展互联网金融的集中区域和城市具有更加有能力的金融监管力量和金融监管手段。制定相应的法规是重要的基础，但是即便制定了法规，也需要监管者有创新的理念和手段来适应不断更新的形势和创新工具。上海由于已经建立了全国重要的金融中心，监管机构能力强，有着全国最优秀的监管人才。这对互联网金融有序开展具有积极的影响。

第三，上海具有优良的互联网基础设施，能够成为互联网金融的重要中心。作为全国最重要的国际化大都市，上海在互联网的基础设施建设上在全国也走在了前列。如果再根据互联网金融开展的需要进一步提升基础设施建设和安全设施建设，上海将成为中国互联网金融最为重要的中心，并且能够与已经建立的传统金融中心相得益彰，使上海成为国际金融中心中的翘楚。

（四）应对网络金融挑战的对策建议

第一，上海需要在如何营造利于创新型企业发展的营商环境上下大功夫。工商、税务乃至公安等部门都需要转变工作理念，改变简单的管理、监督、检查职能，树立为企业服务和帮助企业发展的观念。对基于网络发展的新型业态，在保证国家政治安全和信息安全的前提下，提高对商业形态和业务拓展方面的容忍度，不轻易根据现有的规章制度加以限制，让有创新思想的创业者在上海拓展各类新业务。

第二，上海需要在智能城市建设上花更大的力气，打造真正的信息化高地。上海应把原有的国际化大都市的优势与网络基础设施优势相结合，只有把上海建设成各家金融机构网络业务拓展和信息支持的最佳城市，使其成为各家金融机构的数据处理中心和备份中心，并成为信息安全最有保障的城市，上海才能在网络经济条件下继续保持金融中心的优势。

第三，上海需要花力气吸引网络平台商将新业务总部设在上海。上海不仅需要继续引进传统的银行、证券、保险等金融机构,还应该根据新兴的网络经济发展趋势,设法引进网络平台商,或者吸引网络平台商将其支付和金融业务的总部和管理部门设立在上海,比如马云对传统金融业的"搅局"业务总部放在上海,则新兴网络金融业与传统金融业的互动将成为上海金融中心建设的新兴推动力。建议有关部门研究制定针对这些网络平台商的优惠措施,与吸引跨国公司总部的措施相匹配。

第四,加强政府对互联网金融发展的规划。2013年7月,上海黄浦区政府宣布将在外滩建立金融创新试验区,其主要任务是发展互联网金融和民营金融。这一决定表明互联网金融已经开始受到上海各级政府的重视,今后上海其他区域也会陆续出现类似的政策。上海市政府有必要整合和协调不同区政府的发展规划,在此基础上制定上海整体的互联网金融发展战略。互联网金融业属于新兴复合型产业,其产业链涉及金融、电子商务、通信、大数据、云计算、软件开发、互联网维修、互联网安全等不同行业,其中一个行业的滞后发展就会牵制和妨碍整个互联网金融业的发展,因此,保持这些行业之间的合作和协调是保证互联网金融健康发展的必要条件之一。鉴于互联网金融的这一特点,上海有必要制订整体的互联网金融发展规划。

第五,出台与互联网金融相关的产业优惠政策。从税收、资金、技术和人才等方面支持互联网金融的发展。通过优惠政策,吸引外地互联网金融企业落户上海,通过优惠政策促进本地企业开拓互联网金融业务,通过优惠政策,鼓励和扶持互联网金融领域的创业。在政策支持方面,可以采取以点带面的发展策略,重点扶持那些当前在互联网金融发展方面具有先发优势的上海本地企业。当前,在互联网金融业务方面,一些上海本地企业具有一定的竞争优势,如平安陆金所的网上融资业务、东方财富网的活期宝、众安在线的保险业务都在全国处于领先地位,上海可以考虑以扶持这些企业为突破口,推动上海互联网金融的发展。

第六,由政府出面建立互联网金融企业孵化器和多功能互联网金融产业园区,以此带动互联网金融产业的发展。从以往的经验来看,在新兴产业发展的初期阶段,建立企业孵化器和新兴产业园区是加速其发展的有效方法之一。这一政策的实施可以促进资源、技术和人才的共享,可以通过发挥规模优势和外部效应促进新兴产业的发展。近年来,四川成都在发展手游产业园区方面获得了明显的成效。这一经验表明,产业园区非常适合培育互联网新兴产业。上海在培育互联网金融企业方面,可以借鉴四川成都的这一经验,根据互联网金融产业链发展的需要,由政府出面牵头建立多种类型的企业孵化器和产业园区,实现人才培育、科研和生产的三结合。互联网金融属于高科技产业,其发展对技术和人才有较高的要求,鉴于互联网金融的这一特点,上海政府可以组织本市高校加强这一领域的技术开发和人才培育,促进高校与企业之间的合作,以此促进互联网金融的发展。

未来如果能够抓住上海自贸区建设和互联网金融发展两个新的机遇,上海国际金融中心建设将迎来新的快速发展周期。

B.14 推进虹桥商务区作为上海国际贸易中心战略高地的功能性项目建设

上海社会科学院经济研究所课题组*

摘　要： 本研究围绕把虹桥商务区建成"上海现代服务业集聚区，上海国际贸易中心建设的新平台，服务长三角地区、服务长江流域、服务全国的高端商务中心"的战略目标，按照区域发展中交通、市政、生态环境、社会资源的统筹协调和形态建设、功能开发有机融合的要求，积极借鉴国内外商务区开发的成功经验，提出虹桥商务区功能性项目开发建设的目标导向、总体思路、主要策略和推进模式，同时根据当前开发建设情况，梳理虹桥商务区功能性项目开发建设的指导目录。

关键词： 虹桥商务区　战略高地　功能性项目建设

虹桥商务区是上海未来发展的一个战略高地，是上海实现"创新驱动、转型发展"，加快推进"四个中心"建设，促进长三角区域一体化发展的重要载体和平台。当前虹桥商务区开发建设已逐渐从以基础设施开发建设为主转向

---

* 本课题组负责人为沈开艳、杨亚琴；课题组成员有闫彦明、王红霞、王丹等。沈开艳，经济学博士，上海社会科学院经济研究所副所长，研究员，博士生导师，主要研究方向为宏观经济学、中国经济理论与实践、印度经济等；杨亚琴，经济学博士，上海社会科学院智库科研处处长，研究员，主要研究方向为区域经济、上海经济等；闫彦明，经济学博士，上海社会科学院经济研究所研究员，主要研究方向为区域金融、金融产业组织等；王红霞，经济学博士，上海社会科学院城市与人口发展研究所副研究员，主要研究方向为城市与区域发展、空间经济学；王丹，经济学博士，上海市人民政府发展研究中心助理研究员，主要研究方向为产业经济学。

推进虹桥商务区作为上海国际贸易中心战略高地的功能性项目建设

总体功能营造与基础设施开发并重的新阶段。如何依托重大功能性项目的标杆效应,积极推进区域开发建设进程,完善提升商务区综合服务功能,加快要素、资源、企业集聚,是虹桥商务区发展的重要课题。

一 加快虹桥商务区功能性项目开发建设的战略意义

加快虹桥商务区功能性项目开发建设,目的就是形成以总部经济为核心,以高端商贸和现代物流为重点,以会展、商业等为特色,其他配套服务业协调发展的产业格局和现代化新城区,在整体功能布局的推进中寻找发展的突破口和重点环节。

(一)当前功能性项目开发建设面临的问题

所谓"功能性项目",主要是指一些能承载区域发展战略目标、体现区域发展规划和功能定位,与区域经济社会发展紧密联系,带动区域发展的不可或缺的关键性建设项目。目前,虹桥商务区功能性项目开发建设已经具备了良好的基础条件,但从规划目标实施的进程来看,仍面临一些突出的问题。

1. 功能性项目开发规划与实施尚缺乏统一部署

当前,虹桥商务区功能性项目开发建设处于规划实施过程中,迫切需要系统梳理功能性项目体系,分类确定不同的推进主体和建设模式,其中要重点强化由政府及相关机构主导开发的项目,有效发挥这些项目的引领与集聚作用,比如,与商务功能相关的行政办公及行业监管的楼宇设施,律师、会计、金融、咨询等专业服务业集聚的办公设施,社会公共服务平台设施(如集采集、查询、发布、分析等于一体的公共信息服务大楼),提升商务区品质形象和凝聚力的文化基础设施,等等。

2. 功能性项目的协调管理与开发有待加强

中国博览中心、虹桥区域集中供能项目和上海新虹桥国际医学中心是三个重点项目。作为主体性的中国国家会展中心,中国博览中心单体建筑面积占核心区总建筑面积的40%,整个核心区的开发布局和规划进展,应围绕这一"商业巨舰"展开。但目前对其关联的项目规划尚不足,这对商务区核心区功能布局和合理开发是不利的。作为长三角区域的商务商业中心,需统筹考虑与规划中央商务区、中央公园联动,建成生态性、花园式的大型商业广场等。这些功能性项目的开发建设需要政府部门进行协调与管理。

3. 功能性项目建设的时序控制需要明晰

上海虹桥商务区占地86平方公里,仅其主功能区26.3平方公里的最终形成,也是个庞大的系统工程。因此,当前迫切需要先对主功能区的开发周期和开发进展进行科学测算和规划,同时按照不同功能需求,掌握开发时间节点。例如,在虹桥商务区重大项目规划体系中,对"上海世界贸易中心综合体"和"国际商贸教育中心"两项重大项目仍未有详细规划,开发主体还不够明确,这将会影响商务区核心地块功能性开发的布局和配套。

(二)功能性项目开发建设的重要性

加快推进功能性项目开发建设,不仅对虹桥商务区核心区确保在"十二五"期间"出形象"至关重要,而且是对打造和提升商务区功能、促进商务区内部资源的有效联动发挥重要的支撑作用。

1. 做强做实基础功能性项目,有助于凸显交通枢纽优势

虹桥综合交通枢纽蕴涵着巨大人流、物流、信息流和资金流带来的经济潜能,但如何应对未来大客流,提供安全、高效、便捷的交通,是一个必须考虑的重要问题。目前,商务区正在研究推进核心区空中廊道、地下通道等特色鲜明的交通微循环项目建设,其中自动化捷运系统作为进一步提升区域交通便利的功能性项目,正处于力推阶段。因此,做强做实类似的一些基础功能性项目,有利于凸显交通枢纽优势,增强对客流的吸引力,保障人流、物流、信息流的集散,从而奠定虹桥商务区后续开发的基础。

2. 功能性项目是重要增长引擎,有助于推动上海转型发展

目前,上海率先步入了经济转型期,迫切需要有以高起点、新理念、新业态为特点的功能区域来承载产业升级转型的新要求。被赋予全新经济功能的虹桥商务区,要有效地承载上海转型发展的功能需求,特别需要加快推进和落实功能性项目的建设,以增强发展动力、形成新的经济增长点。虹桥商务区集聚会展、医疗、教育、商贸等一批新型现代服务业项目,有望成为支撑上海未来

推进虹桥商务区作为上海国际贸易中心战略高地的功能性项目建设

发展的新的地标性区域和现代服务业增长极。随着功能性项目的逐步推进,其产业发展将朝着高端化、集约化、服务化的方向发展,尤其是生产性服务业和生活性服务业的融合发展,有望使虹桥商务区形成上海高端产业发展的重要示范区。

3. 功能性项目是重要载体,有助于推动"四个中心"建设步伐

目前,上海正全面加速推进"四个中心"建设,初步形成了全球资源配置能力,在国际经济体系中的集聚力、辐射力和影响力显著增强。虹桥商务区就其功能定位而言,与上海经济、贸易、金融、航运中心建设都密切关联,其功能性项目开发建设将有助于从总体上推动"四个中心"建设步伐。比如,国家会展项目的启动将吸引国际会展资源,促进各行业、产品和技术等的交流,提升国际贸易服务平台,由此带动金融、航运的发展;依托虹桥交通枢纽的相关功能性项目,推动物流、仓储、商业等产业的发展,加快经济中心功能的落地。

4. 功能性项目是展示窗口,有助于充分发挥对长三角的辐射能力

加快虹桥商务区功能性项目开发建设,不仅能充分体现上海现代城市文明的辉煌成就,而且可进一步展示新时期上海"海纳百川"与"改革创新"城市精神的独特魅力。因此,以功能性项目开发建设为抓手,有助于进一步打造上海的"城市名片",也是虹桥商务区发展成上海对接、联动、辐射长三角的"桥头堡"和长三角通往亚太地区重要门户的"助推器",有利于实现国际化和区域化的有机融合。

5. 加快功能性项目开发,有助于逐步构建商务区功能体系

商务区开发建设是一项系统工程,需要有序推进各个功能性项目的开发建设,周期不能过长,否则将面临区域氛围营造不充分、外部环境变化等负面影响。必须通过合理的规划安排,对各类功能性项目进行有次序、分步骤的整体推进,只有这样才会有效凝聚人气,营造商务区氛围,打造区域综合服务功能,逐步构建起商务区功能体系。

6. 依托核心功能性项目,有助于带动区域整体发展

核心功能性项目的带动作用主要体现在:一是快速形成中央商务区的功能体系,实现从形态建设到功能建设的转变,这是商务区建设成败的关键;二是核心功能性项目往往具有很强的产业链带动作用，能够快速地带动相关产业、机构落地，从而有效地支撑产业集群发展；三是核心功能性项目的层次、品质对商务区整体氛围有着根本性影响，加快推动高端功能性项目建设，有助于提升其他功能性项目的能级。

从上海商务区体系架构和功能布局来看，虹桥商务区地位独特、优势明显，必须成为引领新一代中央商务区发展的标杆。目前，陆家嘴、外滩、后世博地区、北外滩、徐汇滨江是上海第一能级的重要中央商务区，客观上与虹桥商务区存在一定的竞争和博弈关系。从上海世界级商务区发展阶段来看，外滩是第一代，陆家嘴是第二代，虹桥商务区、后世博地区、徐汇滨江、前滩等是第三代，其典型特征应是立体、垂直、24小时、低碳生态等。所以，如何在新一轮上海商务区发展中占领制高点、取得更多的竞争优势，虹桥商务区必须在功能性项目开发建设的时机选择、项目选择等方面具有自身独特的优势。

（三）国内外商务区功能性项目开发的启示

1. 商务区开发建设具有功能逐渐演进的规律

国外大城市商务区发展大致经历了三个阶段：以商业为主的功能混合，专业功能分区的综合化，商务功能升级并逐渐综合化、生态化。从业态结构看，商业往往只是中央商务区（CBD）的初始功能，金融、制造、管理等商务综合功能则是商业功能的延伸与升级，两者共同构成了CBD的基本职能，但在不同发展阶段占据不同的地位。从商务区开发与运营主体看，除了大量市场化运营项目外，政府或政府投资的开发公司宜先行推进一些公益类基础性项目、兼具公益性和营利性的功能性项目，为吸引更多重大功能性项目落户创造条件。为此，必须把握好商务区发展的阶段性特点，及时跟进相关功能性项目的开发建设。

2. 依托交通枢纽优势实施多功能、组合式开发

从20世纪80年代起，全球或区域性交通枢纽综合开发趋势显著增强，机场、高铁车站逐渐成为区域和城市重要的经济增长点，其发展已突破传统单一交通枢纽建设模式，呈现出向多功能、多层次的综合开发转变的趋势。法兰克福、汉诺威在政府的成功策划及深度参与下，充分发挥了交通枢纽在客流、交

推进虹桥商务区作为上海国际贸易中心战略高地的功能性项目建设

通运输等方面的巨大优势,建立起了形态各异但都以多功能组合为特征的现代交通综合体。商务中心也由交通依附型转向互利互助型,在空间上具有高度集中化、组织化、规模化的特征,由此推动机场和高铁车站由枢纽港向多功能都市区转变,产业形态逐渐多样化和高级化。

3. 商务区发展必须强化产业的集聚与辐射功能

成功的 CBD 都同时具备强大的集聚功能和辐射功能。集聚功能更多地体现在总部能级方面,辐射功能的大小取决于 CBD 商务机构的层次。因此,只有引进或培育一些重大功能性项目,设立若干顶尖级商务机构,才能支撑 CBD 的发展。美国得克萨斯州第二大城市达拉斯规划的 CBD 尽管云集了不少商务机构,但由于缺乏世界 500 强的领军机构,致使该区域缺乏足够的影响力。巴黎拉德芳斯 CBD 随着一批世界级跨国公司总部的落户而终获成功。CBD 的成功在于是否具有鲜明的产业特色和文化凝聚力,没有坚实产业支撑的 CBD 仅仅是形态 CBD。

4. 以文化功能为核心的软环境建设日益重要

文化功能是商务区的灵魂所在,构成了软环境的核心要素。现代国际经验表明,CBD 已经远远不只是商业区概念,更多地体现了人文元素的中央活动区特点,而"文化决定 CBD 品质,品质决定人员整体层次"在其中有集中体现。东京丸之内中央商务区注重导入生活文化功能、提升时尚文化内涵,是其取得成功的重要因素。在文化功能塑造及项目开发方面,国际上一些成功的 CBD 大多是由有政府背景的专业公司来策划、建造、管理和运营的。

5. 充分发挥政府与市场的双重作用

CBD 发展既有政府主导的,也有自发形成的,但总体来看,只有政府与市场两只手协调推进开发建设,才能达到最大限度地整合资源的效果。政府的作用主要在于:一是制定总体前瞻性规划,充分发挥政府"看得见的手"在 CBD 建设过程中的重要作用;二是为区域开发管理提供相关的政策保障和政府服务。政府投资公司的作用主要在于通过市场化运营,承担建设及运营管理职能。但是,在商贸、会展等产业性项目开发建设领域,则要更多地发挥企业主导作用,如拉德芳斯、丸之内、汉诺威等商务区的产业集聚发展都突出体现了市场机制的作用。

二 虹桥商务区功能性项目开发的主要思路及策略

虹桥商务区要成为引领上海转型发展的新坐标和改革开放的先行区,当前关键是要依托重大功能性项目的标杆效应,积极推进区域开发建设进程,尽快打造和提升商务区综合服务功能。

(一)功能性项目开发的原则

从国内外中央商务区发展的趋势来看,虹桥商务区是第三代商务区,其主要特征如下:一是构成形态、业态、生态有机统一的复合系统;二是具有小尺度、高密度、低高度的空间布局;三是地下、地上以及空间连廊构成立体的便捷步行体系;四是采用高强度、大联通、等价值的开发模式;五是"以人为本",文化生活与商务配套体系完善。由此决定了其功能性项目开发必须遵循以下四个原则。

一是坚持商务区的功能定位和发展要求。功能性项目建设必须服从和服务于区域的总体功能定位,并使之成为总体定位实现和功能形成的有效支撑。虹桥商务区功能性项目开发应按照"建成国际贸易中心的承载平台、现代服务业集聚区、国内总部经济和贸易机构汇集地、低碳示范区"等的定位功能要求,明确功能性项目开发的核心和侧重点,在分析各功能内在关系基础上,形成有序的功能性项目开发目录。

二是坚持各功能性项目的联动开发。现代商务区开发建设已呈现功能复合化、融合化、组团式发展的新趋势,不同功能的项目建设具有联动发展的内在要求。虹桥商务区在开发建设过程中,要确保各种功能的形成、融合、互动,就必须实现联动开发,不仅体现在重大功能设施建设的联动发展,而且体现在各类功能性项目的联动建设,打造复合型功能。

三是坚持促进商务区功能和结构配比平衡。国际经验表明,现代商务区十分注重商业、商务、休闲、文化、高端住宅、专业服务等功能的优化组合和结构配比。因而在虹桥商务区的功能打造过程中,要特别注意各功能组团商务与商业、交通、居住、文化、娱乐等多种功能之间的配比平衡,提升各功能组团的竞争力，促进商务区整体活力的提升。

四是坚持生态、低碳、环保理念。随着全球气候问题和能源环境问题的日益严峻，减少温室气体排放、发展低碳经济已经成为国际社会的共识。虹桥商务区作为全新打造的城区，更应该在规划、开发、建设、运营管理的各个环节贯彻低碳发展理念，按照生态、环保、可持续发展的要求，实施功能性项目开发建设，着力打造低碳商务区。

（二）功能性项目开发的目标导向

按照形态建设与功能开发有机融合的要求，立足于发展基础，着眼于国际经验，聚焦重点领域，创新开发思路，形成开发目标导向。

1. 功能性项目开发的依据

从国家战略、区域导向以及城市布局等纬度看，虹桥商务区被赋予"上海国际贸易中心新平台、'三服务'高端商务中心、上海现代服务业集聚区"等功能内涵。这是虹桥商务区功能性项目开发的基础。

一是国际贸易中心新平台的功能要求。当前国际贸易中心逐步形成了多层级、复合性的功能体系，表现为：从以有形贸易功能为核心向现代无形贸易功能凸显、有形贸易和无形贸易功能并举的格局转变；从以商品贸易为主向金融、商业、会展等复合功能拓展；从促进商品流动等物流功能向总部经济、现代服务、信息交互等功能延伸。

二是高端商务中心的功能要求。随着交通方式、信息技术与通信方式的变革，城市间距离更接近，信息交流更便捷，生产方式更灵活和柔性化，城市核心商务区的影响力覆盖范围更大，逐步形成了"以区内人的需求为出发点"的功能体系，所承担的功能从商业、商务功能拓展到包括商业、商务在内的，融合商业、商务、休闲、文化、旅游、高端住宅、专业服务、生产性服务、研发等多种综合服务功能。

三是现代服务业集聚区的功能要求。依托交通枢纽，将商务楼宇、星级宾馆、商业设施以及相关的生产生活服务配套设施合理有效地集中起来，在一定范围内形成了形态美观、内外连通、生态协调、资源节约、充分体现以人为本、具有较强现代服务产业集聚能力的区域，同时也承担了生活配套服务、专业性服务等作用。

2. 功能性项目开发的导向

一是凸显总定位，强化基础支撑性项目建设。为了凸显多重功能融合、构建完备的功能体系框架，虹桥商务区必须加强主体功能基础支撑性项目建设，如强化仓储、物流、配送、中转等基础功能性项目建设，为贸易功能形成与拓展奠定基础；强化围绕先进制造业、高新技术产业、创新基地以及特色产业基地等支撑项目，为区域经济、技术辐射带动功能奠定基础；强化大型购物中心、大量商务楼宇、城市综合体、商业街等项目建设，为商务区人气积聚、氛围营造奠定基础。

二是聚焦核心区，强化核心增值性项目建设。完善商务区的综合服务体系，提升其服务能级，强化其辐射带动作用。核心区功能性项目的开发主要应体现在：强化标志功能性项目的开发，比如标志性广场等；强化高端商业商务功能性项目的建设，商务区的品质与其高端商业商务的聚集度与品牌度密不可分，如高端总部经济、城市综合体、品牌购物中心、星级酒店与餐饮；强化国际会展、专业服务等功能性项目建设，如信息交互平台、专业服务平台等。

三是完善体系，强化基础设施项目建设。虹桥商务区在开发过程中，应加快市政道路、雨水、污水、自来水、天然气、电力、电信、热力和有线电视管网等基础设施建设，并从全区域的角度加快基础设施布局统筹。一方面，强化污水处理、电信中转、热力与自来水供应等方面，应从低碳、生态的理念出发强化商务区的统筹布局、管理和供应，比如设立污水集中处理及循环利用基地、设立雨水收集及处理基地等；另一方面，强化电力、电信等设施的多重回路，提升商务区基础设施的综合保障能力，增强商务区功能营造潜力。

四是立足以人为本，强化拓展延伸性功能项目建设。商务区建设要体现以人为本的理念，即在功能性项目架构和布局方面均体现其体系化和完备性，并符合不同层次人群的需求。因而虹桥商务区在建设过程中应进一步完善多层次居住、文化、娱乐、休闲等复合功能，加快特色商业街、娱乐场、文化馆、休闲中心以及高端住宅等项目建设。同时，要按照生态、环保、低碳、智慧等要求，通过优良的城市规划和绿色建筑设计等多方面筹划，实现商务区的全面低碳排放，做到更透彻的感知、更全面的互联互通、更深入的智能化。

（三）功能性项目开发策略

一是长短结合，稳步推进。在虹桥商务区的建设过程中，应秉承"长短结合，稳步推进"的开发策略，将商务区的总体功能目标化解成阶段性目标，实现形象建设与功能营造的有机统一。在建设过程中，应根据重大项目及核心区的开发建设进度，将区域营造划分为几个阶段，凸显拉框架、打基础与造功能的统一与递进。

二是多方参与，政企统筹。在开发过程中应调动多种开发主体的积极性，增强市场化的参与性，实现政府推动与市场推动的有机结合，并根据功能性项目的性质，列清哪些是政府及其代表性公司开发的项目，哪些是纯市场化开发的项目，实现政府与企业资源的有机统筹。

三是大项目导向，产业联动。商务区的开发往往依托现有的重点项目或周边的产业基础，通过重大项目功能的延伸和现有产业的上下游关联，形成相关产业集群，进而促进完善的功能体系。虹桥商务区的功能营造应充分依托国家会展中心、虹桥综合枢纽等重大项目，加快贸易中心功能性项目的建设，同时依托周边区域先进制造业、特色产业的发展，加快生产性服务业、创意研发产业等功能的营造。

四是政策引导，先引后造。按照虹桥商务区的功能性项目体系，应该争取针对商贸功能、国际贸易功能、金融功能、信息功能等方面功能性项目建设的政策支持，通过政策聚焦强化虹桥商务区的招商引资功能，增加整个商务区的人气。同时，随着虹桥商务区基础支撑的功能性项目逐步形成，虹桥商务区将增强内部的产业"造血"功能，不断加快区域功能的升级。

三 虹桥商务区功能性项目开发目录及推进时序

按照虹桥商务区功能定位和规划要求，以及功能性项目开发的目标导向，具体梳理出未来5年内虹桥商务区项目开发的主要目录，以从政府引导开发角度有序推进项目的开发建设。

（一）功能性项目的内涵及分类

功能性项目的内涵与商务区的软硬环境密切相关。商务区硬环境包括区位优势、完备的基础设施、良好的生态环境等；软环境包括法律制度环境和政府政策服务，人力和教育资源，专业化服务支撑体系如会计师、律师、金融等。从这个意义上说，商务区功能性项目不仅是各种楼宇载体和形态等建设项目简单的"形"，而且是赋予一定商务商业运作系统和具有文化生活等内涵的"神"，形神兼备方是商务区应该选择的。

商务区功能性项目按其内容要素可分为三个部分：一是基础支撑性项目，如供水、供电、供热、供气、排水、污水处理、道路、互联网、通信等基础设施类项目，仓储、物流、配送等供综合配套服务类项目，这是商务区总体功能开发演进中起基础支撑作用的项目。二是核心增值性项目，是指在其功能体系中最能体现商务区核心内涵，又具备高附加值，同时还能发挥承载区域优势的功能性项目。比如国际会展项目就是基于虹桥商务区交通便利、区位特殊等条件，彰显国际贸易中心建设功能的核心项目。三是拓展延伸性项目，是指为了进一步挖掘和完善核心功能的配套和延伸性功能，在总体定位的功能演进中被充实或延伸的项目。比如贸易中心功能的营造，需要高端化的产业服务体系、国际化的专业服务体系和多元化的社会服务体系，酒店服务、购物中心等是打造这些服务体系的重要构成要素。

商务区的功能性项目按照其运作主体，一般可以划分为三大类：一是公益性项目，主要由政府出资、政府全权负责运营管理；二是公益经营性项目，指既具有公益性又具有商业性的项目，投资主体既包括政府也包括企业，可以根据其具体情况确定政府和市场/企业的分工，并采取适当方式进行开发运营；三是经营性项目，指属纯商业的经营性项目，一般由企业投资建设，面向市场招商开发运营（见图1）。

总体而言，基础支撑性项目大多属于公益性项目，需要政府主导直接投资，部分是公益经营性项目，政府可通过吸引社会资本共同经营；核心增值性项目则主要是经营性项目，通过市场化运作机制来实施，政府主要发挥规划的引导作用；拓展延伸性项目大多属于经营性项目，部分是公益经营性项目，比如人才公寓、专业化服务平台、信息交流平台等。

推进虹桥商务区作为上海国际贸易中心战略高地的功能性项目建设

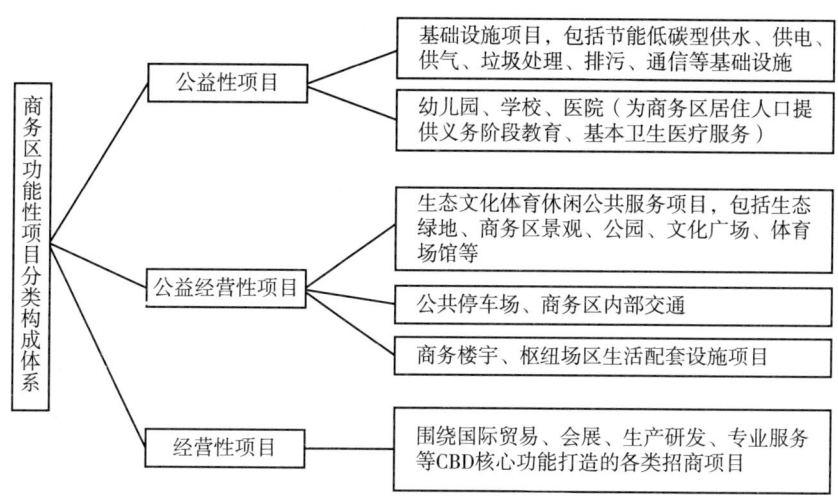

图1　功能性项目分类构成体系

（二）重大功能性项目组团

从功能定位和发展目标来看，虹桥商务区总体上应形成三个重大的功能性项目组团（见图2），只有建成这三个超级功能性项目组团，才能打造起一个真正的具有国际影响力的地标性崭新商务区。

一是加快国际展贸城功能组团建设。依托内外贸对接的特点，以国际贸易商品的仓储、集散、配送以及国际贸易信息中转为基础，以高标准、高效率、智能化和现代化的货物集散体系、国内外商品展示基地、国际贸易会议及信息交互平台为载体，以专业服务、国际贸易组织集聚、商贸服务、总部经济以及旅游功能为依托，该组团可为国内外贸易商品和信息中转、交互以及展示提供活动空间。从本质上讲，国际展贸城是国内外商品贸易对接的重要平台，是国内外贸易信息交互的重要节点，是国内外贸易商品展示的重要基地，也是以贸易、会展为核心标志的充分体现商务区综合服务功能的项目。

二是着力实施国际枢纽商务功能组团建设。国际枢纽商务功能组团是建立在便捷交通网络体系基础上的，以现代化、智能化、生态化楼宇建筑为载体，以信息透明和专业服务为依托，以强大的公共服务和规范的市场经济制度为支撑，高端服务业和总部经济集聚，人流、信息流、资金流、贸易流融合，配置

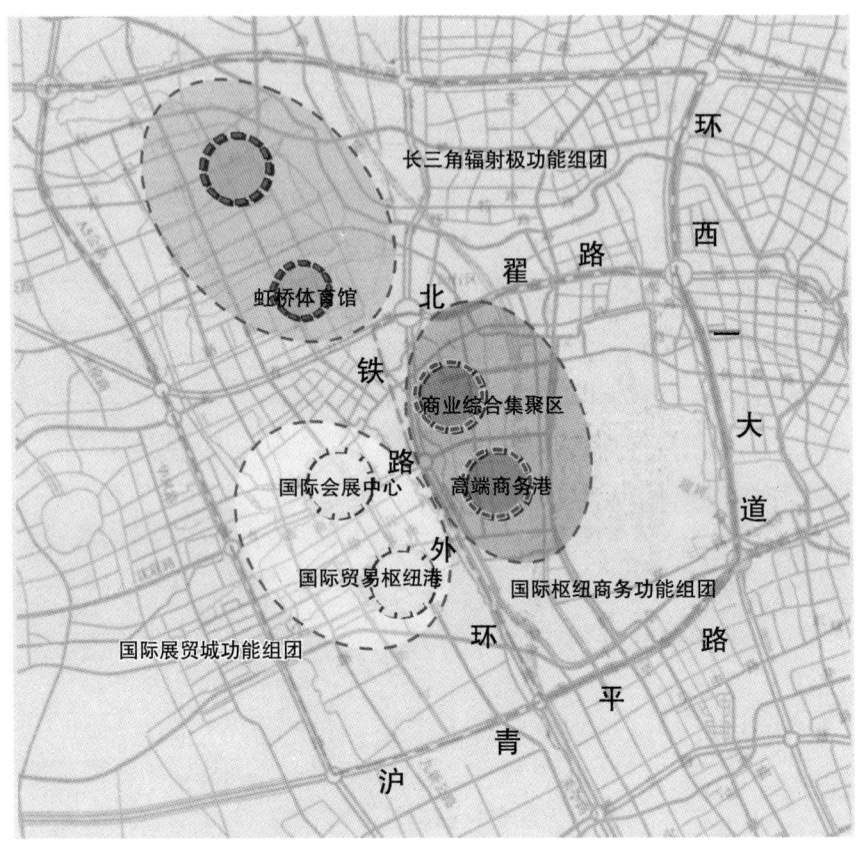

图 2　虹桥商务区三大功能性项目组团

调度国内外产业资源,参与全球经济一体化的重要商务活动空间,是中国与世界相融的商务商业及休闲地标。从本质上讲,国际枢纽商务功能组团是城市功能集约的现代 CBD,也是多样化产业融合发展和平衡发展的集聚区,更是城市魅力的形象展示区域。

三是进一步谋划长三角辐射极功能组团建设。长三角辐射极功能组团是指依托上海市区和虹桥商务区现有的优势资源或特色产业布局,形成的具有较强服务和辐射能力的产业集群。长三角辐射极项目是多个现代服务业集聚区的总称,它以高端制造、高水平专业服务、技术创新、创意研发为主要支撑,是展示上海城市活力、魅力和竞争力的服务空间,也是上海带动周边、服务全国的产业区域。

推进虹桥商务区作为上海国际贸易中心战略高地的功能性项目建设

（三）虹桥商务区功能性项目开发目录

虹桥商务区的三大功能性项目组团需要若干个具体项目支撑，按照三大功能性项目组团内涵，不同功能的实现具有不同的目录和重点。

1. 国际展贸城功能组团

在建设国际展贸城过程中，需重点依托国际会展中心和国际贸易枢纽港两大支撑开发具体的功能性项目。

一是依托国际会展中心建设的功能性项目。国际会展中心是提供国内外商品、艺术品及其他文化产品等的展示、洽谈和销售的重要平台，因而依托支撑的功能性项目应体现展、商、售一体化的价值理念。

第一，搭建国际会展筹备运作平台。围绕国际会展活动提供会展组织、推介、管理、专业服务等一体化支撑的平台体系；针对参展企业、参展人员以及参展场地，提供招商、策划、咨询、调研、组织、维护等服务和保障。虹桥商务区可以设立国际会展票务咨询一站式窗口、国际展览参展协作中心，可以在国际会展中心附近建造专门裙楼，作为筹备运作平台基地，以保障该平台与国际会展中心有机融合。

第二，搭建国内外展销商品营销平台。围绕国外进口商品和国内商品的集中展示、销售、推广等活动所提供的一体化支撑平台体系，针对国际商品、国内商品提供免税仓储、广告推广、集中销售等服务。虹桥商务区可以建立国际商品（比如酒、手表、宝石等奢侈品）专业购物中心、国内外商品展示长廊等，可以在国家会展中心附近建立综合性商业商务楼宇，将低下楼层作为国际商品（奢侈品）专业购物中心，将高楼层作为国内外商品营销平台。同时，在楼宇附近打造一系列的国内外商品展示窗口。

二是依托国际贸易枢纽港建设的功能性项目。国际贸易枢纽港是提供国内外商品贸易、服务贸易的交换中心，是实现国际贸易中心商品流和信息流集聚、疏散以及国际贸易交流的重要支撑。因而依托国际贸易枢纽港的功能性项目应体现集、散、流一体化的价值理念。在依托国际贸易枢纽港的功能性项目建设过程中，应以三大平台建设为抓手，发挥虹桥商务区国际贸易枢纽港的核心价值和整体效应。

第一,搭建国际贸易信息和交易平台。这是确保国际贸易活动开展和价值实现的重要信息支撑,它将集成国际贸易所需的商品信息、价格信息、供需信息以及金融及相关服务信息等诸多信息,涉及信息汇集和处理、信息展示和发布、线上交易和后台保障等多重功能,促进商品的推介、展示及交易。虹桥商务区可打造国际贸易信息后台数据(库)中心、国际贸易信息发布平台、国际贸易信息交易大厅等。

第二,建设国际贸易专业服务体系平台。这是为国际贸易洽谈和商品报关、配送、推介等活动提供全方位服务的支撑平台,包括金融、策划、咨询、法律等,涉及中介组织、专业机构、行业协会、法律事务所、审计事务所、会计事务所、咨询公司、资产评估机构等多类公司。

第三,打造进口商务洽谈平台。这是为国际贸易业务商谈、国际贸易交易撮合以及国际贸易交易担保等活动提供重要支撑的平台。虹桥商务区应该配合商务部进口战略调整和全球商品采购中心网络布局,重点打造全球商品采购分销结算中心、全球国际贸易企业动态跟踪平台、国际贸易商品远洋运输价格指数平台等。

2. 国际枢纽商务功能组团

国际枢纽商务港要充分利用虹桥交通枢纽带来的人流、商流和信息流的潜在价值,打造满足顾客商业、商务、休闲、旅游等活动的价值链服务体系。具体可依托高端商务港和综合商业集聚区两大支撑来推进功能性项目落地。

一是依托高端商务港建设的功能性项目。高端商务港是高端商务办公、商务洽谈、商务管理以及商务服务等活动的集聚区,依托国际商务港建设的功能性项目应融入荣、汇、休的价值理念。围绕高端商务港可建设以下三大平台。

第一,高端商务招商服务平台。这是促进商务区商务集聚、为入驻企业提供前期服务的支撑平台,围绕整个商务区商务设施的推介,为入驻企业提供注册登记、公共营销等服务,以增强虹桥商务区的吸引力。

第二,高端商务配套管理平台。该平台为商务活动的开展提供了针对企业、员工所需要的商务支撑、生活保障、休闲需求等全方位服务,涉及商务专用车租赁、白领上下班短驳、白领商务区一卡通等。

第三,高端商务远程交互平台。该平台是满足企业商务远程电视电话会议、视频会议等需求的电信交互后台支撑，也是满足企业电子商务活动的后台保障，可提供促进线上与线下联动的销售服务。高端商务远程交互平台的建设将涉及专用设备的采购、运营和维护。

二是依据综合商业集聚区建设的功能性项目。综合商业集聚区是集合高端商品展示、商业销售、休闲旅游、文化体验等多种活动的集聚区，是区域品牌效应、商业活力、人气集聚以及辐射带动的重要支撑，因而以综合商业集聚区建设为依托的功能性项目应该融入雅、捷、游的价值理念。围绕综合商业集聚区的打造，应以三大平台建设为抓手，加快促进商业消费活动的开展，以及商业氛围的繁荣。

第一，过境人群导入服务平台。过境人群是综合商业集聚区充分利用虹桥综合交通枢纽带来的人群，挖掘其消费潜力的推进平台，为过境人群提供旅游咨询、行李寄存等服务。

第二，公共活动中心项目。为了增强商务区商业活动的便捷性、多样性和休闲性等功能，为商业提供休闲座椅、文化宣传、小型游乐场等服务，促进商旅文结合和综合开发。

第三，交通消费一卡通结算项目。为了向综合商业集聚区的消费人群，尤其是旅游消费人群提供便捷的消费支付方式，可参照香港八达通卡模式，在虹桥商务区建立交通消费通行的一卡通结算项目。

3. 长三角辐射极功能组团

从长三角辐射极的功能体系看，功能性项目建设需要围绕高端公共服务载体设施和特色都市产业集聚区等着力推进。

一是依托高端公共服务载体设施建设的功能性项目。以上海的优势资源、优势品牌为基础，并依托国际会展中心、国际贸易枢纽港以及商务区的功能建设，提升该类项目的服务水平和辐射力。

二是依托特色都市产业集聚区建设的功能性项目。为了促进商务区保持人气稳定、产业活力、功能辐射，依托上海优势、国际贸易特征等要素形成特色产业区域，可围绕创新技术交易、精密产品维修、奢侈品加工、文化创意等维度展开，这些领域的价值整合与创造项目包括创新技术交易大厅、创新技术交易配套服务基地、文化创意产品展示厅、文化创意基地等。

第一，虹桥体育馆项目。将该项目打造成集体育赛事、大型演出于一体的综合性体育场馆，通过各种体育赛事或演唱会的举办，增强虹桥商务区对长三角人群或全国人群的吸引力。

第二，长三角医疗社保报销结算中心、交通卡结算中心等项目。为了促进长三角一体化进程，推进长三角公共服务领域的对接，虹桥商务区作为上海西部接轨长三角的重要节点，具有较为庞大的人流，具备建立医疗社保报销结算中心、交通卡结算中心等项目的先天优势。

第三，国内外优秀文艺作品展示中心、剧院项目。利用虹桥商务区国际贸易以及对外交流的优势资源，建立具有一定品位和品质的国内外优秀文艺作品展示中心或剧院等项目，增强虹桥商务区的文化底蕴和人文气息。

上述所涉及的项目既有公益性项目，又有公益经营性项目，还有经营性项目。本报告中提出的主要项目抓手大多数是公益性项目，需要政府或者具有政府背景的企业参与开发建设，以保证虹桥商务区整体的服务质量、服务水平和服务安全。除此之外，政府及政府背景的企业也可以部分参与公益经营性项目。

四 虹桥商务区功能性项目开发的推进方式及相关建议

功能性项目的开发与建设是商务区功能打造的基石和现实支撑。功能性项目的选择、开发与建设进度、质量、效率决定了商务区建设的进程和最终成败。因此，必须有高效的开发建设推进方式与机制。

（一）指导思想：分类开发运营、有序推进

基于虹桥管委会和上海申虹投资发展有限公司的职能定位，我们认为，虹桥管委会和上海申虹投资发展有限公司的工作重点是商务区功能性项目中所有具有公益性和兼具公益性与经营性项目的开发运营。在现实开发推进中，坚持"谁投资、谁负责"的原则，责任主体比较清晰。但是，在项目的落地过程中，项目的公益性和经营性往往难以进行简单、明确的排他界定，一个项目在建设周期内往往出现功能的关联和交叠。由于项目主体不同，项目的开发推进

方式也有明显区别,因此,为提高项目开发推进的时效,十分需要在推进过程中坚持分类开发运营、有序推进。

(二) 功能性项目开发的五种推进方式

一是实施分步、分重点开发,优先开发核心增值功能性项目。根据虹桥商务区的建设目标规划,对于有利于商务区功能、形态和人气提升的核心功能性项目、商务区标志性工程项目、商务区品牌项目,应优先开发推进,以打造、改善和提升市民对虹桥商务区周边地区的印象与评价;对于核心增值功能性项目,包括会展、贸易、高端商务、总部经济、研发设计、专业服务等功能性塑造项目,应予以重点推进;对于商务区核心辅助功能的项目,如商业、旅游等其他项目,可按既有经验有序稳步推进。分类项目推进时序如图3所示。

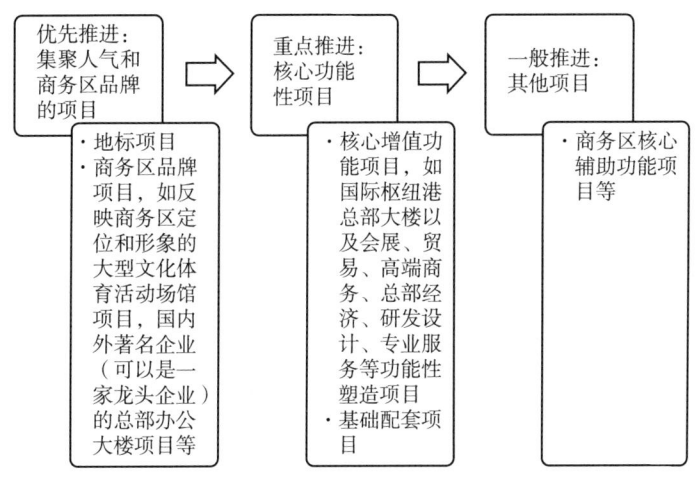

图3 虹桥商务区分类项目推进时序

二是核心功能性项目统筹联合开发推进。国际经验表明,联合开发模式确保了开发区域的整体性和一致性,[①] 可以使局部区域的建设同城市规划布局之间建立一种高度的契合,保证集聚区空间形态的美观、生态环境的完善以及容

---

① 多项目的联合开发模式起源于20世纪70年代的加拿大和美国等国家的城市,后来又在东京和香港得到了成功的应用。

积率的有效控制，从而实现集聚区产业、功能、形态的有机结合，有利于商务区的功能打造。我们认为，特别是对核心区和主体功能区来讲，为集中优势打造商务区尽快出形象、出影响，需要更加注重项目的统筹考虑、联合开发推进，而不是分散进行。

三是公益性项目与经营性项目捆绑式开发推进。在项目推进开发时，可以考虑采取捆绑招标形式，将一些公益基础性项目与功能经营性项目捆绑在一起进行招标开发。例如，将一些公共停车场项目，为商务区工作人口提供基本的生活、购物休闲、运动的项目，高铁场站、车站综合区特许经营项目等和商务区的核心功能性商业项目捆绑，作为一个项目进行整体招标。这样，基于整个项目完成后的土地增值预期，以及周边配套辅助设施建成并完善后的地块收益，可以对企业产生巨大吸引力。

四是公益经营性项目采取"企业为主开发、政府跟踪监管"的开发推进模式。借鉴国际先进经验，公益经营性项目的推进路径是：政府委托企业建造—企业建成后移交政府—政府面向社会招标—授权企业经营。在这个过程中，应积极发挥企业的市场参与功能，从运营效果来看，建议采取"企业为主开发推进、政府跟踪监管"的方式，这样，既可以充分发挥政府和企业的作用，又可以通过企业参与提高项目的开发和运营效率。

五是注重土地空间开发与产业空间集聚相结合，实施"地块连片滚动开发、产业功能组团推进"。借鉴日本东京和我国香港的经验，对于商务区功能性项目的开发建设，应强调地块"连片滚动开发、产业功能组团推进"，由点到面地开发商务区的各个区域，以避免在空间上同时开发的范围过大，使虹桥商务区变成"大工地"，造成投资过于分散、难以形成规模效应和集聚效应，也就是通常所说的"人气不足"。为便于商务区核心功能的顺利建成，虹桥商务区的长期规划应该包括若干相互联系、相互支持的主要功能组团，如国际贸易会展功能组团、高端商务专业服务功能组团、商务辐射功能组团，各组团突出主要功能，在主要功能主导下实现混合功能，辅助功能为主要功能服务。

（三）功能性项目开发推进的配套机制及相关建议

功能性项目的开发推进需要在投融资机制、开发参与模式以及相关政策环境上进行配套,以确保功能性项目尽快顺利建成。

1. 融资机制创新:采取"捆绑式 PPP"模式推进项目开发投融资

由于虹桥商务区建设开发规模大、投资额度高、持续时间长,地方政府往往缺乏足够的资金对项目进行持续有效地支持。通过"捆绑式 PPP"模式(public-private-partnership,PPP)引入民间资本,则可结合商务区建设统一规划、逐步开发的特点,对所在区域资源进行统筹规划,既能缓解政府的资金压力,又能提高开发效率、为民造福,还能为企业创造市场、实现多赢。实际上,"捆绑式 PPP"模式有助于兼顾政府、企业和社会各方面的意见,特别是在政府制定基础设施规划和建设方案时,"捆绑式 PPP"模式有助于推动商业空间和公共空间的有机融合。

2. 开发运营机制创新:引入私企和民间力量推动公益经营性项目的开发运营效率

针对商务区功能性项目中同时具有公益和经营性质的土地开发,可以借鉴香港"地铁+物业"的模式,要求政府协议出让 CBD 地块,企业通过开发 CBD 获得收益。可以学习香港地铁公司土地开发的经验,如在开发地铁项目时,通过与公共部门达成协议,开发沿线房地产来弥补地铁项目的亏损并获得收益。对于商务区的一些基础支撑项目,如基建、交通、停车场、公共广场、商务楼宇等项目,可通过引导企业参与,盘活公共基础设施的运营,提高效率。

3. 配套政策创新:功能性项目开发推进的配套政策建议

虹桥商务区功能性项目的建设推进需要力争克服人气不足、吸引力不够的现实弱势,政府应在政策环境上加大扶持力度,保障虹桥商务区功能性项目的顺利建设。具体建议如下。

一是尽快形成政策聚焦,鼓励支持核心功能性项目集聚。在财税、人才、土地、投融资和考核奖励等政策上形成聚焦,以鼓励和支持贸易营运、采购交易、贸易服务等功能的实现。对贸易主体、重点项目给予财政扶持资金与税收优惠政策,加大对支撑贸易营运(控制)、采购交易平台、贸易服务体系等重点项目的支持力度,实现产业、项目和资本的对接;在招商引资的力度、工作协调和管理上,政府应提高商务区的功能性项目的审批效率,保障项目顺利推进。

二是加强重点项目可行性论证，积极争取市级和国家级层面的支持。应加紧对各种核心增值项目，如国际商务港、长三角现代服务集聚区、国际贸易营运总部集聚区、长三角项目发包与订单中心、电子商务产业园、供应链管理园等进行专业的可行性论证，并及时将项目上报市里有关部门，主动争取上海市和国家有关部委的支持。

三是围绕商务区的核心功能性项目，努力打造对外交流平台。在商务区打造一个国内企业与国际企业零距离对接和交流的平台，这样，既可以增强区域内企业的集聚力，又可以增强商务区对外的吸引力和影响力，有助于核心功能性项目的快速集聚。

四是加大虹桥商务区功能性项目的市场推介和宣传力度。建议政府加大对虹桥商务区的市场推介和宣传力度，不仅在国内宣传，而且要面向世界进行宣传，通过各种形式的宣传推介，如重大功能性项目和标志性项目的路演、招商推介会、大型论坛等，积极打造商务区的品牌影响力。

五是组织城市盛事活动来打造和提升商务区的影响力和凝聚力。通过组织城市盛事活动来打造和提升商务区的影响力，凝聚人气，这也是国际上著名商务区吸引人气的做法。如纽约曼哈顿商务区在建设中，时代广场的许多盛事活动就为商务区的人气集聚发挥了重要作用。为促进商务区人气集聚，可以借鉴纽约曼哈顿的发展经验，组织全球性的著名盛事在虹桥商务区举办，如国际焰火节、海派文化节、大型展览活动、大型主题活动等。

六是注重与其他商务区和国际贸易集聚区互动，借力发力，推动功能性项目尽快建成。虹桥商务区可以利用外高桥保税区专业化贸易平台的优势，积极尝试与外高桥联动发展，特别是在医疗器械贸易平台、进口文化设备租赁贸易平台以及奢侈品贸易平台等建设中的联动。建议政府层面应从上海国际贸易中心建设的战略布局出发，鼓励和支持虹桥商务区与外高桥保税区合作发展，把分力凝聚成合力，集中打造面向长三角地区、面向国内的大型专业化贸易平台。

B.15 上海迎接新产业革命的战略性对策研究

上海社会科学院经济研究所课题组*

摘　要： 以智能制造、绿色能源、数字服务领域为代表的技术创新与产业融合，构成了对新产业革命的理解。上海在推进创新转型中引入本轮新产业革命的挑战，主要表现在发展观念、市场主体、基础研究、教育水平、行政效率和创新机制等方面仍滞后于新产业革命发展的内在要求。鉴于此，上海应及早制订中长期发展规划并做好战略部署，着力凝聚科研机构与企业的协同力量，有效发挥以需定产的基础性配置作用，再度明确企业的市场主体和主力军地位，努力完善法制政策框架，健全营商环境，积极对接国家发展战略，推进产业发展，切实健全人才的交流、培育和保障机制，合理构建创新型社会管理体制和机制，借力城镇化战略实现上海城市功能转型。总之，上海应当按照"理念优先、总体规划、按步推进、分期实施"的原则，循序渐进地不断优化上海应对新产业革命的规划、方案与配套措施。

关键词： 新产业革命　创新转型　战略部署

---

* 课题组负责人为左学金，课题组成员有沈开艳、刘社建、陈建华、李凌。左学金，经济学博士，上海社会科学院经济研究所所长，研究员，博士生导师，主要研究方向为区域经济、人口经济学等；沈开艳，经济学博士，上海社会科学院经济研究所副所长，研究员，博士生导师，主要研究方向为政治经济学、宏观经济、印度经济等；刘社建，经济学博士，上海社会科学院经济研究所研究员，博士生导师，主要研究方向为宏观经济学、劳动就业与社会保障；陈建华，经济学博士，上海社会科学院经济研究所副研究员，主要研究方向为区域经济、上海经济；李凌，经济学博士，上海社会科学院经济研究所助理研究员，主要研究方向为政治经济学、宏观经济学等。

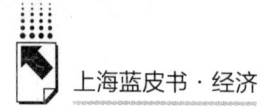

一 新产业革命的发展态势及其影响

新产业革命①以工业化与信息化的深度融合为核心,对国际经济格局、市场竞争态势和中国经济地位产生了重大影响。正确认识和深刻把握新产业革命发展趋势,是推进上海经济转型升级的重要战略举措。

(一)新产业革命产生的时空背景

新产业革命产生的时空背景主要遵循以下几条线索:一是第二次工业革命以来,全球以石油为主的化石能源日渐枯竭,全球环境破坏、生态破坏和气候变化给人类生存带来了严重威胁;二是原来以化石能源为驱动的工业生产模式已不再适应全球经济生态可持续发展的要求,亟须寻求一种新的经济发展方式,使人类进入"低碳"或"后碳"时代;三是未来趋势学家对世界经济发展的洞悉,预示了以互联网、绿色能源为特征的新产业革命的到来。未来学家杰里米·里夫金在他著名的《第三次工业革命》一书中全面分析了第三次工业革命对全球经济发展的影响,认为互联网、绿色电力和3D打印技术将引导当代社会进入可持续、分布式发展的新时代。

一些强调科技革命的学者指出,工业革命和科技革命的区别在于转变为生产力的手段不同。工业革命爆发的逻辑链条是经验—技术成果(工具革新)—生产力;而科技革命爆发的逻辑链条是科学知识—技术成果—生产力。工业革命与科技革命都是生产力上的重大发展,两者没有本质区别,只是所依托的时代和所呈现的侧重点上存在差别而已。

(二)新产业革命发展态势的主要特征

第一,本轮新产业革命是发达国家主导推进、旨在制约后发国家崛起的战

---

① 目前学术界对新产业革命的认定存在分歧,一些概念也被混用,如第三次工业革命、第三次产业革命和第三次科技革命等,这里固然有英文翻译上的原因(英文里的"industrial"既可以翻译成"工业",又可以翻译成"产业"),但也反映出人们对新产业革命即将或已然到来的认可,以及因置身其中而难以辨识其"庐山真面目"的困惑。

略选择。发达国家为保持领先的竞争优势，采取了再工业化的战略导向，对崛起中的后发国家实施限制，通过智能制造减少劳动力等初级要素需求，减少对后发国家劳动力优势的依赖性；通过技术储备优势，在新技术领域拉大与后发国家的距离，并以新的制造模式和产业形态抑制后发国家快速提升竞争优势。

第二，本轮新产业革命具有渐进性、渗透性的特点。产业革命的动力主要不是重大技术突破，而是技术整合和模式创新推动了生产组织方式的重大变革。如人工智能技术、自动化技术和信息技术等的整合运用，新材料技术、添加型技术和信息技术整合的 3D 打印制造等。

第三，新产业革命推进过程中新业态和新模式不断出现。在技术整合基础上形成的产业融合，横跨了众多产业领域。比如，智能制造、新一代网络技术及其形成的新兴业态和模式，几乎涉及了所有产业领域的创新转型。

第四，新产业革命中服务化成为国际竞争的主导因素。服务化在国际产业竞争中越来越呈现出与制造过程一体化的发展特征，智能制造形成的服务型制造业成为国际产业竞争的主导力量。

（三）新产业革命对上海创新转型的重大影响

新产业革命涌现的智能制造、新材料、3D 打印、机器人技术，以及基于互联网的众包与定制个性化生产等，对上海产业转型产生了四个方面的深刻影响。

一是上海要准确选择战略性新兴产业发展的战略重点。选择具有产业融合特征的新业态和新模式作为上海战略性新兴产业重点，对战略性新兴产业的扶持政策更应该突出市场需求引导和培育；对战略性新兴产业的技术支撑要符合本次新技术革命所要求的技术整合、产业化应用和模式创新。

二是上海要理性调整传统优势产业的改造方向。对于传统产业的改造提升，不能采取发达国家曾经采用的产业升级模式。把传统产业低端环节转移到更具有要素优势的地区，本地重点发展生产性服务环节，结果导致制造业与服务业分离、产业结构畸形。新产业革命背景下制造业的竞争优势主要体现在制造环节，新的高端制造优势需要加工制造环节与研发设计、营销服务环节的一体化发展。

三是上海要创新开拓服务型经济的发展道路。新产业革命中的服务型制造业实行生产性服务与加工制造环节的一体化，并在服务型经济产业体系中占据主导地位；制造业的数字化，使制造过程与研发设计、营销服务在信息化平台上实现了一体化整合，使服务的增值在制造过程中所占的比重越来越大，它不仅向客户提供产品，而且可以向客户提供依托产品的服务，或整体解决方案。

四是上海要及时调整技术创新路径和产业升级模式。新产业革命以技术整合基础上的模式创新为主导，对后发者产生了两大限制，一个是限制了要素的比较优势，另一个是限制了技术引进和产业升级。两大限制使得上海经济中出口导向的产业面临重大挑战，不仅大大降低了技术引进和进口替代发展模式的有效性，而且模式创新的领先者可以通过网络化和全球化迅速占领市场，大大压缩后发者创新模仿的空间；同时，也大大降低了低端环节进入出口导向战略的有效性。上海目前低端环节的比较优势不断减弱，从低端向高端的转型升级面临着种种技术引进限制，对发达国家新技术和新业态模式引进学习和模仿创新的难度明显加大。

（四）上海在推进创新转型中迎来本轮新产业革命

21世纪以来，上海以企业为主的社会创新体系逐步得到确立，传统上以研究机构为主的创新体系向以企业为主的创新体系转变，技术创新与成果产业化之间的通道得到拓宽，创新成果转化率正在提高。目前，以重点实验室、工程技术中心、大科学装置等为主体的创新基地正逐步成为上海科技自主创新的基础平台和重要依托，上海不仅建有一批专业性研究中心，如上海市中医药科技产业促进中心、上海清洁能源研究与产业促进中心、国家人类基因组南方研究中心、上海生物信息技术研究中心等，而且将在国家相关部门和单位的支持下，建设若干个大科学工程。为向重大基础性科学研究提供有力的支持，一批国家重点实验室和国家级技术研究中心的建设也正在加紧推进。

为应对新产业革命，上海要进一步完善城市创新机制与创新体系，支撑上海经济继续可持续发展，构筑真正的综合创新机制与创新体系，支撑上海经济向集约型增长方式转变。上海在投入方面要逐步形成以政府为引导、以企业为主体、金融机构和社会各方参与的科技创新投入新机制，加快形成以研发机构为技术前沿主导、以技术产业化为产业支撑、以政策体系为支持和社会创新氛围浓厚的创新机制与体系。上海科技创新需要在风险投资、资本市场、政策法律环境（如知识产权保护与政策支持）等方面不断完善并形成体系，特别是建立企业的风险资本投入与补偿机制，给自主创新提供必要的资金支持，确立创新人才的培训机制、知识产权保护制度，特别是给予技术创新企业一定期限的保护机制，促进科技创新转化为创新性产品。上海迎接新产业革命的关键在于综合创新能力。一个城市的创新能力既来自企业等创新主体的内在活力，又来自外部创新环境和创新机制，如基础设施、信息服务等硬件设施，以及金融、税收、贸易和产业等政策支持。

为应对新产业革命，上海要加强建设创新性产业高地。形成与发展创新性产业高地是上海迎接新产业革命的重要战略。经过数十年建设，上海已经拥有了一批竞争力较强的产业集群，成为城市综合创新的积极带动力量。在高新产业技术的空间布局上，上海已经形成了微电子产业基地、精品钢材产业基地、汽车产业基地、石油化工产业基地、装备产业基地和船舶制造产业基地。产业基地使得产业之间能够充分利用产业的横向与外溢效应，提高产业之间的链条联系，促进产业技术创新。在服务业方面，上海形成了以虹桥机场、浦东机场和黄浦江两岸为主的现代服务业集聚区。创新性产业高地突出表现在技术的前沿性与创新性上，产业基地之中企业依据产业链关联，形成有效的良性自我循环的创新性产业体系。目前，上海在制造业方面形成了以高新技术产业为主的六大产业基地的基本产业格局，并形成了规模经济效应。这些都是上海发展创新性产业高地的基础，要进一步形成以核心企业为枢纽，以重点学科、研发中心、公共服务平台为支撑，以重要产业基地和工业园区为依托，整合企业群落，拓展产业链，扩大经济规模，实现产业集群发展的新格局，形成创新性产业高地。

为应对新产业革命，上海还要形成具有特色的创新性区域。从长三角目前制造业发展状况来看，以上海与江苏为例，上海与江苏的同构率达到80%。上海与周边城市还没有形成有效的产业分工与协作关系，制约了上海向创新型区域发展，影响到上海迎接新产业革命的能力。中心城市只有与周边城市结成良好的分工与协作关系，才能使中心城市专注于某项变革与创新，进而提高创新能力。社会创新文化氛围的凝聚、社会创新机制的成型与社会创新主体的成熟，汇聚了大量的创新人才。上海作为长三角的中心城市，应该与周边城市发挥各自的比较优势与要素禀赋，通过竞争与合作形成互动协调的态势，以发展服务功能为导向，营造良好的区域合作氛围，构建区域分工协作关系，互通有无，错位竞争，形成特色，避免同构化倾向，促进城市群与区域经济整个创新体系的合理发展和协同发展，形成经济一体化格局。

二 上海迎接新产业革命发展面临的主要问题

上海认识和把握新产业革命发展趋势、推进经济转型发展的瓶颈问题，不仅反映在观念、人才、资金和技术等方面，而且反映在政府管理方式、体制机制和政策导向等方面。

（一）发展观念难以适应新产业革命演变的要求

上海早在10年前就提出了创新城市的发展目标，"十二五"规划也已明确提出"创新驱动、转型发展"总方针，但困难的是，实践中的"创新"观念仍难以真正树立起来。

发展观不适应的表现之一：过分强调政府主导，轻视市场机制的作用。从"科教兴市"重大产业攻关项目推进、高科技产业化发展到战略性新兴产业培育发展，十多年来，上海一直强调政府的主导作用，市场在资源配置中的基础性作用没有得到应有的重视，创新理念、创业观念、企业家精神相对缺失，鼓励创新的舆论氛围、社会环境也没有真正形成。

发展观不适应的表现之二：过分倚重大企业规模化发展，忽略中小企业的作用。前一次工业革命留下的大规模、标准化生产方式的观念根深蒂固，加上国有企业、外资企业长期处于上海经济发展的主要地位，政府过多地把科技创新、培育新增长点的政策着眼点以及资源配置侧重点放在大企业身上，而对中小企业，特别是那些适应多样化、个性化生产要求，具有成长潜力的小微企业的关注不够，支持不足。

发展观不适应的表现之三：过分关注要素和产业在物理空间的集聚，忽视网络平台的作用。以园区为载体发展产业集群被普遍认为是一种有效模式,园区投资环境建设成为工作重点,对以信息化平台为支撑的网络空间集聚重视不够,特别是对电子商务和互联网金融模式的快速崛起对上海"四个中心"建设的重要作用认识不够,对如何通过网络平台实现要素和产业集聚以支撑城市功能理解不够。

(二)市场主体难以体现新产业革命发展的活力

早在20世纪80年代,上海就提出要发展十大先导性产业,之后又提出重点发展六大支柱产业。近年来,为应对国际金融危机,上海又提出培育发展九大战略性新兴产业。但通过什么样的市场主体去推进产业发展的问题一直没有得到很好的解决。创新市场主体缺位的主要表现有以下三点:一是国企创新内生动力不足,存在制度性瓶颈。国有企业虽拥有较多的创新性人才、创新性资金以及其他生产要素,但创新动力明显不足。二是外企创新外溢性不强,游离在创新战略之外。外资企业的核心技术基本上还存留在国外的母公司,研究机构并没有出现大规模向我国转移的现象。境内大部分研发技术是针对中国市场开发的适用性技术,集中在产品外形、适用性等改进方面,不涉及核心技术;另一部分则大多数属于"境外循环"。三是民企创新实力不够,主体地位未能展现。受制于创新性资源约束,再加上政策环境的作用,民企的短期性行为较为明显。上海金融市场发达,投资房地产、资本市场更易赚钱,不少成功的民企更愿进入资本市场和房地产市场谋"快钱",而不愿投资实业、做高科技产品,近年来虽也冒出一批创新力较强的民企,但没有形成规模优势。

从上海科技自主创新绩效来看,上海在全国具有一定优势并取得了一定的成效。从专利申请与授权数量来看,上海近年来一直呈上升态势。2012年,上海专利申请量为82682件,专利授权量为51508件(见图1)。

与发达国家的国际化大都市科技进步贡献率相比,上海仍有不小的差距。以科技成果衡量,2007年后上海在2000项左右徘徊。在经费投入方面,2012年上海R&D经费为679.29亿元,占上海地区生产总值的3.37%,① 高于全国

---

① 《上海统计年鉴(2013)》,中国统计出版社,2013。

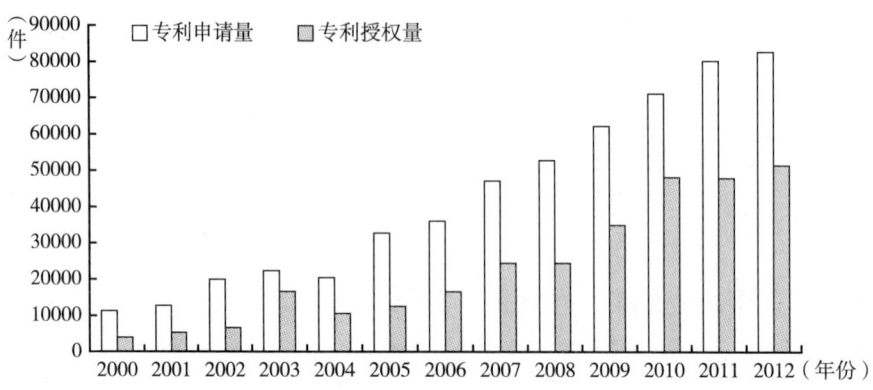

图1　2000~2012年上海专利申请与授权量

资料来源：历年《上海统计年鉴》。

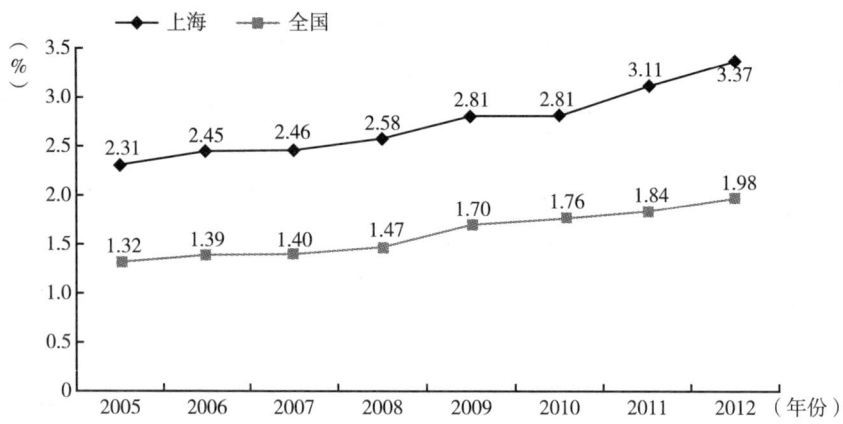

图2　上海与全国R&D强度（R&D经费支出与GDP之比）的比较

平均水平（1.98%）。① 在人均研发经费、国际专利申请、企业研发经费执行比例方面，同发达国家之间的差距是较为明显的。与其他国际化大都市在输出知识和智力产品方面的能力相比，上海的弱势更为明显。上海的科技创新与产业转化能力整体水平也与发达国家的城市存在明显差距，且集中于外资企业与国有大企业，内资企业与中小企业创新能力不足是较为突出的问题。

---

① 国家统计局、科学技术部、财政部：《2012年全国科技经费投入统计公报》，2013年9月26日。

（三）基础研究难以捕捉新产业革命的技术前沿

迎接新产业革命必须夯实基础。基础产业与基础研究是上海应对新产业革命的必要物质条件、智力准备和产业铺垫。上海作为全国重化工业基础，具有较为坚实的工业基础，服务业发展也较好，初步形成了以高科技工业为主导、以基础原材料工业为依托、以现代装备工业为骨干、以都市型工业为配套的工业新体系，产业基地在城市产业发展中起到了中坚作用。然而，新产业革命需要进一步把基础产业与新产业发展有机联系起来，以新科技与新产业发展为导向，在能源、通信、交通、运输、原材料等方面形成支撑新产业发展的基础体系，使基础产业结构更加合理、能级更高，为新产业发展提供动力。经过技术改进、核心技术和适用技术应用、组织管理创新后，传统产业可直接转型升级为战略性新兴产业，这是战略性新兴产业形成的产业发展路径。2000年以来，上海高技术产业产值占制造业生产总值比重始终保持在20%~30%的区间之内。[①] 从行业分布上看，上海市高技术产业主要集中在电子及通信设备制造业和电子计算机及办公设备制造业。高技术产业R&D投入强度（R&D经费支出占销售收入的比重）普遍高于传统制造业，但是高技术产业的利润与税收额占全市的比重始终较低，特别是2011年，税收总额只占全市的3.7%，表明高技术产业尚未成为真正的主导产业。

上海的基础研究能力和水平尚不足以支撑新产业发展。在基础研究的学科重点建设、经费投入与科研项目攻关、管理体制以及人才储备方面，还存在许多亟待解决的问题。上海的基础性研究、实验手段等各方面都与世界先进水平有差距。在基础研究上，高度共享的资源平台是迎接新产业革命的必要准备。国外能够催生新兴产业的创新型区域在基础研究方面都拥有共建共享的服务平台，包括大型科学仪器设备运行保障、技术交易、科研试剂、实验动物等科学资源共享服务及若干行业共性技术服务，创新型区域拥有统一的数据标准与管理办法。此外，创新型区域的基础研究还有大型科学仪器设备协作共用平台、技术转移信息及交易共享平台、科技文献和科学数据共享平台、软科学研究与

---

① 《上海统计年鉴》（2001~2007）及《2007年上海国民经济与社会发展公报》。

共享平台、科技创业与投融资协作服务平台、区域科技专家库与共享网络建设平台、区域高层次科技创新人才交流平台等。这些平台形成了创新型区域的基本结构与框架,也是创新型企业发展的重要凭借。上海在共享资源平台建设上距国外发达国家的共享共用水平还有较大差距。

(四)教育水平难以满足新产业革命对创新人才的需求

迎接新产业革命的最重要资本是人才,劳动力的教育水平、职业能力和创新能力直接决定着新兴产业的发生与发展状况。城市居民的教育水平对技术创新和新兴产业发展至关重要。目前,上海人力资本同纽约、东京与伦敦相比,在新产业革命发展要求的科技知识积累与创新精神方面还有不少差距。"尽管充分发达的人力资本水平也许并不是在某一特定时空条件下促使经济增长加速的一个前提,但是人力资本与经济的同时增长和扩散看起来是保证经济可持续发展的必要条件。"[①] 作为发展中国家的城市,上海的劳动力文化程度、技术水平、管理水平还处于较低层次,专业技术人才数量还有待提高。由于上海和全国的人才市场体系尚未发育成熟,人力资本的配置尚未实现市场运作,从而出现了人力资本闲置现象。

根据全国第六次人口普查数据,在上海市常住人口中,大学(指大专以上)文化程度的有505.3万人;高中(含中专)文化程度的有482.6万人;初中文化程度的有839.3万人;小学文化程度的有311.6万人。2012年,上海平均每十万人的在校大学生是2130人,[②] 而纽约在1989年是5166人,东京在1986年是5827人,巴黎在1990年是11455人。[③] 上海虽然实施了较多的教育政策与地方性法规,开展了多个"五个教育"规划,教育经费不断加大,但至今尚未形成合理与科学的现代教育体系,上海初等、中等与高等教育的教学质量与办学水平都有待于进一步提高。上海教育整体上同经济社会发展要求不相适应。重理论、轻实践,重学历、轻能力,重传承、轻创新,重高等、轻初等的教育现状对上海迎接新产业革命来说是个突出问题。

---

① 〔美〕雅各布·明塞尔:《人力资本研究》,张凤林译,中国经济出版社,2001,第300页。
② 《上海统计年鉴(2013)》。
③ 谢丽玲:《上海人口发展报告》,上海三联书店,2005。

迎接新产业革命不仅需要一定数量的在世界上处于顶尖的高级人才，而且需要一批具有创新精神与能力的企业家人才，需要跨越不同领域与行业的复合型与创新型人才，需要大批量的高素质技术工人。上海人才发展的体制机制尚不能适应不断发展的经济社会需要，如高层次创新创业人才匮乏、人才市场机制不够活跃、人才公共政策有待创新、生活文化环境有待优化等。2012年，上海国有企事业单位专业技术人员有89.91万人，其中高级岗位专业技术人员9.43万人、中级岗位专业技术人员27.38万人、初级岗位专业技术人员29.36万人、未聘人员23.73万人。上海的区县级以上国有单位独立研究与开发机构人员只有45715人，其中研发人员37974人，具有中高级技术职称人员27101人，研究生18354人，本科17858人；科研机构R&D人员有30076人。上海区县级研究与开发机构只有17个，从业人员939人。相对于上海1115.5万的从业人员，这些技术人员数量相对较少。① 上海平均每万人的研发人员数量低于发达国家的平均水平。高级人才与人口的比例仅为0.51%，远低于美国1.65%、日本4.95%、德国2.47%、新加坡1.56%的水平。② 人口结构的国际化程度都比较低。在上海2601万常住人口中，常住外国人口为16.5万，占常住人口总数的0.63%，和国际化大都市5%以上外国人口占比差距甚大。香港常住外国人口为49.5万，占总人口的7.60%；纽约常住外国人口为280万，占总人口的20%。上海人才、技术的生成和发展更多地依赖于政府推动，国有制依附程度较高，而深圳、温州等城市人才的生成和发展虽然有政府的推动和服务力量起作用，但市场机制作用更突出。

在上海，具有全球性的战略眼光和能够主导国际化、知识化、信息化的精深的专业知识，具有人际交往、社会活动、吸收与处理信息、提出与解决问题的综合能力，具有良好的团队合作意识和较强的组织协调能力，能够正确、有效地带领团队成员进行科技创新活动的人才不多，这是上海迎接新产业革命迫切需要解决的问题。可以说，上海转型发展中人才瓶颈问题一直没有得到很好地解决。

---

① 《上海统计年鉴（2013）》。
② 孙路一：《人才战略与现代化国际大都市》，上海人民出版社，2002，第26页。

（五）行政效率难以跟上新产业革命前进的步伐

上海市政府的职能尚未完全适应市场化改革。有限政府、责任政府与服务政府的模式还没有真正地建立起来。行政管理透明化程度有待提高，法治化水平亟待提高，城市经济管理的现代化水平也需要增强。政府要以建设国际化大都市为目标，通过引导、调节、监管和扶持的方法，促进经济与社会的可持续发展。新产业革命带来生产组织和管理方式的改变，集中化、垂直式管理方式日益受到网络化、扁平化的挑战，这对政府管理经济方式提出了新要求，但目前政府在公共服务、产业政策、扶持措施等方面仍存在不少缺陷，突出表现为以下四个方面。

一是产业政策以供应侧激励为主，应用、需求侧激励导向不足。促进新产业发展要更多地立足于应用、需求，产业政策导向上要更加重视应用、需求侧激励政策，通过培育新消费、新市场来拉动新产业发展。上海现有的财税优惠、政府补贴（包括出口补贴）、政府投资等都集中在生产过程，是生产补贴政策，支持的方向是做大生产规模、增加供给能力，其结果很容易造成生产规模的过度扩张。如每年财政预算中的"创新转型"专项资金，其中大量以贴息、补助等方式支持企业申报发展新兴产业，政策指向更多的是鼓励企业生产，而不是培育和创造市场需求，结果造成新兴产业产能过剩问题。

二是产业导向上重点聚焦不够，忽视新兴产业和传统产业互动发展。上海在选择战略性新兴产业发展上没有立足于本地特色资源，在重点产业选择上喜"新"厌"旧"、好"大"求"全"，九大战略性新兴产业齐头并进，而对新技术新产业如何带动传统制造业转型升级则力度不够，结果造成产业链短、整体产业综合经济效应不高等问题。

三是市场培育力度不够，各类公共服务平台建设滞后。上海公共实验室、公共专业技术服务中心和企业孵化基地等平台数量和规模仍显不足，智能制造、新能源、数字化服务、生物医药和新材料等关键性技术领域的专业技术服务平台和检验检测机构明显缺乏，而且大多数还没有进行市场化、社会化、专业化运作和管理。

四是政府审批、监管方式方法滞后于技术创新和产业发展要求。目前，政府对项目审批和企业监管仍较严格、传统，方式手段也比较单一，相当程度上阻碍了新产业、新业态、新模式企业的发展。一些重要的事权仍然集中在市级政府手中，而处于招商引资和企业培育一线的区级政府和开发区受制于市级放权不够、程序复杂，已影响到整个上海的新产业成长竞争力。

政府在对经济的管理中，由条块分割产生的政策矛盾以及利益冲突是较为突出的问题，这些问题在上海城市管理以及应对新产业革命时也是最为突出的。在政府部门之中，审批链条长、审批环节多、审批程序烦琐，各部门互设前置性审批条件现象较多；权力与责任脱钩、有权无责较为常见；各部门各自为政、各管一段，造成职能交叉、多头管理的问题较为突出；一些跨越职能范围的复杂问题无人负责，找不到责任主体。由政府部门分割而产生的政策矛盾与利益冲突现象还较多。

（六）创新机制难以契合新产业革命深化的方向

上海尚未形成以研发机构为技术前沿主导、以技术产业化为产业支撑、以政策体系为政府支持和社会创新氛围浓厚的创新机制与体系，包括基础设施、信息服务等硬件设施，以及金融、税收、贸易和产业等政策支持。

上海的产业基地还没有形成创新性产业高地，表现为技术的前沿性与创新性不足，产业基地之中企业的产业链关联不足，尚未形成有效的、良性的、自我循环的创新性产业体系。上海的创新环境亟待优化，创新条件需要进一步改善。科技型与创新型企业在成长期特别是初期阶段，存在企业积累少、市场竞争能力不强、抗风险能力弱以及人才短缺等问题，迫切需要其所在的区域给予财政补贴、融资支持、产业扶持以及社会服务方面的服务。在企业初创阶段，创新型企业依靠本身积累来获得科技创新和企业发展所需要的资金是比较困难和缓慢的，所以必须有外部条件予以支持。如人才引进、创新投入、资源共享、知识产权保护、税收激励和产业扶持都是国外创新型区域经常采用的政策措施，许多促进创新的政策已经以立法的形式确定下来。

三 上海迎接新产业革命的若干具体举措

上海要以科学发展观为指导，以3D打印、绿色能源、智能制造、数字服务与健康产业为突破口,点面结合积极推进,努力提升科技水平,大力培育市场需求,发挥企业主导作用,确保财税金融支持,健全人才保障,政府有所为有所不为,深化体制机制改革,实现上海应对新产业革命的战略目标,即"2015年初步奠定迎接新产业革命的产业基础、市场基础与体制机制基础,确保新产业革命对产业结构升级与经济发展的推动作用显著增强。到2020年,新产业革命进一步发展,推动经济发展质量与产业结构能级提升显著增强,不断提升公众生活质量与水平"。

(一)及早出台中长期发展规划和战略部署

尽快制订迎接新产业革命的战略规划。及早部署迎接新产业革命、制定推进新产业革命五年行动规划,确保短期、中期和长期目标与行动战略紧密结合。短期重点选择3~5个突破口,争取在国际国内取得领先地位,作为引领新产业革命的先导领域,通过重点攻关在重点领域取得突破,并以点带面,全面推动新产业革命发展。中长期选取部分重点领域亟待攻关的重要行业,争取在三五年内在若干重要行业与领域取得突破。通过短、中、长期战略的有机结合,有效形成推动新产业革命发展的长效机制。重点在绿色能源、智能制造、数字服务、3D打印与健康产业实现突破。加强智能电网研发,有效提升绿色能源使用效率;提升智能制造研发攻关力度;发挥上海数据处理的优势,推进信息化技术与数字服务的深度结合;深入培育拓展3D打印市场需求;发挥上海健康产业优势。

(二)着力凝聚科研机构与企业的协同力量

加强高校、研究机构与企业间的合作,成立新产业园区,发挥新产业园区推进科技创新的作用。推进科技创新建设,构建推进创新的产权保护体制机制,集中力量突破支持新产业革命发展的关键共性技术,在绿色能源、智能制造、数字服务、3D材料、健康产业等基础性、前沿性技术领域加大攻关力度,加强交叉领域技术创新与产品研发。提升企业自主创新能力,发挥企业迎接新产业革命的主力军作用。加快建立共性技术平台,优先扩散具有重大经济效益和社会效益的共性技术,优先扩散企业和其他研究机构共同研发获得的成果。

（三）有效发挥以需定产的基础性配置作用

加强新产业革命宣传，推广新产业革命有关技术、产品、服务与理念。以供给创造需求，以需求引导供给，制定鼓励扩大消费需求的措施。对使用新产业革命有关产品的企业予以税收减免与相应补贴，鼓励企业使用新能源、新材料，开展服务外包等。完善基础设施，为培育市场消费需求奠定良好的基础设施与环境。加快建立有利于战略性新兴产业发展的行业标准与重要产品技术标准体系，充分发挥政府制定有关行业标准的作用，完善新能源汽车项目与产品准入标准。

（四）再度明确企业的市场主体地位

发挥企业主力军作用，着力推进科技攻关，有效进行重点领域技术突破，创新生产方式与组织方式，使组织方式适应新产业革命背景下制造方式原子化、微型化、虚拟化、网络化的需要，有效降低企业负担。改革适应新产业革命背景下企业发展的税收方式，完善企业社会保障。努力培育企业家市场，有效发挥企业家推动新产业革命发展的作用。完善有利于企业家创新的环境，构建允许失败的宽松的良好氛围，形成鼓励企业家不断创新的宏观环境，建立健全企业家的进入、评价、激励、约束、退出机制。形成国企、民企与外企的合力，推动国企投入研发，鼓励民企从事科技创新，督促外企研发转型，真正发挥企业作为迎接新产业革命主力军的作用，为企业发挥迎接新产业革命主力军的作用奠定宏观环境。为民营企业培育良好的发展环境，发挥民营企业机制灵活、市场敏锐性强、立足前沿的优势与特点，加大民营企业扶持与投入，改善民营企业外部环境，在提升民营企业总体外部环境的基础上，推进民营企业提升科技水平。发挥跨国企业培养人才与技术外溢的作用，吸引国际公司区域性总部与研发中心进入上海。

（五）努力完善法制政策框架，健全营商环境

加大财政金融支持力度，设立扶持新产业革命发展基金，在市级层面出台新产业革命扶持基金，落实各项促进科技投入与科技成果转化、支持高技术产

业发展等方面的税收政策的基础上，对符合条件的入驻园区的企业予以三年税收减免，并对满三年的企业根据情况予以税收优惠。对中小企业尤其是新创业企业实施延税政策，三年内免税，三年后如赢利再征收前三年的税收。完善有关企业遴选机制，根据不同行业与企业实施不同补贴方式，大力鼓励企业与消费者的积极性，有效提升资金补贴效果。学习借鉴风投遴选监控与退出机制，鼓励具备条件的企业及时上市，通过上市更好地融资。专门成立针对中小型企业与民营企业的发展基金，为中小企业与民营企业构建良性发展机制，有效发挥中小企业与民营企业推动产业集群发展与提升科技水平的作用。发挥金融机构的作用，加大金融机构对新产业革命的信贷支持，在构建金融中心的过程中加大对新产业革命的信贷支持，鼓励引导金融机构建立适应新产业革命特点的信贷管理与贷款评审制度。发展创业投资与股权投资基金，建立健全可以促进创业投资和股权投资行业健康发展的配套政策体系与监管体系，在风险可控的范围内为保险公司、社保基金、企业年金管理机构和其他机构投资者参与新兴产业创业投资与股权投资创造条件，鼓励民间资本加大对研发与创业的投入。

（六）积极对接国家发展战略，推进产业发展

在战略性新兴产业已有的发展基础上，评估总结战略性新兴产业发展的成就与亟待解决的瓶颈问题，抓住战略性新兴产业与新产业革命发展的交集，在战略性新兴产业发展的基础上推动新产业革命发展，并在推动新产业革命发展的基础上进一步发展战略性新兴产业。积极推动新能源汽车产业发展，加大对新能源汽车大容量电池的研发力度，解决新能源汽车瓶颈，完善新能源汽车充电设施，加大燃料电池汽车相关前沿技术开发力度，推进新能源汽车及零部件研究试验基地建设，研究开发新能源汽车专用平台，构建产业技术创新联盟，完善相关基础设施。推进新一代信息技术产业的深度应用，有效提升智能制造与数字服务水平，加快建设新一代信息网络基础设施，推动"三网融合"，大力推进物联网、云计算的研发与示范应用，提升软件服务、网络增值服务等信息服务能力，积极发展数字虚拟技术，加快提升海量数据收集、处理、使用、开发与服务能力。推进高端装备制造产业发展，提升高端装备制造产业带动新

产业革命发展的能力,重点提升航空技术创新能力与核心水平,大力发展以干支线飞机和通用飞机为主的航空装备。有效推进空间基础设施建设,促进卫星及应用产业发展。强化基础配套能力,推动智能制造装备的数字化、柔性化发展,提升智能制造装备系统的集成能力,做大做强智能制造装备,促进制造业智能化、精密化、绿色化发展。对接国家发展战略性新兴产业的战略。积极申请参与国家有关重大攻关项目,发挥自身已有的技术、产业、人才与制度优势,有效对接国家战略性新兴产业发展战略,多方获取国家有关的资金、技术、人才、政策等多方支持,在推进国家战略性新兴产业发展的基础上形成自身优势与特色。

(七)切实健全人才交流、培育和保障机制

健全人才培养模式,制定鼓励企业参与人才培养的政策,构建企校联合培养人才新机制,推动创新型、应用型、复合型与技能型人才培养。打造有利于促进企业创新整合发展的企业家市场。完善有利于企业家创新的环境,构建允许失败的宽松的良好氛围,形成鼓励企业家不断创新的宏观环境,建立健全企业家的进入、评价、激励、约束、退出机制。加强人才引进,积极从国内外引进迎接新产业革命急需的人才,尤其是国内外顶尖人才。加快落实人才强市战略和知识产权战略。完善科研机构、高校创新人才与企业双向流动机制,进一步加大高技能人才队伍建设力度。完善期权、技术入股、股权、分红权等多种形式的激励机制,鼓励科研机构与高校科研人员大力从事职务发明创造。

(八)合理构建创新型社会管理体制和机制

高效发挥政府作用,制订推进新产业革命发展的规划,有效发挥市场配置资源的基础性作用。在努力把握新产业革命规律的基础上,制定符合新产业革命需求的政策。杜绝政府过于干预微观经济,着重从宏观上指导,不干预具体企业行为,发挥企业迎接新产业革命的主体作用。打造制度改革创新红利,形成适应新产业革命发展的内在机制和外部环境,通过体制机制创新率先突破制度瓶颈,根据国际新产业革命发展态势及时调整新产业革命发展重点,努力弥补发展中的不足与缺陷,不断推进新产业革命发展。

（九）借力城镇化战略实现上海城市功能转型

进一步发挥上海城市集聚功能。从海内外有效集聚人才、资金、信息、服务、科技、管理等多种优秀资源，尤其是有助于吸纳推动新产业革命发展的重要因素。进一步发挥上海服务功能，在服务于长三角与全国的基础上，进一步努力拓展海外市场，打造上海新产业革命品牌。在发挥服务功能的过程中，针对不足及时弥补提升，持续弥补市场需求，有效发挥供给创造消费需求的作用。在上海构建"四个中心"过程中推动新产业革命发展。推进装备制造业与先进制造业发展，有效发挥金融推动新产业革命发展的作用，应用现代金融杠杆提供新产业革命发展的金融支持。进一步推动航运装备业发展，重点突破核心技术，提升整船建制能力。推进国际贸易中心建设，打造平台经济建设，大力发展新业态经济，有效提升新业态经济推动新产业革命发展的能力。建设个性化、智能化、网络化、低碳化的智慧城市。加强信息化与城市化深度融合，提升信息基础设施建设水平，建设宽带城市和无线城市，推动城市光纤宽带建设、无线局域网建设和宽带网络无线化。深入推进智慧应用体系建设，打造新一代智慧城市单元。

四 上海迎接新产业革命的推进步骤与实施路径

按照"理念优先、总体规划、按步推进、分期实施"的原则，循序渐进地不断优化上海应对新产业革命的规划、方案与配套措施。

（一）理念优先

上海在积极应对新产业革命的挑战、创建城市创新体系的过程中，要在科学发展观的指导下，坚持前瞻性、创新性、民族性、公平性、公益性、生态性及选择性原则，推动发展理念的"三个转变"：一是发展方式从依靠劳动力、资本和土地等自然资源要素驱动的粗放型，向依靠科技、文化、人才、教育、金融资本等创新要素驱动的集约型转化；二是城市功能从依靠重化工业的单一城市功能，向依靠高新技术产业、金融、航运、贸易、医疗、文化等先进制造业和现代服务业等的多城市功能转型;三是科技创新体系建设从以政策激励的"输血"方式,向以政策激励与市场激励双轮驱动的"造血"方式转变。

(二)总体规划

第一,智库研发。跟踪国内外产业技术发展趋势,做好发展战略、规划、路径的研究,为政府部门提供咨询意见。做好技术领域情报资料的收集分析,为企业、科研机构、投资机构等提供知识产权、行业发展、技术研判等服务。研究适合上海产业技术发展的体制机制,为深化和完善创新体系建设提供基础。第二,合作桥梁。促进需求和技术供给的对接,找到技术成果可转化为产业应用的方向。围绕产业重大项目和企业服务需求,在政、产、学、研、用之间搭建合作桥梁,帮助企业组织项目和建立研发机构,共同制定行业标准,推动跨领域跨行业的联盟建设。第三,平台支撑。围绕重点产业和项目、技术链和关键共性技术,建设研发中试基地和相关科研环境,以开放的方式组织多学科的合作研发,形成可供转化的成套技术。围绕企业和用户的需要建立服务环境,形成稳定的科技支撑力量。第四,转化枢纽。以成果转化为核心,通过对"存量"科研成果的分类梳理、分析和配套集成,形成项目资源库。通过发布、交易、转化等多种途径,以"激活"这些成果,形成扩散。新的成果不断产生入库,形成更多、更好的配套集成和良性循环。第五,加大宣传。当务之急,要大力宣传新产业革命的到来将给人类社会的生产与生活带来巨大变革,让市场和企业而不是政府来选择应当在新产业、新技术涌现的环境下,具体开发哪些产业、生产哪些产品。

(三)按步推进

中国在第一次产业革命、第二次产业革命浪潮中都落在人后,新一轮产业革命中国必须立于潮头。但凡事都不能一蹴而就,必须有步骤、有计划地推进。一是要更多地依靠创新驱动来发展经济,把科技摆在发展战略的主要位置,在科技实力、经济实力、综合国力三方面实现新的跨越。二是需要激发本民族的自主创新能力,使农业科技创新有重大突破,战略性新兴产业得到更好的培育与发展,传统产业能级和技术含量进一步增强,民生和社会管理领域的创新进一步加强，基础前沿科学研究更加扎实。三是科技体制改革的深化，要按照十八届三中全会《关于全面改革若干重大问题的决定》的要求，"建立健全鼓励原始创新、集成创新、引进消化吸收再创新的体制机制，健全技术创新市场导向机制，发挥市场对技术研发方向、路线选择、要素价格、各类创新要素配置的导向作用。建立产学研协同创新机制，强化企业在技术创新中的主体地位，发挥大型企业创新骨干作用，激发中小企业创新活力，推进应用型技术研发机构市场化、企业化改革"，① 建设城市创新体系。四是加强知识产权运用和保护，健全技术创新激励机制，"打破行政主导和部门分割，建立主要由市场决定技术创新项目和经费分配、评价成果的机制。发展技术市场，健全技术转移机制，改善科技型中小企业融资条件，完善风险投资机制，创新商业模式，促进科技成果资本化、产业化"。②

（四）分期实施

第一，在短期（5年以内），聚焦智能制造、绿色能源和数字服务领域内出现的最新变化，有序推进"三基"投入力度与产业结构优化与升级。

上海迎接新产业革命的短期应对目标，是要聚焦智能制造、绿色能源和数字服务领域内出现的最新变化，包括：①以新一代信息网络为支撑，展现出新业态、新模式特征的平台经济领域；②以新一代信息技术为支撑，重点集聚机器人产业的智能制造领域；③以新一代信息技术与医疗服务融合发展为支撑，展示有强劲需求前景的健康经济领域；④以新一代信息技术与能源体系结合的智能电网为支撑，展现具有先行先试优势的绿色经济领域。

从发展转型视角看，在短期，上海可通过产业转移加快重点领域形成"两头在沪"的格局。在战略性新兴产业领域，主要应加强核心技术、关键技术的研发和产品的市场化推广，严格把握制造基地的产能与发展规模布局；先进制造业领域未来转型发展的重要方向是"两头在沪"企业，特别是涉及钢铁、汽车、石化等领域研发设计与营销交易高端服务的企业；在传统消费品制

---

① 中共十八届三中全会《关于全面深化改革若干重大问题的决定》，2013年11月12日。
② 同上。

造领域，主要应关注时尚设计、交易展示等有发展前景的产业。

上海还要坚持创新的开放战略，参与新产业革命的技术研发、规则制定与战略分工，进一步拓展新的开放领域与发展空间。特别是金融、物流等服务业领域应该进一步扩大开放，同时加快对教育、医疗、体育等领域的开放步伐。随着上海自贸区的建立，鼓励更多跨国公司地区总部入驻上海自贸区和上海，充分利用其在全球资源配置中的优势，支持国内企业开展跨国投资、兼并和重组，培育本土型跨国公司和著名品牌。

第二，在中期（5~10年），着重培育上海的优势企业，聚焦产业组织与新兴业态发展的内生性诉求，塑造适宜新企业成长的产业环境、法制环境与人文环境。

首先，从技术发展路径的层面看，上海应集中力量重点发展新一代信息技术、新能源和绿色低碳技术、新材料技术、生物医药科技等，要加强产业融合与渗透、技术整合与交叉等领域的技术突破，加强产业形态和应用模式的跨界组合，着力构建技术转化平台。

其次，从企业技术创新的内生动力看，上海的国有企业应该破除制度性瓶颈，增强创新的内生动力。比如改革国资管理体制和考核方式，对国企领导人的人事任命、利润考核等都需要进行改革，使国企领导人敢于在市场中从事创新活动。在上海的外资企业则需要加强创新的外溢效应，不能游离于上海发展战略之外。要增强外企技术创新与上海本地产业的发展关联性，外企的研发不能是只针对中国市场的适用性技术创新，还需要有更多的核心技术以支撑上海全区域范围内的企业技术创新和产业结构提升。本市的民营企业最急需的是提升创新能力和创新实力，构筑创新的主体地位。民营企业在市场上不应受到国有企业、外资企业的竞争排挤。也不应仅仅专注于投资房地产市场、金融与资本市场等容易赚钱的领域，而是要将资金更多地投到实体经济领域，做高科技产业、创新型产业的积极参与者。

最后，从城市功能转型的路径选择看，个性化、智能化、网络化、低碳化的智慧城市要素是上海最需具备的，即信息化必须与城市化深度融合。为此，上海仍需进一步提高城市的信息基础设施水平。改造城市的基础网络，推动光纤宽带建设、无线局域网建设和宽带网络无线化；推进"三网融合"，使上海的信息基础设施接近国际先进水平；加快公共信息平台建设，发展以新一代信息网络，如以云计算、物联网、大数据为支撑的新业态、新模式，为众多中小企业和消费者提供服务，从中培育出快速成长的新经济领域。

第三，在长期（10~20年），聚焦政府与市场的边界，以有所为和有所不为的原则，进一步深化行政体制改革，并营造有利于中国运用新产业革命智慧成果、实现和平崛起的体制环境与战略环境。

未来10年甚至20年，上海要致力于信息技术的深度开发应用，全方位参与新产业革命。所谓的全方位，包括五大突破：一是在推动经济发展的观念上有新的突破；二是在培育创新主体的政策上要有新的突破；三是在引进和培养紧缺人才上要有新的突破；四是在提升公共服务平台上要有新的突破；五是在政府扶持方式上要有新的突破。具体到操作层面，有六大表现：一是更加充分的在线服务；二是更显个性的定制化服务；三是更加全面的互动服务；四是更加便捷的集成服务；五是更加广泛的平台服务；六是更加持久的制度"红利"。通过以上措施和途径构建完善的市场支撑体系。

参考文献

〔美〕雅各布·明塞尔：《人力资本研究》，张凤林译，中国经济出版社，2001。
〔美〕杰里米·里夫金：《第三次工业革命》，张体伟、孙豫宁译，中信出版社，2012。
陈奇星：《上海政府职能转变与政府管理体制创新研究》，上海三联书店，2009。
付广军：《运用税收政策促进战略性新兴产业发展》，《兰州商学院学报》2011年第2期。
沈开艳、刘社建：《结构调整与经济发展方式转变》，上海社会科学院出版社，2012。
孙路一：《人才战略与现代化国际大都市》，上海人民出版社，2002。
吴敬琏：《当代中国经济改革教程》，上海远东出版社，2010。
杨建文：《第三次工业革命中的"中国元素"》，《社会科学报》2013年4月4日。
俞正声：《创新驱动 转型发展 为建设社会主义现代化国际大都市而奋斗——在中国共产党上海市第十次代表大会上的报告》，《解放日报》2012年5月24日。
张欣、崔日明：《后危机时代美国再工业化战略对我国的启示与影响研究》，《江苏商论》2011年第2期。
左学金等：《创新型国家与创新型城市战略》，上海三联书店，2008。

周振华：《创新突破　加速转型——2011/2012 年上海发展报告》，格致出版社、上海人民出版社，2011。

周振华：《体制创新与政策选择：上海发展转型之瓶颈突破研究》，格致出版社、上海人民出版社，2009。

周振华：《危机中的增长转型：新格局与新路径——中国经济分析 2011～2012》，格致出版社、上海人民出版社，2012。

B.16 上海国际旅游度假区产业发展研究

韩汉君*

摘　要： 根据上海国际旅游度假区的重要战略地位、各项产业资源和特殊性，结合相关产业的发展特点和趋势，度假区的核心产业是旅游业，主要是迪士尼主题公园项目，以及周边功能区内的主题游乐项目。围绕旅游业核心产业，度假区应发展现代商贸、住宿餐饮、文化创意、会展服务等延伸产业；同时，还需要发展支持上述核心产业和延伸产业发展的配套产业，包括专业服务、金融服务、信息服务等。结合度假区的产业发展，核心产业、延伸产业是主体产业，配套产业则定位于为度假区和其他产业提供配套支持，近期只需完成其配套服务功能，尚无可能，也不需要升级为延伸产业或支柱产业。度假区各类型产业及产业内部各行业之间的关系是动态的，即度假区产业会出现地位变动和结构升级的现象。

关键词： 国际旅游度假区　迪士尼　产业发展

上海国际旅游度假区的核心项目——迪士尼项目建设已于2011年全面展开，目前各项工程正按照开园总体目标稳步推进。在编制完成上海国际旅游度假区发展规划和总体结构规划之后，相关部门需要加快研究度假区内的产业发展规划，明确度假区的产业发展方向、主要业态和主要产业项目，以执行落实总体结构规划和发展规划，并引导各类产业发展项目合理有序地布局和发展。

---

* 韩汉君，经济学博士，上海社会科学院经济研究所研究员，主要研究方向为发展经济学。

研究上海国际旅游度假区的产业发展方向，首先必须分析、认识和把握以下几个方面的背景和前提：①上海国际旅游度假区发展在各个层面上的地位和作用，包括进一步提升我国对外开放度、促进上海经济和社会发展以及度假区所在区域的发展等方面。②上海国际旅游度假区的战略定位以及度假区的特质、特征和特色。③上海国际旅游度假区拥有的各类资源。④相关产业的发展情况分析。在此基础上，本研究报告对度假区的产业发展方向、主要业态和重要项目等进行了深入分析，并就加快推进度假区产业发展提出了对策建议。

一 上海国际旅游度假区规划布局及重要地位

（一）度假区区位及规划布局

1. 度假区区位

上海国际旅游度假区位于上海城区东南方，距离人民广场约21公里，距离陆家嘴金融中心约18公里，距离浦东机场约12公里，距离虹桥交通枢纽约30公里（见图1）。

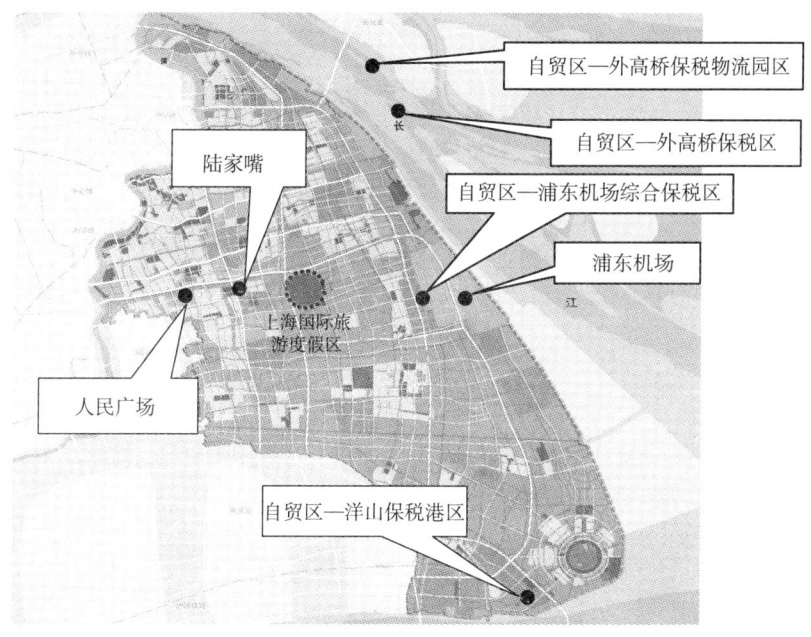

图1　上海国际旅游度假区区位

2. 度假区规划布局

上海国际旅游度假区的规划范围为：北至 S1 高速公路，东至南六公路，南至周邓公路，西至 S2 高速公路西侧红线以西约 1000 米，总面积约 20.13 平方公里（见图 2）。其中包括迪士尼项目核心区（7 平方公里），以及四个外围发展功能区（13.13 平方公里）。此外，周邓公路以南还将保留 4.16 平方公里的土地，作为国际旅游度假区的远期发展备用地进行规划控制。由此形成度假区"一核四片"的空间规划发展布局（见表 1）。

图 2　上海国际旅游度假区空间布局

表 1　度假区片区规划一览

单位：平方公里

片区	功能定位	规划范围	用地面积
核心区	迪士尼项目核心区	东至唐黄路西侧红线以西 30 米，南至航城路北侧红线以北 20 米，西至 S2 高速公路东侧红线以东 40 米，北至 S1 高速公路南侧红线以南 500 米	7
南片区	综合娱乐商业区	东至南六公路，南至周邓公路，西至 S2 高速公路，北至航城路	2.77
北片区	高端总部休闲区	东至唐黄路，南至 S1 高速公路南侧红线以南 500 米，西至 S2 高速公路，北至 S1 高速公路	1.57
西片区	生态保育旅游区	东至 S2 高速公路，南至周邓公路，西至 S2 高速公路西侧红线以西 1000 米，北至 S20 外环公路	4.27
东片区	远期综合开发区	东至南六公路，南至周邓公路，西至唐黄路，北至 S1 高速公路	4.52

(1) 核心区

核心区规划面积7平方公里。核心区内主要建设迪士尼项目，打造国际旅游度假区集主题公园、餐饮购物、酒店于一体的旅游娱乐功能核心。

(2) 发展功能区

①南片区——综合娱乐商业区，规划面积2.77平方公里，是上海国际旅游度假区发展功能区的核心区域，将重点打造集聚大型购物娱乐中心、顶级主题酒店、时尚文化和会议中心等功能的超大规模娱乐商业综合体以及超级秀场集聚区，配套建设健康养生、体育康复、主题度假村等低密度度假产品；发展创意办公、总部办公；开发与区域产业和功能相配套的高端商品住宅、酒店式公寓、员工住宅等。

②西片区——生态保育旅游区，规划面积4.27平方公里，以横沔古镇为主体，打造中国传统文化展示区和生态体验区，集聚古镇旅游、文化创意、主题酒店、特色餐饮等综合功能；打造以婚庆为主题，集婚庆、旅游、休闲、娱乐和相关商业于一体的大型主题婚庆基地；依托迪士尼为创意产业旗舰的品牌号召力，打造旅游、创意、文化产业高度融合的旅游创意产业园区，配套发展以住宅及公建为主的本地居住功能。

③北片区——高端总部休闲区，规划面积1.57平方公里，在充分考虑生态环境保护的前提下，适度发展生态型总部办公、高端企业会所，以及低密度体育休闲设施。

④东片区——远期综合开发区，规划面积4.52平方公里，由于受到高压线走廊的分割，近期不宜布局项目，远期主要考虑建设低碳智慧国际社区、国际旅游和文化艺术学院集聚区等，适度发展体育休闲及其他旅游度假产品，并为中远期综合开发预留土地空间。

3. 度假区周边的资源板块

目前，在度假区周边已经形成了一些资源板块，主要有三大类：①产业园区类，包括张江高科技园区、国际医学园区、川沙经济园区、康桥工业区、六灶鹿园工业园区、三灶工业园区等。②旅游景点类，包括新场古镇、上海野生动物园、三甲港旅游度假区等。③居住城区类，包括川沙镇区、周浦镇区、六灶社区等（见图3）。度假区与这些资源板块形成了一种辐射带动和互动的关系。

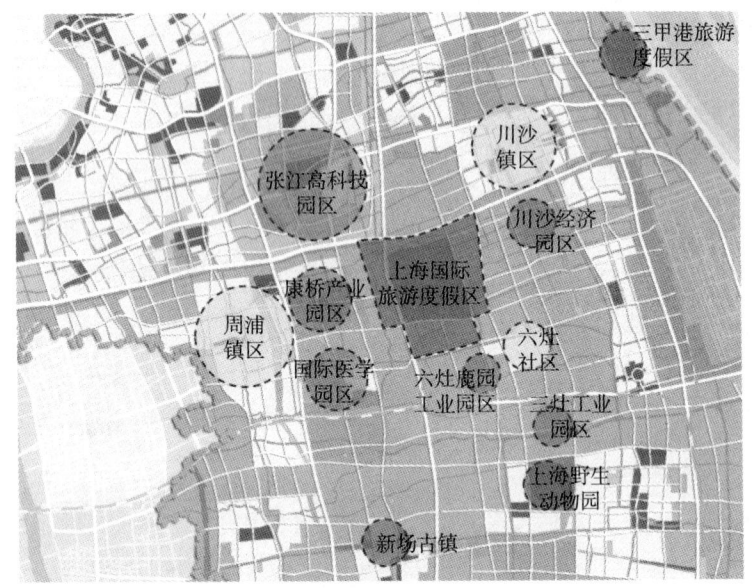

图 3　度假区周边资源板块

（二）度假区发展的重要地位

上海迪士尼主题公园是经国务院同意、国家发改委正式批复核准的重大项目。以迪士尼项目为核心，规划和建设上海国际旅游度假区，是我国在更大领域、更高层次上扩大对外开放的重要标志，也是上海加快经济转型发展、构建现代服务业产业体系、促进上海城市发展和推动长三角区域一体化发展的重要举措。研究度假区产业发展必须符合度假区重要战略地位的要求，并且有助于度假区在这些方面发挥更加有效的作用。

1. 拓展开放领域，提升开放层次

我国的对外开放经历了从沿海到内地、从制造业领域到服务业领域、从经济领域到社会文化等其他非经济领域等不同路径逐步推进的过程，体现出开发领域不断扩大、开放层次不断提高的特征。2001年加入世界贸易组织在我国对外开放历程上具有里程碑意义，标志着我国的对外开放迅速从制造业领域向服务业和其他经济领域纵深拓展，全面融入全球化。2008年北京奥运会召开、2009年迪士尼项目引进上海、2010年上海世博会召开等，都是我国扩大开放的重大事件。

迪士尼是世界第一的影视娱乐和文化传媒品牌，也是国际娱乐文化体验的梦想乐园。引进迪士尼项目不仅是我国对外开放进程中不断优化利用外资结构、丰富利用外资方式、提高利用外资水平，而且体现出我国采取积极主动的开放战略，不断完善投资环境，不断扩展新的开放领域和空间。迪士尼项目是扩大和深化各方利益的汇合点，迪士尼项目的引进标志着我国对外开放扩大到了新的领域、上升到了新的高度。

2. 促进上海服务业发展，推动经济转型

"十二五"时期是上海加快推进"四个率先"、加快建设"四个中心"的重要时期，是上海深化改革、扩大开放、加快转变经济发展方式的关键时期。进入"十二五"发展时期以来，上海经济转型发展明显加速。经济转型发展的重要方向之一就是加快产业结构战略性调整，大力发展现代服务业，提升现代服务业的产业能级和发展水平，努力构建服务型经济结构。在上海需要加快发展的现代服务业体系中，除了金融服务、航运服务、现代商贸等主要服务业之外，还包括信息服务、现代物流、专业服务、服务外包、研发设计、文化创意和会展等生产性服务业，以及旅游、娱乐、健身保健、教育培训、家庭服务等生活性服务业。

迪士尼主题公园项目正式运营及整个旅游度假区的产业功能逐步形成之后，将会直接或间接带动上百个产业，其中受益最多的前三大产业是旅游业、现代商贸业和文化产业，这些产业都是现代服务业。此外，在线会展业、网上商城、邮轮旅游、消费金融等一大批服务经济新模式、新业态也将蓬勃兴起。鉴于迪士尼是世界顶尖的文化娱乐品牌，其所直接和间接推动的服务业也将是高层次的，这就直接提升了上海现代服务业的产业能级；同时，鉴于迪士尼品牌的强大的市场号召力和上海迪士尼及整个度假区项目的巨大规模，上海现代服务业的产业规模也将上一个台阶。显然，迪士尼以及整个度假区项目将有力地促进上海现代服务业的发展，从而在上海经济转型发展进程中发挥非常重要的推动作用。

旅游产业是国际化大都市服务经济的重要组成之一，伦敦、巴黎、纽约等世界级大城市的旅游产业都是其支柱产业之一，在各自的城市经济中占有重要地位。上海市发布的《关于加快上海旅游业发展建设世界著名旅游城市的意见》明确提出，到2015年，上海将基本建成魅力独具、环境一流、集散便捷、服务完善、旅游产业体系健全、旅游产品丰富多样、旅游企业充满活力的世界著名旅游城市。为此，度假区将成为上海大力发展服务经济、提升上海旅游产业的国际竞争力、促进上海向世界级著名旅游城市发展的重要突破口。

3. 优化上海城市空间布局，形成新增长点

在上海促进经济社会发展、建设国际化大都市的进程中，一些产业集聚的园区发挥了重要的作用，在20世纪90年代，主要是陆家嘴、金桥、外高桥和张江四大开发区。开发区从产业发展开始，继而建设和完善其他城市功能，成为上海城市空间中功能性发展区域，或者说上海经济社会发展的增长点。21世纪以来，四大开发区规模继续拓展，功能进一步提升、完善并趋于综合，继续在上海城市发展中发挥重要作用。同时，在上海城市空间版图上，正在形成一些新的增长点，包括临港新城、虹桥商务区、世博园区、度假区、祝桥航空城等。这些新的增长点将在上海新一轮的发展中发挥积极的作用。

以迪士尼主题公园为核心的度假区建设，对推动以旅游要素集聚为特色的城市发展有极大的推动作用，因而也必将带动度假区周边地区经济社会全面发展。度假区是"十二五"期间推动上海服务经济发展的战略转型重点区域之一。根据上海市政府2012年底发布的《上海市主体功能区规划》，上海将构建"两轴两带、多层多核"的城市化格局，其中"城市东西向发展轴"为虹桥商务区—虹桥经济技术开发区—中山公园地区—静安寺—南京西路地区—人民广场地区—外滩、陆家嘴地区—张江高科技园区—国际旅游度假区—浦东空港地区，打造体现国际化大都市标志性风貌和"四个中心"功能的城市发展主轴，度假区为其关键支点。同时，上海"十二五"期间还将重点打造市郊"四大旅游区"，其中"商务会展与主题游乐旅游区"的核心板块之一是上海国际旅游度假区。因此，度假区建设上海国际化大都市的旅游娱乐功能核心，在促进浦东新区中部崛起、优化上海城市空间、形成新的增长点过程中发挥了重要作用。

4. 充分发挥迪士尼项目的带动效应，推动长三角一体化发展

首先，迪士尼将进一步提升上海在长三角的龙头地位。通过产业链的带动和主导产业的示范效应,迪士尼主题公园项目将带动整个长三角城市群产业结构升级和经济发展方式转变,加快完善服务经济结构。

其次,长三角的同城效应将更加显著。根据规划,不久将会有两条地铁进入迪士尼园区,其中上海地铁11号线,一头连接迪士尼园区,另一头直接连通昆山花桥,并做到与苏州地铁1号线无缝连接。另外,随着周边地区高速公路网、高速铁路网建设的逐步完善,长三角各主要城市均可进入上海迪士尼主题公园的"2小时交通抵达圈",同城效应将非常明显。迪士尼项目将提供长三角旅游资源的整合、技术创新协作和区域经济协作的机会,推动区域合作不断走向完善,进一步打破长三角地区的行政区划"围墙",降低交易成本,推动资本、技术、人才、物资、信息和服务等要素顺畅而快速地流动,形成一体化的产品市场、资金市场和人力资源市场。

最后,迪士尼将进一步优化长三角旅游的形象。根据统计数据,目前长三角两省一市的游客接待量占全国的近1/4,旅游收入占到全国的近1/3,但长三角的旅游资源优势并不突出,缺乏国际性的旅游资源或产品,尤其是缺乏世界级主题公园,这对长三角打造世界级城市群的目标来说是一个缺陷。迪士尼主题公园正好填补空白。迪士尼主题公园项目将有效助推长三角成为世界级著名旅游地区。"迪士尼效应"将与"世博效应"形成合力,吸引更多的国内外商务会议、会展和旅游活动,加速推动长三角地区成为总部经济集聚区和重要的现代服务业发展基地。

作为经济发达地区,长三角的各地方政府对经济社会转型发展有着更多的思考和规划。迪士尼项目在处于转型期的长三角地区落地正当其时。我们可以看到,同上海世博会一样,长三角不会仅仅将迪士尼当成一般的旅游项目,而会充分利用这一机会,加强城际联系,带动城市整体的产业结构调整和产业功能提升,最大限度地发挥迪士尼效应。

(三)度假区的战略定位

上海国际旅游度假区的产业发展规划与度假区发展的战略定位密切相关,产业发展方向选择必须符合度假区战略定位的要求,并能促成度假区战略目标的实现。

综合已有的研究成果,以及度假区建设发展的最新情况和趋势,我们认为,度假区的建设和发展不仅仅是迪士尼核心项目的建设和发展,还要充分放大迪士尼效应,带动核心区周边发展功能区相关功能的建设;度假区的建设和发展不仅仅是度假区本身规划范围内的建设和发展,还要引领、带动更大范围内旅游及相关产业的发展;度假区的建设和发展不仅仅是度假区旅游娱乐功能的建设和发展,还要基于旅游娱乐产业的发展带动该地区经济社会以及城区的全面发展。

基于以上认识,上海国际旅游度假区发展的战略目标可以表述为:充分放大迪士尼主题公园项目的效应,立足于构建上海城市休闲旅游功能核心,将度假区建设成具有示范意义的现代化"旅游城"、当代中国娱乐潮流体验中心,形成旅游业发达、文化创意活跃、低碳环保智能、环境优美宜居的大都市新地标,最终发展成世界级旅游目的地。

①具有示范意义的现代化"旅游城"。发挥迪士尼项目核心作用,集聚主题娱乐、餐饮住宿、观光购物、商务会展等旅游要素和绿色环保交通、居住功能,打造欢乐旅游城、智慧旅游城、低碳旅游城、宜居旅游城样板。

②当代中国娱乐潮流体验中心。把握体验经济发展趋势,把中国文化模式创新与国际商业模式创新相结合,不断创造缤纷、精彩、独特的文化娱乐体验样式,形成现场体验、传播和创造当代中国流行文化、娱乐潮流的中心。

③世界级旅游目的地。借鉴国际一流旅游目的地的发展经验,推动旅游设施、旅游产品和服务达到世界领先水准,持续创造区域独特魅力,将度假区乃至更大范围的地区塑造为太平洋西岸的世界级旅游目的地之一。

(四)度假区的特质、特征和特色

研究度假区的产业发展定位,还必须明确度假区本身的特点,即深刻认识和揭示度假区的特质、特征和特色。特质,是度假区最基本的内涵、最本质的特性或者最深层的内核;特征是度假区特质的外部表现;特色则是指表现度假区特征的手段、方式或者途径要有特色。

1. 度假区的特质

度假区的核心项目是迪士尼乐园,整个度假区的内容则包括迪士尼核心项目以及由其带动的相关产业或功能。迪士尼乐园的核心理念是娱乐、体验，通过建造可游、可玩、可触的现实乐园，满足游客深度参与和体验的需求，突出以创造快乐为主的文化内涵，传播积极向上、乐观豁达的理念和价值观，突出寓教于乐的教育理念。

从度假区的核心项目、基本内容以及度假区所要达到的战略目标分析，度假区的特质是体验性娱乐。所谓体验性，是指度假区所要建设的功能包括观光性的、度假式的，但已超出了观光和度假，而上升到了体验性层面或者体验性阶段；娱乐与旅游、度假等具有某些特定含义的活动不同，娱乐是具有更广泛意义的活动，或者说，旅游、度假等都只是娱乐的一些特定表现形式。这其中，"体验性"是表达度假区特质的更关键的主题词。

2. 度假区的特征

表现度假区特质的特征可以有多个维度，即可以从不同的角度归纳度假区的特征。如度假区规划和建筑物的形态特征、产业的影响力特征、产业发展方式特征等。从研究产业发展方向选择的角度分析，度假区的特征可以归纳为以下几个方面。

①产业层次高。只有高层次的产业才能体现出高层次的体验性娱乐的特质；同时，也只有高层次的产业才具有高能级的引领和带动能力，才符合度假区的战略地位要求。

②产业规模大。只有产业规模足够大，才能让消费者获得充分的体验；同时，产业规模大，对周边地区或者相关产业的辐射力强，可起到放大溢出效应和引领带动的作用。

③产业市场化运行。体验性经济更加需要贴近市场需求、贴近消费者的主观感受，从而也就更加需要市场化的经营管理模式、更加尊重市场需求，任何行政性、外部强加的选择都将有损体验特性。

④产业发展以人为本。显然，体验的主体是人，是消费者。产业发展只有做到以人为本，或者充分地人性化，才能让消费者真正获得各种各样的体验，并体现现代城市文明的新高度。

⑤产业发展智慧、绿色。度假区内引导发展的产业必须采纳新的经营理念、经营模式，必须紧紧跟踪新技术、新材料研究领域的最新成果，体现产业

发展的智能和智慧；同时，产业发展要倡导健康环保、绿色低碳的城市娱乐和生活新方式。

3. 度假区的特色

通过富有特色的手段、方式和途径，充分、有效地体现度假区的特征。这些特色手段主要有以下三个方面。

一是迪士尼核心项目融合中国元素。迪士尼项目相关的产业发展从形式到内容都会包含一些中国元素（包括上海海派特色元素），也就是具有本土化特色。只有实现本土化，才能从本地文化和产业的土壤中汲取足够的养料，迪士尼项目发展才会具有强大的活力和持久的生命力。

二是融合创新。主要是指内容上的融合创新，具体是指国际时尚文化与本土民族文化的融合，并在融合中萌发创新。

三是集成创新。主要是指形式上的集成创新，即产业发展业态、经营管理模式等方面的集成，通过集成形成创新。

从度假区的特质、特征和特色出发，度假区的产业发展选择必须紧紧围绕度假区的特质，并能充分反映度假区的特征，同时，产业发展的方式、手段或路径又必须具有特色。

二 度假区产业发展方向选择

（一）度假区产业体系架构

根据前文对度假区发展的重要地位、度假区的战略地位和度假区的特性分析，以及度假区产业发展方向选择的主要原则，我们可以分析度假区发展的产业类型，并建立度假区产业体系。

由于适合度假区发展的产业门类众多，根据产业经济学有关的产业分类理论以及度假区的实际情况，我们可以把度假区发展的产业分成四大类型，即核心产业、支柱产业、延伸产业和配套产业，构成完整的度假区产业体系。

1. 核心产业

度假区的核心产业是旅游娱乐业，具体内容包括核心区内的迪士尼主题公园项目，以及周边功能区内的主题游乐项目。

2. 支柱产业

度假区的支柱产业是度假区内产出规模较大、占度假区全部产出规模的比例较高、对度假区总产出规模影响较大、扩张能力强的产业，主要有现代商贸、住宿餐饮、文化创意、会展服务等产业。

3. 延伸产业

延伸产业是指从核心产业和支柱产业延伸出来的，与核心和支柱产业紧密相关的产业。延伸产业有助于进一步丰富和拓展度假区功能的产业，这些产业的发展方向在于与度假区的游客集聚需求相匹配，并且与旅游功能融合互动，同时注重文化元素、体验元素、科技元素的融入。延伸产业主要包括专业服务、体育服务、教育培训、医疗保健服务和新能源服务等产业。

4. 配套产业

配套产业是指支持上述三类产业发展所需要的基础性、一般性服务产业，主要包括金融服务、信息服务、房地产、现代物流、专门服务等产业。

（二）度假区产业之间的动态关系

度假区各类型产业及产业内部各行业之间的关系是动态的，即度假区产业会出现行业地位变动和产业结构升级的情况。

在产业经济学理论中，有主导产业、支柱产业等规范的产业分类范畴。主导产业、支柱产业都是一个经济体的产业体系中的重要产业，但其重要性或者重要作用有不同的侧重点。主导产业和支柱产业都具有较大的产业规模，在经济体的产业总量中占有较高的比例。但除此之外，主导产业更强调产业的成长性，同时具有较强的创新能力，能迅速引入创新技术，对一定阶段的技术进步和产业结构升级具有重大的关键性导向作用和推动作用，对经济增长具有很强的带动和扩散效应；而支柱产业则主要强调产业规模和产业占比，及产出对整个经济体增长的重要性，一个支柱产业即便其比重出现下降趋势，但只要比重还较大，仍可称为支柱产业。从产业的生命周期来看，主导产业和支柱产业的差别比较明显，主导产业处于成长期，而支柱产业一般处于成熟期。

与一个经济体完整的产业体系不同，在一个具有特定产业内容的产业园区内，其产业体系主要由主体产业和配套产业两大部分构成，其中主体产业是该产业园区已定的产业发展内容，配套产业只是为主体产业提供配套服务的。配套产业一般不会成为主体产业，除非该园区的产业定位出现变化。因此，配套产业的发展一般只要求它能满足主体产业的需要，而不要求它一定有多大的规模、多高的发展水平。

结合度假区的产业发展情况，核心产业、支柱产业、延伸产业是主体产业，其中支柱产业、延伸产业发展中可能会出现升级变化。如果某一延伸产业发展迅速，就有可能升级为支柱产业，即成为度假区的主要产业之一；支柱产业也有可能升级为核心产业。

配套产业则定位于为度假区和其他产业提供配套支持，近期只是完成其配套服务功能，尚无可能，也不需要升级为延伸产业或支柱产业。这些配套产业在其他产业园区可能是重点发展的支柱产业，但在度假区只需要完成配套服务功能。若在度假区也大力发展配套产业，就会出现定位不清或者交叉现象，事实上，这些配套产业也没有优势发展成更加重要的产业。当然，如果度假区的目标功能定位、发展环境条件发生改变，则另当别论。

三　度假区主要产业发展分析

（一）旅游业

旅游业是以旅游资源为依托、以旅游设施为条件，向旅游者提供旅行游览服务的行业。旅游资源、旅游设施和旅游服务是旅游业赖以生存和发展的三要素。目前，世界旅游业的主要发展趋势体现在以下几个方面：①主题化，即具有鲜明的主题，深入挖掘主题和创造独特主题是各国旅游业发展共同追求的目标。②手段多样化，文化的多元化决定了实现手段的多样化，包括科技手段、文化手段、商业手段等。在实践中，甚至实现手段本身也可成为一种吸引力量。③主题公园规模大型化、超大型化，已渐成主题公园的又一个发展趋势，也成为其市场上是否能够取得成功的重要基础。大创意、大思路、大手笔、大投入、大市场是大型化的具体要求和反映，这就要求不断创新和超越，需要深化对市场的认识，需要组织创新和制度创新，需要企业增强资本运作和市场基础。

根据世界旅游业的最新发展趋势，结合度假区的战略定位和资源条件，度假区的旅游娱乐核心产业，除了迪士尼乐园这一核心主题公园之外，还可以开发相关的主题旅游业，如生态旅游、文化旅游、商务度假旅游、医疗保健旅游等；鉴于迪士尼项目和整个度假区定位于高端，度假区还要充分重视引入旅游服务总部机构，推动旅游总部经济发展。

（二）现代商贸业

现代商贸业是指在传统商业基础上发展起来的，适应现代社会经济生活的新型商业服务业态，既包括传统生活服务业的提升和完善，又包括现代消费领域的开拓和发展。随着经济社会快速发展、居民收入持续增长和社会保障不断完善，居民消费需求也日益多样化、个性化，通过各种消费行为买方便、买放心、买健康、买时尚、买休闲，已经逐步成为大众行为。目前，现代商贸业已经从国民经济的从属产业、末端产业转为支柱产业和基础产业。

现代商贸业具有马太效应和集聚效应。城市中心的某一个城区一旦在商贸业发展上获得成功，就会产生一种积累优势，就会有更多的机会取得更大的发展，在一定程度上会产生好的愈好、差的愈差的马太效应，最终占据绝对优势地位，而且这种地位一旦确立就很难被撼动。同时，商业设施也会不断向该城区集聚。

现代商贸业发展中，知名主力店的带动效应也日益显著。一些品牌旗舰店的进驻会吸引大量商业机构和网点落户，逐步形成顶级商业地标，并为整个商圈带来大量的商业客流。它们的进驻能提高整个区域商业业态的档次和影响力，也为周边的中小商家带来良好的连锁反应。

但是，随着城区商业设施的不断集聚，要素成本上升，竞争日趋激烈。因此，近年来，城市商贸业逐步向市郊扩展，形成新的商业中心和购物中心。

网络电子商务的快速崛起并对商贸实体店构成强大冲击是现代商贸业发展中一个引人注目的现象，目前，这一趋势还在发展中。一些经营模式僵化、商业业态落后的实体店，受到电子商务的冲击更加明显。

借助迪士尼品牌的市场号召力，上海国际旅游度假区的现代商贸业发展空间巨大。度假区的现代商贸业发展要特别重视以下功能的塑造：①时尚商业功能。以购物消费为基础，依托大型商业设施项目建设，培育拓展以"年轻、时尚、精品"为内涵的商业功能和商业文化，集聚一线品牌、高端百货和精品专卖店，打造引领时尚、门类齐全、环境优越的商业消费新高地。②休闲娱乐功能。以文化休闲为配套，锁定商务交际性、休闲性需求和大众享受性、娱乐性需求，完善商业网点及其服务功能，提高创意性、体验性和娱乐性，使度假区成为高品质商贸、休闲、娱乐、消费的新地带。③现代商务功能。以商务办公为支撑，为高端商务写字楼、高星级宾馆酒店、高级公寓等商务载体提供完善的商贸配套服务，实现商务商贸的互动提升。

度假区商贸业的市场服务群体当然主要是旅游者，但除此之外，还应重视开拓商务群体和本地消费群体。依托商务办公集聚、商务度假旅游等，商务消费群体的市场非常可观。商务群体消费对象的附加值较高，而且这种消费不仅是最终消费，而且可以带动更大的经济活动，甚至产生更大的经济效益和社会效益。商务消费群体消费行为的主要特点是比较注重服务品质、消费环境和精品特色，注重服务的商务性、休闲性和娱乐性，对产品和服务的选择性要求较强，不太计较商业服务网点的距离。本地消费群体的持续性十分明显，如果能成功吸引上海本地消费者，则可为度假区的商贸业发展带来持续支持。新加坡樟宜国际机场的商业设施在这方面做得就非常成功。

（三）住宿餐饮业

住宿餐饮业属于传统服务业，尽管当前服务业结构进入调整时期，现代服务业作用更加明显，但传统服务业仍表现出较强活力，发展空间依然广阔。因为随着地方经济的持续快速发展，人们的生活节奏加快、消费观念逐渐转变，外出就餐越来越多，餐饮需求规模迅速提高；旅游业和商务活动等的快速发展也为住宿餐饮业的发展提供了大量的商机。

同时，住宿和餐饮业作为与人们日常消费活动密切相关的行业，因其市场化程度高、活力强、发展快的特点，对经济社会发展的带动作用不断增强，有效促进了服务业的发展，并吸纳了大量社会劳动力，大大缓解了社会就业压力,调整消费结构和实现产业互动的作用进一步显现,与旅游业、房地产、会展业、运输业等实现相互促进。

基于上海国际旅游度假区巨大的旅客数量,度假区的住宿餐饮业发展空间也非常大。根据预测分析,到2016年,度假区年度游客数量将达到1300万人次,酒店客房需求量约为5300间(按游客数量的30%、每间客房容纳2人测算);到2020年,度假区游客数量将达到2900万人次,酒店客房需求量约为1.2万间。同时,满足如此大规模游客的餐饮需求,也会给度假区餐饮业带来巨大的市场。另外,除了游客的餐饮需求外,还有持续的、较大规模的本地居民消费。

(四)文化创意产业

文化创意产业是指依靠人的智慧、技能和天赋,借助高科技对文化资源进行创造性利用,通过知识产权开发、生产高附加值的产品,创造财富和增加就业作用显著的产业。它主要包括广播影视、动漫、传媒、视觉艺术、表演艺术、工艺设计、环境艺术、广告装潢设计、软件和计算机服务等方面。联合国教科文组织认为,文化创意产业包含文化产品、文化服务和智能产权。创意产业、创意经济是在全球化社会中发展起来的,推崇创新和个人创造力,强调文化艺术对经济的支持与推动的理念、思潮和实践。

文化创意产业最核心的就是创造力,即人的创造力以及最大限度地发挥人的创造力。创意是创造新事物的能力,创意必须是独特的、原创性的。在"内容为王"的时代,无论是电视影像等传统媒介产品,还是数码动漫等新兴产业产品,所有资本运作的基础都是优质的产品,而在竞争中获胜的优良产品正是来源于人的创造力。因此,文化创意产业在本质上是一种"创意经济",其核心竞争力是人的创造力。

文化创意产业的特征之一是具有较强的融合性。文化创意产业是经济、文化、技术等相互融合的产物,它具有高度的融合性、较强的渗透性和辐射力。文化创意产业在带动其他相关产业发展、推动区域经济增长的同时,还可以辐射影响到社会的方方面面,全面提高人们的文化素质和生活水准。

在上海国际旅游度假区,选择发展文化创意产业具有先天优势和良好的环境基础。迪士尼品牌及相应的产业体系主要分为旅游和文化两大板块，文化产业是其非常重要的组成部分，包括网络媒体、影视音乐、平面出版、创意设计以及文化产品贸易等。

（五）会展服务业

会展服务业有狭义和广义之分，狭义的会展业主要是指会议和展览；广义的会展业则包括会议、展览、奖励旅游、节事活动等。国际上一般把会展业称为"MICE"：M 即 meeting，主要指公司商务性会议；I 即 incentive tour，指以激励、奖励特定对象为目的旅游活动；C 即 convention，主要指协会、社团组织的大型会议；E 即 exhibition 与 events，指展览会、节庆活动等类活动。

会展服务是指为保证会议、展览正常进行所提供的全过程（会前、会中、会后或是展前、展中、展后）服务，既包括会议议程策划、会场布置、会议嘉宾邀请、礼品设计选购、语言翻译，展会现场的租赁、广告、安保、清洁、展品运输与仓储、展位搭建等专业服务，又包括会展中的餐饮、旅游、住宿、交通、运输、地方特产选购等相关配套服务。会展服务业是特殊的服务行业，核心是服务，具有专业性、人文性、综合性、时尚性、协调性等特点。

会展业在区域经济发展中的地位和作用非常突出。会展业涉及工业、农业、商贸业等多个产业，对调整产业结构、开拓消费市场、加强合作交流、扩大产品出口以及推动经济持续健康发展等方面有着非常积极的作用。会展业不仅能给经营者带来场租费、场地搭建费等直接收入，而且可直接或间接带动数十个行业的发展，在商业购物、餐饮住宿、旅游娱乐、交通通信、广告印刷、房地产等相关产业方面创造收入，对一个城市或地区经济发展和社会进步产生重大影响。统计资料表明，发展较好的会展服务业对经济增长的拉动效应能达到1:9，甚至更高。正是因为具有广泛而高度的关联效应，会展业才成为一个国家或地区经济社会发展的"风向标"，直接显示这个国家或地区的经济发展。

近年来，国际会展业的发展非常注重"展"与"会"的结合。目前，会展的内容越来越趋于专业化、品牌化，越来越多的展览公司和会议公司呈现集团化趋势。会展业也开始应用信息技术，并与实物展览相结合，这也成为目前国际会展发展的新趋势。

20世纪80年代以来，我国会展业经历了从无到有、从小到大的过程，并以年均近20%的增长速度发展，已成为我国国民经济发展的助推器和新增长点。全国初步形成了三大会展经济带，即包括北京、天津、烟台等地的环渤海会展经济带，以上海为龙头、沿江沿海为两翼的长三角会展经济带，以广州、深圳为龙头的珠三角会展经济带。随着会展业市场化程度的不断提高，会展城市之间以及会展城市内部场馆之间的竞争日趋激烈，在这一发展背景下，人们普遍认为应加强法制建设、提高品牌意识、注重人才培养和加强现代化场馆建设等。

会展业与度假区的环境氛围、资源条件、产业内容等非常契合，因而会展业在度假区发展具有广阔的市场空间，可以作为支柱产业重点推进。因为区内拥有规模大、数量多、设备完善的会展场地，加之常年规模巨大的各类游客，所以度假区是举办各种会展活动的非常理想的地方，会展效果将非常明显。

（六）医疗保健服务业

医疗保健服务业是包括疾病治疗、疾病预防、疾病管理以及健康管理等相关服务在内的完整体系。医疗保健服务业是医疗服务业的核心。核心层之外的医疗保健相关产业则包括老年护理、健康管理、医疗旅游等延伸性保健服务，以及提供中间产品和支持性服务的产业，如医药和医疗器械制造与批发业、医疗保险业和信息技术业等。

随着国家经济发展水平的不断提高，国民对医疗保健的需求也会加快增长。有资料显示，医疗保健业已成为美国最大的产业之一，目前大约提供了2000万个就业岗位，是最具就业增长潜力的行业。在我国，无论是保证基本医疗卫生服务的医疗服务业，还是满足不同层次需求的医疗保健相关产业，都有着相当大的发展空间，应通过制定和实施产业发展战略规划和产业发展政策，使健康产业成为带动整个国民经济增长的强大动力。

度假区具有优良的生态环境和疗养条件，医疗保健服务业也将是其产业发展的重要内容之一。

（七）专业服务业

专业服务是由组织或个人应用某些专业和专门知识或者大量的实践经验来为客户或消费者提供的某一领域的特殊服务，它具有很高的科技知识含量。专业服务可以分为生产者专业服务和消费者专业服务。按照我国的统计口径，专业服务业主要包括会计服务、法律服务、管理咨询与调查、广告、知识产权服务、职业中介服务、租赁等。

根据发达国家（地区）和我国专业服务业发展的实践，将专业服务业的产业特性归纳如下：①专业服务业具有高成长性。作为现代新兴的生产性服务业，专业服务业的特点就是成长性非常强，尤其是在工业化中后期，更加表现出较高的增长速度。②专业服务业具有人力资本含量高、技术含量高、附加值高的"三高"特征。专业服务业提供的服务以知识、技术和信息为基础，对商业活动的抽象分析和定制化程度高，将知识要素投入生产过程，表现为人力资本密集的特点。③专业服务业具有顾客导向型的增值效应。通过与顾客的不断交流和合作，专业服务企业可提供专业化的增值服务，使其自身蕴涵的价值效应得以放大。知识、经验、信息、品牌和信誉是知识密集型专业服务企业赖以创造价值的要素，也是专业服务企业各条价值链的主体。④专业服务业具有强集聚性和辐射力。国际经验表明，专业服务业高度集聚于国际大城市，对相关产业具有较强的辐射力。跨国公司以此进行全球统一的管理和协调，提高其区域控制力。

20世纪90年代以来，快速发展的信息技术开拓出新的专业服务途径，扩大了服务提供范围，提高了服务的可交易性，许多新的服务模式、新的专业服务品种不断产生。一些行业的共性技术服务平台、信息服务平台和商务服务平台就是这方面的典型。新技术的应用促进了传统的科技服务和电子商务的结合，引起了服务模式的创新，使得这些服务平台能够集成各方资源信息，整合政府、研究部门、企业、协会等多方力量，为企业、政府提供更为强大、更为专业化的服务。

根据专业服务业的发展趋势，以及度假区拥有的专业服务资源和本身的商务服务需求，度假区可以把专业服务业作为一种延伸产业，发展商务办公服务、管理咨询服务、法律咨询服务、租赁服务等。

（八）信息服务业

信息服务业是利用计算机和通信网络等现代科学技术对信息进行生产、收集、处理、加工、存储、传输、检索和利用，并以信息产品向社会提供服务的行业综合体。信息服务业是信息资源开发利用，实现商品化、市场化、社会化和专业化的关键。信息服务业主要分为三大类：信息传输服务业、信息技术服务业、信息资源产业（信息内容产业）。

信息服务业是信息产业中的软产业部分，是连接信息设备制造业和信息用户的中间产业，对生产与消费的带动作用大，产业关联度高。发展信息服务业有助于扩大信息设备制造业的需求和增加对信息用户的供给。

度假区内的信息服务产业主要在于内容和计算机软硬件服务，应加强信息传输等基础设施建设。

四 加快度假区产业发展的对策建议

（一）完善度假区交通运输体系

度假区内外交通体系是否完善、管理是否高效，与区的运行和度假区内产业发展密切相关。一是要完善与长三角各城市、各主要景点之间的多级交通连接系统。针对度假区未来超大客流，适当提升周边快速公路和主干公路等级，拓宽有关道路，增加车道，改造和完善次干路、支路系统。二是加强轨道交通网络体系建设。从浦东新区城市空间整体发展战略出发，优化度假区周边轨道交通体系，在外部地铁11号线延伸线、地铁2号线接驳线的基础上，建设度假区内部捷运系统，与核心区内部高架轨道交通形成系统，合理调整轨道交通站点设置。三是构建便利的内部交通联系系统。在度假区内部规划建设公交枢纽，及时将外部交通转化为内部交通；加大交通环线和景区支线建设，组织多样化的交通方式。四是提升度假区停车场的容纳能力。对停车场等设施实行统一管理，通过信息化手段实现智慧化交通引导；从中远期看，结合迪士尼项目客流量以及度假区道路交通状况等综合要素，适时提升道路交通配套设施的容纳能力。

（二）注重多元化投融资政策支持，积极推动融资方式创新

为加快产业落地和启动，要充分重视政府引导资金、启动资金的作用，尽快落实到位。积极推进融资方式创新，拓展多元化融资渠道，通过银团贷款融资、发行债券融资、整合上市融资、项目招商融资、信托融资、BT模式融资、特许经营权或经营权拍卖融资、保险投资融资等方式，促进解决国际旅游度假区建设开发资金的动态平衡问题。发展创业投资、股权投资，支持企业通过版权、商标、专利等知识产权进行质押融资。

（三）加强产业政策支持，为服务业准入创造更加宽松的环境

度假区内的产业基本是服务业，而服务业在我国还存在不少产业限制，尤其是在市场准入方面。因此，度假区要积极争取产业管理部门的政策支持，成为国家服务业综合改革试验区。一是对外开放，就是在文化娱乐、文艺演出、博物馆、电影电视制作、旅游媒体、教育和医疗机构等领域，加快对外资开放的步伐，吸引国际知名公司来投资和运作。二是对内开放，积极落实相关政策，鼓励民间资本进入文化产业领域。这一方面将拓展产业发展资金来源，另一方面将完善服务产业的市场化运行机制。

（四）积极引进和培养服务业人才

一是积极引进海外高层次人才，并提供准入便利、优待重用和来去便利的政策，尤其重视引进文化创意、酒店管理、会展策划等领域经验丰富的国外专业技术人才和经营管理人才。争取国家外国专家局在上海国际旅游度假区进行引智行政许可申请办理试点。二是积极引进国内服务产业领域领军人才。对符合度假区产业导向的高级管理人才、高级技术人才等各类紧缺人才，优先提供各种工作和生活便利。三是实施专业人才培养计划。支持建立产学研一体的旅游和文化创意人才培养基地，加强与海外高校、研究机构和企业的交流与合作。

（五）延伸上海自贸区效应，为度假区产业发展提供通关便利

一是上海市海关和检验检疫局在度假区研究设立"一站式"现场办事机

构，提供集中通关通检服务，提高服务效率和质量。支持海关和检验检疫部门开辟绿色通道和受理专窗，优先办理项目建设进口物资的报关手续，实行集中报检、集中查验、集中检疫处理、集中后续监管的物流监管模式。二是积极向海关总署和国家质检总局争取先行先试相关优惠便利政策，支持海关和检验检疫机构开展相关监管模式的改革创新，打造度假区良好的建设和运营环境。

B.17 后 记

《上海经济发展报告（2014）》的主题为"新一轮改革开放与制度创新"。这是根据当前国内外经济形势和上海经济运行的特点，以及十八届三中全会和中国（上海）自由贸易试验区建设对上海经济发展的新要求而确立的。

2014年是上海实施"十二五"规划、打造"上海经济升级版"的关键一年。随着十八届三中全会的胜利召开和《中国（上海）自由贸易试验区总体方案》的实施，上海的改革开放进入新的历史阶段。以开放促改革，不仅是中国改革开放进入深水区实施的重要国家战略，而且成为上海转型发展的战略机遇。面对土地、人口、资本要素驱动作用的日趋减缓，增强创新驱动发展新动力已基本达成共识，这是《上海经济发展报告（2014）》将主题确定为"新一轮改革开放与制度创新"的初衷。

在《上海经济发展报告（2012）》主题确定之际，我们曾计划将2014年的主题聚焦在"城市运行与管理转型"这一领域，以冀从城市发展中递进的不同视角剖析上海在未来几年中实现转型发展的关键领域及主要问题。但根据国内外经济形势的新变化及上海经济发展的新要求，我们还是将《上海经济发展报告（2014）》的主题做了调整，以更科学、更客观地分析和预测上海经济发展趋势。

《上海经济发展报告（2014）》由上海社会科学院经济研究所负责编撰。作者队伍主要由上海社会科学院经济研究所、部门经济研究所、世界经济研究所、数量经济研究中心，以及上海WTO事务咨询中心等研究机构的中青年科研人员组成。从设计思路、确定主题，到梳理主线、提出观点，上海市政府发展研究中心主任、上海市经济学会会长周振华研究员给予了一如既往的悉心指导和大力支持，我们深表感谢！在此期间，《上海经济发展报告（2014）》还得到了上海社会科学院院长王战教授、党委书记潘世伟教授、党委副书记洪民荣研究员、副院长黄仁伟研究员等的大力支持和精心指导，在此我们也深表感谢！上海社会科学院智库科研处杨亚琴处长、陈建勋副处长、李宏利和上海社会科学院经济研究所沈开艳副所长、徐美芳博士、莫兰琼博士、谢华育博士在本书的组织工作和事务性工作中投入了大量时间和精力，也一并表示感谢！

沈开艳

2013年11月30日于浦东新区党校

权威报告　热点资讯　海量资源

当代中国与世界发展的高端智库平台

皮书数据库　　www.pishu.com.cn

　　皮书数据库是专业的人文社会科学综合学术资源总库，以大型连续性图书——皮书系列为基础，整合国内外相关资讯构建而成。该数据库包含七大子库，涵盖两百多个主题，囊括了近十几年间中国与世界经济社会发展报告，覆盖经济、社会、政治、文化、教育、国际问题等多个领域。

　　皮书数据库以篇章为基本单位，方便用户对皮书内容的阅读需求。用户可进行全文检索，也可对文献题目、内容提要、作者名称、作者单位、关键字等基本信息进行检索，还可对检索到的篇章再作二次筛选，进行在线阅读或下载阅读。智能多维度导航，可使用户根据自己熟知的分类标准进行分类导航筛选，使查找和检索更高效、便捷。

　　权威的研究报告、独特的调研数据、前沿的热点资讯，皮书数据库已发展成为国内最具影响力的关于中国与世界现实问题研究的成果库和资讯库。

皮书俱乐部会员服务指南

1. 谁能成为皮书俱乐部成员？
- 皮书作者自动成为俱乐部会员
- 购买了皮书产品（纸质皮书、电子书）的个人用户

2. 会员可以享受的增值服务
- 加入皮书俱乐部，免费获赠该纸质图书的电子书
- 免费获赠皮书数据库100元充值卡
- 免费定期获赠皮书电子期刊
- 优先参与各类皮书学术活动
- 优先享受皮书产品的最新优惠

3. 如何享受增值服务？

（1）加入皮书俱乐部，获赠该书的电子书

　　第1步 登录我社官网（www.ssap.com.cn），注册账号；

　　第2步 登录并进入"会员中心"—"皮书俱乐部"，提交加入皮书俱乐部申请；

　　第3步 审核通过后，自动进入俱乐部服务环节，填写相关购书信息即可自动兑换相应电子书。

（2）免费获赠皮书数据库100元充值卡

　　100元充值卡只能在皮书数据库中充值和使用

　　第1步 刮开附赠充值的涂层（左下）；

　　第2步 登录皮书数据库网站（www.pishu.com.cn），注册账号；

　　第3步 登录并进入"会员中心"—"在线充值"—"充值卡充值"，充值成功后即可使用。

4. 声明

　　解释权归社会科学文献出版社所有

皮书俱乐部会员可享受社会科学文献出版社其他相关免费增值服务，有任何疑问，均可与我们联系
联系电话：010-59367227　企业QQ：800045692　邮箱：pishuclub@ssap.cn
欢迎登录社会科学文献出版社官网（www.ssap.com.cn）和中国皮书网（www.pishu.cn）了解更多信息

社会科学文献出版社　　　　　　　　　　　　　　**皮书系列**

"皮书"起源于十七、十八世纪的英国，主要指官方或社会组织正式发表的重要文件或报告，多以"白皮书"命名。在中国，"皮书"这一概念被社会广泛接受，并被成功运作、发展成为一种全新的出版形态，则源于中国社会科学院社会科学文献出版社。

皮书是对中国与世界发展状况和热点问题进行年度监测，以专业的角度、专家的视野和实证研究方法，针对某一领域或区域现状与发展态势展开分析和预测，具备权威性、前沿性、原创性、实证性、时效性等特点的连续性公开出版物，由一系列权威研究报告组成。皮书系列是社会科学文献出版社编辑出版的蓝皮书、绿皮书、黄皮书等的统称。

皮书系列的作者以中国社会科学院、著名高校、地方社会科学院的研究人员为主，多为国内一流研究机构的权威专家学者，他们的看法和观点代表了学界对中国与世界的现实和未来最高水平的解读与分析。

自20世纪90年代末推出以《经济蓝皮书》为开端的皮书系列以来，社会科学文献出版社至今已累计出版皮书千余部，内容涵盖经济、社会、政法、文化传媒、行业、地方发展、国际形势等领域。皮书系列已成为社会科学文献出版社的著名图书品牌和中国社会科学院的知名学术品牌。

皮书系列在数字出版和国际出版方面成就斐然。皮书数据库被评为"2008~2009年度数字出版知名品牌"；《经济蓝皮书》《社会蓝皮书》等十几种皮书每年还由国外知名学术出版机构出版英文版、俄文版、韩文版和日文版，面向全球发行。

2011年，皮书系列正式列入"十二五"国家重点出版规划项目；2012年，部分重点皮书列入中国社会科学院承担的国家哲学社会科学创新工程项目；2014年，35种院外皮书使用"中国社会科学院创新工程学术出版项目"标识。

  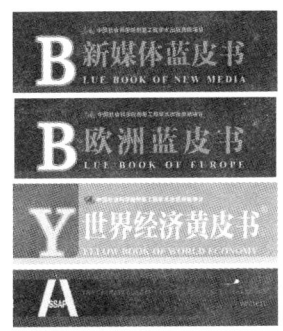

法律声明

"皮书系列"（含蓝皮书、绿皮书、黄皮书）由社会科学文献出版社最早使用并对外推广，现已成为中国图书市场上流行的品牌，是社会科学文献出版社的品牌图书。社会科学文献出版社拥有该系列图书的专有出版权和网络传播权，其LOGO（ ）与"经济蓝皮书"、"社会蓝皮书"等皮书名称已在中华人民共和国工商行政管理总局商标局登记注册，社会科学文献出版社合法拥有其商标专用权。

未经社会科学文献出版社的授权和许可，任何复制、模仿或以其他方式侵害"皮书系列"和LOGO（ ）、"经济蓝皮书"、"社会蓝皮书"等皮书名称商标专用权的行为均属于侵权行为，社会科学文献出版社将采取法律手段追究其法律责任，维护合法权益。

欢迎社会各界人士对侵犯社会科学文献出版社上述权利的违法行为进行举报。电话：010-59367121，电子邮箱：fawubu@ssap.cn。

社会科学文献出版社

权威·前沿·原创

社会科学文献出版社

皮书系列

2014年

盘点年度资讯 预测时代前程

社会科学文献出版社 学术传播中心 编制

社长致辞

我们是图书出版者,更是人文社会科学内容资源供应商;

我们背靠中国社会科学院,面向中国与世界人文社会科学界,坚持为人文社会科学的繁荣与发展服务;

我们精心打造权威信息资源整合平台,坚持为中国经济与社会的繁荣与发展提供决策咨询服务;

我们以读者定位自身,立志让爱书人读到好书,让求知者获得知识;

我们精心编辑、设计每一本好书以形成品牌张力,以优秀的品牌形象服务读者,开拓市场;

我们始终坚持"创社科经典,出传世文献"的经营理念,坚持"权威、前沿、原创"的产品特色;

我们"以人为本",提倡阳光下创业,员工与企业共享发展之成果;

我们立足于现实,认真对待我们的优势、劣势,我们更着眼于未来,以不断的学习与创新适应不断变化的世界,以不断的努力提升自己的实力;

我们愿与社会各界友好合作,共享人文社会科学发展之成果,共同推动中国学术出版乃至内容产业的繁荣与发展。

社会科学文献出版社社长
中国社会学会秘书长

2014 年 1 月

社会科学文献出版社 皮书系列

"皮书"起源于十七、十八世纪的英国，主要指官方或社会组织正式发表的重要文件或报告，多以"白皮书"命名。在中国，"皮书"这一概念被社会广泛接受，并被成功运作、发展成为一种全新的出版形态，则源于中国社会科学院社会科学文献出版社。

皮书是对中国与世界发展状况和热点问题进行年度监测，以专家和学术的视角，针对某一领域或区域现状与发展态势展开分析和预测，具备权威性、前沿性、原创性、实证性、时效性等特点的连续性公开出版物，由一系列权威研究报告组成。皮书系列是社会科学文献出版社编辑出版的蓝皮书、绿皮书、黄皮书等的统称。

皮书系列的作者以中国社会科学院、著名高校、地方社会科学院的研究人员为主，多为国内一流研究机构的权威专家学者，他们的看法和观点代表了学界对中国与世界的现实和未来最高水平的解读与分析。

自20世纪90年代末推出以经济蓝皮书为开端的皮书系列以来，至今已出版皮书近1000余部，内容涵盖经济、社会、政法、文化传媒、行业、地方发展、国际形势等领域。皮书系列已成为社会科学文献出版社的著名图书品牌和中国社会科学院的知名学术品牌。

皮书系列在数字出版和国际出版方面成就斐然。皮书数据库被评为"2008~2009年度数字出版知名品牌"；经济蓝皮书、社会蓝皮书等十几种皮书每年还由国外知名学术出版机构出版英文版、俄文版、韩文版和日文版，面向全球发行。

2011年，皮书系列正式列入"十二五"国家重点出版规划项目，一年一度的皮书年会升格由中国社会科学院主办；2012年，部分重点皮书列入中国社会科学院承担的国家哲学社会科学创新工程项目。

经 济 类

经济类皮书涵盖宏观经济、城市经济、大区域经济，提供权威、前沿的分析与预测

经济蓝皮书

2014年中国经济形势分析与预测（赠阅读卡）

李 扬 / 主编　　2013年12月出版　　估价:69.00元

◆ 本书课题为"总理基金项目"，由著名经济学家李扬领衔，联合数十家科研机构、国家部委和高等院校的专家共同撰写，对2013年中国宏观及微观经济形势，特别是全球金融危机及其对中国经济的影响进行了深入分析，并且提出了2014年经济走势的预测。

世界经济黄皮书

2014年世界经济形势分析与预测（赠阅读卡）

王洛林　张宇燕 / 主编　　2014年1月出版　　估价:69.00元

◆ 2013年的世界经济仍旧行进在坎坷复苏的道路上。发达经济体经济复苏继续巩固，美国和日本经济进入低速增长通道，欧元区结束衰退并呈复苏迹象。本书展望2014年世界经济，预计全球经济增长仍将维持在中低速的水平上。

工业化蓝皮书

中国工业化进程报告（2014）（赠阅读卡）

黄群慧　吕 铁　李晓华 等 / 著　　2014年11月出版　　估价:89.00元

◆ 中国的工业化是事关中华民族复兴的伟大事业，分析跟踪研究中国的工业化进程，无疑具有重大意义。科学评价与客观认识我国的工业化水平，对于我国明确自身发展中的优势和不足，对于经济结构的升级与转型，对于制定经济发展政策，从而提升我国的现代化水平具有重要作用。

皮书系列 重点推荐　经济类

金融蓝皮书

中国金融发展报告（2014）（赠阅读卡）

李 扬　王国刚 / 主编　　2013 年 12 月出版　　定价 :69.00 元

◆　由中国社会科学院金融研究所组织编写的《中国金融发展报告（2014）》，概括和分析了 2013 年中国金融发展和运行中的各方面情况，研讨和评论了 2013 年发生的主要金融事件。本书由业内专家和青年精英联合编著，有利于读者了解掌握 2013 年中国的金融状况，把握 2014 年中国金融的走势。

城市竞争力蓝皮书

中国城市竞争力报告 No.12（赠阅读卡）

倪鹏飞 / 主编　　2014 年 5 月出版　　估价 :89.00 元

◆　本书由中国社会科学院城市与竞争力研究中心主任倪鹏飞主持编写，汇集了众多研究城市经济问题的专家学者关于城市竞争力研究的最新成果。本报告构建了一套科学的城市竞争力评价指标体系，采用第一手数据材料，对国内重点城市年度竞争力格局变化进行客观分析和综合比较、排名，对研究城市经济及城市竞争力极具参考价值。

中国省域竞争力蓝皮书

中国省域经济综合竞争力发展报告（2012~2013）（赠阅读卡）

李建平　李闽榕　高燕京 / 主编　　2014 年 3 月出版　　估价 :188.00 元

◆　本书充分运用数理分析、空间分析、规范分析与实证分析相结合、定性分析与定量分析相结合的方法，建立起比较科学完善、符合中国国情的省域经济综合竞争力指标评价体系及数学模型，对 2011~2012 年中国内地 31 个省、市、区的经济综合竞争力进行全面、深入、科学的总体评价与比较分析。

农村经济绿皮书

中国农村经济形势分析与预测 (2013~2014)（赠阅读卡）

中国社会科学院农村发展研究所　国家统计局农村社会经济调查司 / 著
2014 年 4 月出版　　估价 :59.00 元

◆　本书对 2013 年中国农业和农村经济运行情况进行了系统的分析和评价，对 2014 年中国农业和农村经济发展趋势进行了预测，并提出相应的政策建议，专题部分将围绕某个重大的理论和现实问题进行多维、深入、细致的分析和探讨。

经济类 皮书系列 重点推荐

西部蓝皮书

中国西部经济发展报告（2014）（赠阅读卡）

姚慧琴　徐璋勇/主编　　2014年7月出版　　估价:69.00元

◆ 本书由西北大学中国西部经济发展研究中心主编，汇集了源自西部本土以及国内研究西部问题的权威专家的第一手资料，对国家实施西部大开发战略进行年度动态跟踪，并对2014年西部经济、社会发展态势进行预测和展望。

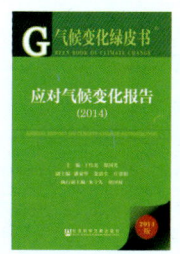

气候变化绿皮书

应对气候变化报告（2014）（赠阅读卡）

王伟光　郑国光/主编　　2014年11月出版　　估价:79.00元

◆ 本书由社科院城环所和国家气候中心共同组织编写，各篇报告的作者长期从事气候变化科学问题、社会经济影响，以及国际气候制度等领域的研究工作，密切跟踪国际谈判的进程，参与国家应对气候变化相关政策的咨询，有丰富的理论与实践经验。

就业蓝皮书

2014年中国大学生就业报告（赠阅读卡）

麦可思研究院/编著　　王伯庆　郭娇/主审
2014年6月出版　　估价:98.00元

◆ 本书是迄今为止关于中国应届大学毕业生就业、大学毕业生中期职业发展及高等教育人口流动情况的视野最为宽广、资料最为翔实、分类最为精细的实证调查和定量研究；为我国教育主管部门的教育决策提供了极有价值的参考。

企业社会责任蓝皮书

中国企业社会责任研究报告（2014）（赠阅读卡）

黄群慧　彭华岗　钟宏武　张蒽/编著
2014年11月出版　　估价:69.00元

◆ 本书系中国社会科学院经济学部企业社会责任研究中心组织编写的《企业社会责任蓝皮书》2014年分册。该书在对企业社会责任进行宏观总体研究的基础上，根据2013年企业社会责任及相关背景进行了创新研究，在全国企业中观层面对企业健全社会责任管理体系提供了弥足珍贵的丰富信息。

5

皮书系列 重点推荐　社会政法类

社会政法类

社会政法类皮书聚焦社会发展领域的热点、难点问题，提供权威、原创的资讯与视点

社会蓝皮书
2014年中国社会形势分析与预测（赠阅读卡）

李培林　陈光金　张翼/主编　2013年12月出版　估价:69.00元

◆ 本报告是中国社会科学院"社会形势分析与预测"课题组2014年度分析报告，由中国社会科学院社会学研究所组织研究机构专家、高校学者和政府研究人员撰写。对2013年中国社会发展的各个方面内容进行了权威解读，同时对2014年社会形势发展趋势进行了预测。

法治蓝皮书
中国法治发展报告No.12（2014）（赠阅读卡）

李　林　田　禾/主编　2014年2月出版　估价:98.00元

◆ 本年度法治蓝皮书一如既往秉承关注中国法治发展进程中的焦点问题的特点，回顾总结了2013年度中国法治发展取得的成就和存在的不足，并对2014年中国法治发展形势进行了预测和展望。

民间组织蓝皮书
中国民间组织报告（2014）（赠阅读卡）

黄晓勇/主编　2014年8月出版　估价:69.00元

◆ 本报告是中国社会科学院"民间组织与公共治理研究"课题组推出的第五本民间组织蓝皮书。基于国家权威统计数据、实地调研和广泛搜集的资料，本报告对2012年以来我国民间组织的发展现状、热点专题、改革趋势等问题进行了深入研究，并提出了相应的政策建议。

社会政法类　　皮书系列 重点推荐

社会保障绿皮书

中国社会保障发展报告（2014）No.6（赠阅读卡）

王延中 / 主编　　2014 年 9 月出版　　估价：69.00 元

◆ 社会保障是调节收入分配的重要工具，随着社会保障制度的不断建立健全、社会保障覆盖面的不断扩大和社会保障资金的不断增加，社会保障在调节收入分配中的重要性不断提高。本书全面评述了 2013 年以来社会保障制度各个主要领域的发展情况。

环境绿皮书

中国环境发展报告（2014）（赠阅读卡）

刘鉴强 / 主编　　2014 年 4 月出版　　估价：69.00 元

◆ 本书由民间环保组织"自然之友"组织编写，由特别关注、生态保护、宜居城市、可持续消费以及政策与治理等版块构成，以公共利益的视角记录、审视和思考中国环境状况，呈现 2013 年中国环境与可持续发展领域的全局态势，用深刻的思考、科学的数据分析 2013 年的环境热点事件。

教育蓝皮书

中国教育发展报告（2014）（赠阅读卡）

杨东平 / 主编　　2014 年 3 月出版　　估价：69.00 元

◆ 本书站在教育前沿，突出教育中的问题，特别是对当前教育改革中出现的教育公平、高校教育结构调整、义务教育均衡发展等问题进行了深入分析，从教育的内在发展谈教育，又从外部条件来谈教育，具有重要的现实意义，对我国的教育体制的改革与发展具有一定的学术价值和参考意义。

反腐倡廉蓝皮书

中国反腐倡廉建设报告 No.3（赠阅读卡）

中国社会科学院中国廉政研究中心 / 主编
2013 年 12 月出版　　估价：79.00 元

◆ 本书抓住了若干社会热点和焦点问题，全面反映了新时期新阶段中国反腐倡廉面对的严峻局面，以及中国共产党反腐倡廉建设的新实践新成果。根据实地调研、问卷调查和舆情分析，梳理了当下社会普遍关注的与反腐败密切相关的热点问题。

行业报告类

行业报告类

行业报告类皮书立足重点行业、新兴行业领域，提供及时、前瞻的数据与信息

房地产蓝皮书
中国房地产发展报告 No.11（赠阅读卡）

魏后凯 李景国/主编　2014年4月出版　估价:79.00元

◆ 本书由中国社会科学院城市发展与环境研究所组织编写，秉承客观公正、科学中立的原则，深度解析2013年中国房地产发展的形势和存在的主要矛盾，并预测2014年及未来10年或更长时间的房地产发展大势。观点精辟，数据翔实，对关注房地产市场的各阶层人士极具参考价值。

旅游绿皮书
2013~2014年中国旅游发展分析与预测（赠阅读卡）

宋瑞/主编　2013年12月出版　定价:69.00元

◆ 如何从全球的视野理性审视中国旅游，如何在世界旅游版图上客观定位中国，如何积极有效地推进中国旅游的世界化，如何制定中国实现世界旅游强国梦想的线路图？本年度开始，《旅游绿皮书》将围绕"世界与中国"这一主题进行系列研究，以期为推进中国旅游的长远发展提供科学参考和智力支持。

信息化蓝皮书
中国信息化形势分析与预测（2014）（赠阅读卡）

周宏仁/主编　2014年7月出版　估价:98.00元

◆ 本书在以中国信息化发展的分析和预测为重点的同时，反映了过去一年间中国信息化关注的重点和热点，视野宽阔，观点新颖，内容丰富，数据翔实，对中国信息化的发展有很强的指导性，可读性很强。

行业报告类　皮书系列 重点推荐

企业蓝皮书

中国企业竞争力报告（2014）（赠阅读卡）

金 碚 / 主编　　2014 年 11 月出版　　估价 :89.00 元

◆ 中国经济正处于新一轮的经济波动中，如何保持稳健的经营心态和经营方式并进一步求发展，对于企业保持并提升核心竞争力至关重要。本书利用上市公司的财务数据，研究上市公司竞争力变化的最新趋势，探索进一步提升中国企业国际竞争力的有效途径，这无论对实践工作者还是理论研究者都具有重大意义。

食品药品蓝皮书

食品药品安全与监管政策研究报告（2014）（赠阅读卡）

唐民皓 / 主编　　2014 年 7 月出版　　估价 :69.00 元

◆ 食品药品安全是当下社会关注的焦点问题之一，如何破解食品药品安全监管重点难点问题是需要以社会合力才能解决的系统工程。本书围绕安全热点问题、监管重点问题和政策焦点问题，注重于对食品药品公共政策和行政监管体制的探索和研究。

流通蓝皮书

中国商业发展报告（2013~2014）（赠阅读卡）

荆林波 / 主编　　2014 年 5 月出版　　估价 :89.00 元

◆ 《中国商业发展报告》是中国社会科学院财经战略研究院与香港利丰研究中心合作的成果，并且在 2010 年开始以中英文版同步在全球发行。蓝皮书从关注中国宏观经济出发，突出中国流通业的宏观背景反映了本年度中国流通业发展的状况。

住房绿皮书

中国住房发展报告（2013~2014）（赠阅读卡）

倪鹏飞 / 主编　　2013 年 12 月出版　　估价 :79.00 元

◆ 本报告从宏观背景、市场主体、市场体系、公共政策和年度主题五个方面，对中国住宅市场体系做了全面系统的分析、预测与评价，并给出了相关政策建议，并在评述 2012~2013 年住房及相关市场走势的基础上，预测了 2013~2014 年住房及相关市场的发展变化。

国别与地区类

国别与地区类

国别与地区类皮书关注全球重点国家与地区，提供全面、独特的解读与研究

亚太蓝皮书
亚太地区发展报告（2014）（赠阅读卡）

李向阳 / 主编　　2013年12月出版　　定价：69.00元

◆ 本书是由中国社会科学院亚太与全球战略研究院精心打造的又一品牌皮书，关注时下亚太地区局势发展动向里隐藏的中长趋势，剖析亚太地区政治与安全格局下的区域形势最新动向以及地区关系发展的热点问题，并对2014年亚太地区重大动态作出前瞻性的分析与预测。

日本蓝皮书
日本研究报告（2014）（赠阅读卡）

李　薇 / 主编　　2014年2月出版　　估价：69.00元

◆ 本书由中华日本学会、中国社会科学院日本研究所合作推出，是以中国社会科学院日本研究所的研究人员为主完成的研究成果。对2013年日本的政治、外交、经济、社会文化作了回顾、分析与展望，并收录了该年度日本大事记。

欧洲蓝皮书
欧洲发展报告(2013~2014)（赠阅读卡）

周　弘 / 主编　　2014年3月出版　　估价：89.00元

◆ 本年度的欧洲发展报告，对欧洲经济、政治、社会、外交等面的形式进行了跟踪介绍与分析。力求反映作为一个整体的欧盟及30多个欧洲国家在2013年出现的各种变化。

皮书系列 重点推荐

国别与地区类

拉美黄皮书

拉丁美洲和加勒比发展报告（2013~2014）（赠阅读卡）

吴白乙 / 主编　2014年4月出版　估价:89.00元

◆ 本书是中国社会科学院拉丁美洲研究所的第13份关于拉丁美洲和加勒比地区发展形势状况的年度报告。本书对2013年拉丁美洲和加勒比地区诸国的政治、经济、社会、外交等方面的发展情况做了系统介绍，对该地区相关国家的热点及焦点问题进行了总结和分析，并在此基础上对该地区各国2014年的发展前景做出预测。

澳门蓝皮书

澳门经济社会发展报告（2013~2014）（赠阅读卡）

吴志良　郝雨凡 / 主编　2014年3月出版　估价:79.00元

◆ 本书集中反映2013年本澳各个领域的发展动态，总结评价近年澳门政治、经济、社会的总体变化，同时对2014年社会经济情况作初步预测。

日本经济蓝皮书

日本经济与中日经贸关系研究报告（2014）（赠阅读卡）

王洛林　张季风 / 主编　2014年5月出版　估价:79.00元

◆ 本书对当前日本经济以及中日经济合作的发展动态进行了多角度、全景式的深度分析。本报告回顾并展望了2013~2014年度日本宏观经济的运行状况。此外，本报告还收录了大量来自于日本政府权威机构的数据图表，具有极高的参考价值。

美国蓝皮书

美国问题研究报告（2014）（赠阅读卡）

黄平　倪峰 / 主编　2014年6月出版　估价:89.00元

◆ 本书是由中国社会科学院美国所主持完成的研究成果，它回顾了美国2013年的经济、政治形势与外交战略，对2013年以来美国内政外交发生的重大事件以及重要政策进行了较为全面的回顾和梳理。

皮书系列
重点推荐

地方发展类

地方发展类

地方发展类皮书关注大陆各省份、经济区域，提供科学、多元的预判与咨政信息

社会建设蓝皮书
2014年北京社会建设分析报告（赠阅读卡）
宋贵伦/主编　2014年4月出版　估价:69.00元

◆ 本书依据社会学理论框架和分析方法，对北京市的人口、就业、分配、社会阶层以及城乡关系等社会学基本问题进行了广泛调研与分析，对广受社会关注的住房、教育、医疗、养老、交通等社会热点问题做了深刻了解与剖析，对日益显现的征地搬迁、外籍人口管理、群体性心理障碍等进行了有益探讨。

温州蓝皮书
2014年温州经济社会形势分析与预测（赠阅读卡）
潘忠强　王春光　金浩/主编　2014年4月出版　估价：69.00元

◆ 本书是由中共温州市委党校与中国社会科学院社会学研究所合作推出的第七本"温州经济社会形势分析与预测"年度报告，深入全面分析了2013年温州经济、社会、政治、文化发展的主要特点、经验、成效与不足，提出了相应的政策建议。

上海蓝皮书
上海资源环境发展报告（2014）（赠阅读卡）
周冯琦　汤庆合　王利民／著　2014年1月出版　估价：59.00元

◆ 本书在上海所面临资源环境风险的来源、程度、成因、对策等方面作了些有益的探索，希望能对有关部门完善上海的资源环境风险防控工作提供一些有价值的参考，也让普通民众更全面地了解上海资源环境风险及其防控的图景。

地方发展类　　皮书系列 重点推荐

广州蓝皮书
2014年中国广州社会形势分析与预测（赠阅读卡）

易佐永　杨秦　顾涧清/主编　2014年5月出版　估价:65.00元

◆ 本书由广州大学与广州市委宣传部、广州市人力资源和社会保障局联合主编，汇集了广州科研团体、高等院校和政府部门诸多社会问题研究专家、学者和实际部门工作者的最新研究成果，是关于广州社会运行情况和相关专题分析与预测的重要参考资料。

河南经济蓝皮书
2014年河南经济形势分析与预测（赠阅读卡）

胡五岳/主编　2014年4月出版　估价:59.00元

◆ 本书由河南省统计局主持编纂。该分析与展望以2013年最新年度统计数据为基础，科学研判河南经济发展的脉络轨迹、分析年度运行态势；以客观翔实、权威资料为特征，突出科学性、前瞻性和可操作性，服务于科学决策和科学发展。

陕西蓝皮书
陕西社会发展报告（2014）（赠阅读卡）

任宗哲　石英　江波/主编　2014年1月出版　估价:65.00元

◆ 本书系统而全面地描述了陕西省2013年社会发展各个领域所取得的成就、存在的问题、面临的挑战及其应对思路，为更好地思考2014年陕西发展前景、政策指向和工作策略等方面提供了一个较为简洁清晰的参考蓝本。

上海蓝皮书
上海经济发展报告（2014）（赠阅读卡）

沈开艳/主编　2014年1月出版　估价:69.00元

◆ 本书系上海社会科学院系列之一，报告对2014年上海经济增长与发展趋势的进行了预测，把握了上海经济发展的脉搏和学术研究的前沿。

地方发展类·文化传媒类

广州蓝皮书

广州经济发展报告（2014）（赠阅读卡）

李江涛 刘江华/主编　2014年6月出版　估价:65.00元

◆ 本书是由广州市社会科学院主持编写的"广州蓝皮书"系列之一，本报告对广州2013年宏观经济运行情况作了深入分析，对2014年宏观经济走势进行了合理预测，并在此基础上提出了相应的政策建议。

文 化 传 媒 类

文化传媒类皮书透视文化领域、文化产业，探索文化大繁荣、大发展的路径

新媒体蓝皮书

中国新媒体发展报告No.4(2013)（赠阅读卡）

唐绪军/主编　　2014年6月出版　　估价:69.00元

◆ 本书由中国社会科学院新闻与传播研究所和上海大学合作编写，在构建新媒体发展研究基本框架的基础上，全面梳理2013年中国新媒体发展现状，发表最前沿的网络媒体深度调查数据和研究成果，并对新媒体发展的未来趋势做出预测。

舆情蓝皮书

中国社会舆情与危机管理报告（2014）（赠阅读卡）

谢耘耕/主编　2014年8月出版　　估价:85.00元

◆ 本书由上海交通大学舆情研究实验室和危机管理研究中心主编，已被列入教育部人文社会科学研究报告培育项目。本书以新媒体环境下的中国社会为立足点，对2013年中国社会舆情、分类舆情等进行了深入系统的研究，并预测了2014年社会舆情走势。

经济类

产业蓝皮书
中国产业竞争力报告（2014）No.4
著(编)者：张其仔　2014年5月出版 / 估价：79.00元

长三角蓝皮书
2014年率先基本实现现代化的长三角
著(编)者：刘志彪　2014年6月出版 / 估价：120.00元

城市竞争力蓝皮书
中国城市竞争力报告No.12
著(编)者：倪鹏飞　2014年5月出版 / 估价：89.00元

城市蓝皮书
中国城市发展报告No.7
著(编)者：潘家华　魏后凯　2014年7月出版 / 估价：69.00元

城市群蓝皮书
中国城市群发展指数报告(2014)
著(编)者：刘士林　刘新静　2014年10月出版 / 估价：59.00元

城乡统筹蓝皮书
中国城乡统筹发展报告（2014）
著(编)者：程志强、潘晨光　2014年3月出版 / 估价：59.00元

城乡一体化蓝皮书
中国城乡一体化发展报告（2014）
著(编)者：汝信　付崇兰　2014年8月出版 / 估价：59.00元

城镇化蓝皮书
中国城镇化健康发展报告（2014）
著(编)者：张占斌　2014年10月出版 / 估价：69.00元

低碳发展蓝皮书
中国低碳发展报告（2014）
著(编)者：齐晔　2014年7月出版 / 估价：69.00元

低碳经济蓝皮书
中国低碳经济发展报告（2014）
著(编)者：薛进军　赵忠秀　2014年5月出版 / 估价：79.00元

东北蓝皮书
中国东北地区发展报告（2014）
著(编)者：鲍振东　曹晓峰　2014年8月出版 / 估价：79.00元

发展和改革蓝皮书
中国经济发展和体制改革报告No.7
著(编)者：邹东涛　2014年7月出版 / 估价：79.00元

工业化蓝皮书
中国工业化进程报告（2014）
著(编)者：黄群慧　吕铁　李晓华　等
2014年11月出版 / 估价：89.00元

国际城市蓝皮书
国际城市发展报告（2014）
著(编)者：屠启宇　2014年1月出版 / 估价：69.00元

国家创新蓝皮书
国家创新发展报告（2013~2014）
著(编)者：陈劲　2014年3月出版 / 估价：69.00元

国家竞争力蓝皮书
中国国家竞争力报告No.2
著(编)者：倪鹏飞　2014年10月出版 / 估价：98.00元

宏观经济蓝皮书
中国经济增长报告（2014）
著(编)者：张平　刘霞辉　2014年10月出版 / 估价：69.00元

减贫蓝皮书
中国减贫与社会发展报告
著(编)者：黄承伟　2014年7月出版 / 估价：69.00元

金融蓝皮书
中国金融发展报告（2014）
著(编)者：李扬　王国刚　2013年12月出版 / 定价：69.00元

经济蓝皮书
2014年中国经济形势分析与预测
著(编)者：李扬　2013年12月出版 / 估价：69.00元

经济蓝皮书春季号
中国经济前景分析——2014年春季报告
著(编)者：李扬　2014年4月出版 / 估价：59.00元

经济信息绿皮书
中国与世界经济发展报告（2014）
著(编)者：王长胜　2013年12月出版 / 定价：69.00元

就业蓝皮书
2014年中国大学生就业报告
著(编)者：麦可思研究院　2014年6月出版 / 估价：98.00元

民营经济蓝皮书
中国民营经济发展报告No.10（2013~2014）
著(编)者：黄孟复　2014年9月出版 / 估价：69.00元

民营企业蓝皮书
中国民营企业竞争力报告No.7（2014）
著(编)者：刘迎秋　2014年1月出版 / 估价：79.00元

农村绿皮书
中国农村经济形势分析与预测（2014）
著(编)者：中国社会科学院农村发展研究所
　　　　　国家统计局农村社会经济调查司　著
2014年4月出版 / 估价：59.00元

企业公民蓝皮书
中国企业公民报告No.4
著(编)者：邹东涛　2014年7月出版 / 估价：69.00元

企业社会责任蓝皮书
中国企业社会责任研究报告（2014）
著(编)者：黄群慧　彭华岗　钟宏武　等
2014年11月出版 / 估价：59.00元

气候变化绿皮书
应对气候变化报告（2014）
著(编)者：王伟光　郑国光　2014年11月出版 / 估价：79.00元

区域蓝皮书
中国区域经济发展报告（2014）
著(编)者：梁昊光　2014年4月出版 / 估价：69.00元

皮书系列 2014全品种

经济类·社会政法类

人口与劳动绿皮书
中国人口与劳动问题报告No.15
著(编)者：蔡昉　2014年6月出版／估价:69.00元

生态经济（建设）绿皮书
中国经济（建设）发展报告（2013~2014）
著(编)者：黄浩涛　李周　2014年10月出版／估价:69.00元

世界经济黄皮书
2014年世界经济形势分析与预测
著(编)者：王洛林　张宇燕　2014年1月出版／估价:69.00元

西北蓝皮书
中国西北发展报告（2014）
著(编)者：张进海　陈冬红　段庆林　2014年1月出版／定价:65.00元

西部蓝皮书
中国西部发展报告（2014）
著(编)者：姚慧琴　徐璋勇　2014年7月出版／估价:69.00元

新型城镇化蓝皮书
新型城镇化发展报告（2014）
著(编)者：沈体雁　李伟　宋敏　2014年3月出版／估价:69.00元

新兴经济体蓝皮书
金砖国家发展报告（2014）
著(编)者：林跃勤　周文　2014年3月出版／估价:79.00元

循环经济绿皮书
中国循环经济发展报告（2013~2014）
著(编)者：齐建国　2014年12月出版／估价:69.00元

中部竞争力蓝皮书
中国中部经济社会竞争力报告（2014）
著(编)者：教育部人文社会科学重点研究基地
南昌大学中国中部经济社会发展研究中心
2014年7月出版／估价:59.00元

中部蓝皮书
中国中部地区发展报告（2014）
著(编)者：朱有志　2014年10月出版／估价:59.00元

中国科技蓝皮书
中国科技发展报告（2014）
著(编)者：陈劲　2014年4月出版／估价:69.00元

中国省域竞争力蓝皮书
中国省域经济综合竞争力发展报告（2012~2013）
著(编)者：李建平　李闽榕　高燕京　2014年3月出版／估价:188.00元

中三角蓝皮书
长江中游城市群发展报告（2013~2014）
著(编)者：秦尊文　2014年6月出版／估价:69.00元

中小城市绿皮书
中国中小城市发展报告（2014）
著(编)者：中国城市经济学会中小城市经济发展委员会
《中国中小城市发展报告》编纂委员会
2014年10月出版／估价:98.00元

中原蓝皮书
中原经济区发展报告（2014）
著(编)者：刘怀廉　2014年6月出版／估价:68.00元

社会政法类

殡葬绿皮书
中国殡葬事业发展报告（2014）
著(编)者：朱勇　副主编　李伯森　2014年3月出版／估价:59.00元

城市创新蓝皮书
中国城市创新报告（2014）
著(编)者：周天勇　旷建伟　2014年7月出版／估价:69.00元

城市管理蓝皮书
中国城市管理报告2014
著(编)者：谭维克　刘林　2014年7月出版／估价:98.00元

城市生活质量蓝皮书
中国城市生活质量指数报告（2014）
著(编)者：张平　2014年7月出版／估价:59.00元

城市政府能力蓝皮书
中国城市政府公共服务能力评估报告（2014）
著(编)者：何艳玲　2014年7月出版／估价:59.00元

创新蓝皮书
创新型国家建设报告（2014）
著(编)者：詹正茂　2014年7月出版／估价:69.00元

慈善蓝皮书
中国慈善发展报告（2014）
著(编)者：杨团　2014年6月出版／估价:69.00元

法治蓝皮书
中国法治发展报告No.12（2014）
著(编)者：李林　田禾　2014年2月出版／估价:98.00元

反腐倡廉蓝皮书
中国反腐倡廉建设报告No.3
著(编)者：李秋芳　2013年12月出版／估价:79.00元

非传统安全蓝皮书
中国非传统安全研究报告（2014）
著(编)者：余潇枫　2014年5月出版／估价:69.00元

皮书系列 2014全品种

社会政法类

妇女发展蓝皮书
福建省妇女发展报告（2014）
著(编)者：刘群英　2014年10月出版　估价：58.00元

妇女发展蓝皮书
中国妇女发展报告No.5
著(编)者：王金玲　高小贤　2014年5月出版　估价：65.00元

妇女教育蓝皮书
中国妇女教育发展报告No.3
著(编)者：张李玺　2014年10月出版　估价：69.00元

公共服务满意度蓝皮书
中国城市公共服务评价报告（2014）
著(编)者：胡伟　2014年11月出版　估价：69.00元

公共服务蓝皮书
中国城市基本公共服务力评价（2014）
著(编)者：侯惠勤　辛向阳　易定宏
2014年10月出版　估价：55.00元

公民科学素质蓝皮书
中国公民科学素质调查报告（2013~2014）
著(编)者：李群　许佳军　2014年2月出版　估价：69.00元

公益蓝皮书
中国公益发展报告（2014）
著(编)者：朱健刚　2014年5月出版　估价：78.00元

国际人才蓝皮书
中国海归创业发展报告（2014）No.2
著(编)者：王辉耀　路江涌　2014年10月出版　估价：69.00元

国际人才蓝皮书
中国留学发展报告（2014）No.3
著(编)者：王辉耀　2014年9月出版　估价：59.00元

行政改革蓝皮书
中国行政体制改革报告（2014）No.3
著(编)者：魏礼群　2014年3月出版　估价：69.00元

华侨华人蓝皮书
华侨华人研究报告（2014）
著(编)者：丘进　2014年5月出版　估价：128.00元

环境竞争力绿皮书
中国省域环境竞争力发展报告（2014）
著(编)者：李建平　李闽榕　王金南
2014年12月出版　估价：148.00元

环境绿皮书
中国环境发展报告（2014）
著(编)者：刘鉴强　2014年4月出版　估价：69.00元

基本公共服务蓝皮书
中国省级政府基本公共服务发展报告（2014）
著(编)者：孙德超　2014年1月出版　估价：69.00元

基金会透明度蓝皮书
中国基金会透明度发展研究报告（2014）
著(编)者：基金会中心网　2014年7月出版　估价：79.00元

教师蓝皮书
中国中小学教师发展报告（2014）
著(编)者：曾晓东　2014年4月出版　估价：59.00元

教育蓝皮书
中国教育发展报告（2014）
著(编)者：杨东平　2014年3月出版　估价：69.00元

科普蓝皮书
中国科普基础设施发展报告（2014）
著(编)者：任福君　2014年6月出版　估价：79.00元

口腔健康蓝皮书
中国口腔健康发展报告（2014）
著(编)者：胡德渝　2014年12月出版　估价：59.00元

老龄蓝皮书
中国老龄事业发展报告（2014）
著(编)者：吴玉韶　2014年2月出版　估价：59.00元

连片特困区蓝皮书
中国连片特困区发展报告（2014）
著(编)者：丁建军　冷志明　游俊　2014年3月出版　估价：79.00元

民间组织蓝皮书
中国民间组织报告（2014）
著(编)者：黄晓勇　2014年8月出版　估价：69.00元

民族发展蓝皮书
中国民族区域自治发展报告（2014）
著(编)者：郝时远　2014年6月出版　估价：98.00元

女性生活蓝皮书
中国女性生活状况报告No.8（2014）
著(编)者：韩湘景　2014年3月出版　估价：78.00元

汽车社会蓝皮书
中国汽车社会发展报告（2014）
著(编)者：王俊秀　2014年1月出版　估价：59.00元

青年蓝皮书
中国青年发展报告（2014）No.2
著(编)者：廉思　2014年6月出版　估价：59.00元

全球环境竞争力绿皮书
全球环境竞争力发展报告（2014）
著(编)者：李建平　李闽榕　王金南　2014年11月出版　估价：69.00元

青少年蓝皮书
中国未成年人新媒体运用报告（2014）
著(编)者：李文革　沈杰　李为民　2014年6月出版　估价：69.00元

皮书系列 2014全品种
社会政法类·行业报告类

区域人才蓝皮书
中国区域人才竞争力报告No.2
著(编)者:桂昭明 王辉耀　2014年6月出版 / 估价:69.00元

人才蓝皮书
中国人才发展报告(2014)
著(编)者:潘晨光　2014年10月出版 / 估价:79.00元

人权蓝皮书
中国人权事业发展报告No.4(2014)
著(编)者:李君如　2014年7月出版 / 估价:98.00元

世界人才蓝皮书
全球人才发展报告No.1
著(编)者:孙学玉 张冠梓　2013年12月出版 / 估价:69.00元

社会保障绿皮书
中国社会保障发展报告(2014)No.6
著(编)者:王延中　2014年4月出版 / 估价:69.00元

社会工作蓝皮书
中国社会工作发展报告(2013~2014)
著(编)者:王杰秀 邹文开　2014年8月出版 / 估价:59.00元

社会管理蓝皮书
中国社会管理创新报告No.3
著(编)者:连玉明　2014年9月出版 / 估价:79.00元

社会蓝皮书
2014年中国社会形势分析与预测
著(编)者:李培林 陈光金 张翼 2013年12月出版 / 估价:69.00元

社会体制蓝皮书
中国社会体制改革报告(2014)No.2
著(编)者:龚维斌　2014年5月出版 / 估价:59.00元

社会心态蓝皮书
2014年中国社会心态研究报告
著(编)者:王俊秀 杨宜音　2014年1月出版 / 估价:59.00元

生态城市绿皮书
中国生态城市建设发展报告(2014)
著(编)者:李景源 孙伟平 刘举科　2014年6月出版 / 估价:128.00元

生态文明绿皮书
中国省域生态文明建设评价报告(ECI 2014)
著(编)者:严耕　2014年9月出版 / 估价:98.00元

世界创新竞争力黄皮书
世界创新竞争力发展报告(2014)
著(编)者:李建平 李闽榕 赵新力　2014年11月出版 / 估价:128.00元

水与发展蓝皮书
中国水风险评估报告(2014)
著(编)者:苏杨　2014年9月出版 / 估价:69.00元

危机管理蓝皮书
中国危机管理报告(2014)
著(编)者:文学国 范正青　2014年8月出版 / 估价:79.00元

小康蓝皮书
中国全面建设小康社会监测报告(2014)
著(编)者:潘璠　2014年11月出版 / 估价:59.00元

形象危机应对蓝皮书
形象危机应对研究报告(2014)
著(编)者:唐钧　2014年9月出版 / 估价:118.00元

政治参与蓝皮书
中国政治参与报告(2014)
著(编)者:房宁　2014年7月出版 / 估价:58.00元

政治发展蓝皮书
中国政治发展报告(2014)
著(编)者:房宁 杨海蛟　2014年6月出版 / 估价:98.00元

宗教蓝皮书
中国宗教报告(2014)
著(编)者:金泽 邱永辉　2014年8月出版 / 估价:59.00元

社会组织蓝皮书
中国社会组织评估报告(2014)
著(编)者:徐家良　2014年3月出版 / 估价:69.00元

政府绩效评估蓝皮书
中国地方政府绩效评估报告(2014)
著(编)者:贠杰　2014年9月出版 / 估价:69.00元

行业报告类

保健蓝皮书
中国保健服务产业发展报告No.2
著(编)者:中国保健协会 中共中央党校
2014年7月出版 / 估价:198.00元

保健蓝皮书
中国保健食品产业发展报告No.2
著(编)者:中国保健协会
　　　　中国社会科学院食品药品产业发展与监管研究中心
2014年7月出版 / 估价:198.00元

保健蓝皮书
中国保健用品产业发展报告No.2
著(编)者:中国保健协会　2014年3月出版 / 估价:198.00元

保险蓝皮书
中国保险业竞争力报告(2014)
著(编)者:罗忠敏　2014年1月出版 / 估价:98.00元

行业报告类
皮书系列 2014全品种

餐饮产业蓝皮书
中国餐饮产业发展报告（2014）
著(编)者：中国烹饪协会 中国社会科学院财经战略研究院
2014年5月出版 / 估价：59.00元

测绘地理信息蓝皮书
中国地理信息产业发展报告（2014）
著(编)者：徐德明　2014年12月出版 / 估价：98.00元

茶业蓝皮书
中国茶产业发展报告（2014）
著(编)者：李闽榕 杨江帆　2014年4月出版 / 估价：79.00元

产权市场蓝皮书
中国产权市场发展报告（2014）
著(编)者：曹和平　2014年1月出版 / 估价：69.00元

产业安全蓝皮书
中国出版与传媒安全报告（2014）
著(编)者：北京交通大学中国产业安全研究中心
2014年1月出版 / 估价：59.00元

产业安全蓝皮书
中国医疗产业安全报告（2014）
著(编)者：北京交通大学中国产业安全研究中心
2014年1月出版 / 估价：59.00元

产业安全蓝皮书
中国医疗产业安全报告（2014）
著(编)者：李孟刚　2014年7月出版 / 估价：69.00元

产业安全蓝皮书
中国文化产业安全蓝皮书(2013~2014)
著(编)者：高海涛 刘益　2014年3月出版 / 估价：69.00元

产业安全蓝皮书
中国出版传媒产业安全报告（2014）
著(编)者：孙万军 王玉海　2014年12月出版 / 估价：69.00元

典当业蓝皮书
中国典当行业发展报告（2013~2014）
著(编)者：黄育华 王力 张红地
2014年10月出版 / 估价：69.00元

电子商务蓝皮书
中国城市电子商务影响力报告（2014）
著(编)者：荆林波　2014年5月出版 / 估价：69.00元

电子政务蓝皮书
中国电子政务发展报告（2014）
著(编)者：洪毅 王长胜　2014年2月出版 / 估价：59.00元

杜仲产业绿皮书
中国杜仲橡胶资源与产业发展报告（2014）
著(编)者：杜红岩 胡文臻 俞锐
2014年9月出版 / 估价：99.00元

房地产蓝皮书
中国房地产发展报告No.11
著(编)者：魏后凯 李景国　2014年4月出版 / 估价：79.00元

服务外包蓝皮书
中国服务外包产业发展报告（2014）
著(编)者：王晓红 李皓　2014年4月出版 / 估价：89.00元

高端消费蓝皮书
中国高端消费市场研究报告
著(编)者：依绍华 王雪峰　2013年12月出版 / 估价：69.00元

会展经济蓝皮书
中国会展经济发展报告（2014）
著(编)者：过聚荣　2014年9月出版 / 估价：65.00元

会展蓝皮书
中外会展业动态评估年度报告（2014）
著(编)者：张敏　2014年8月出版 / 估价：68.00元

基金会绿皮书
中国基金会发展独立研究报告（2014）
著(编)者：基金会中心网　2014年8月出版 / 估价：58.00元

交通运输蓝皮书
中国交通运输服务发展报告（2014）
著(编)者：林晓言 卜伟 武剑红
2014年10月出版 / 估价：69.00元

金融监管蓝皮书
中国金融监管报告（2014）
著(编)者：胡滨　2014年9月出版 / 估价：65.00元

金融蓝皮书
中国金融中心发展报告（2014）
著(编)者：中国社会科学院金融研究所
　　　　中国博士后特华科研工作站 王力 黄育华
2014年10月出版 / 估价：59.00元

金融蓝皮书
中国商业银行竞争力报告（2014）
著(编)者：王松奇　2014年5月出版 / 估价：79.00元

金融蓝皮书
中国金融发展报告（2014）
著(编)者：李扬 王国刚　2013年12月出版 / 估价：69.00元

金融蓝皮书
中国金融法治报告（2014）
著(编)者：胡滨 全先银　2014年3月出版 / 估价：65.00元

金融蓝皮书
中国金融产品与服务报告（2014）
著(编)者：殷剑峰　2014年6月出版 / 估价：59.00元

金融信息服务蓝皮书
金融信息服务业发展报告（2014）
著(编)者：鲁广锦　2014年11月出版 / 估价：69.00元

皮书系列 2014全品种

行业报告类

抗衰老医学蓝皮书
抗衰老医学发展报告（2014）
著(编)者：罗伯特·高德曼 罗纳德·科莱兹 尼尔·布什 朱敏 金大鹏 郭弋
2014年3月出版 / 估价：69.00元

客车蓝皮书
中国客车产业发展报告（2014）
著(编)者：姚蔚 2014年12月出版 / 估价：69.00元

科学传播蓝皮书
中国科学传播报告（2014）
著(编)者：詹正茂 2014年4月出版 / 估价：69.00元

流通蓝皮书
中国商业发展报告（2014）
著(编)者：荆林波 2014年5月出版 / 估价：89.00元

旅游安全蓝皮书
中国旅游安全报告（2014）
著(编)者：郑向敏 谢朝武 2014年6月出版 / 估价：79.00元

旅游绿皮书
2013~2014年中国旅游发展分析与预测
著(编)者：宋瑞 2013年12月出版 / 估价：69.00元

旅游城市绿皮书
世界旅游城市发展报告（2013~2014）
著(编)者：张辉 2014年1月出版 / 估价：69.00元

贸易蓝皮书
中国贸易发展报告（2014）
著(编)者：荆林波 2014年5月出版 / 估价：49.00元

民营医院蓝皮书
中国民营医院发展报告（2014）
著(编)者：朱幼棣 2014年10月出版 / 估价：69.00元

闽商蓝皮书
闽商发展报告（2014）
著(编)者：李闽榕 王日根 2014年12月出版 / 估价：69.00元

能源蓝皮书
中国能源发展报告（2014）
著(编)者：崔民选 王军生 陈义和
2014年10月出版 / 估价：59.00元

农产品流通蓝皮书
中国农产品流通产业发展报告（2014）
著(编)者：贾敬敦 王炳南 张玉玺 张鹏毅 陈丽华
2014年9月出版 / 估价：89.00元

期货蓝皮书
中国期货市场发展报告（2014）
著(编)者：荆林波 2014年6月出版 / 估价：98.00元

企业蓝皮书
中国企业竞争力报告（2014）
著(编)者：金碚 2014年11月出版 / 估价：89.00元

汽车安全蓝皮书
中国汽车安全发展报告（2014）
著(编)者：赵福全 孙小端 等 2014年1月出版 / 估价：69.00元

汽车蓝皮书
中国汽车产业发展报告（2014）
著(编)者：国务院发展研究中心产业经济研究部 中国汽车工程学会 大众汽车集团（中国）
2014年7月出版 / 估价：79.00元

清洁能源蓝皮书
国际清洁能源发展报告（2014）
著(编)者：国际清洁能源论坛（澳门）
2014年9月出版 / 估价：89.00元

人力资源蓝皮书
中国人力资源发展报告（2014）
著(编)者：吴江 2014年9月出版 / 估价：69.00元

软件和信息服务业蓝皮书
中国软件和信息服务业发展报告（2014）
著(编)者：洪京一 工业和信息化部电子科学技术情报研究所
2014年6月出版 / 估价：98.00元

商会蓝皮书
中国商会发展报告 No.4（2014）
著(编)者：黄孟复 2014年4月出版 / 估价：59.00元

商品市场蓝皮书
中国商品市场发展报告（2014）
著(编)者：荆林波 2014年7月出版 / 估价：59.00元

上市公司蓝皮书
中国上市公司非财务信息披露报告（2014）
著(编)者：钟宏武 张旺 张蒽 等
2014年12月出版 / 估价：59.00元

食品药品蓝皮书
食品药品安全与监管政策研究报告（2014）
著(编)者：唐民皓 2014年7月出版 / 估价：69.00元

世界能源蓝皮书
世界能源发展报告（2014）
著(编)者：黄晓勇 2014年9月出版 / 估价：99.00元

私募市场蓝皮书
中国私募股权市场发展报告（2014）
著(编)者：曹和平 2014年4月出版 / 估价：69.00元

体育蓝皮书
中国体育产业发展报告（2014）
著(编)者：阮伟 钟秉枢 2013年2月出版 / 估价：69.00元

行业报告类

皮·书系列 2014全品种

体育蓝皮书·公共体育服务
中国公共体育服务发展报告（2014）
著（编）者：戴健　2014年12月出版 / 估价：69.00元

投资蓝皮书
中国投资发展报告（2014）
著（编）者：杨庆蔚　2014年4月出版 / 估价：79.00元

投资蓝皮书
中国企业海外投资发展报告（2013~2014）
著（编）者：陈文晖　薛誉华　2013年12月出版 / 估价：69.00元

物联网蓝皮书
中国物联网发展报告（2014）
著（编）者：龚六堂　2014年1月出版 / 估价：59.00元

西部工业蓝皮书
中国西部工业发展报告（2014）
著（编）者：方行明　刘方健　姜凌等
2014年9月出版 / 估价：69.00元

西部金融蓝皮书
中国西部金融发展报告（2014）
著（编）者：李忠民　2014年10月出版 / 估价：69.00元

新能源汽车蓝皮书
中国新能源汽车产业发展报告（2014）
著（编）者：中国汽车技术研究中心
　　　　　日产（中国）投资有限公司
　　　　　东风汽车有限公司
2014年9月出版 / 估价：69.00元

信托蓝皮书
中国信托业研究报告（2014）
著（编）者：中建投信托研究中心　中国建设建投研究院
2014年9月出版 / 估价：59.00元

信托蓝皮书
中国信托投资报告（2014）
著（编）者：杨金龙　刘屹　2014年7月出版 / 估价：69.00元

信息化蓝皮书
中国信息化形势分析与预测（2014）
著（编）者：周宏仁　2014年7月出版 / 估价：98.00元

信用蓝皮书
中国信用发展报告（2014）
著（编）者：章政　田侃　2014年4月出版 / 估价：69.00元

休闲绿皮书
2014年中国休闲发展报告
著（编）者：刘德谦　唐兵　宋瑞
2014年6月出版 / 估价：59.00元

养老产业蓝皮书
中国养老产业发展报告（2013~2014年）
著（编）者：张车伟　2014年1月出版 / 估价：69.00元

移动互联网蓝皮书
中国移动互联网发展报告（2014）
著（编）者：官建文　2014年5月出版 / 估价：79.00元

医药蓝皮书
中国药品市场报告（2014）
著（编）者：程锦锥　朱恒鹏　2014年12月出版 / 估价：79.00元

中国林业竞争力蓝皮书
中国省域林业竞争力发展报告No.2（2014）（上下册）
著（编）者：郑传芳　李闽榕　张春霞　张会儒
2014年8月出版 / 估价：139.00元

中国农业竞争力蓝皮书
中国省域农业竞争力发展报告No.2（2014）
著（编）者：郑传芳　宋洪远　李闽榕　张春霞
2014年7月出版 / 估价：128.00元

中国信托市场蓝皮书
中国信托业市场报告（2013~2014）
著（编）者：李旸　2014年10月出版 / 估价：69.00元

中国总部经济蓝皮书
中国总部经济发展报告（2014）
著（编）者：赵弘　2014年9月出版 / 估价：69.00元

珠三角流通蓝皮书
珠三角商圈发展研究报告（2014）
著（编）者：王先庆　林至颖　2014年8月出版 / 估价：69.00元

住房绿皮书
中国住房发展报告（2013~2014）
著（编）者：倪鹏飞　2013年12月出版 / 估价：79.00元

资本市场蓝皮书
中国场外交易市场发展报告（2014）
著（编）者：高峦　2014年3月出版 / 估价：79.00元

资产管理蓝皮书
中国信托业发展报告（2014）
著（编）者：智信资产管理研究院　2014年7月出版 / 估价：69.00元

支付清算蓝皮书
中国支付清算发展报告（2014）
著（编）者：杨涛　2014年4月出版 / 估价：45.00元

文化传媒类

传媒蓝皮书
中国传媒产业发展报告（2014）
著(编)者：崔保国　2014年4月出版／估价：79.00元

传媒竞争力蓝皮书
中国传媒国际竞争力研究报告（2014）
著(编)者：李本乾　2014年9月出版／估价：69.00元

创意城市蓝皮书
武汉市文化创意产业发展报告（2014）
著(编)者：张京成　黄永林　2014年10月出版／估价：69.00元

电视蓝皮书
中国电视产业发展报告（2014）
著(编)者：卢斌　2014年4月出版／估价：79.00元

电影蓝皮书
中国电影出版发展报告（2014）
著(编)者：卢斌　2014年4月出版／估价：79.00元

动漫蓝皮书
中国动漫产业发展报告（2014）
著(编)者：卢斌　郑玉明　牛兴侦　2014年4月出版／估价：79.00元

广电蓝皮书
中国广播电影电视发展报告（2014）
著(编)者：庞井君　杨明品　李岚
2014年6月出版／估价：88.00元

广告主蓝皮书
中国广告主营销传播趋势报告No.8
著(编)者：中国传媒大学广告主研究中心
中国广告主营销传播创新研究课题组
黄升民　杜国清　邵华冬等
2014年5月出版／估价：98.00元

国际传播蓝皮书
中国国际传播发展报告（2014）
著(编)者：胡正荣　李继东　姬德强
2014年1月出版／估价：69.00元

纪录片蓝皮书
中国纪录片发展报告（2014）
著(编)者：何苏六　2014年10月出版／估价：89.00元

两岸文化蓝皮书
两岸文化产业合作发展报告（2014）
著(编)者：胡惠林　肖夏勇　2014年6月出版／估价：59.00元

媒介与女性蓝皮书
中国媒介与女性发展报告（2014）
著(编)者：刘利群　2014年8月出版／估价：69.00元

全球传媒蓝皮书
全球传媒产业发展报告（2014）
著(编)者：胡正荣　2014年12月出版／估价：79.00元

视听新媒体蓝皮书
中国视听新媒体发展报告（2014）
著(编)者：庞井君　2014年6月出版／估价：148.00元

文化创新蓝皮书
中国文化创新报告（2014）No.5
著(编)者：于平　傅才武　2014年7月出版／估价：79.00元

文化科技蓝皮书
文化科技融合与创意城市发展报告（2014）
著(编)者：李凤亮　于平　2014年7月出版／估价：79.00元

文化蓝皮书
2014年中国文化产业发展报告
著(编)者：张晓明　胡惠林　章建刚
2014年3月出版／估价：69.00元

文化蓝皮书
中国文化产业供需协调增长测评报（2013）
著(编)者：高书生　王亚楠　2014年5月出版／估价：79.00元

文化蓝皮书
中国城镇文化消费需求景气评价报告（2014）
著(编)者：王亚南　张晓明　祁述裕
2014年5月出版／估价：79.00元

文化蓝皮书
中国公共文化服务发展报告（2014）
著(编)者：于群　李国新　2014年10月出版／估价：98.00元

文化蓝皮书
中国文化消费需求景气评价报告（2014）
著(编)者：王亚南　2014年5月出版／估价：79.00元

文化蓝皮书
中国乡村文化消费需求景气评价报告（2014）
著(编)者：王亚南　2014年5月出版／估价：79.00元

文化蓝皮书
中国中心城市文化消费需求景气评价报告（2014）
著(编)者：王亚南　2014年5月出版／估价：79.00元

文化蓝皮书
中国少数民族文化发展报告（2014）
著(编)者：武翠英　张晓明　张学进
2014年3月出版／估价：69.00元

文化传媒类・地方发展类

皮书系列 2014全品种

文化建设蓝皮书
中国文化建设发展报告（2014）
著(编)者：江畅　孙伟平　　2014年3月出版 / 估价：69.00元

文化品牌蓝皮书
中国文化品牌发展报告（2014）
著(编)者：欧阳友权　　2014年5月出版 / 估价：75.00元

文化软实力蓝皮书
中国文化软实力研究报告（2014）
著(编)者：张国祚　　2014年7月出版 / 估价：79.00元

文化遗产蓝皮书
中国文化遗产事业发展报告（2014）
著(编)者：刘世锦　　2014年3月出版 / 估价：79.00元

文学蓝皮书
中国文情报告（2014）
著(编)者：白烨　　2014年5月出版 / 估价：59.00元

新媒体蓝皮书
中国新媒体发展报告No.5（2014）
著(编)者：唐绪军　　2014年6月出版 / 估价：69.00元

移动互联网蓝皮书
中国移动互联网发展报告（2014）
著(编)者：官建文　　2014年4月出版 / 估价：79.00元

游戏蓝皮书
中国游戏产业发展报告（2014）
著(编)者：卢斌　　2014年4月出版 / 估价：79.00元

舆情蓝皮书
中国社会舆情与危机管理报告（2014）
著(编)者：谢耘耕　　2014年8月出版 / 估价：85.00元

粤港澳台文化蓝皮书
粤港澳台文化创意产业发展报告（2014）
著(编)者：丁未　　2014年4月出版 / 估价：69.00元

地方发展类

安徽蓝皮书
安徽社会发展报告（2014）
著(编)者：程桦　　2014年4月出版 / 估价：79.00元

安徽社会建设蓝皮书
安徽社会建设分析报告（2014）
著(编)者：黄家海　王开玉　蔡宪　　2014年4月出版 / 估价：69.00元

北京蓝皮书
北京城乡发展报告（2014）
著(编)者：黄序　　2014年4月出版 / 估价：59.00元

北京蓝皮书
北京公共服务发展报告（2014）
著(编)者：张耘　　2014年3月出版 / 估价：65.00元

北京蓝皮书
北京经济发展报告（2014）
著(编)者：赵弘　　2014年4月出版 / 估价：59.00元

北京蓝皮书
北京社会发展报告（2014）
著(编)者：缪青　　2014年10月出版 / 估价：59.00元

北京蓝皮书
北京文化发展报告（2014）
著(编)者：李建盛　　2014年5月出版 / 估价：69.00元

北京蓝皮书
中国社区发展报告（2014）
著(编)者：于燕燕　　2014年8月出版 / 估价：59.00元

北京蓝皮书
北京公共服务发展报告（2014）
著(编)者：施昌奎　　2014年8月出版 / 估价：59.00元

北京旅游绿皮书
北京旅游发展报告（2014）
著(编)者：鲁勇　　2014年7月出版 / 估价：98.00元

北京律师蓝皮书
北京律师发展报告No.2（2014）
著(编)者：王隽　周塞军　　2014年9月出版 / 估价：79.00元

北京人才蓝皮书
北京人才发展报告（2014）
著(编)者：于淼　　2014年10月出版 / 估价：89.00元

城乡一体化蓝皮书
中国城乡一体化发展报告·北京卷（2014）
著(编)者：张宝秀　黄序　　2014年6月出版 / 估价：59.00元

创意城市蓝皮书
北京文化创意产业发展报告（2014）
著(编)者：张京成　王国华　　2014年10月出版 / 估价：69.00元

创意城市蓝皮书
青岛文化创意产业发展报告（2014）
著(编)者：马达　　2014年5月出版 / 估价：69.00元

创意城市蓝皮书
无锡文化创意产业发展报告（2014）
著(编)者：庄若江　张鸣年　　2014年8月出版 / 估价：75.00元

23

地方发展类

服务业蓝皮书
广东现代服务业发展报告（2014）
著(编)者：祁明 程晓　2014年1月出版 / 估价:69.00元

甘肃蓝皮书
甘肃舆情分析与预测（2014）
著(编)者：陈双梅 郝树声　2014年1月出版 / 估价:69.00元

甘肃蓝皮书
甘肃县域社会发展评价报告（2014）
著(编)者：魏胜文　2014年1月出版 / 估价:69.00元

甘肃蓝皮书
甘肃经济发展分析与预测（2014）
著(编)者：魏胜文　2014年1月出版 / 估价:69.00元

甘肃蓝皮书
甘肃社会发展分析与预测（2014）
著(编)者：安文华　2014年1月出版 / 估价:69.00元

甘肃蓝皮书
甘肃文化发展分析与预测（2014）
著(编)者：周小华　2014年1月出版 / 估价:69.00元

广东蓝皮书
广东省电子商务发展报告（2014）
著(编)者：黄建明 祁明　2014年11月出版 / 估价:69.00元

广东蓝皮书
广东社会工作发展报告（2014）
著(编)者：罗观翠　2013年12月出版 / 估价:69.00元

广东外经贸蓝皮书
广东对外经济贸易发展研究报告（2014）
著(编)者：陈万灵　2014年3月出版 / 估价:65.00元

广西北部湾经济区蓝皮书
广西北部湾经济区开放发展报告（2014）
著(编)者：广西北部湾经济区规划建设管理委员会办公室
　　　　　广西社会科学院 广西北部湾发展研究院
2014年7月出版 / 估价:69.00元

广州蓝皮书
2014年中国广州经济形势分析与预测
著(编)者：庾建设 郭志勇 沈奎　2014年6月出版 / 估价:69.00元

广州蓝皮书
2014年中国广州社会形势分析与预测
著(编)者：易佐永 杨秦 顾涧清　2014年5月出版 / 估价:65.00元

广州蓝皮书
广州城市国际化发展报告（2014）
著(编)者：朱名宏　2014年9月出版 / 估价:59.00元

广州蓝皮书
广州创新型城市发展报告（2014）
著(编)者：李江涛　2014年8月出版 / 估价:59.00元

广州蓝皮书
广州经济发展报告（2014）
著(编)者：李江涛 刘江华　2014年6月出版 / 估价:65.00元

广州蓝皮书
广州农村发展报告（2014）
著(编)者：李江涛 汤锦华　2014年8月出版 / 估价:59.00元

广州蓝皮书
广州青年发展报告（2014）
著(编)者：魏国华 张强　2014年9月出版 / 估价:65.00元

广州蓝皮书
广州汽车产业发展报告（2014）
著(编)者：李江涛 杨再高　2014年10月出版 / 估价:69.00元

广州蓝皮书
广州商贸业发展报告（2014）
著(编)者：陈家成 王旭东 荀振英
2014年7月出版 / 估价:69.00元

广州蓝皮书
广州文化创意产业发展报告（2014）
著(编)者：甘新　2014年10月出版 / 估价:59.00元

广州蓝皮书
中国广州城市建设发展报告（2014）
著(编)者：董皞 冼伟雄 李俊夫
2014年8月出版 / 估价:69.00元

广州蓝皮书
中国广州科技与信息化发展报告（2014）
著(编)者：庾建设 谢学宁　2014年8月出版 / 估价:59.00元

广州蓝皮书
中国广州文化创意产业发展报告（2014）
著(编)者：甘新　2014年10月出版 / 估价:59.00元

广州蓝皮书
中国广州文化发展报告（2014）
著(编)者：徐俊忠 汤应武 陆志强
2014年8月出版 / 估价:69.00元

贵州蓝皮书
贵州法治发展报告（2014）
著(编)者：吴大华　2014年3月出版 / 估价:69.00元

贵州蓝皮书
贵州社会发展报告（2014）
著(编)者：王兴骥　2014年3月出版 / 估价:59.00元

贵州蓝皮书
贵州农村扶贫开发报告（2014）
著(编)者：王朝新 宋明　2014年3月出版 / 估价:69.00元

贵州蓝皮书
贵州文化产业发展报告（2014）
著(编)者：李建国　2014年3月出版 / 估价:69.00元

地方发展类 | 皮书系列 2014全品种

海淀蓝皮书
海淀区文化和科技融合发展报告（2014）
著(编)者:陈名杰 孟景伟 2014年5月出版 / 估价:75.00元

海峡经济区蓝皮书
海峡经济区发展报告（2014）
著(编)者:李闽榕 王秉安 谢明辉（台湾）
2014年10月出版 / 估价:78.00元

海峡西岸蓝皮书
海峡西岸经济区发展报告（2014）
著(编)者:福建省人民政府发展研究中心
2014年9月出版 / 估价:85.00元

杭州蓝皮书
杭州市妇女发展报告（2014）
著(编)者:魏颖 揭爱花 2014年2月出版 / 估价:69.00元

河北蓝皮书
河北省经济发展报告（2014）
著(编)者:马树强 张贵 2013年12月出版 / 估价:69.00元

河北蓝皮书
河北经济社会发展报告（2014）
著(编)者:周文夫 2013年12月出版 / 估价:69.00元

河南经济蓝皮书
2014年河南经济形势分析与预测
著(编)者:胡五岳 2014年3月出版 / 估价:65.00元

河南蓝皮书
2014年河南社会形势分析与预测
著(编)者:刘道兴 牛苏林 2014年1月出版 / 估价:59.00元

河南蓝皮书
河南城市发展报告（2014）
著(编)者:林宪斋 王建国 2014年1月出版 / 估价:69.00元

河南蓝皮书
河南经济发展报告（2014）
著(编)者:喻新安 2014年1月出版 / 估价:59.00元

河南蓝皮书
河南文化发展报告（2014）
著(编)者:谷建全 卫绍生 2014年1月出版 / 估价:69.00元

河南蓝皮书
河南工业发展报告（2014）
著(编)者:龚绍东 2014年1月出版 / 估价:59.00元

黑龙江产业蓝皮书
黑龙江产业发展报告（2014）
著(编)者:于渤 2014年10月出版 / 估价:79.00元

黑龙江蓝皮书
黑龙江经济发展报告（2014）
著(编)者:曲伟 2014年1月出版 / 估价:59.00元

黑龙江蓝皮书
黑龙江社会发展报告（2014）
著(编)者:艾书琴 2014年1月出版 / 估价:69.00元

湖南城市蓝皮书
城市社会管理
著(编)者:罗海藩 2014年10月出版 / 估价:59.00元

湖南蓝皮书
2014年湖南产业发展报告
著(编)者:梁志峰 2014年5月出版 / 估价:89.00元

湖南蓝皮书
2014年湖南法治发展报告
著(编)者:梁志峰 2014年5月出版 / 估价:79.00元

湖南蓝皮书
2014年湖南经济展望
著(编)者:梁志峰 2014年5月出版 / 估价:79.00元

湖南蓝皮书
2014年湖南两型社会发展报告
著(编)者:梁志峰 2014年5月出版 / 估价:79.00元

湖南县域绿皮书
湖南县域发展报告No.2
著(编)者:朱有志 袁准 周小毛 2014年7月出版 / 估价:69.00元

沪港蓝皮书
沪港发展报告（2014）
著(编)者:尤安山 2014年9月出版 / 估价:89.00元

吉林蓝皮书
2014年吉林经济社会形势分析与预测
著(编)者:马克 2014年1月出版 / 估价:69.00元

江苏法治蓝皮书
江苏法治发展报告No.3（2014）
著(编)者:李力 龚廷泰 严海良 2014年8月出版 / 估价:88.00元

京津冀蓝皮书
京津冀区域一体化发展报告（2014）
著(编)者:文魁 祝尔娟 2014年3月出版 / 估价:89.00元

经济特区蓝皮书
中国经济特区发展报告（2014）
著(编)者:陶一桃 2014年3月出版 / 估价:89.00元

辽宁蓝皮书
2014年辽宁经济社会形势分析与预测
著(编)者:曹晓峰 张晶 张卓民 2014年1月出版 / 估价:69.00元

流通蓝皮书
湖南省商贸流通产业发展报告No.2
著(编)者:柳思维 2014年10月出版 / 估价:75.00元

皮书系列 2014全品种

地方发展类

内蒙古蓝皮书
内蒙古经济发展蓝皮书(2013~2014)
著(编)者：黄育华　2014年7月出版 / 估价:69.00元

内蒙古蓝皮书
内蒙古反腐倡廉建设报告No.1
著(编)者：张志华　无极　2013年12月出版 / 估价:69.00元

浦东新区蓝皮书
上海浦东经济发展报告（2014）
著(编)者：左学金　陆沪根　2014年1月出版 / 估价:59.00元

侨乡蓝皮书
中国侨乡发展报告（2014）
著(编)者：郑一省　2013年12月出版 / 估价:69.00元

青海蓝皮书
2014年青海经济社会形势分析与预测
著(编)者：赵宗福　2014年2月出版 / 估价:69.00元

人口与健康蓝皮书
深圳人口与健康发展报告（2014）
著(编)者：陆杰华　江捍平　2014年10月出版 / 估价:98.00元

山西蓝皮书
山西资源型经济转型发展报告（2014）
著(编)者：李志强　容和平　2014年3月出版 / 估价:79.00元

陕西蓝皮书
陕西经济发展报告（2014）
著(编)者：任宗哲　石英　裴成荣　2014年3月出版 / 估价:65.00元

陕西蓝皮书
陕西社会发展报告（2014）
著(编)者：任宗哲　石英　江波　2014年1月出版 / 估价:65.00元

陕西蓝皮书
陕西文化发展报告（2014）
著(编)者：任宗哲　石英　王长寿　2014年3月出版 / 估价:59.00元

上海蓝皮书
上海传媒发展报告（2014）
著(编)者：强荧　焦雨虹　2014年1月出版 / 估价:59.00元

上海蓝皮书
上海法治发展报告（2014）
著(编)者：潘世伟　叶青　2014年1月出版 / 估价:59.00元

上海蓝皮书
上海经济发展报告（2014）
著(编)者：沈开艳　2014年1月出版 / 估价:69.00元

上海蓝皮书
上海社会发展报告（2014）
著(编)者：卢汉龙　周海旺　2014年1月出版 / 估价:59.00元

上海蓝皮书
上海文化发展报告（2014）
著(编)者：蒯大申　2014年1月出版 / 估价:59.00元

上海蓝皮书
上海文学发展报告（2014）
著(编)者：陈圣来　2014年1月出版 / 估价:59.00元

上海蓝皮书
上海资源环境发展报告（2014）
著(编)者：周冯琦　汤庆合　王利民　2014年1月出版 / 估价:59.

上海社会保障绿皮书
上海社会保障改革与发展报告（2013~2014）
著(编)者：汪泓　2014年1月出版 / 估价:65.00元

社会建设蓝皮书
2014年北京社会建设分析报告
著(编)者：宋贵伦　2014年4月出版 / 估价:69.00元

深圳蓝皮书
深圳经济发展报告（2014）
著(编)者：吴忠　2014年6月出版 / 估价:69.00元

深圳蓝皮书
深圳劳动关系发展报告（2014）
著(编)者：汤庭芬　2014年6月出版 / 估价:69.00元

深圳蓝皮书
深圳社会发展报告（2014）
著(编)者：吴忠　余智晟　2014年7月出版 / 估价:69.00元

四川蓝皮书
四川文化产业发展报告（2014）
著(编)者：向宝云　2014年1月出版 / 估价:69.00元

温州蓝皮书
2014年温州经济社会形势分析与预测
著(编)者：潘忠强　王春光　金浩　2014年4月出版 / 估价:69.00元

温州蓝皮书
浙江温州金融综合改革试验区发展报告（2013~201
著(编)者：钱水土　王去非　李义超
2014年4月出版 / 估价:69.00元

扬州蓝皮书
扬州经济社会发展报告（2014）
著(编)者：张爱军　2014年1月出版 / 估价:78.00元

义乌蓝皮书
浙江义乌市国际贸易综合改革试验区发展报告
（2013~2014）
著(编)者：马淑琴　刘文革　周松强
2014年4月出版 / 估价:69.00元

云南蓝皮书
中国面向西南开放重要桥头堡建设发展报告（2014）
著(编)者：刘绍怀　2014年12月出版 / 估价:69.00元

长株潭城市群蓝皮书
长株潭城市群发展报告（2014）
著(编)者：张萍　2014年10月出版 / 估价:69.00元

26　权威 前沿 原创

皮书系列
2014全品种

 地方发展类·国别与地区类

郑州蓝皮书
2014年郑州文化发展报告
著(编)者：王哲　2014年7月出版／估价：69.00元

中国省会经济圈蓝皮书
合肥经济圈经济社会发展报告No.4(2013~2014)
著(编)者：董昭礼　2014年4月出版／估价：79.00元

国别与地区类

G20国家创新竞争力黄皮书
二十国集团(G20)国家创新竞争力发展报告(2014)
著(编)者：李建平　李闽榕　赵新力
2014年9月出版／估价：118.00元

澳门蓝皮书
澳门经济社会发展报告(2013~2014)
著(编)者：吴志良　郝雨凡　2014年3月出版／估价：79.00元

北部湾蓝皮书
泛北部湾合作发展报告(2014)
著(编)者：吕余生　2014年7月出版／估价：79.00元

大湄公河次区域蓝皮书
大湄公河次区域合作发展报告(2014)
著(编)者：刘稚　2014年8月出版／估价：79.00元

大洋洲蓝皮书
大洋洲发展报告(2014)
著(编)者：魏明海　喻常森　2014年7月出版／估价：69.00元

德国蓝皮书
德国发展报告(2014)
著(编)者：李乐曾　郑春荣等　2014年5月出版／估价：69.00元

东北亚黄皮书
东北亚地区政治与安全报告(2014)
著(编)者：黄凤志　刘雪莲　2014年6月出版／估价：69.00元

东盟黄皮书
东盟发展报告(2014)
著(编)者：黄兴球　庄国土　2014年12月出版／估价：68.00元

东南亚蓝皮书
东南亚地区发展报告(2014)
著(编)者：王勤　2014年11月出版／估价：59.00元

俄罗斯黄皮书
俄罗斯发展报告(2014)
著(编)者：李永全　2014年7月出版／估价：79.00元

非洲黄皮书
非洲发展报告No.15(2014)
著(编)者：张宏明　2014年7月出版／估价：79.00元

港澳珠三角蓝皮书
粤港澳区域合作与发展报告(2014)
著(编)者：梁庆寅　陈广汉　2014年6月出版／估价：59.00元

国际形势黄皮书
全球政治与安全报告(2014)
著(编)者：李慎明　张宇燕　2014年1月出版／估价：69.00元

韩国蓝皮书
韩国发展报告(2014)
著(编)者：牛林杰　刘宝全　2014年6月出版／估价：69.00元

加拿大蓝皮书
加拿大国情研究报告(2014)
著(编)者：仲伟合　唐小松　2013年12月出版／估价：69.00元

柬埔寨蓝皮书
柬埔寨国情报告(2014)
著(编)者：毕世鸿　2014年6月出版／估价：79.00元

拉美黄皮书
拉丁美洲和加勒比发展报告(2014)
著(编)者：吴白乙　刘维广　2014年4月出版／估价：89.00元

老挝蓝皮书
老挝国情报告(2014)
著(编)者：卢光盛　方芸　吕星　2014年6月出版／估价：79.00元

美国蓝皮书
美国问题研究报告(2014)
著(编)者：黄平　倪峰　2014年5月出版／估价：79.00元

缅甸蓝皮书
缅甸国情报告(2014)
著(编)者：李晨阳　2014年4月出版／估价：79.00元

欧亚大陆桥发展蓝皮书
欧亚大陆桥发展报告(2014)
著(编)者：李忠民　2014年10月出版／估价：59.00元

欧洲蓝皮书
欧洲发展报告(2014)
著(编)者：周弘　2014年3月出版／估价：79.00元

皮书系列 2014全品种 | 国别与地区类

葡语国家蓝皮书
巴西发展与中巴关系报告2014（中英文）
著(编)者:张曙光 David T. Ritchie
2014年8月出版 / 估价:69.00元

日本经济蓝皮书
日本经济与中日经贸关系发展报告（2014）
著(编)者:王洛林 张季风　2014年5月出版 / 估价:79.00元

日本蓝皮书
日本发展报告（2014）
著(编)者:李薇　2014年2月出版 / 估价:69.00元

上海合作组织黄皮书
上海合作组织发展报告（2014）
著(编)者:李进峰 吴宏伟 李伟　2014年9月出版 / 估价:98.00元

世界创新竞争力黄皮书
世界创新竞争力发展报告（2014）
著(编)者:李建平　2014年1月出版 / 估价:148.00元

世界能源黄皮书
世界能源分析与展望（2013~2014）
著(编)者:张宇燕 等　2014年1月出版 / 估价:69.00元

世界社会主义黄皮书
世界社会主义跟踪研究报告（2014）
著(编)者:李慎明　2014年5月出版 / 估价:189.00元

泰国蓝皮书
泰国国情报告（2014）
著(编)者:邹春萌　2014年6月出版 / 估价:79.00元

亚太蓝皮书
亚太地区发展报告（2014）
著(编)者:李向阳　2013年12月出版 / 估价:69.00元

印度蓝皮书
印度国情报告（2014）
著(编)者:吕昭义　2014年1月出版 / 估价:69.00元

印度洋地区蓝皮书
印度洋地区发展报告（2014）
著(编)者:汪戎 万广华　2014年6月出版 / 估价:79.00元

越南蓝皮书
越南国情报告（2014）
著(编)者:吕余生　2014年8月出版 / 估价:65.00元

中东黄皮书
中东发展报告No.15（2014）
著(编)者:杨光　2014年10月出版 / 估价:59.00元

中欧关系蓝皮书
中国与欧洲关系发展报告（2014）
著(编)者:周弘　2013年12月出版 / 估价:69.00元

中亚黄皮书
中亚国家发展报告（2014）
著(编)者:孙力　2014年9月出版 / 估价:79.00元

皮书大事记

☆ 2012年12月，《中国社会科学院皮书资助规定（试行）》由中国社会科学院科研局正式颁布实施。

☆ 2011年，部分重点皮书纳入院创新工程。

☆ 2011年8月，2011年皮书年会在安徽合肥举行，这是皮书年会首次由中国社会科学院主办。

☆ 2011年2月，"2011年全国皮书研讨会"在北京京西宾馆举行。王伟光院长（时任常务副院长）出席并讲话。本次会议标志着皮书及皮书研创出版从一个具体出版单位的出版产品和出版活动上升为由中国社会科学院牵头的国家哲学社会科学智库产品和创新活动。

☆ 2010年9月，"2010年中国经济社会形势报告会暨第十一次全国皮书工作研讨会"在福建福州举行，高全立副院长参加会议并做学术报告。

☆ 2010年9月，皮书学术委员会成立，由我院李扬副院长领衔，并由在各个学科领域有一定的学术影响力、了解皮书编创出版并持续关注皮书品牌的专家学者组成。皮书学术委员会的成立为进一步提高皮书这一品牌的学术质量、为学术界构建一个更大的学术出版与学术推广平台提供了专家支持。

☆ 2009年8月，"2009年中国经济社会形势分析与预测暨第十次皮书工作研讨会"在辽宁丹东举行。李扬副院长参加本次会议，本次会议颁发了首届优秀皮书奖，我院多部皮书获奖。

社会科学文献出版社
SOCIAL SCIENCES ACADEMIC PRESS (CHINA)

社会科学文献出版社成立于1985年,是直属于中国社会科学院的人文社会科学专业学术出版机构。

成立以来,特别是1998年实施第二次创业以来,依托于中国社会科学院丰厚的学术出版和专家学者两大资源,坚持"创社科经典,出传世文献"的出版理念和"权威、前沿、原创"的产品定位,社科文献立足内涵式发展道路,从战略层面推动学术出版的五大能力建设,逐步走上了学术产品的系列化、规模化、数字化、国际化、市场化经营道路。

先后策划出版了著名的图书品牌和学术品牌"皮书"系列、"列国志"、"社科文献精品译库"、"中国史话"、"全球化译丛"、"气候变化与人类发展译丛""近世中国"等一大批既有学术影响又有市场价值的系列图书。形成了较强的学术出版能力和资源整合能力,年发稿3.5亿字,年出版新书1200余种,承印发行中国社科院院属期刊近70种。

2012年,《社会科学文献出版社学术著作出版规范》修订完成。同年10月,社会科学文献出版社参加了由新闻出版总署召开加强学术著作出版规范座谈会,并代表50多家出版社发起实施学术著作出版规范的倡议。2013年,社会科学文献出版社参与新闻出版总署学术著作规范国家标准的起草工作。

依托于雄厚的出版资源整合能力,社会科学文献出版社长期以来一直致力于从内容资源和数字平台两个方面实现传统出版的再造,并先后推出了皮书数据库、列国志数据库、中国田野调查数据库等一系列数字产品。

在国内原创著作、国外名家经典著作大量出版,数字出版突飞猛进的同时,社会科学文献出版社在学术出版国际化方面也取得了不俗的成绩。先后与荷兰博睿等十余家国际出版机构合作面向海外推出了《经济蓝皮书》《社会蓝皮书》等十余种皮书的英文版、俄文版、日文版等。

此外,社会科学文献出版社积极与中央和地方各类媒体合作,联合大型书店、学术书店、机场书店、网络书店、图书馆,逐步构建起了强大的学术图书的内容传播力和社会影响力,学术图书的媒体曝光率居全国之首,图书馆藏率居于全国出版机构前十位。

作为已经开启第三次创业梦想的人文社会科学学术出版机构,社会科学文献出版社结合社会需求、自身的条件以及行业发展,提出了新的创业目标:精心打造人文社会科学成果推广平台,发展成为一家集图书、期刊、声像电子和数字出版物为一体,面向海内外高端读者和客户,具备独特竞争力的人文社会科学内容资源供应商和海内外知名的专业学术出版机构。

中国皮书网

发布皮书研创资讯，传播皮书精彩内容
引领皮书出版潮流，打造皮书服务平台

栏目设置：

- 资讯：皮书动态、皮书观点、皮书数据、皮书报道、皮书新书发布会、电子期刊
- 标准：皮书评价、皮书研究、皮书规范、皮书专家、编撰团队
- 服务：最新皮书、皮书书目、重点推荐、在线购书
- 链接：皮书数据库、皮书博客、皮书微博、出版社首页、在线书城
- 搜索：资讯、图书、研究动态
- 互动：皮书论坛

www.pishu.cn

中国皮书网依托皮书系列"权威、前沿、原创"的优质内容资源，通过文字、图片、音频、视频等多种元素，在皮书研创者、使用者之间搭建了一个成果展示、资源共享的互动平台。

自2005年12月正式上线以来，中国皮书网的IP访问量、PV浏览量与日俱增，受到海内外研究者、公务人员、商务人士以及专业读者的广泛关注。

2008年10月，中国皮书网获得"最具商业价值网站"称号。

2011年全国新闻出版网站年会上，中国皮书网被授予"2011最具商业价值网站"荣誉称号。

权威报告　热点资讯　海量资源

当代中国与世界发展的高端智库平台

皮书数据库 www.pishu.com.cn

皮书数据库是专业的人文社会科学综合学术资源总库，以大型连续性图书——皮书系列为基础，整合国内外相关资讯构建而成。包含七大子库，涵盖两百多个主题，囊括了近十几年间中国与世界经济社会发展报告，覆盖经济、社会、政治、文化、教育、国际问题等多个领域。

皮书数据库以篇章为基本单位，方便用户对皮书内容的阅读需求。用户可进行全文检索，也可对文献题目、内容提要、作者名称、作者单位、关键字等基本信息进行检索，还可对检索到的篇章再作二次筛选，进行在线阅读或下载阅读。智能多维度导航，可使用户根据自己熟知的分类标准进行分类导航筛选，使查找和检索更高效、便捷。

权威的研究报告，独特的调研数据，前沿的热点资讯，皮书数据库已发展成为国内最具影响力的关于中国与世界现实问题研究的成果库和资讯库。

皮书俱乐部会员服务指南

1. 谁能成为皮书俱乐部会员？
- 皮书作者自动成为皮书俱乐部会员；
- 购买皮书产品（纸质图书、电子书、皮书数据库充值卡）的个人用户。

2. 会员可享受的增值服务：
- 免费获赠该纸质图书的电子书；
- 免费获赠皮书数据库100元充值卡；
- 免费定期获赠皮书电子期刊；
- 优先参与各类皮书学术活动；
- 优先享受皮书产品的最新优惠。

阅读卡

3. 如何享受皮书俱乐部会员服务？

（1）如何免费获得整本电子书？

购买纸质图书后，将购书信息特别是书后附赠的卡号和密码通过邮件形式发送到pishu@188.com，我们将验证您的信息，通过验证并成功注册后即可获得该本皮书的电子书。

（2）如何获赠皮书数据库100元充值卡？

第1步：刮开附赠卡的密码涂层（左下）；

第2步：登录皮书数据库网站（www.pishu.com.cn），注册成为皮书数据库用户，注册时请提供您的真实信息，以便您获得皮书俱乐部会员服务；

第3步：注册成功后登录，点击进入"会员中心"；

第4步：点击"在线充值"，输入正确的卡号和密码即可使用。

皮书俱乐部会员可享受社会科学文献出版社其他相关免费增值服务
您有任何疑问，均可拨打服务电话：010-59367227　QQ:1924151760
欢迎登录社会科学文献出版社官网（www.ssap.com.cn）和中国皮书网（www.pishu.cn）了解更多信息

皮书数据库
www.pishu.com.cn

皮书数据库三期即将上线

- 皮书数据库（SSDB）是社会科学文献出版社整合现有皮书资源开发的在线数字产品，全面收录"皮书系列"的内容资源，并以此为基础整合大量相关资讯构建而成。

- 皮书数据库现有中国经济发展数据库、中国社会发展数据库、世界经济与国际政治数据库等子库，覆盖经济、社会、文化等多个行业、领域，现有报告30000多篇，总字数超过5亿字，并以每年4000多篇的速度不断更新累积。2009年7月，皮书数据库荣获"2008～2009年中国数字出版知名品牌"。

- 2011年3月，皮书数据库二期正式上线，开发了更加灵活便捷的检索系统，可以实现精确查找和模糊匹配，并与纸书发行基本同步，可为读者提供更加广泛的资讯服务。

更多信息请登录

中国皮书网 http://www.pishu.cn		中国皮书网的BLOG [编辑] http://blog.sina.cn/pishu	
中国皮书网 http://www.pishu.cn	皮书微博 http://weibo.com/pishu	皮书博客 http://blog.sina.com.cn/pishu	皮书微信 皮书说

请到各地书店皮书专架/专柜购买，也可办理邮购

咨询／邮购电话：010-59367028　59367070　　　邮　　箱：duzhe@ssap.cn

邮购地址：北京市西城区北三环中路甲29号院3号楼华龙大厦13层读者服务中心

邮　　编：100029

银行户名：社会科学文献出版社

开户银行：中国工商银行北京北太平庄支行

账　　号：0200010019200365434

网上书店：010-59367070　　qq：1265056568

网　　址：www.ssap.com.cn　　　www.pishu.cn